QUÍMICA ORGÂNICA

Caderno de Atividades

3ª edição

JOSÉ RICARDO L. ALMEIDA

NELSON BERGMANN

editora HARBRA

Direção Geral: Julio E. Emöd
Supervisão Editorial: Maria Pia Castiglia
Revisão de Texto: Patrícia Gazza
Revisão de Provas: Mônica Roberta Suguiyama
Ilustrações: KLN
Ana Olívia Justo
Editoração Eletrônica: AM Produções Gráficas Ltda.
Capa: Grasiele Lacerda Favatto Cortez
Fotografias de Capa: Shutterstock: Dmitry Kalinovsky, JPC-PROD, Madlen, Mincemeat, Shots Studio, Ssuaphotos, Voyagerix, Zffoto
Impressão e Acabamento: Cromosete Gráfica e Editora Ltda.

Dados Internacionais de Catalogação na Publicação (CIP)
(Câmara Brasileira do Livro, SP, Brasil)

Almeida, José Ricardo L.
Química orgânica : caderno de atividades / José Ricardo L. Almeida, Nelson Bergmann. - - 3. ed. -- São Paulo : HARBRA, 2015.

Bibliografia.
ISBN 978-85-294-0447-9

1. Química orgânica (Ensino médio) I. Bergmann, Nelson. II. Título.

14-11672 CDD-547.007

Índices para catálogo sistemático:
1. Química orgânica : Ensino médio 547.007

QUÍMICA ORGÂNICA – CADERNO DE ATIVIDADES – 3ª edição

Rua Joaquim Távora, 629
04015-001 São Paulo – SP
Promoção: (0.xx.11) 5084-2482 e 5571-1122. Fax: (0.xx.11) 5575-6876
Vendas: (0.xx.11) 5084-2403, 5571-0276 e 5549-2244. Fax: (0.xx.11) 5571-9777

ISBN 978-85-294-0447-9

Impresso no Brasil *Printed in Brazil*

Apresentação

"A satisfação da própria curiosidade é uma das grandes fontes de felicidade da vida."

"Satisfaction of one's curiosity is one of the greatest sources of happiness in life."

Linus Pauling

Químico norte-americano, prêmio Nobel de Química (1954) e da Paz (1962).

Já se foi o tempo em que a Química era vista como um conjunto de teorias e suposições sobre algo que não se sabia exatamente o que era, sobre um tipo de "mágica".

Constata-se, hoje, que a Química está presente em todas as atividades humanas, na vida dos seres, nas relações comerciais, na luz que emana da combustão de uma folha de papel.

Os antigos egípcios afirmavam que o significado de Kēme (chem), a Química, era "terra". E estavam certos. A amplitude e abrangência da ciência Química em nossa Terra podem até mesmo nos amedrontar, mas para não deixar que isso aconteça é preciso conhecer essa ciência. Não só o que ela foi e o que ela é, mas também o que ela será.

Química é *transformação* e *conexão*. E o mesmo pode ser afirmado para o objetivo deste trabalho: o *conhecimento*.

Nosso convite tem como origem a pretensão (nada modesta!) de transformar a visão que se tem da Química e inseri-la em um mundo que faça jus às particularidades contemporâneas, sem, contudo, esvaziar sua grandeza. Com esta coleção almeja-se apresentar de forma descontraída e precisa não só os preceitos básicos, mas também discussões mais aprofundadas da ciência central. Deseja-se, enfim, poder partilhar cada uma dessas reflexões com aqueles que agora leem estas palavras, porque só assim fará sentido querer compreendê-las.

Com esse objetivo, os conteúdos de Química passam a ser divididos, a partir desta edição, em quatro volumes, cada um contendo exercícios agrupados em séries em ordem crescente de dificuldade (Séries Prata e Ouro, para o livro de **Química Geral**; Séries Prata, Ouro e Platina para os demais), de modo a guiar os alunos nessa escalada do conhecimento.

No livro **Química Geral**, o aluno percorrerá os conceitos fundamentais da atomística e química geral.

A química orgânica, por sua vez, é tratada com exclusividade pelo livro **Química Orgânica**. Esse volume aborda os diversos tipos de reações até a introdução da bioquímica.

No livro **Físico-Química**, que busca estabelecer o primeiro contato entre a Química e a Física, passa-se pelo estudo das soluções, propriedades coligativas, termoquímica, cinética, equilíbrio molecular e iônico. Essa linha de estudo da físico-química será encerrada e aprofundada pelo livro **Eletroquímica**, que também aborda conceitos como pilhas, pilhas combustíveis e processos de eletrólise, colocando em pauta, do ponto de vista econômico e sustentável, possíveis fontes alternativas de energia.

Além da nova organização dos volumes, nesta nova edição foram inseridos **Exercícios Resolvidos** de modo a auxiliar o estudante no processo de aprendizagem.

E se a sustentabilidade é uma das palavras de ordem da Química do novo milênio, não poderíamos deixar de evoluir também nesse sentido. A partir desta edição, os gabaritos e resoluções dos exercícios encontram-se disponíveis na Internet e podem ser acessados pelos alunos por meio da plataforma da editora HARBRA, responsável pela edição deste material.

Nosso agradecimento especial aos alunos por nos acompanharem na procura por uma visão transformadora da Química, inserindo-a no século XXI, de modo sustentável e limpo, sem perder o foco com as relações do cotidiano.

Um abraço,

Os autores.

Conteúdo

Capítulo 1
Introdução à Química Orgânica

1. Distinção entre compostos orgânicos e compostos inorgânicos

A antiga distinção entre compostos orgânicos (obtidos de organismos vivos) e compostos inorgânicos (derivados de fontes inanimadas) foi proposta pelo químico sueco Bergman em 1780. Em 1784, Lavoisier mostrou, pela primeira vez, que os compostos orgânicos eram formados essencialmente de carbono, hidrogênio e oxigênio.

2. Definição de Química Orgânica

Em seu livro-texto (1861), o químico alemão Kekulé (pai e fundador da Química Orgânica) deu à ciência da química orgânica sua definição moderna:

É a parte da Química que estuda a maioria dos compostos do carbono, chamados de compostos orgânicos.

Os compostos orgânicos são muito comuns e importantes em nossa vida diária: por exemplo, o **álcool comum** ($H_3C - CH_2 - OH$), **açúcar comum** ($C_{12}H_{22}O_{11}$), **gás natural** (CH_4), **aminoácido** $\left(H_3C - \underset{\displaystyle NH_3^+}{\underset{|}{CH}} - COO^-\right)$, **plásticos**, **aspirina**, **proteínas**, e assim por diante.

Elementos organógenos: CHON são elementos que aparecem com maior frequência nos compostos orgânicos.

Alguns compostos de carbono são estudados na **Química Inorgânica:** CO, CO_2, HCN, H_2CO_3, carbonatos ($CaCO_3$) etc., pois as suas propriedades são mais parecidas com as propriedades dos compostos inorgânicos.

3. Teoria estrutural de Kekulé

Para explicar a razoável quantidade de compostos orgânicos já conhecidos (1858), alguns com fórmulas moleculares semelhantes, Kekulé propôs três hipóteses extraordinárias.

a) **O carbono é tetravalente**

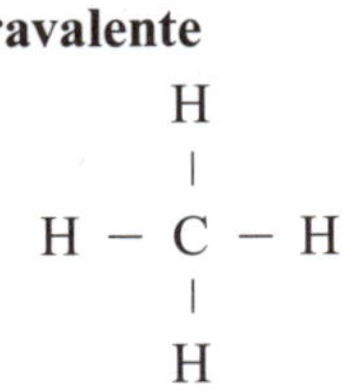

b) **As quatro valências do carbono são iguais**

c) **Os átomos de carbono podem ligar-se entre si, formando cadeias**

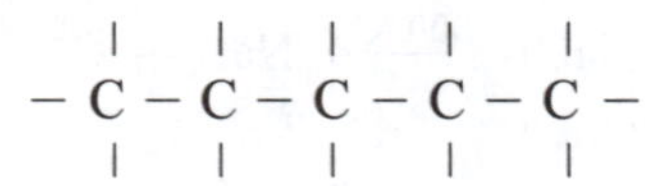

cadeia carbônica

Em uma cadeia carbônica, além de átomos de carbono podem existir átomos de outros elementos como: O, S, N, P e estes farão parte da cadeia quando estiverem entre os átomos de carbono, sendo denominados **heteroátomos**.

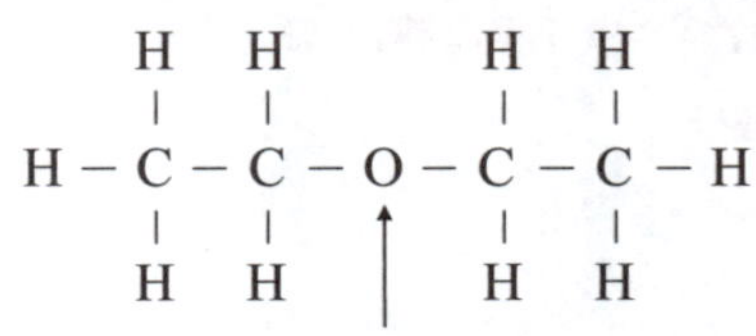

cadeia heterogênea

heteroátomo

Quando um átomo de um elemento diferente não estiver entre os de carbono, ele não fará parte da cadeia.

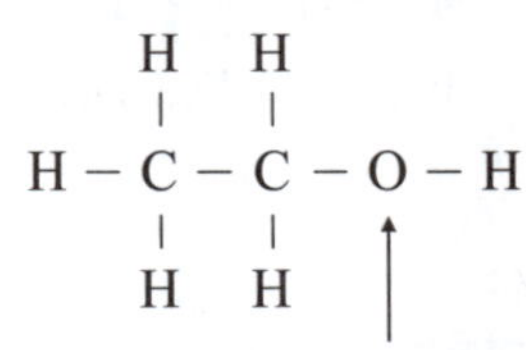

cadeia homogênea

não é heteroátomo

Conclusões:

- **Cadeia carbônica:** sequência de átomos de carbono ligados.
- **Cadeia heterogênea:** possui pelo menos um heteroátomo.

$$H_3C - CH_2 - O - CH_2 - CH_3$$

- **Cadeia homogênea:** não possui heteroátomo.

$$H_3C - CH_2 - CH_3, H_3C - CH_2 - OH$$

4. Diferenças entre compostos orgânicos e compostos inorgânicos

a) **Número**

O número de compostos orgânicos é muito maior que o número de compostos inorgânicos.

b) **Participação dos elementos**

A participação dos elementos químicos nos compostos inorgânicos é muito maior que nos compostos orgânicos.

c) **Instabilidade térmica**

Os compostos orgânicos são mais facilmente decompostos pelo calor que os compostos inorgânicos.

$$C_{12}H_{22}O_{11} \xrightarrow{500\ °C} 12\ C + 11\ H_2O$$

sacarose
orgânico

$$NaCl \xrightarrow{800\ °C} Na^+ + Cl^-$$

inorgânico

d) **Ligação química**

Composto orgânico: predomina ligação covalente.

Composto inorgânico: predomina ligação iônica.

5. Ligação entre átomos de carbono

a) **Simples ligação**

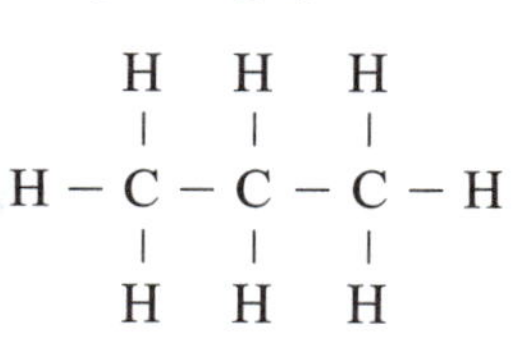

cadeia aberta saturada

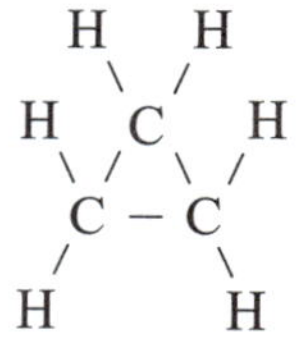

cadeia cíclica saturada

ou 

b) **Dupla ligação**

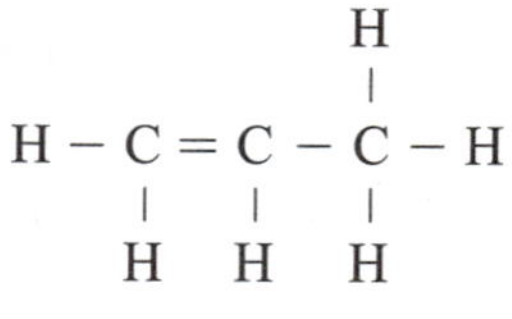

cadeia aberta insaturada

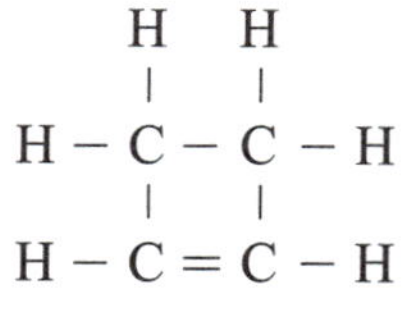

cadeia cíclica insaturada

ou 

c) **Tripla ligação**

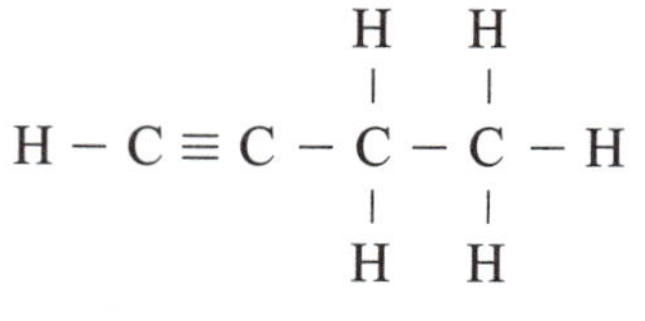

cadeia aberta insaturada

Conclusões:

- **Cadeia aberta** ou **alifática:** apresenta extremos livres.
- **Cadeia fechada** ou **cíclica:** não apresenta extremos livres, isto é, forma um anel.
- **Cadeia saturada:** somente simples ligações entre átomos de carbono.
- **Cadeia insaturada:** apresenta dupla ou tripla ligação entre átomos de carbono.

6. Anel benzênico

Seis átomos de carbono formando um hexágono regular com simples e duplas ligações alternadas.

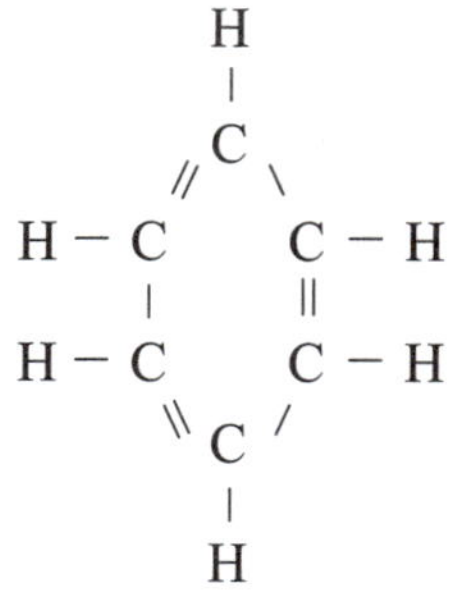 ou 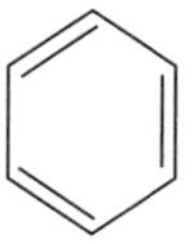 ou 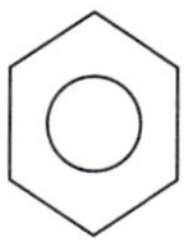

benzeno: C_6H_6

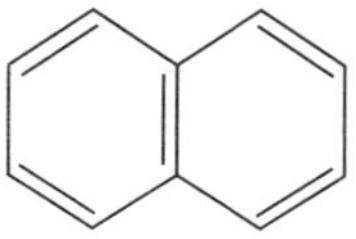 ou 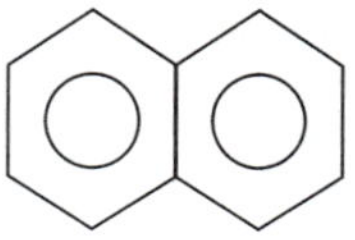

naftaleno: $C_{10}H_8$

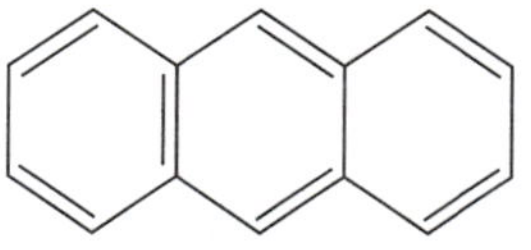 ou

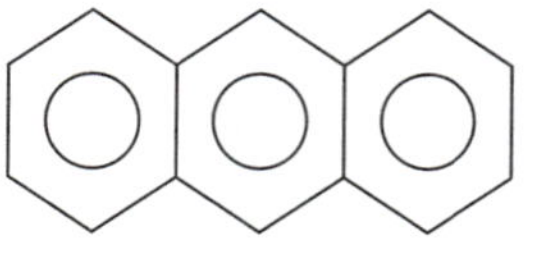

antraceno: $C_{14}H_{10}$

Cadeia aromática: apresenta um ou mais anéis benzênicos.

7. Tipos de carbono em uma cadeia carbônica

Os átomos de carbono numa cadeia têm reatividades químicas diferentes, portanto, para diferenciá-los temos a seguinte classificação:

Carbono primário (P): ligado no máximo a um átomo de carbono.

Carbono secundário (S): ligado a dois outros átomos de carbono.

Carbono terciário (T): ligado a três outros átomos de carbono.

Carbono quaternário (Q): ligado a quatro outros átomos de carbono.

P S S P
$H_3C - CH_2 - CH_2 \quad CH_3$

cadeia normal

P
CH_3
P Q | S T P
$H_3C - C - CH_2 - CH - CH_3$
| |
$CH_3 \quad CH_3$
P P

cadeia ramificada

Conclusões:

- **Cadeia normal ou linear:** cadeia com apenas duas extremidades.
- **Cadeia ramificada:** cadeia com mais de duas extremidades (carbonos nas laterais da cadeia).

8. Representação das fórmulas estruturais

a) **Fórmula de traço**: mostra como os átomos estão ligados entre si na molécula.

H H H
| | |
H – C – C – C – H
| | |
H H H

b) **Fórmula simplificada**: não mostra as ligações C – H.

$H_3C - CH_2 - CH_2 - CH_3$

c) **Fórmula condensada:** não mostra as ligações na cadeia.

$CH_3CH_2CH_3$

d) **Fórmula de linha de ligação (ou de bastão):**

- A cadeia será representada como um zigue-zague.
- As pontas corresponderão ao grupo CH_3.
- A junção de dois traços corresponderá a um grupo de CH_2.
- A junção de três traços corresponderá a um grupo CH.
- A junção de quatro traços corresponderá a um carbono quaternário.

1 2 3 4
$H_3C - CH_2 - CH_2 - CH_3$

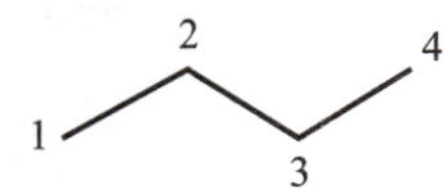

CH_3
1 2 | 3
$H_3C - C - CH_3$
|
CH_3

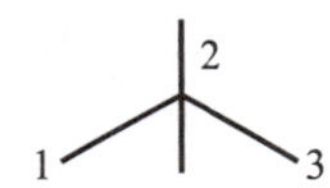

1 2 3
$H_3C - CH - CH_3$
|
CH_3

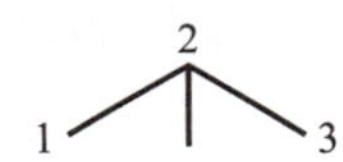

Exercícios Série Prata

1. Complete com **homogênea** ou **heterogênea**.

a) $H_3C - CH_2 - CH_3$ cadeia ________________

b) $H_3C - CH_2 - OH$ cadeia ________________

c) $H_3C - CH_2 - S - CH_2 - CH_3$ cadeia __________

d)  A cadeia __________

2. (UFMG) Analise se é falso ou verdadeiro.

(1) Os compostos orgânicos somente podem ser sintetizados pelos organismos vivos, daí a qualificação de orgânicos.

(2) Os compostos orgânicos são compostos de carbono, embora algumas substâncias que contêm este elemento sejam estudadas também entre os compostos inorgânicos (CO_2, $CaCO_3$ etc.).

(4) A existência de um grande número de compostos de carbono está relacionada com a capacidade do átomo de carbono de formar cadeias, associadas à sua tetravalência.

(8) Nos compostos do carbono o tipo de ligação mais frequente é a covalente.

(16) Os compostos orgânicos são regidos por leis e princípios próprios não aplicáveis aos compostos inorgânicos.

3. (UVA – RJ) Na estrutura:

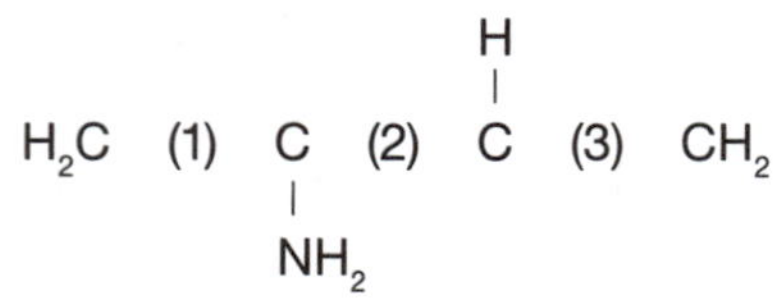

as ligações representadas pelos algarismos são, respectivamente:

a) simples, dupla, simples.
b) dupla, simples, dupla.
c) simples, tripla, dupla.
d) dupla, tripla, simples.

4. (PUC – RS) A fórmula molecular de um hidrocarboneto com cadeia carbônica:

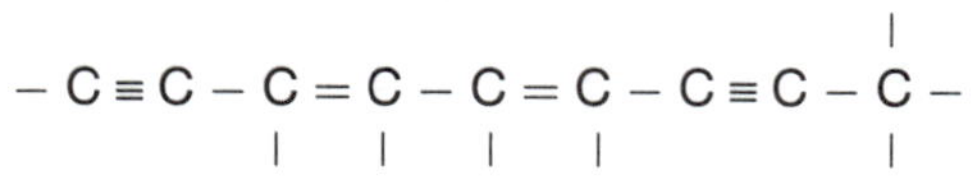

a) C_9H_7 b) C_9H_8 c) C_9H_9 d) C_9H_{10}

5. Complete com **aberta** ou **fechada** e **saturada** ou **insaturada**.

a) 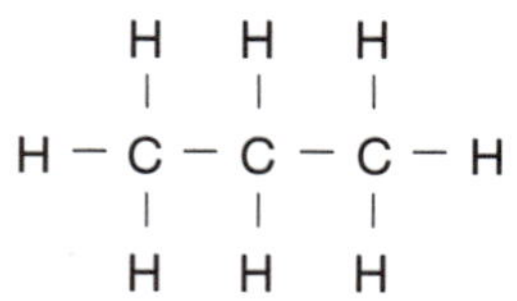

cadeia ______________, ______________.

b) 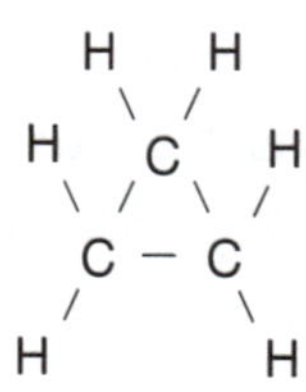 ou 

cadeia ______________, ______________.

c) 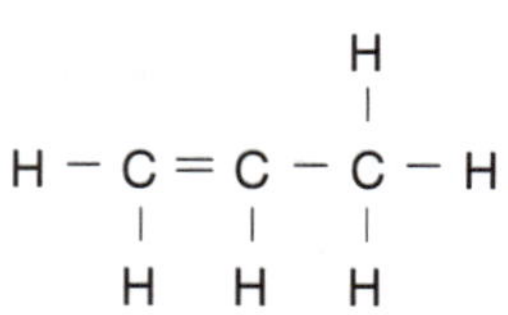

cadeia ______________, ______________.

d) 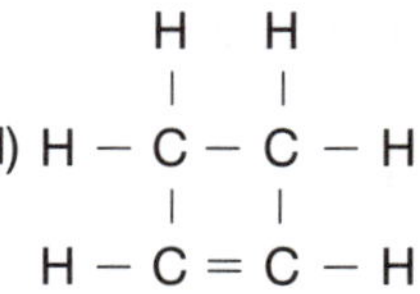 ou 

cadeia ______________, ______________.

e) 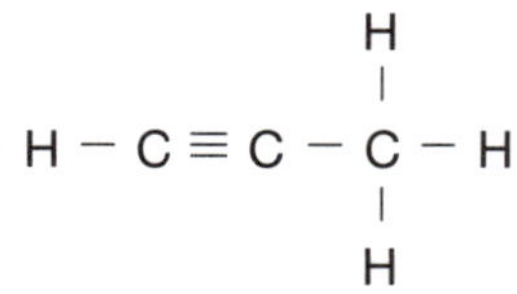

cadeia ______________, ______________.

6. Calcule a fórmula molecular.

a) 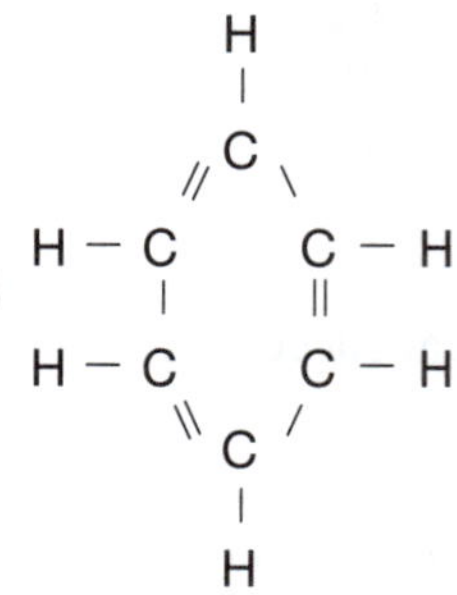 ou

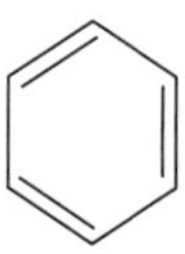 ou 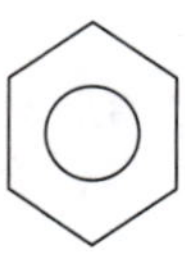 benzeno

fórmula molecular ______________

b) 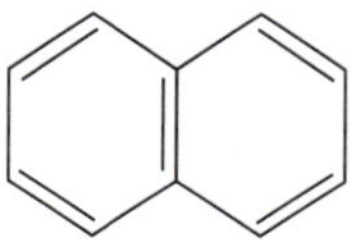 ou 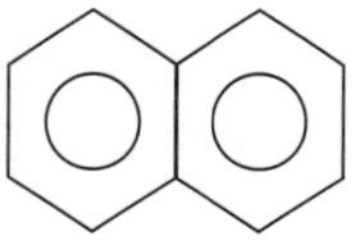 naftaleno

fórmula molecular ______________

c) 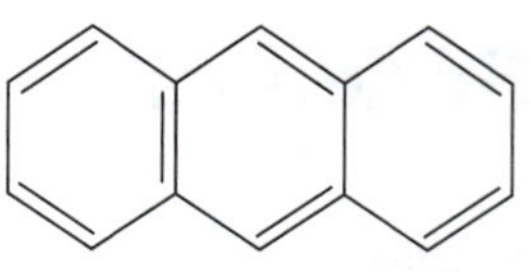 ou

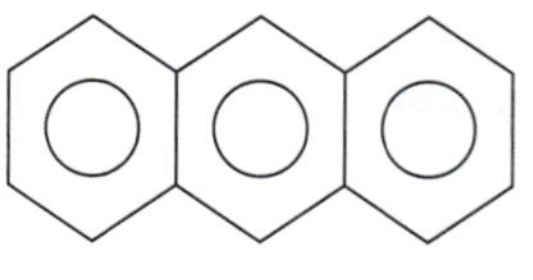 antraceno

fórmula molecular ______________

7. Assinale uma cadeia aberta, insaturada e homogênea.

a) $H_3C - CH = CH - CH_2OH$
b) $H_3C - O - CH_3$
c) $H_2C = CH - O - CH_3$
d) 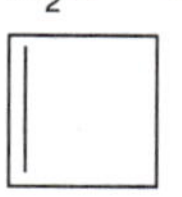

8. Complete com **normal** ou **ramificada**.

a) $H_3C - CH_2 - CH_2 - CH_3$

cadeia aberta, saturada, homogênea e _______

b) 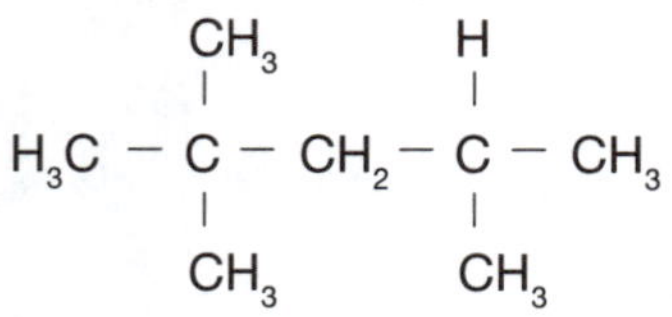

cadeia aberta, saturada, homogênea e _______

9. (UFES) Na fórmula, são carbonos:

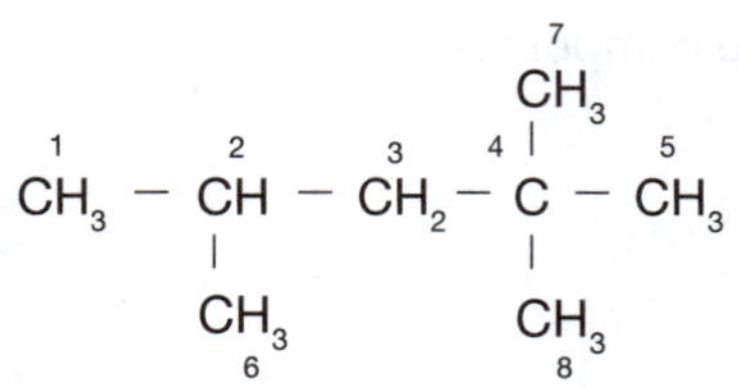

primários	secundários	terciários	quaternários
a) 1, 5, 6, 7, 8	3	2	4
b) 1, 5, 7, 8	3, 6	2	4
c) 1, 5	2, 3	6, 7, 8	4
d) 1, 5, 6	3, 7, 8	2	4

10. (UNIFOA – RJ) A cadeia carbônica abaixo apresenta X carbonos primários, Y carbonos secundários, Z carbonos terciários, K carbonos quaternários, sendo os números X, Y, Z e K, respectivamente:

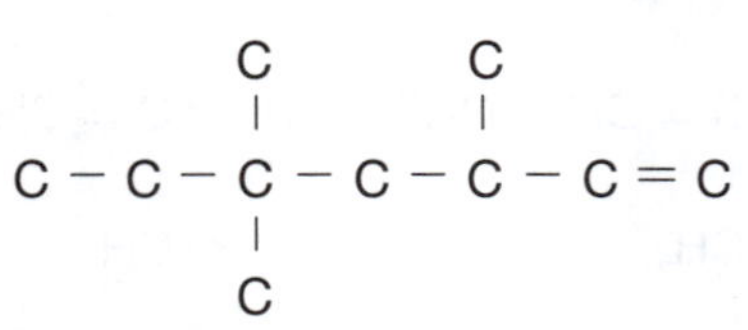

a) 5.311
b) 4.231
c) 2.422
d) 3.250

11. (UECE) Os compostos:

I. 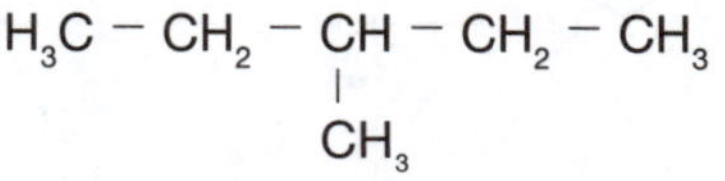

II. 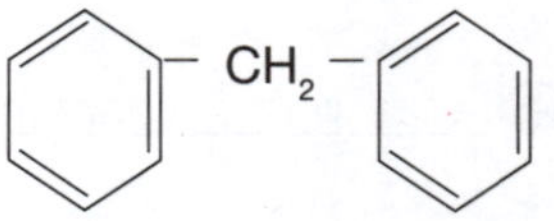

III. 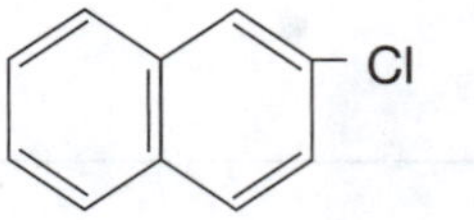

apresentam carbono terciário em número de:

a) 1, 0, 0
b) 1, 0, 2
c) 1, 2, 2
d) 1, 2, 3

12. Dada a cadeia carbônica:

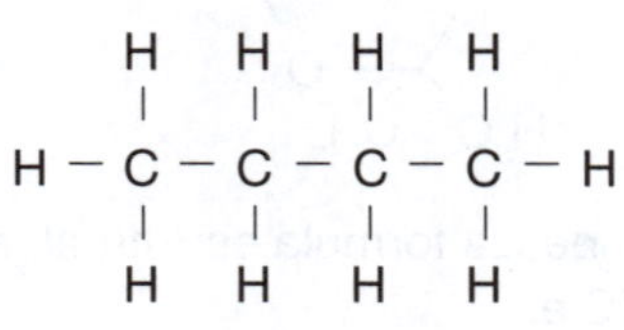

a) Fórmula simplificada:

b) Fórmula condensada:

c) Fórmula de linha de ligação:

13. Dê as fórmulas moleculares dos compostos:

a)  ____________________

b)  ____________________

c) 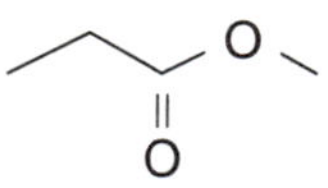 ____________________

14. (UEFS – BA) Considere a fórmula estrutural do tetraidrocanabinol, THC, um dos componentes ativos da folha de maconha.

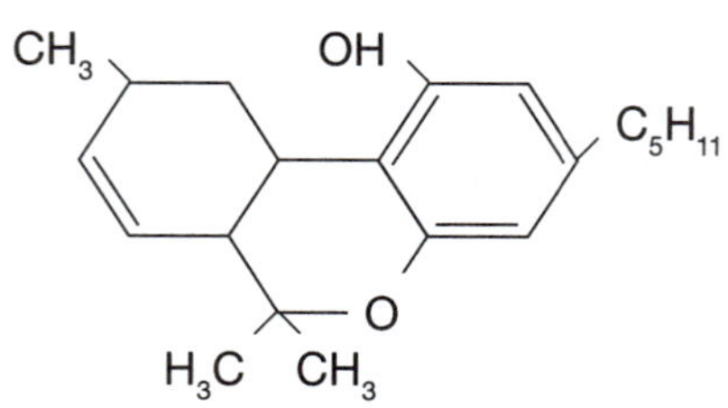

Com base nessa fórmula estrutural, a fórmula molecular THC é:

a) $C_{22}H_{29}O_2$
b) $C_{22}H_3O_2$
c) $C_{21}H_{29}O_2$
d) $C_{21}H_{30}O_2$
e) $C_{21}H_{31}O_2$

15. (UFMG) A cafeína, um estimulante bastante comum no café, chá, guaraná etc., tem a seguinte fórmula estrutural.

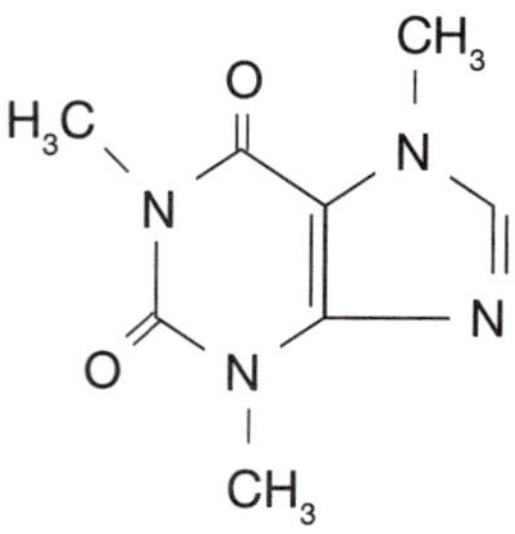

Podemos afirmar que a fórmula molecular da cafeína é:

a) $C_5H_9N_4O_2$
b) $C_6H_9N_4O_2$
c) $C_8H_{10}N_4O_2$
d) $C_6H_{10}N_4O_2$

16. (FUVEST – SP) A vitamina K, pode ser representada pela fórmula abaixo. Quantos átomos de carbono e quantos de hidrogênio existem em uma molécula desse composto?

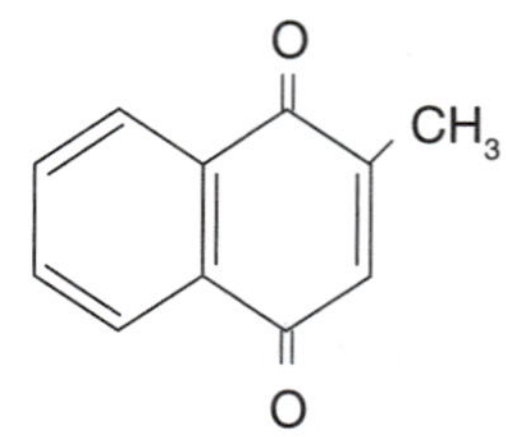

a) 1 e 3
b) 3 e 3
c) 9 e 8
d) 11 e 8
e) 11 e 10

17. (UVA – RJ) O citol é um composto de fórmula

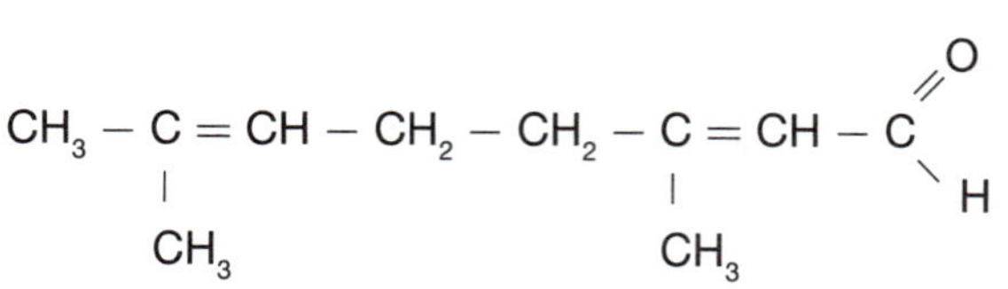

Sua cadeia carbônica é classificada como:

a) homogênea, insaturada e ramificada.
b) homogênea, saturada e normal.
c) homogênea, insaturada e aromática.
d) heterogênea, insaturada e ramificada.

18. (MACKENZIE – SP) O ácido adípico

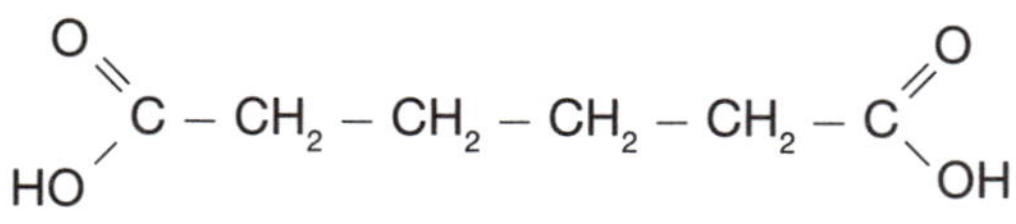

apresenta cadeia carbônica

a) saturada, homogênea e ramificada.
b) saturada, heterogênea e normal.
c) insaturada, homogênea e ramificada.
d) saturada, homogênea e normal.
e) insaturada, homogênea e normal.

19. (CESULON – PR) Determine a classificação da cadeia carbônica dada a seguir e marque a alternativa que representa a classificação.

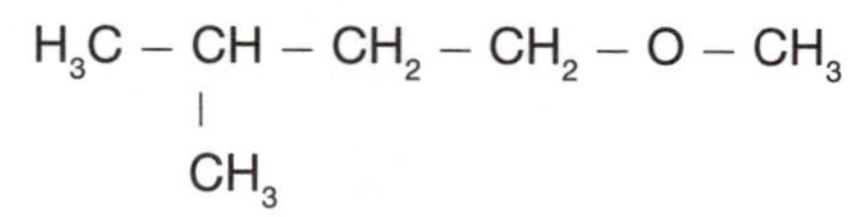

a) fechada, insaturada, heterogênea e normal.
b) aberta, saturada, heterogênea e ramificada.
c) aberta, insaturada, homogênea e normal.
d) fechada, saturada, heterogênea e ramificada.

Exercícios Série Ouro

1. (PUC – RJ) Um grupo de compostos, denominado ácidos graxos, constitui a mais importante fonte de energia na dieta humana. Um exemplo destes é o ácido linoleico, presente no leite humano. A sua fórmula estrutural simplificada é:

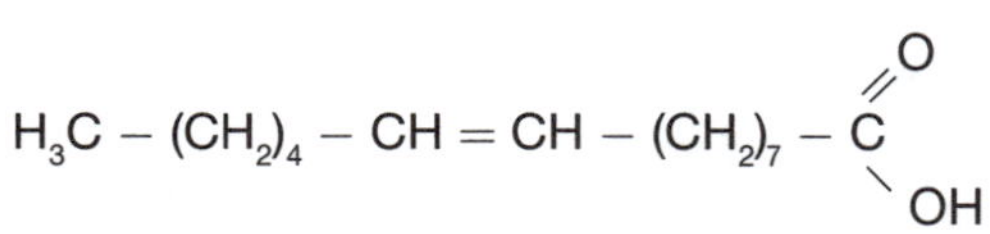

Sua cadeia carbônica é classificada como:

a) aberta, normal, saturada e homogênea.
b) aberta, normal, insaturada e heterogênea.
c) aberta, ramificada, insaturada e heterogênea.
d) aberta, ramificada, saturada e homogênea.
e) aberta, normal, insaturada e homogênea.

2. (UNIUBE – MG) Existem alguns medicamentos sedativos conhecidos como barbitúricos. Um deles tem a fórmula dada a seguir:

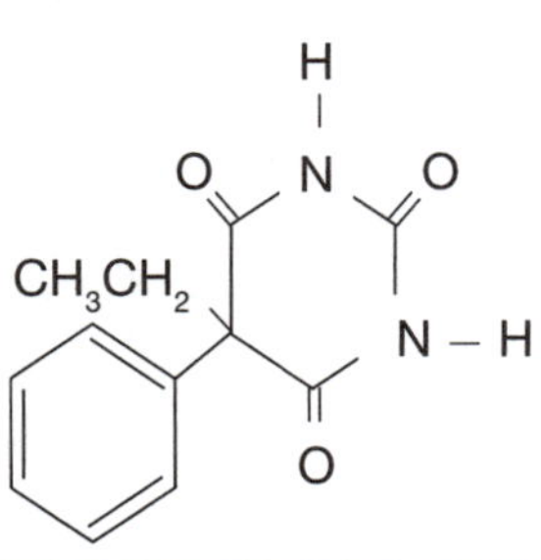

fenobarbital

Determine a fórmula molecular desse composto.

3. (UNIRIO – RJ) "O Brasil está pressionando o laboratório suíço Roche para reduzir o preço de sua droga antiAids ou enfrentar a competição de uma cópia local, disse Eloan Pinheiro, diretora do laboratório estatal Farmanguinhos, da Fundação Oswaldo Cruz (FioCruz), no Rio de Janeiro." (Jornal do Brasil/2001). A produção do AZT, que foi uma das primeiras drogas antivirais utilizadas no combate à Aids, faz parte desse cenário.

AZT

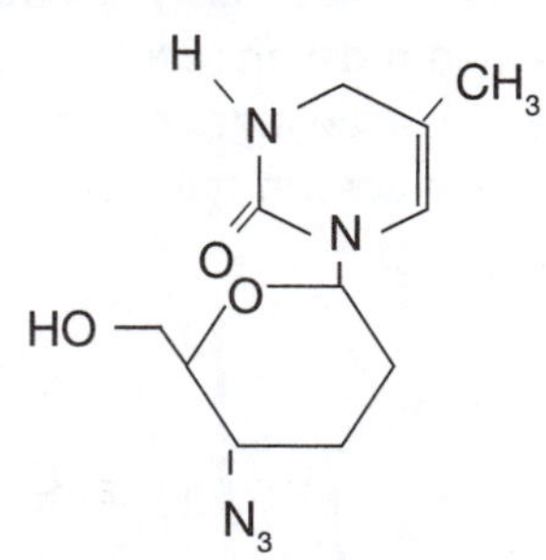

A fórmula molecular do AZT é:

a) $C_{10}H_{17}O_3N_3$
b) $C_9H_{15}O_2N_5$
c) $C_{11}H_{15}O_3N_5$
d) $C_{10}H_{15}O_4N_4$
e) $C_{11}H_{17}O_3N_5$

4. O algodão (celulose) é muito utilizado no fabrico de fibras de tecidos. Muitas fibras são coradas com substâncias como o índigo. A fórmula estrutural plana do índigo pode ser representada por:

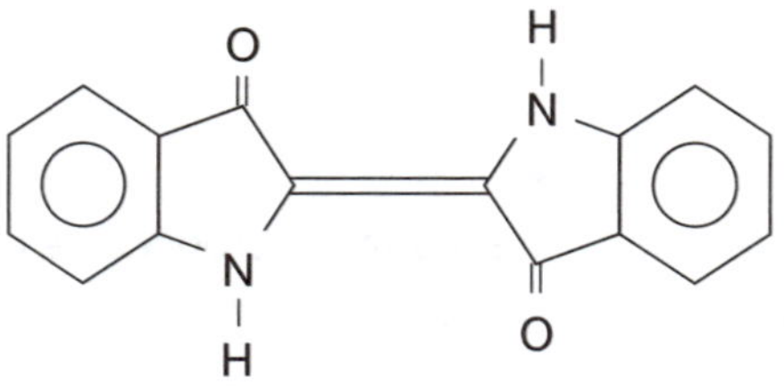

Sobre a estrutura do índigo, são feitas as seguintes afirmações:

I. É um composto heterocíclico.
II. Sua fórmula molecular é $C_{15}H_{10}O_2N_2$.
III. Na molécula do índigo só existem carbonos secundários e terciários.

São corretas as afirmações:

a) somente I e II.
b) somente II e III.
c) somente I e III.
d) somente I.
e) I, II e III.

5. (CESGRANRIO – RJ) A prednisona é um glicocorticoide sintético de potente ação antirreumática, anti-inflamatória e antialérgica, cujo uso, como de qualquer outro derivado de cortisona, requer uma série de precauções em função dos efeitos colaterais que pode causar. Os pacientes submetidos a esse tratamento devem ser periodicamente monitorados, e a relação entre o benefício e as reações adversas deve ser um fator preponderante na sua indicação.

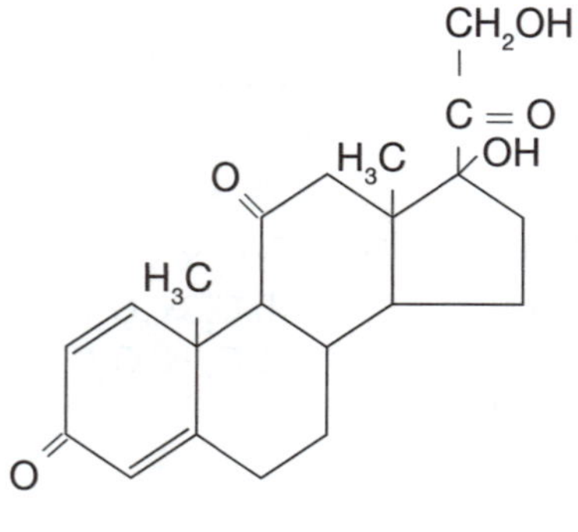

Com base na fórmula estrutural apresentada anteriormente, qual o número de átomos de carbono terciários que ocorrem em cada molécula da prednisona?

a) 3
b) 4
c) 5
d) 6
e) 7

6. (ENEM) As moléculas de *nanoputians* lembram figuras humanas e foram criadas para estimular o interesse de jovens na compreensão da linguagem expressa em fórmulas estruturais, muito usadas em química orgânica. Um exemplo é o NanoKid, representado na figura:

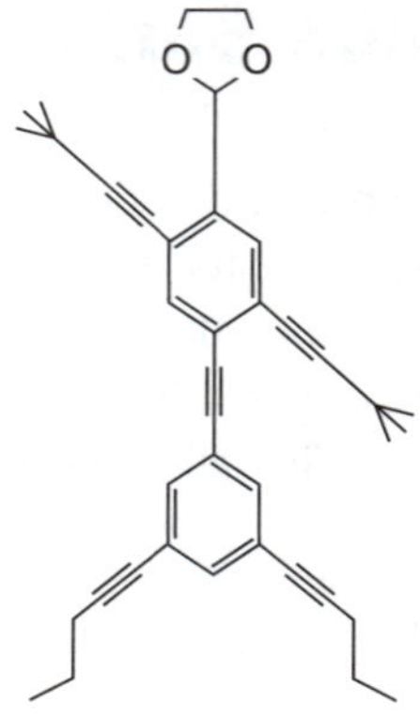

NanoKid

CHANTEAU, S. H. TOUR. J.M. **The Journal of Organic Chemistry**, v. 68, n. 23. 2003 (adaptado). (Foto: Reprodução)

Em que parte do corpo do NanoKid existe carbono quaternário?

a) Mãos.
b) Cabeça.
c) Tórax.
d) Abdômen.
e) Pés.

Capítulo 2

As Primeiras Teorias sobre os Compostos Orgânicos

1. Teoria da força vital – síntese da ureia

O homem vem usando os compostos orgânicos e suas reações por milhares de anos. Sua primeira experiência com uma reação orgânica data provavelmente da descoberta do fogo. A fermentação de uvas para produzir vinhos e as qualidades do "vinho azedo" estão descritas na Bíblia e já eram provavelmente bastante conhecidas.

No início do século XIX, imperava a "**Teoria da força vital**", defendida por Berzelius. Por essa teoria, todo composto orgânico deveria ser obtido a partir de um animal ou vegetal, e nunca sintetizado em laboratório, pois os seres vivos possuiriam uma "força vital" capaz de produzir os compostos orgânicos.

Todavia, em 1828, Wöhler descobriu que o composto orgânico ureia (um constituinte da urina) podia ser preparado aquecendo-se cianato de amônio, um composto inorgânico.

$$\begin{array}{cccl} & & & NH_2 \\ & & & / \\ NH_4CNO & \xrightarrow{\Delta} & O = C & \\ & & & \backslash \\ \text{cianato de amônio} & & & NH_2 \\ & & & \text{ureia} \end{array}$$

A ureia foi o primeiro composto orgânico obtido em laboratório. Com essa síntese, a teoria da força vital ficaria abalada, e, a partir dela, procederiam várias outras sínteses orgânicas.

A ureia é fabricada em grandes quantidades por meio da reação de gás carbônico e amônia.

$$CO_2 + 2\,NH_3 \longrightarrow \underset{\text{ureia}}{O = C(NH_2)_2} + H_2O$$

ou

$$\begin{array}{ccl} & & \quad NH_2 \\ & & \quad / \\ O = C = O + 2\ \begin{array}{c} H - N - H \\ | \\ H \end{array} & \longrightarrow O = C & \qquad + H_2O \\ & & \quad \backslash \\ & & \quad NH_2 \\ & & \quad \text{ureia} \end{array}$$

As principais aplicações da ureia são:

- matéria-prima para a indústria farmacêutica
- componentes de fertilizantes
- matéria-prima para plásticos
- alimento para gado

2. Teoria estrutural de Kekulé

Para explicar a razoável quantidade de compostos orgânicos já conhecidos (1858), alguns com fórmulas moleculares semelhantes, Kekulé propôs três hipóteses extraordinárias:

a) **O carbono é tetravalente.**

$$\begin{array}{c} H \\ | \\ H - C - H \\ | \\ H \end{array}$$

b) **As quatro valências do carbono são iguais.**

c) **Os átomos de carbono podem ligar-se entre si, formando cadeias.**

$$\begin{array}{c} \ \ |\quad\ \ |\quad\ \ |\quad\ \ |\quad\ \ |\quad\ \ |\quad\ \ | \\ - C - C - C - C - C - C - C - \\ \ \ |\quad\ \ |\quad\ \ |\quad\ \ |\quad\ \ |\quad\ \ |\quad\ \ | \end{array}$$

cadeia carbônica

3. Teoria espacial de Le Bel e van't Hoff

Em 1874, as fórmulas estruturais planas de Kekulé foram expandidas para três dimensões pelo trabalho independente de Le Bel e van't Hoff, por exemplo, para explicar que existe apenas um composto com a fórmula molecular CH_2Cl_2. As hipóteses apresentadas são:

- **As quatros valências do carbono estariam dirigidas para os vértices de um tetraedro**

A molécula de metano (CH_4), por exemplo, teria uma geometria tetraédrica.

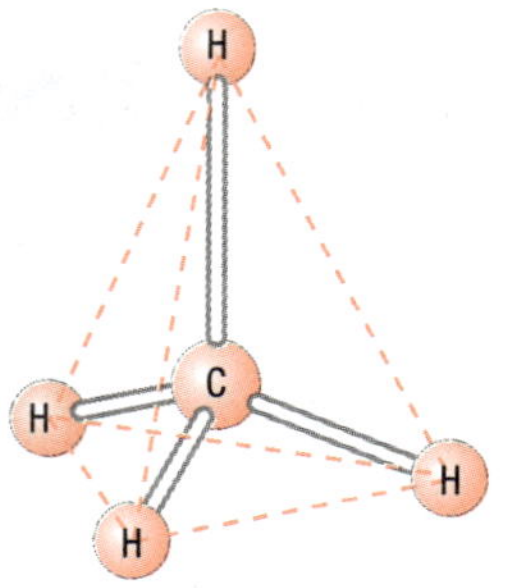

ou

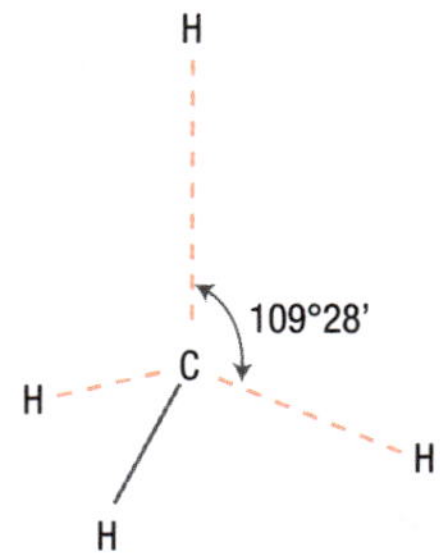

Experimentalmente, verifica-se que há apenas um composto com a fórmula CH_2Cl_2. Se o átomo de carbono fosse plano haveria dois compostos com essa fórmula.

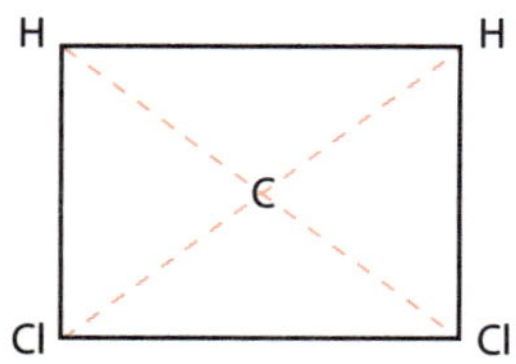

a

H e H mais próximas (aresta)

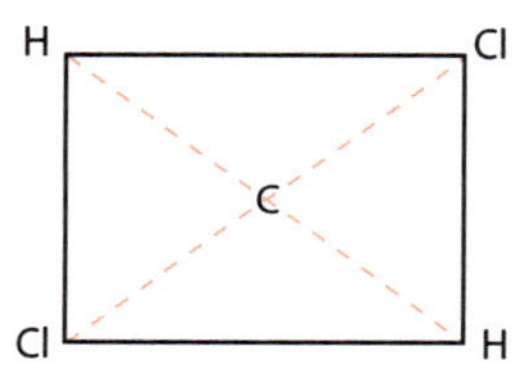

b

H e H mais distantes (diagonal)

Admitindo o carbono tetraédrico, confirma-se a existência de apenas um composto com essa fórmula.

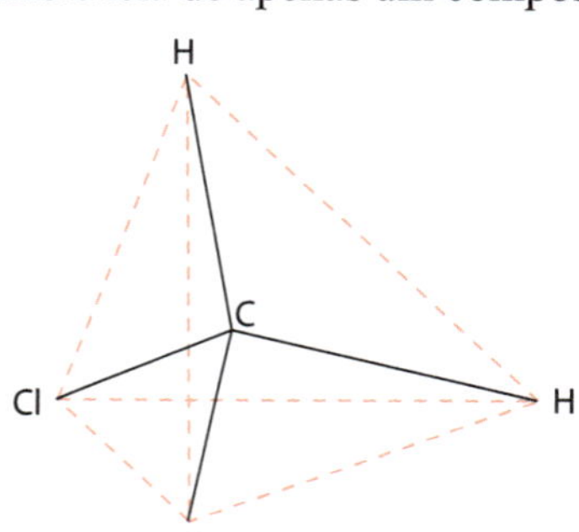

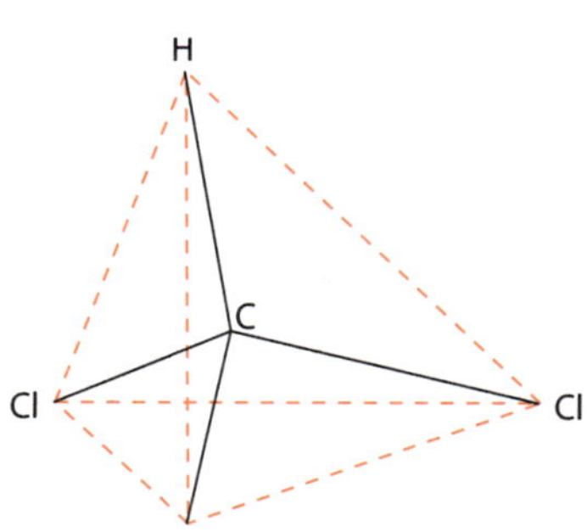

No tetraedro, a distância entre dois átomos de cloro é sempre a mesma.

- **As quatro valências seriam espacialmente equivalentes**

Se tivermos de substituir um hidrogênio do metano por um átomo de cloro, por exemplo, poderemos fazer isso em qualquer um dos vértices do tetraedro. Essa hipótese justifica o fato de existir apenas um composto com fórmula $H_3C - Cl$ (clorometano).

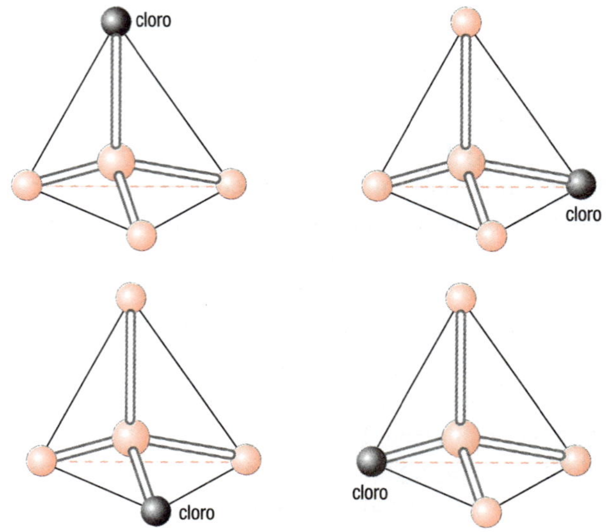

- **As ligações simples, dupla e tripla seriam correspondentes a diferentes formas de união entre dois tetraedros**

Tipos de Ligação	Dois tetraedros unidos por
Simples	um vértice
Dupla	uma aresta
Tripla	uma face

$CH_3 - CH_3$

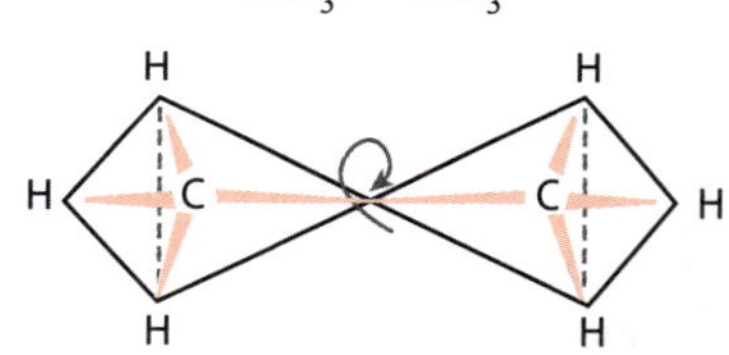

$CH_2 = CH_2$

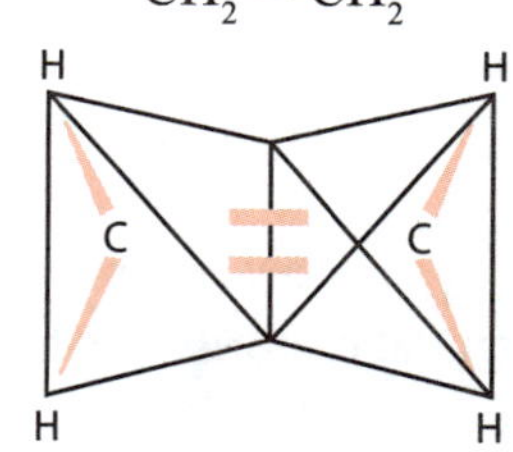

$CH \equiv CH$

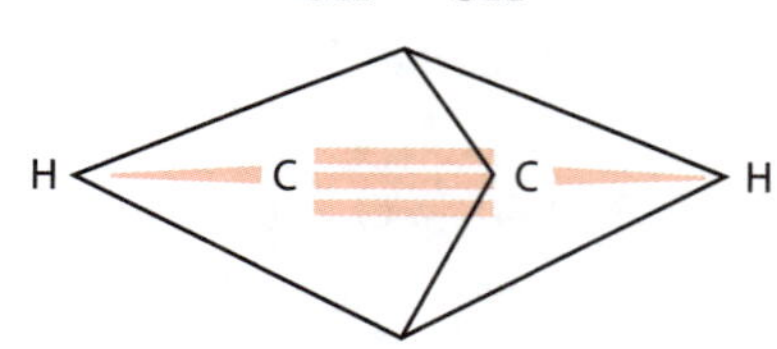

4. Geometria dos carbonos numa cadeia carbônica

Com a descoberta de algumas técnicas de análise de substâncias, como a espectroscopia e a difração de raios X, os cientistas conseguiram medir com eficiência a distância entre átomos e os ângulos entre as ligações químicas. Assim, o conceito de que qualquer carbono seria tetraédrico foi profundamente reformulado.

A geometria de cada carbono numa cadeia pode ser prevista pela teoria de repulsão dos pares eletrônicos da camada de valência (RPECV). Temos três casos:

1º caso: todo átomo de carbono que estabelece quatro ligações simples é **tetraédrico**. O ângulo entre as ligações é **109°28'**.

$CH_3 - CH_2 - CH_2 - CH_3$

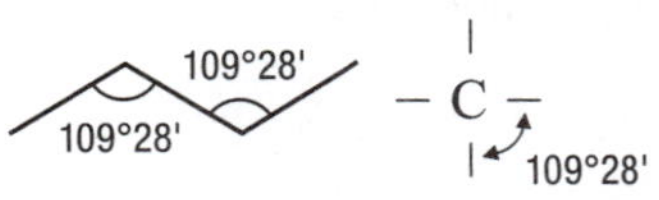

Esse fato justifica a representação de uma cadeia carbônica de um alcano em ziguezague.

2º caso: todo átomo de carbono que estabelece uma dupla-ligação é **trigonal**. O ângulo entre as ligações é **120°**.

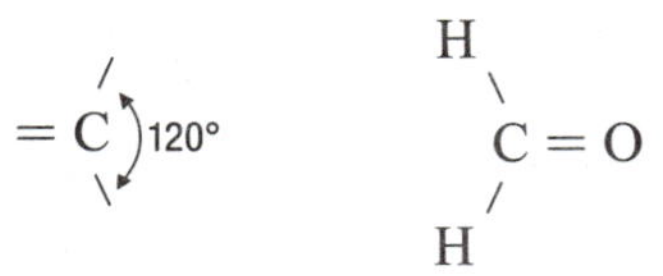

3º caso: todo átomo de carbono que estabelece um tripla-ligação ou duas duplas-ligações é **linear**. O ângulo entre ligações é **180°**.

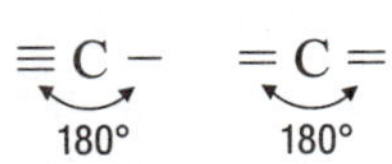

$H - C \equiv C - H \qquad H_2C = C = CH_2$

Numa cadeia, os químicos limitam-se a apontar apenas a geometria de cada carbono. Veja alguns exemplos:

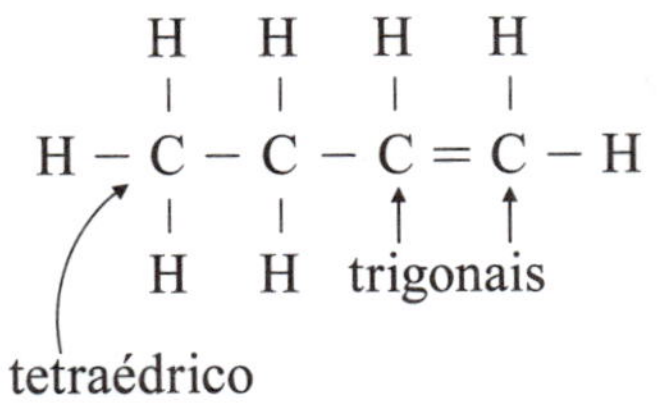

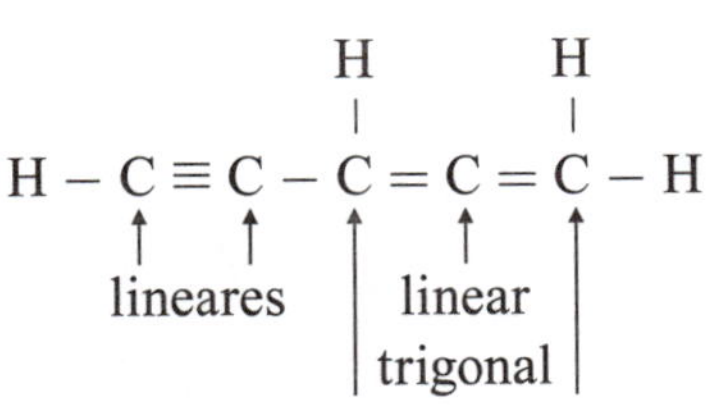

5. Teoria da ressonância

A teoria da ressonância foi proposta principalmente para explicar as ligações químicas dos compostos aromáticos, principalmente o benzeno.

Kekulé, para explicar que na cloração do benzeno forma-se exclusivamente clorobenzeno, representava o benzeno por duas estruturais hexagonais em equilíbrio.

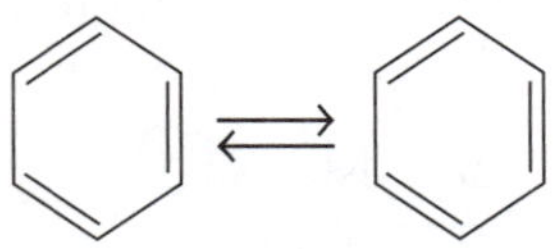

fórmula molecular: C_6H_6

Atualmente sabe-se que a distância das ligações simples e duplas entre carbonos é diferente:

C – C	C = C	pm: picômetro
154 pm	134 pm	

Assim, se o benzeno apresentasse simples e duplas-ligações alternadas na sua estrutura, devido à distância diferenciada das ligações, suas moléculas teriam a forma de hexágono irregular.

No entanto, experimentalmente foi demonstrado que todas as ligações entre os carbonos, no benzeno, apresentam uma mesma distância 140 pm, que é intermediário entre os valores 154 pm e 134 pm.

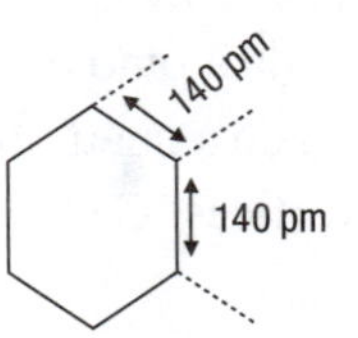

distâncias reais medidas experimentalmente

Conclusão: as duas estruturas de Kekulé não representavam a estrutura correta do benzeno, portanto, devemos representar o benzeno de uma outra maneira.

- Não existe equilíbrio entre as duas estruturas benzênicas.

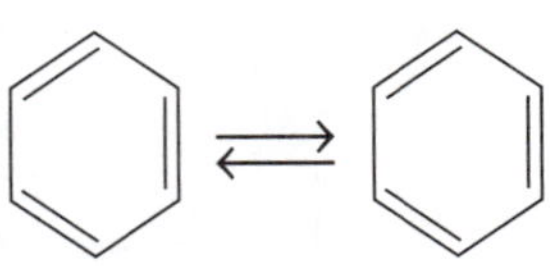

Este equilíbrio não existe.

Para explicar esses fatos, surgiu a chamada Teoria da Ressonância, que propõe um deslocamento (espalhamento) uniforme dos elétrons das ligações duplas por todo o anel. Dessa maneira as **ligações reais** não seriam nem simples nem duplas, mas intermediárias entre as duas ligações.

Observe as representações a seguir.

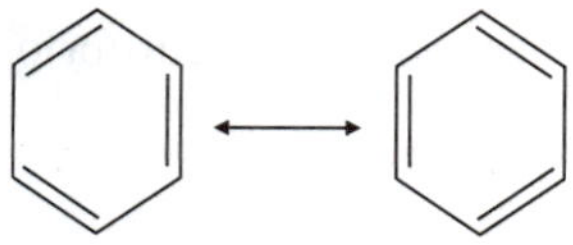

estruturas ressonantes

não existe não existe

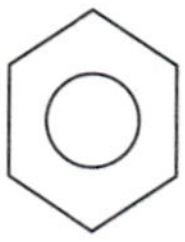

A estrutura real seria intermediária (híbrido) das duas estruturas acima.

Em função da ressonância, a representação mais adequada para o benzeno consiste em um hexágono regular com um círculo inscrito, que representa os elétrons das ligações duplas deslocalizadas. A ligação dupla que é móvel é chamada de ligação π, portanto, a deslocalização das ligações π é denominada **ressonância**.

Por questão de simplificação, os químicos representam o benzeno por meio das três estruturas:

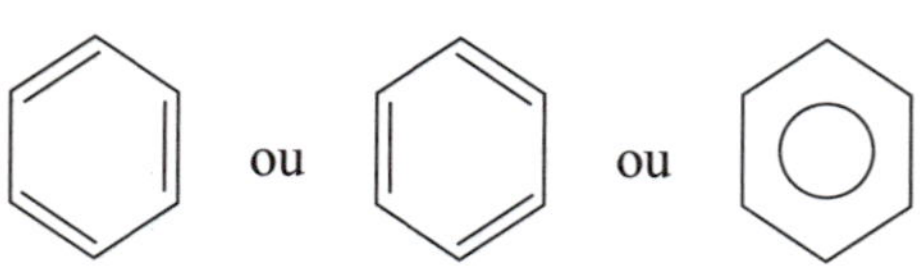

6. Estrutura do diamante

No diamante, cada átomo de carbono está no centro de um tetraedro ligado a quatro outros átomos de carbono que estão nos vértices. Cada átomo faz 4 ligações simples.

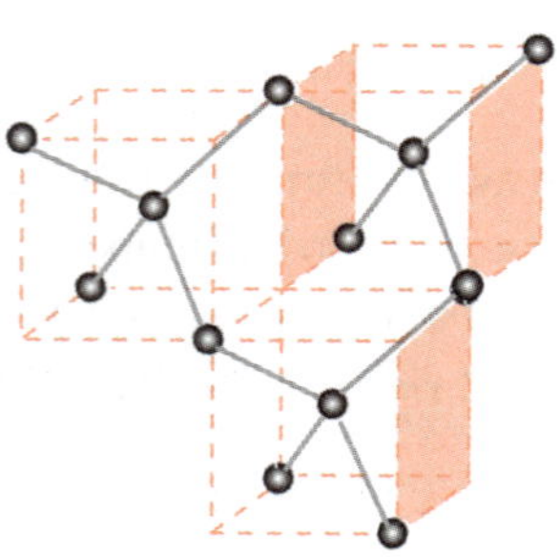

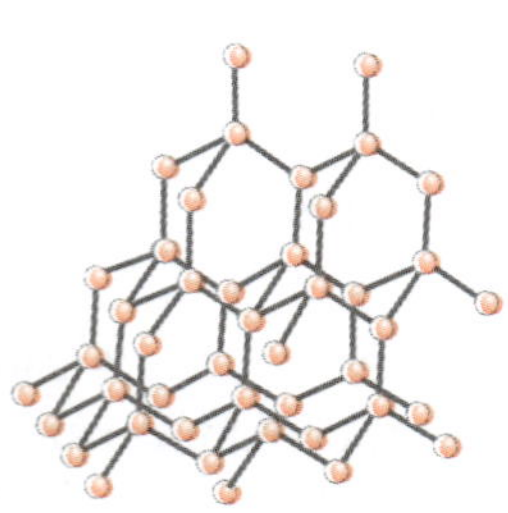

comprimento de ligação

C – C no diamante = 154 pm

O diamante é um cristal cúbico de elevada dureza. O diamante é um cristal covalente, pois temos uma macromolécula.

7. Estrutura da grafita

Na grafita, temos nas camadas anéis benzênicos condensados. Em uma camada, cada carbono liga-se a três outros átomos de carbono. Nas camadas teremos uma grande quantidade de elétrons móveis devido à ressonância.

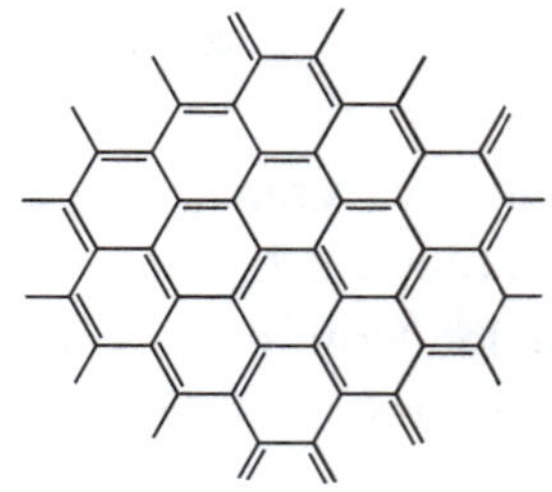

No sentido das camadas (plano horizontal), a grafita é um bom condutor de corrente elétrica (graças à liberdade de movimentação dos elétrons deslocalizados), mas, no sentido perpendicular a elas, é um condutor muito pobre.

A grafita é um cristal hexagonal de baixa dureza, pois as forças de London entre as camadas são fracas, por isso, a grafita é usada como lubrificante.

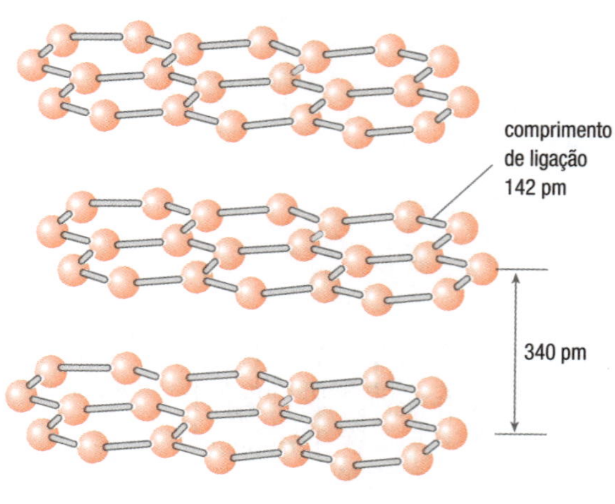

A grafita é um cristal covalente, pois temos uma macromolécula.

Os pontos de fusão e de ebulição são elevados nesses compostos, pois devem ser quebradas as fortes ligações covalentes entre os átomos de carbono.

Exercícios Série Prata

1. (UFS – SE) Wöhler conseguiu realizar a primeira síntese de substância dita "orgânica" a partir de uma substância dita "inorgânica". A substância obtida por Wöhler foi:

a) ureia.
b) ácido úrico.
c) ácido cítrico.
d) vitamina C.
e) acetona.

2. (UFRGS – RS) A síntese da ureia a partir de cianato de amônio, segundo a equação

$$NH_4^+ CNO^- \xrightarrow{500\ °C} CO(NH_2)_2$$

desenvolvida por Wöhler, em 1828, foi um marco na história da Química porque:

a) provou a possibilidade de se sintetizar compostos orgânicos a partir de inorgânicos.
b) foi a primeira síntese realizada em laboratório.
c) demonstrou que os compostos iônicos geram substâncias moleculares quando aquecidos.
d) trata-se do primeiro caso de equilíbrio químico homogêneo descoberto.
e) provou que o sal de amônio possui estrutura interna covalente.

3. (UEPB) Foram os químicos van't Hoff e Le Bel os primeiros cientistas a estudarem as geometrias reais do carbono e mostraram como estes átomos estariam dispostos no espaço. Outros cientistas como Planck, Einstein, Rutherford e Bohr contribuíram efetivamente na elaboração de novos conceitos no campo das estruturas atômicas e moleculares. Analise a estrutura do composto a seguir:

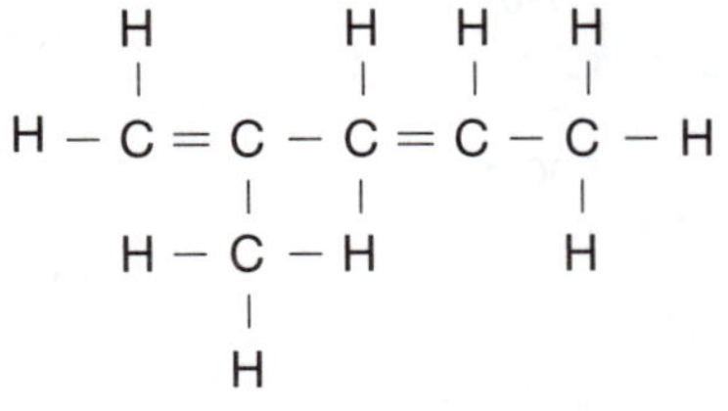

Com relação à geometria de cada carbono, podemos afirmar que na substância acima existem:

a) 4 carbonos trigonais e 2 carbonos tetraédricos.
b) 2 carbonos trigonais e 4 tetraédricos.
c) 2 carbonos trigonais, 2 carbonos tetraédricos e 2 carbonos lineares.
d) 3 carbonos trigonais, 2 carbonos tetraédricos e 1 carbono linear.
e) 1 carbono trigonal, 1 carbono tetraédrico e 4 carbonos lineares.

4. (UNIP – SP) A estrutura abaixo pode representar:

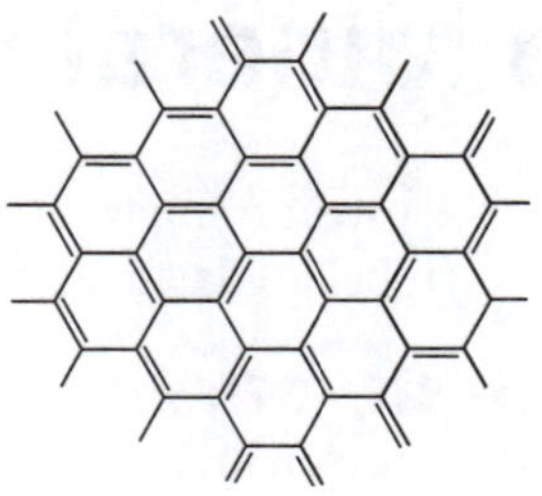

a) a grafita.
b) o fósforo branco.
c) o enxofre rômbico.
d) o diamante.
e) o fósforo vermelho.

5. (MAUÁ – SP) Um cristal de grafite é **anisotrópico**, ou seja, apresenta algumas propriedades diferentes ao longo de diferentes direções.

Ao longo de uma determinada direção, por exemplo, cristais de grafita apresentam condutividade elétrica muito maior do que ao longo de direção perpendicular a essa. Explique por quê.

6. (ITA – SP) Considere as seguintes afirmações a respeito das formas cristalinas do carbono:

I. As formas alotrópicas do carbono são: diamante, grafite e fulerenos.
II. O monocristal de grafite é bom condutor de corrente elétrica em uma direção, mas não é na direção perpendicular à essa.
III. O diamante é uma forma alotrópica metaestável do carbono nas condições normais de temperatura e pressão.
IV. Na grafita, as ligações químicas entre os átomos de carbono são tetraédricas.

Então, das afirmações acima, está(ão) CORRETA(S)

a) apenas I, II e III.
b) apenas I e III.
c) apenas II e IV.
d) apenas IV.
e) todas.

Capítulo 3

Fontes de Compostos Orgânicos I – Carvão Mineral

1. Origem do carvão mineral

O carvão mineral é uma mistura de um grande número de substâncias orgânicas, e sua composição e estrutura dependem das condições às quais esteve sujeito durante centenas de milhões de anos.

O carvão mineral é proveniente de vegetais terrestres soterrados há milhares de anos.

$$\text{Vegetais terrestres (árvores)} \xrightarrow{\text{muito tempo}} \text{carvão mineral}$$

2. Tipos de carvão mineral

O calor e a pressão começaram a provocar transformações nessa massa vegetal, originando o carvão mineral. Com o decorrer do tempo, substâncias voláteis foram eliminadas (CH_4, CO_2, H_2O etc.), aumentando o teor de carbono, e esses depósitos receberam nomes diferentes de acordo com teor de carbono:

	Madeira	Turfa	Linhito	Hulha	Antracito	Grafita
Teor de carbono	50%	60%	70%	80%	90%	100%

milhões de anos →

eliminação de H, O e outros elementos na forma de gases →

aumento de teor de carbono →

A tabela a seguir apresenta algumas características, em valores aproximados, referentes aos diferentes tipos de carvão.

Característica	Turfa	Linhito	Hulha (carvão betuminoso)	Antracito
densidade (kg/m³)	1.000	1.000 a 1.300	1.200 a 1.500	1.300 a 1.700
carbono (%)	55	65 a 75	75 a 90	90 a 94
hidrogênio (%)	6	5	4,5 a 5,5	2 a 4
oxigênio (%)	33	25	3 a 11	4 a 8
poder calorífico (cal/g)	4.000 a 5.700	≤ 5.700	5.700 a 8.100	8.200 a 9.200

3. Carvão mineral como fonte de combustíveis

Uma vez que o carvão mineral possui alto teor de carbono, ele é um excelente combustível. A combustão completa do carvão pode, de forma simplificada, ser equacionada quimicamente como:

$$C(s) + O_2(g) \longrightarrow CO_2(g)$$

O carvão mineral não é constituído somente por carbono. Contém hidrogênio, oxigênio, nitrogênio e enxofre.

A figura mostra uma parte do carvão mineral, e as flechas indicam ligações fracas, as primeiras a se romperem quando o carvão é aquecido.

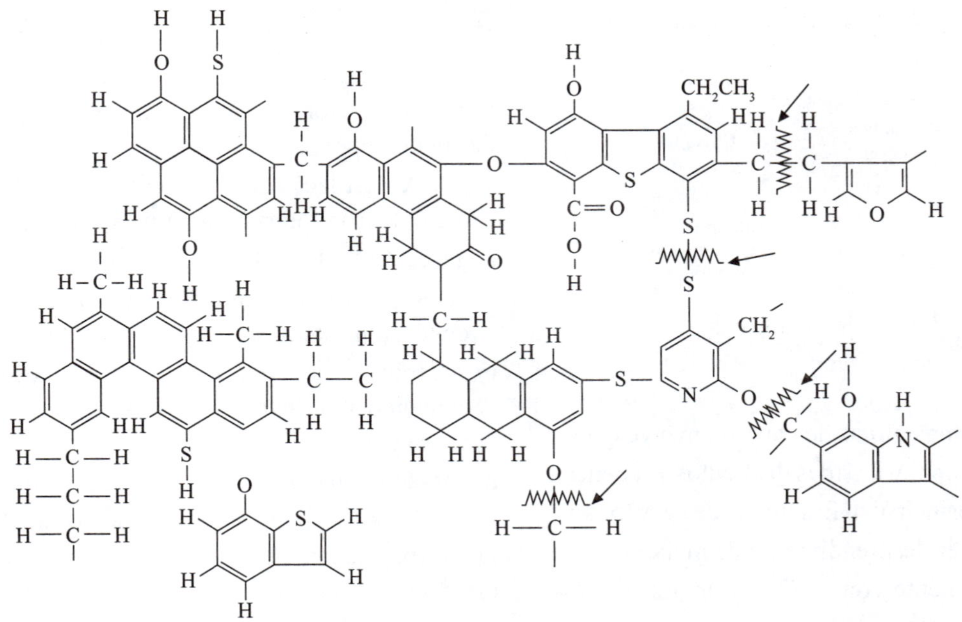

Com o advento do petróleo e seus derivados, que passaram a ser largamente empregados no século XX, o uso do carvão mineral como combustível declinou. Ele é mais difícil de usar que o petróleo e sua queima polui significativamente o ar com dióxido de enxofre (SO_2), resultado da combustão do enxofre nele presente e compostos de enxofre como a pirita (FeS_2).

$$2\,FeS_2 + \frac{11}{2}\,O_2 \longrightarrow Fe_2O_3 + 4\,SO_2$$

(ustulação da pirita)

Em minas de carvão também é comum ocorrer despreendimento de CH_4 que, juntamente com o O_2 do ar, forma uma mistura altamente explosiva chamada de **grisu**.

4. Carvão mineral como fonte de compostos orgânicos

Utiliza-se a hulha por apresentar a maior quantidade de compostos orgânicos.

A hulha é aquecida em torno de 1.000 °C (destilação seca) na ausência de oxigênio conforme o esquema a seguir.

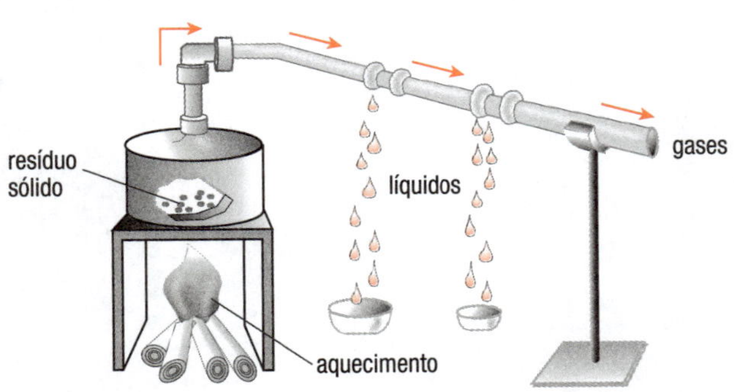

São obtidas as seguintes frações:

I. gás de rua ou gás de iluminação

A mistura gasosa é aproveitada como combustível (H_2, CH_4, CO, CO_2, C_2H_6...)

II. águas amoniacais

Mistura líquida contendo sais de amônio (NH_4NO_3, $(NH_4)_2SO_4$...) usada na fabricação de fertilizantes.

III. alcatrão da hulha

Trata-se de uma mistura líquida oleosa e escura formada por inúmeros compostos aromáticos, por exemplo:

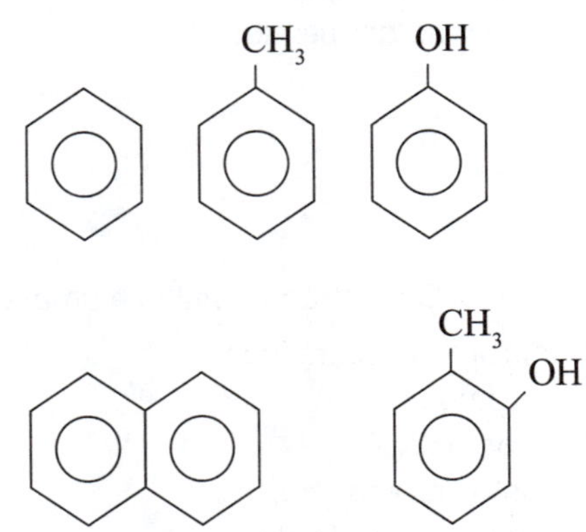

IV. carvão coque (maior quantidade)

Resíduo sólido rico em carbono usado na siderúrgica, gás-d'água, carbureto etc.

$$C(s) + H_2O(g) \longrightarrow \underbrace{CO(g) + H_2(g)}_{\text{gás-d'água}}$$

4. Fluxograma da destilação seca da hulha

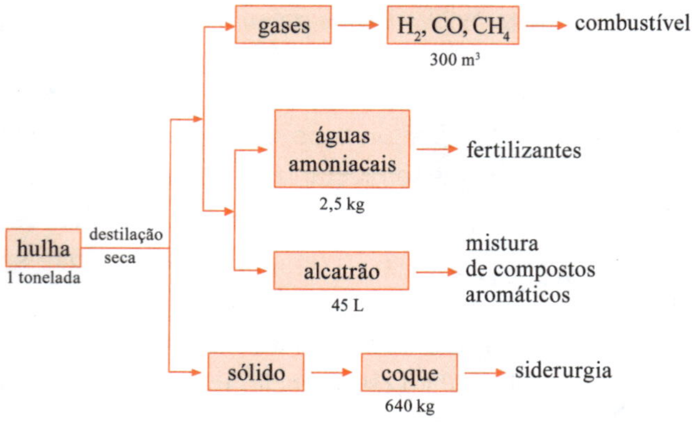

A exploração das minas de carvão envolve consideráveis riscos aos operários (desabamentos e doenças pulmonares são os principais). Em minas de carvão também é comum ocorrer desprendimento de metano (combustível) que, juntamente com o O_2 do ar, forma uma mistura altamente explosiva chamada de grisu (basta uma faísca para provocar a explosão).

5. Destilação seca da madeira

A madeira (50% de C) é constituída por muitas substâncias, entre as quais a celulose ($C_6H_{10}O_5$) é uma das mais importantes.

A destilação seca da madeira (a 400 °C, fora do contato do ar) produz as seguintes frações:

a) gases: CO, CO_2, CH_4, H_2, C_2H_6 etc.;

b) ácido pirolenhoso: água, ácido acético, álcool metílico, acetona etc.;

c) alcatrão de madeira: mistura de compostos orgânicos contendo inclusive compostos de cadeia cíclica não aromática;

d) carvão de madeira.

Como o álcool metílico ou metanol era antigamente produzido pelo aquecimento da madeira, ele é também chamado de álcool da madeira.

Exercícios Série Prata

1. (FESP – PE) A hulha é uma variedade de carvão, de origem ______________, que, por destilação seca, produz ______________ em maior quantidade, além do ______________, que é de grande importância para a indústria química". Assinalar qual a melhor complementação dessa frase.

a) animal/ureia/amoníaco
b) vegetal/carvão coque/amoníaco
c) vegetal/alcatrão/carvão coque
d) vegetal/carvão coque/alcatrão
e) animal/carvão coque/alcatrão

2. (UFRGS – RS) O alcatrão da hulha é uma fonte de:

a) hidrocarbonetos alifáticos.
b) gases combustíveis.
c) óleos comestíveis.
d) compostos aromáticos.
e) hidrocarbonetos alicíclicos.

3. (ACAFE – SC) Denomina-se grisu a mistura gasosa, altamente explosiva, que se forma nas minas de carvão. Os gases que constituem essa mistura são:

a) etano e propano.
b) butano e hidrogênio.
c) metano e oxigênio.
d) propano e metano.
e) oxigênio.

4. (FUVEST – SP) Existem vários tipos de carvão mineral, cujas composições podem variar, conforme exemplifica a tabela a seguir.

Tipo de carvão	Unidade (% em massa)	Material volátil* (% em massa)	Carbono não volátil (% em massa)	Outros constituintes** (% em massa)
antracito	3,9	4,0	84,0	8,1
betuminoso	2,3	19,6	65,8	12,3
sub-betuminoso	22,2	32,2	40,3	5,3
lignito	36,8	27,8	30,2	5,2

* Considere semelhante a composição do material volátil para os quatro tipos de carvão.

** Dentre os outros constituintes, o principal composto é a pirita, $Fe^{2+}S_2^{2-}$.

a) Qual desses tipos de carvão deve apresentar menor poder calorífico (energia liberada na combustão por unidade de massa de material)? Explique sua resposta.

b) Qual desses tipos de carvão deve liberar maior quantidade de gás poluente (sem considerar CO e CO_2) por unidade de massa queimada? Justifique sua resposta.

c) Escreva a equação química balanceada que representa a formação do gás poluente a que se refere o item b (sem considerar CO e CO_2).

d) Calcule o calor liberado na combustão completa de $1{,}00 \cdot 10^3$ kg de antracito (considere apenas porcentagem de carbono não volátil).

Dados: entalpia de formação do dióxido de carbono: gasoso $= -400$ kJ/mol, massa molar do carbono $= 12$ g/mol.

Capítulo 4

Fontes de Compostos Orgânicos II – Petróleo – Gás Natural

1. Formação do petróleo

O petróleo tem sua origem em pequenos animais marinhos, plâncton e vegetação típica de regiões que foram soterradas há milhões de anos. Pela ação de microrganismos, da pressão, do calor e do tempo, essa matéria orgânica foi transformada em petróleo e gás natural (principal componente: metano).

Esquematizando temos:

$$\text{seres animais e vegetais} \xrightarrow[\text{recurso não renovável}]{\text{muito tempo}} \text{petróleo e gás natural}$$

O petróleo é um líquido escuro, oleoso, formado por milhares de compostos orgânicos, com grande predominância de **hidrocarbonetos**.

Além dos hidrocarbonetos, existem no petróleo, em pequenas quantidades, substâncias contendo nitrogênio, oxigênio e enxofre. Este último é a pior impureza existente no petróleo, estando presente na forma de substância simples (S), de gás sulfídrico (H_2S) e também na composição de substâncias orgânicas. O enxofre tende a se acumular nas frações mais pesadas (óleos). O enxofre deve ser retirado dos combustíveis, pois causa mau cheiro aos produtos da queima, atrapalha o funcionamento do motor e faz com que o combustível fique corrosivo. É também um dos responsáveis pelo fenômeno da chuva ácida.

2. Ocorrência do petróleo

O petróleo é encontrado no subsolo da crosta terrestre (em terra firme ou mar). O petróleo é retirado através de perfurações que atingem o poço petrolífero.

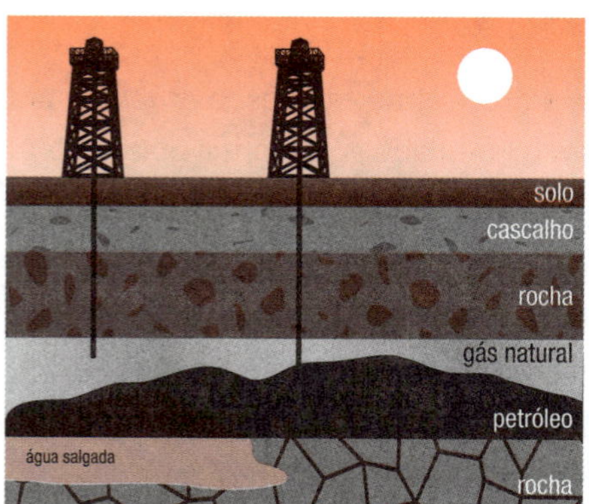

ZSSCHREINER/SHUTTERSTOCK

Sua composição química varia de acordo com a região perfurada. Os principais tipos de petróleo são:

- base parafínica: predominam alcanos (90%) (petróleo brasileiro).
- base asfáltica: predominam hidrocarbonetos de massa molar elevada.
- base naftênica: apresenta de 15% a 20% de ciclanos.
- base aromática: apresenta de 25% a 30% de aromáticos.

3. Fracionamento do petróleo

O petróleo é submetido a processos mecânicos de purificação: por **decantação**, é separada a água salgada; por **filtração**, separa-se a matéria em suspensão (particularmente a areia e a argila) etc.

O petróleo, na forma em que é extraído, não apresenta praticamente aplicação comercial, sendo necessária a sua separação em diferentes frações. Após o tratamento mecânico, o petróleo é submetido a um processo de fracionamento.

Para separar as principais frações do petróleo, usa-se o processo de **destilação fracionada**.

A torre de destilação é uma coluna de aço inox cheia de obstáculos (bandejas) em seu interior e com saídas laterais.

O petróleo é aquecido a cerca de 400 °C para produzir uma mistura de vapores e líquido que entram na coluna de fracionamento. O vapor sobe pela coluna e vai condensando em vários pontos ao longo da torre. A liquefação ocorre nas bandejas instaladas no interior da torre.

As moléculas menores (hidrocarbonetos com baixos pontos de ebulição) conseguem contornar essas bandejas e chegar ao topo da torre. Moléculas de hidrocarbonetos com ponto de ebulição mais alto não conseguem chegar ao topo, isto é, liquefazem, acumulando-se nos diversos níveis da torre. As frações obtidas são misturas de hidrocarbonetos que apresentam pontos de ebulição próximos.

O esquema a seguir mostra a torre de fracionamento e as frações obtidas.

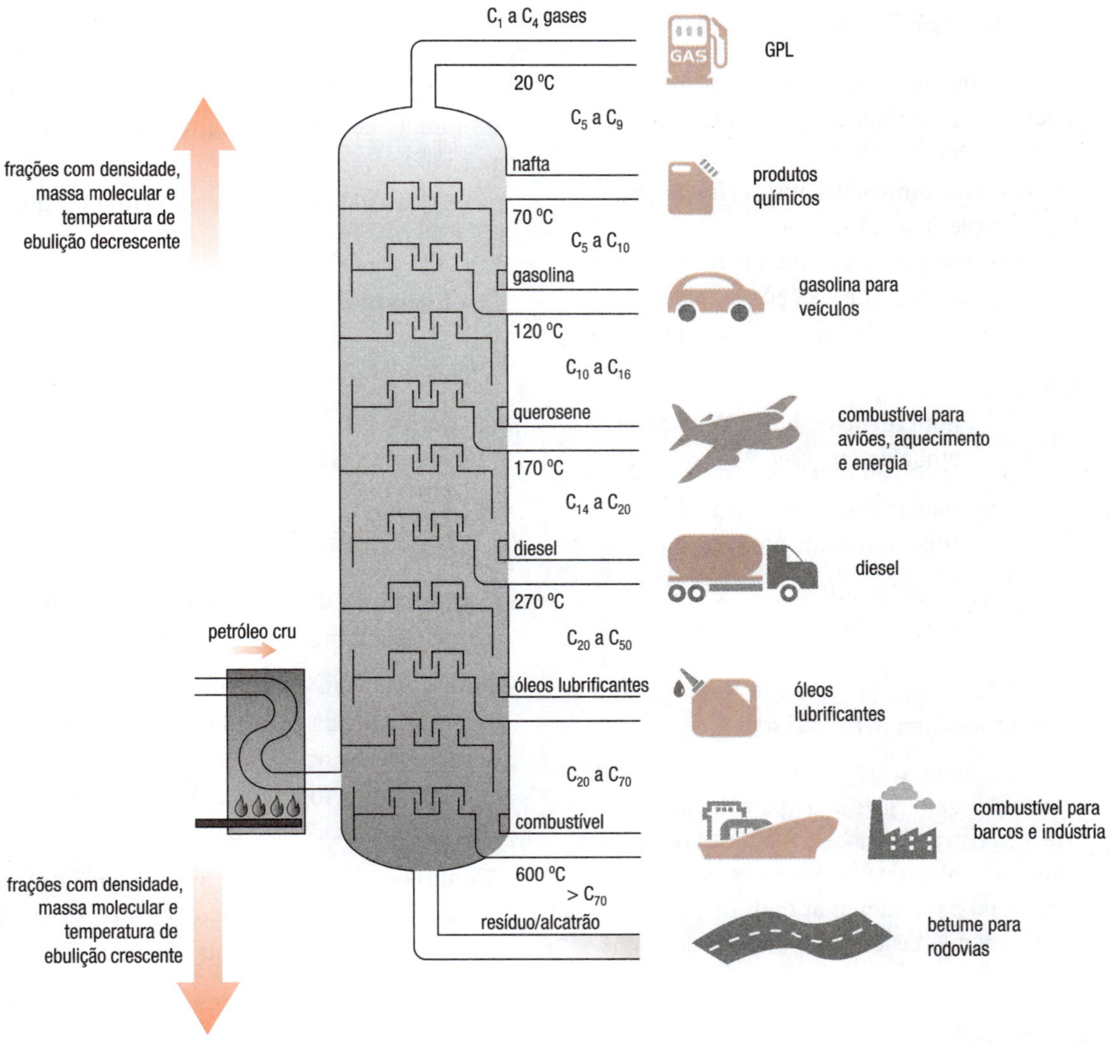

ANA OLÍVIA JUSTO/acervo da editora

Importante: fração gasosa < gasolina < querosene < óleo

$$\xrightarrow{\text{número de átomos de carbono aumenta}}$$

Observação: piche ou betume – material escuro e pegajoso, em mistura com pedra, para fazer o asfalto para pavimentação.

4. *Cracking* ou craqueamento catalítico do petróleo

A fração de maior consumo é a fração gasolina. A porcentagem de gasolina no petróleo varia de acordo com a sua procedência, mas em média é de 10%.

Cada barril de petróleo origina, em média, 24 L de gasolina por destilação fracionada. O **barril** (159 L) é a unidade de volume habitualmente usada no comércio do petróleo.

Para aumentar a quantidade de gasolina, utiliza-se um processo chamado *cracking*, que consiste em quebrar as moléculas maiores. Isto é feito com o aquecimento das frações mais pesadas que a gasolina na presença de catalisadores, para obter hidrocarbonetos de cadeias menores (componentes de gasolina).

$$\text{Molécula grande} \xrightarrow[\text{cat.}]{\Delta} \text{Moléculas menores}$$

Exemplo:

$$C_{16}H_{34} \xrightarrow[\text{cat.}]{500\ °C} C_8H_{18} + C_8H_{16}$$

hexadecano — componente da gasolina — octeno (uma das reações que ocorrem)

Em valores aproximados, o *cracking* praticamente triplica a quantidade de gasolina obtida do petróleo.

A ruptura da cadeia carbônica pode ocorrer em qualquer ligação C – C, por isso o *cracking* produz uma mistura de vários hidrocarbonetos com cadeias carbônicas menores.

Através do *cracking*, obtêm-se compostos importantes, tais como **eteno** ou **etileno** (C_2H_4), **etino** ou **acetileno** (C_4H_2) e **hidrogênio** (H_2).

5. Indústria petroquímica

É um dos ramos da indústria química que utiliza derivados do petróleo como matéria-prima para a fabricação de novos materiais.

A indústria petroquímica usa **nafta** (fração obtida da destilação do petróleo) que por meio do *cracking* e de outros processos transforma essa nafta em eteno, propeno, butadieno e benzeno etc., que são, em seguida, transformados em um número enorme de produtos químicos.

Exemplo:

etileno →
- polietileno de baixa densidade: embalagens, sacos de leite etc.
- polietileno de alta densidade: frascos, brinquedos etc.
- óxido de etileno: poliéster, celofanes, detergentes industriais etc.

Conclusão: o petróleo é uma importante fonte de combustíveis e de matéria-prima para indústria.

Nota: a Petrobras anunciou no dia 8 de novembro de 2007 a descoberta da maior jazida de petróleo do Brasil de volume estimado entre 5 bilhões e 8 bilhões de barris, na Bacia de Santos. O bloco, temporariamente chamado de Tupi, tem potencial para aumentar mais de 50% as reservas brasileiras, calculadas em 14,4 bilhões de barris.

6. Gás natural

A expressão "gás natural" indica uma mistura de hidrocarbonetos gasosos, de baixa massa molecular, encontrada em rochas porosas no subsolo. Em média, temos:

gás natural
- metano (70% a 99%)
- etano, propano, butano, N_2, CO_2, H_2S, He

O principal componente do gás natural é o metano (CH_4).

O gás natural é frequentemente encontrado acima do petróleo e, devido à alta pressão, dissolvido no petróleo. O gás natural também pode ser encontrado em reservatórios nos quais a quantidade de petróleo é muito pequena ou até inexistente (Bolívia).

O gás natural, após a extração, segue para a UPGN (Unidade de Processamento de Gás Natural).

gás natural $\xrightarrow{\text{compressão}}$
- gás processado: contém metano e etano
- GPL (gás liquefeito de petróleo) contém propano e butano

O gás natural é cada vez mais utilizado como combustível, pois tem a vantagem de ser pouco poluente. O GNV (gás natural veicular) já é usado, há vários anos, em algumas cidades brasileiras, como combustível automotivo.

O gás natural é matéria-prima na indústria química.

Exemplo:

$$\underset{\text{gás natural}}{CH_4} + \frac{1}{2} O_2 \xrightarrow[\text{catalisadores}]{500\ °C,\ 15\ atm} \underset{\text{metanol}}{CH_3OH}$$

7. Biogás

a) **Componentes do biogás:** o biogás é uma mistura gasosa formada principalmente de CH_4, CO_2 e H_2S.

b) **Biodigestor anaeróbico:** o biodigestor é um recipiente usado para a produção de biogás, uma mistura de gases – principalmente metano – produzida por bactérias que digerem matéria orgânica em condições anaeróbicas (isto é, em ausência de oxigênio).

c) **Biomassa:** a matéria orgânica (biomassa) usada para produzir o biogás é bagaço de cana, cascas de frutas, sobras de comida, fezes, urina etc.

Biomassa $\xrightarrow{\text{biodigestor}}$
- biogás: combustível
- resíduo: fertilizante

O principal componente da biomassa é a celulose, que se decompõe anaerobicamente da seguinte maneira:

$$(C_6H_{10}O_5)_n + nH_2O \rightarrow 3\ nCH_4 + 3\ nCO_2$$

Atenção: essa reação ocorre nos pântanos, onde há vegetais submersos. Devido a esse fato, o **metano** é chamado de **gás dos pântanos**.

8. Gasolixo

Nos aterros sanitários lixo e terra são depositados em camadas sucessivas, propiciando a decomposição anaeróbica do material orgânico. A mistura gasosa, rica em CH_4, assim obtida, é denominada gasolixo.

Nota: uma vaca no pasto pode liberar por dia até 600 litros de gás metano, produzido pela presença de microrganismos existentes em seu intestino. Esse fato contribui para o aumento do efeito estufa.

Exercícios Série Prata

1. (ENEM) Para compreender o processo de exploração e o consumo dos recursos petrolíferos, é fundamental conhecer a gênese e o processo de formação do petróleo descrito no texto abaixo.

> "O petróleo é um combustível fóssil, originado provavelmente de restos de vida aquática acumulados no fundo dos oceanos primitivos e coberto por sedimentos.
>
> O tempo e a pressão de sedimento sobre o material depositado no fundo do mar transformaram esses restos em massas viscosas de coloração negra denominadas jazidas de petróleo."
>
> Adaptado de: TUNDISI, **Usos de Energia**. São Paulo: Atual, 1991.

As informações do texto permitem afirmar que:

a) O petróleo é um recurso energético renovável a curto prazo, em razão de sua constante formação geológica.
b) A exploração de petróleo é realizada apenas em áreas marinhas.
c) A extração e o aproveitamento do petróleo são atividades não poluentes dada sua origem natural.
d) O petróleo é um recurso energético distribuído homogeneamente, em todas as regiões, independentemente da sua origem.
e) O petróleo é um recurso não renovável a curto prazo, explorado em áreas continentais de origem marinha ou em áreas submarinas.

2. (ESPM – SP) O desenho mostra esquematicamente o equipamento utilizado nas refinarias para efetuar a destilação fracionada do petróleo e a sequência dos produtos A, B e C.

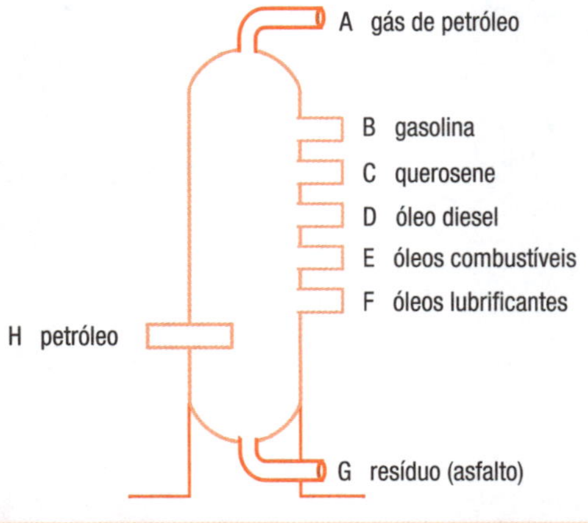

Os gases obtidos na primeira etapa são:

a) metano, etano, propileno e butano.
b) etanol, propanol, metanol e butanol.
c) benzeno, fenol, etileno e metanol.
d) metano, etano, propano e butano.

3. (FUVEST – SP) A figura mostra esquematicamente o equipamento utilizado nas refinarias para efetuar a destilação fracionada do petróleo. Os produtos recolhidos em I, II, III e IV são, respectivamente:

a) gás de cozinha, gasolina, óleo diesel e asfalto.
b) álcool, asfalto, óleo diesel e gasolina.
c) asfalto, gasolina, óleo diesel e acetona.
d) gasolina, óleo diesel, gás de cozinha e asfalto.
e) querosene, gasolina, óleo diesel e gás de cozinha.

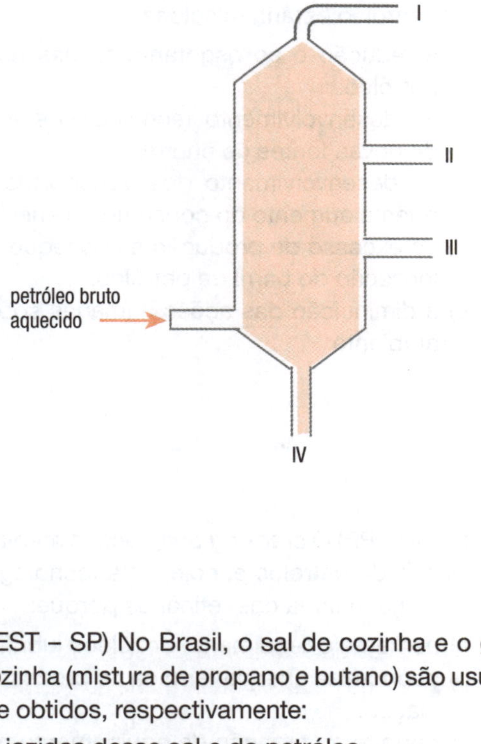

4. (FUVEST – SP) No Brasil, o sal de cozinha e o gás de cozinha (mistura de propano e butano) são usualmente obtidos, respectivamente:

a) de jazidas desse sal e do petróleo.
b) de jazidas desse sal e do gás natural.
c) da água do mar e do lixo orgânico.
d) da indústria cloro-álcali e do gás natural.
e) da água do mar e do petróleo.

5. (FUVEST - SP) O gás engarrafado, usualmente consumido como combustível em fogões, é:

a) produzido em laboratório, pela reação entre hidrogênio e carbono.
b) obtido na destilação fracionada da madeira.
c) mistura de hidrocarbonetos derivados do petróleo.
d) mistura de compostos orgânicos pertencentes a diferentes funções químicas.
e) uma substância química pura.

6. (ENEM) "A idade da pedra chegou ao fim, não porque faltassem pedras; a era do petróleo chegará igualmente ao fim, mas não por falta de petróleo."

Xeque Yamani, ex-Ministro do Petróleo da Arábia Saudita.
O Estado de S. Paulo, 20 ago. 2001.

Considerando as características que envolvem a utilização das matérias-primas citadas no texto em diferentes contextos histórico-geográficos, é correto afirmar que, de acordo com o autor, a exemplo do que aconteceu na idade da Pedra, o fim da era do petróleo estaria relacionado

a) á redução e ao esgotamento das reservas de petróleo.
b) ao desenvolvimento tecnológico e à utilização de novas fontes de energia.
c) ao desenvolvimento dos transportes e consequente aumento do consumo de energia.
d) ao excesso de produção e consequente desvalorização do barril de petróleo.
e) á diminuição das ações humanas sobre o meio ambiente.

7. (FESP – PE) O *cracking* das frações médias da destilação do petróleo é, hoje, uma tecnologia empregada na maioria das refinarias porque:

a) aumenta o rendimento em óleos lubrificantes.
b) economiza energia térmica no processo de destilação.
c) permite a utilização de equipamento mais compacto.
d) facilita a destilação do petróleo.
e) aumenta o rendimento em frações leves.

8. (UNIFESP) Foram feitas as seguintes afirmações com relação à reação representada por:

$$C_{11}H_{24} \longrightarrow C_8H_{18} + C_3H_6$$

I. É uma reação que pode ser classificada como craqueamento.
II. Na reação, forma-se um dos principais constituintes da gasolina.
III. Um dos produtos da reação é uma gás a temperatura ambiente.

Quais das afirmações são verdadeiras?

a) I apenas.
b) I e II apenas.
c) I e III apenas.
d) II e III apenas.
e) I, II e III.

9. (ACAFE – SC) O gás natural, usado como combustível em indústrias, apresenta a vantagem de ser menos poluente que a gasolina, o álcool e o óleo diesel.

O principal componente do gás natural é:

a) butano.
b) propano.
c) metano.
d) metanol.
e) acetileno.

10. (FATEC – SP) O gás natural, constituído principalmente de metano (CH_4), está sendo utilizado como combustível para automóveis e outros veículos. O gás natural é mais seguro para essa utilização do que o gás liquefeito de petróleo – GLP (mistura de propano – C_3H_8, e butano – C_4H_{10}). Sobre isso, fazemos as seguintes afirmações:

I. Em caso de vazamento, o gás natural tende a subir e se dispersar na atmosfera, enquanto o GLP tende a acumular junto ao solo, aumentando o risco de explosão.
II. O gás natural é menos denso que o ar, enquanto o GLP é mais denso.
III. O gás natural é menos corrosivo para os tanques de combustível que o GLP, devido a sua baixa massa molar.

Dessas afirmações, são corretas:

a) apenas I.
b) apenas I e II.
c) apenas III.
d) apenas II e III.
e) I, II e III.

Dados: massas molares (g/mol): $CH_4 = 16$; ar (valor médio) $= 28{,}8$; propano $= 44$; butano $= 58$.

11. (MACKENZIE – SP) O gás metano, principal constituinte do gás natural, pode ser obtido:

I. Em bolsões naturais, assim como o petróleo.
II. Na fermentação de lixo orgânico doméstico e de excrementos de animais.
III. Na decomposição de vegetais no fundo dos lagos e pântanos.
IV. Na combustão total da madeira.

Estão corretas somente:

a) I e IV.
b) I, II e IV.
c) II e IV.
d) II e III.
e) I, II e III.

Capítulo 5

Nomenclatura de Hidrocarbonetos

1. Nomenclatura oficial (IUPAC)

Os compostos orgânicos recebem nomes oficiais que levam em consideração o número de carbonos (prefixo), os tipos de ligações entre eles (infixo) e a função a que pertencem as substâncias (sufixo).

Prefixo	Infixo	Sufixo

Prefixos: 1 C – met; 2 C – et; 3 C – prop; 4 C – but; 5 C – pent; 6 C – hex; 7 C – hept; 8 C – oct; 9 C – non; 10 C – dec

Infixo: simples: an; uma dupla: en; uma tripla: in; duas duplas; dien.

Sufixo: hidrocarboneto(o), álcool(ol), aldeído (al), cetona (ona) e ácido carboxílico (oico).

2. Hidrocarbonetos

São compostos orgânicos formados exclusivamente de carbono e hidrogênio.

Exemplos:

CH_4; $H_2C = CH_2$; $HC \equiv CH$; 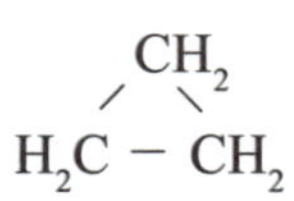

Sufixo: o.

Nota: o petróleo é uma mistura em que predomina hidrocarbonetos.

Alcanos ou **parafinas:** são hidrocarbonetos de cadeia aberta com simples ligações, cuja fórmula geral é C_nH_{2n+2}.

Exemplos:

CH_4	$H - \underset{\underset{H}{\vert}}{\overset{\overset{H}{\vert}}{C}} - H$	metano
C_2H_6	$H_3C - CH_3$	etano
C_3H_8	$H_3C - CH_2 - CH_3$	propano
C_4H_{10}	$H_3C - CH_2 - CH_2 - CH_3$	butano

Nota: gás liquefeito do petróleo (GLP): $C_3H_8 + C_4H_{10}$.

Alcenos ou **alquenos** ou **olefinas:** são hidrocarbonetos de cadeia aberta com uma dupla ligação, cuja fórmula é C_nH_{2n}.

Exemplos:

C_2H_4	$H_2C = CH_2$	eteno ou etileno
C_3H_6	$H_2C = CH - CH_3$	propeno

Para alcenos com 4 ou mais átomos de carbono devemos indicar a posição da dupla ligação na cadeia.

A numeração começa da extremidade mais próxima da dupla ligação e escrevendo, antes do infixo en, o menor dos dois números sobre os carbonos da dupla ligação.

C_4H_8	$H_3C - CH_2 - CH = CH_2$	but-1-eno
C_4H_8	$H_3C - CH = CH - CH_3$	but-2-eno

Isômeros são compostos com igual fórmula molecular, mas diferentes fórmulas estruturais.

Alcinos ou **alquinos:** são hidrocarbonetos de cadeia aberta com uma tripla ligação, cuja fórmula geral é C_nH_{2n-2}.

Exemplos:

C_2H_2	$HC \equiv CH$	etino ou acetileno
C_3H_4	$HC \equiv C - CH_3$	propino

Para alcinos com 4 ou mais átomos de carbono devemos indicar a posição da tripla ligação na cadeia.

A numeração começa da extremidade mais próxima da tripla ligação e escrevendo, antes do infixo in, o menor dos dois números sobre os carbonos da tripla ligação.

C_5H_8	$HC \equiv C - CH_2 - CH_2 - CH_3$	pent-1-ino
C_5H_8	$H_3C - C \equiv C - CH_2 - CH_3$	pent-2-ino

Alcadienos ou **dienos:** são hidrocarbonetos de cadeia aberta com duas duplas ligações, cuja fórmula geral é C_nH_{2n-2}.

Exemplos:

C_3H_4	$H_2C = C = CH_2$	propadieno

Para dienos com 4 ou mais átomos de carbono devemos indicar as posições das duas duplas ligações na cadeia. A numeração a partir da extremidade mais próxima das duas duplas ligações e escrevendo, antes do infixo dien, os menores números para cada carbono da dupla.

C_4H_6 $H_2C = C = CH - CH_3$ buta-1,2-dieno

C_4H_6 $H_2C = CH - CH = CH_2$ buta-1,3-dieno

Cicloalcanos, **ciclanos** ou **cicloparafinas:** são hidrocarbonetos de cadeia fechada com simples ligações, cuja fórmula geral é C_nH_{2n}.

Exemplos:

C_3H_6 $\overset{CH_2}{H_2C - CH_2}$ ou 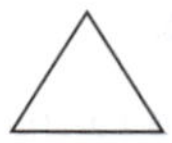 ciclopropano

C_5H_{10} 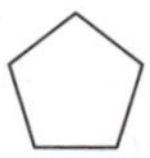 ciclopentano

C_4H_8 $\begin{matrix} H_2C - CH_2 \\ | \quad\quad | \\ H_2C - CH_2 \end{matrix}$ ou  ciclobutano

C_6H_{12}  ciclo-hexano

Hidrocarbonetos aromáticos: são hidrocarbonetos que apresentam pelos menos um anel benzênico em sua estrutura.

C_6H_6  ou 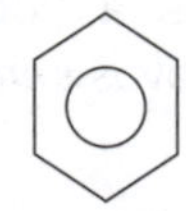 benzeno

$C_{10}H_8$ 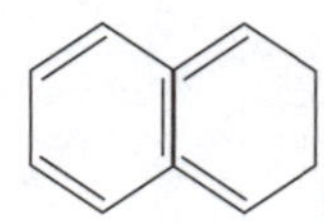 ou 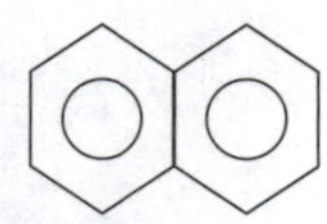 naftaleno

Exercícios Série Prata

1. Dê a nomenclatura oficial dos seguintes hidrocarbonetos:

a) $H_3C - CH = CH - CH_3$
b) $H_3C - CH = CH - CH = CH - CH_3$
c) $H_3C - C \equiv C - CH_2 - CH_3$
d) $H_2C = CH_2$

2. Dê as fórmulas estruturais dos hidrocarbonetos:

a) acetileno
b) etileno
c) 1-pentino (pent-1-ino)
d) 1,3-heptadieno (hepta-1,3-dieno)
e) butenino (but-1-en-3-ino)
f) 1,3-pentadi-ino (penta-1,3-di-ino)

3. (FATEC – SP) No modelo da foto a seguir, os átomos de carbono estão representados por esferas pretas e os de hidrogênio, por esferas brancas. As hastes representam ligações químicas covalentes, sendo que cada haste corresponde ao compartilhamento de um par de elétrons.

O modelo em questão está, portanto, representando a molécula de

a) etino.
b) eteno.
c) etano.
d) 2-butino.
e) n-butano.

4. (MACKENZIE – SP)

Cientistas "fotografam" molécula individual

Os átomos que formam uma molécula foram visualizados de forma mais nítida pela primeira vez, por meio de um microscópio de força atômica. A observação, feita por cientistas em Zurique (Suíça) e divulgada na revista Science, *representa um marco no que se refere aos campos de eletrônica molecular e nanotecnologia, além de um avanço no desenvolvimento e melhoria da tecnologia de dispositivos eletrônicos. De acordo com o jornal espanhol* El País, *a molécula de pentaceno pode ser usada em novos semicondutores orgânicos.*

Folha Online

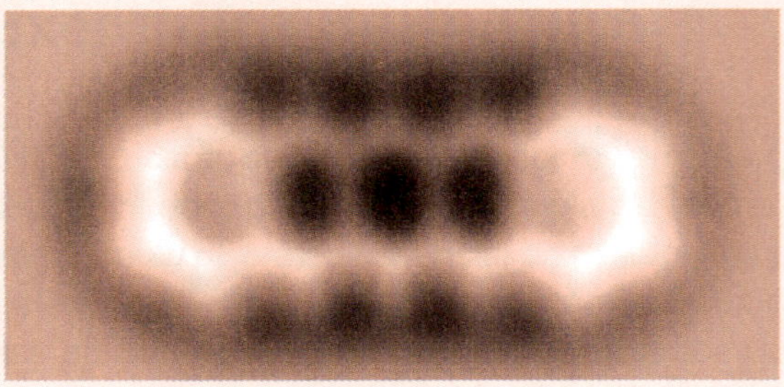

Acima, está a foto da molécula de pentaceno e, a seguir, a representação da sua fórmula estrutural.

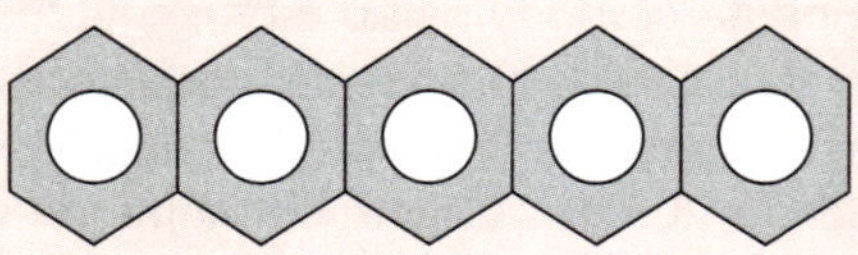

A respeito do pentaceno, são feitas as afirmações I, II, III e IV.

I. É uma molécula que apresenta cadeia carbônica aromática polinuclear.
II. A sua fórmula molecular é $C_{22}H_{14}$.
III. O pentaceno poderá ser utilizado na indústria eletrônica.
IV. Os átomos de carbono na estrutura acima possuem somente ligações simples.

Estão corretas

a) I, II, III e IV.
b) II, III e IV, apenas.
c) I, II e III, apenas.
d) I, III e IV, apenas.
e) I, II e IV, apenas.

Resolução:

Considere a fórmula:

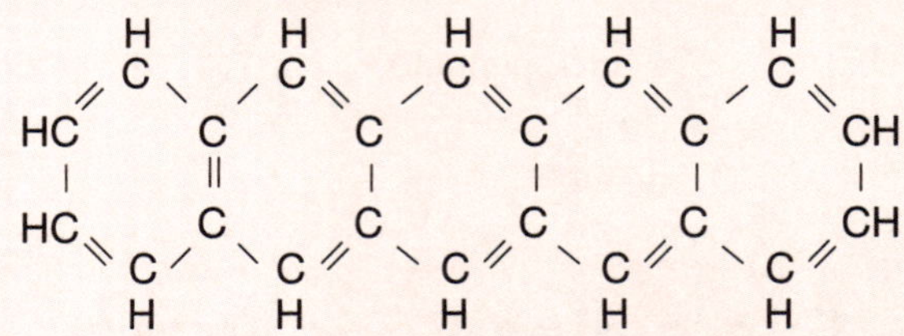

I. Verdadeira.
II. Verdadeira.
A fórmula molecular é $C_{22}H_{14}$.
III. Verdadeira.
IV. Falsa.

Os átomos de carbono no pentaceno possuem ligações duplas.

Resposta: alternativa c.

Exercícios Série Ouro

1. (MACKIENZIE – SP) Relativamente ao composto de fórmula estrutural $H_3C - CH_2 - CH_2 - CH_3$, considere as afirmações:

I. É um alcano.
II. Apresenta somente carbonos primários em sua estrutura.
III. Apresenta uma cadeia carbônica normal.
IV. Tem fórmula molecular C_4H_{10}.

São corretas somente:

a) I e II.
b) I e III.
c) II, III e IV.
d) I, III e IV.
e) I e IV.

2. Dê o nome dos seguintes hidrocarbonetos:

a) 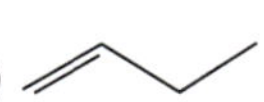 b) 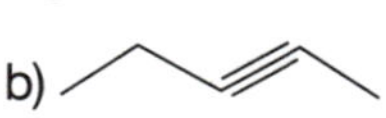 c) 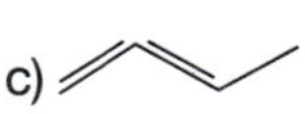

3. (UNISA – SP) Quantos carbonos existem no ciclano de menor massa molecular?

a) 3
b) 4
c) 5
d) 6
e) 7

4. (PUC – MG) O benzopireno é um composto aromático formado na combustão da hulha e do fumo. Pode ser encontrado em carnes grelhadas, em carvão ou em peças defumadas. Experiências em animais comprovaram sua potente ação cancerígena. Apresenta a seguinte fórmula estrutural:

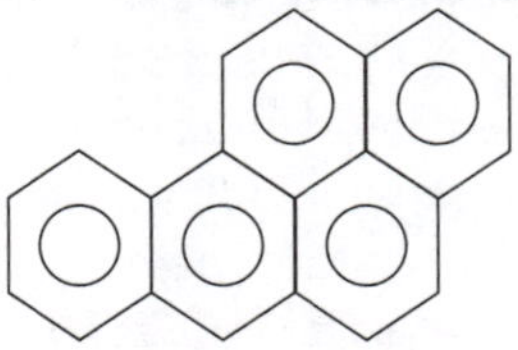

Sua fórmula molecular é:

a) $C_{22}H_{14}$
b) $C_{20}H_{20}$
c) $C_{22}H_{18}$
d) $C_{20}H_{14}$
e) $C_{20}H_{12}$

Capítulo 6

Nomenclatura de Hidrocarbonetos Ramificados

1. Cadeia ramificada

Cadeia ramificada é uma cadeia aberta com mais de duas extremidades (carbonos nas laterais da cadeia).

Exemplos:

$$H_3C - \underset{\underset{CH_3}{|}}{CH} - CH_2 - CH_3$$

$$H_3C - \underset{\underset{CH_3}{|}}{\overset{\overset{CH_3}{|}}{C}} - CH_2 - \underset{\underset{CH_3}{|}}{CH} - CH_3$$

A nomenclatura dos carbonos nas laterais (ramificações) é igual à dos grupos orgânicos.

2. Grupos orgânicos

São grupos de átomos presentes em uma molécula orgânica que recebem nomes para facilitar a nomenclatura dos compostos orgânicos.

Exemplo:

$$H_3C - \underset{\underset{CH_3}{|}}{CH} - CH_3$$ nome: 2-metilpropano

CH_3 ← grupo orgânico (metil)

O nome de um grupo orgânico é dado da seguinte maneira:

pref + il ou **pref + ila**

Grupo alquila: grupo orgânico obtido pela retirada de um átomo de hidrogênio de um alcano.

$- CH_3$ metil

$- CH_2 - CH_3$ etil

$- CH_2 - CH_2 - CH_3$ propil

$- \underset{\underset{CH_3}{|}}{CH} - CH_3$ isopropil

$- CH_2 - CH_2 - CH_2 - CH_3$ butil

$CH_3 - \overset{|}{CH} - CH_2 - CH_3$ s-butil ou sec-butil

$- CH_2 - \underset{\underset{CH_3}{|}}{CH} - CH_3$ isobutil

$H_3C - \underset{\underset{CH_3}{|}}{\overset{|}{C}} - CH_3$ t-butil ou terc-butil

Outros grupos importantes são: $H_2C = CH -$ vinil ou etenil

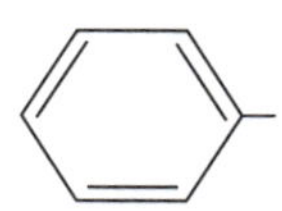 fenil (retirada de 1 H de benzeno) ou $C_6H_5 -$

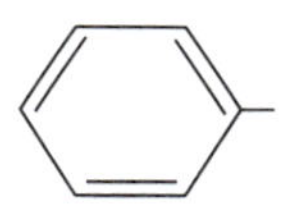 $CH_2 -$ benzil (retirado de 1 H do CH_3 do 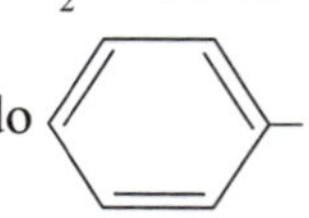 CH_3) ou $C_7H_6 -$

Não existe um composto chamado metil nem um composto chamado etil. Metil e etil são nomes dados a pedaços de moléculas.

Exemplos:

$CH_3 - \underset{\underset{CH_3}{|}}{CH} - CH_3$ 2-metilpropano (o grupo metil ligado ao propano)

$CH_3 - CH_2 - Cl$ cloreto de etila (o grupo etila ligado ao cloro)

3. Nomenclatura de alcano de cadeia ramificada – 1993

Regra 1: determine a cadeia principal e seu nome.

Cadeia principal: é a maior sequência de átomos de carbono, que não estão necessariamente representados em linha reta. Em caso de duas sequências longas, é a mais ramificada. Os carbonos que não fazem parte da cadeia principal pertencem às ramificações.

Exemplos:

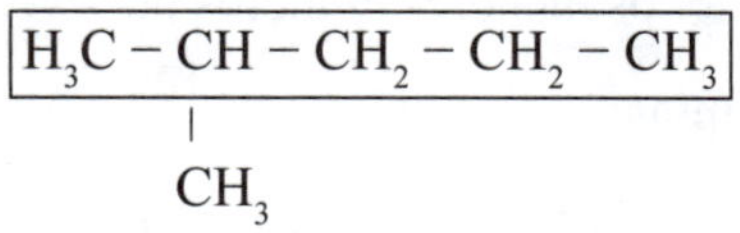

1 ramificação

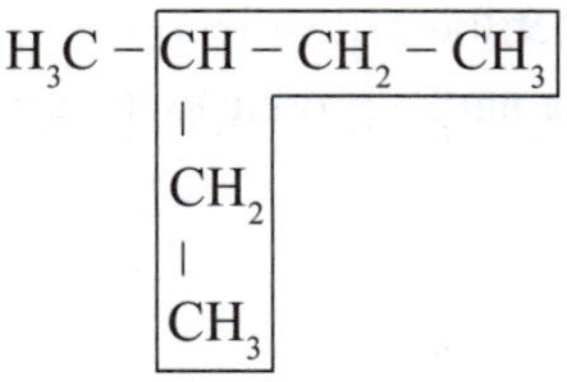

1 ramificação

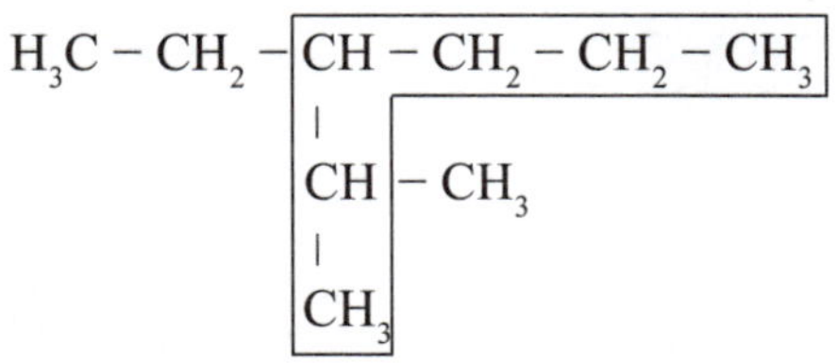

2 ramificações

Regra 2: reconhecer a(s) ramificação(ões).

Se houver ramificações iguais usar os prefixos **di**, **tri**, **tetra** etc.

dimetil

Se houver ramificações diferentes devem ser escritas em ordem alfabética, sem considerar os prefixos di, tri, tetra etc., e também sec e terc, mas não **iso**.

Exemplo:

etil	**i**sopropil	**m**etil	**p**ropil
1º lugar	2º lugar	3º lugar	4º lugar

ordem alfabética →

Regra 3: numerar a cadeia principal de modo a obter os menores números possíveis para indicar as posições das ramificações.

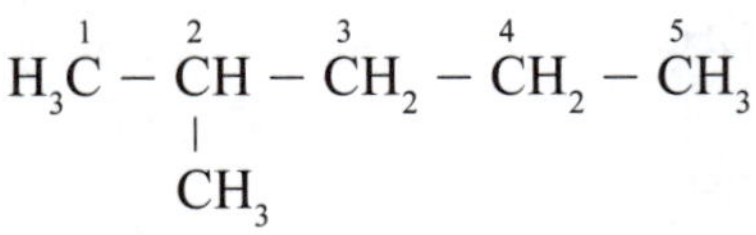

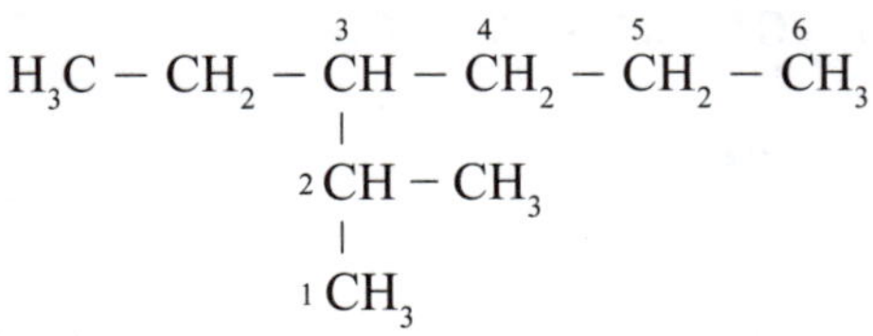

Regra 4: escreva o nome do composto obedecendo à seguinte ordem geral:

[número do carbono ramificado] - (hífen) [nome da ramificação] [nome da cadeia principal]

Exemplos:

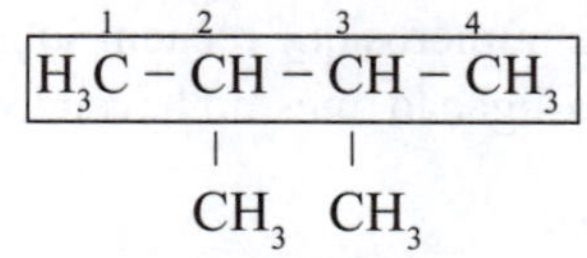

2,3-dimetilbutano

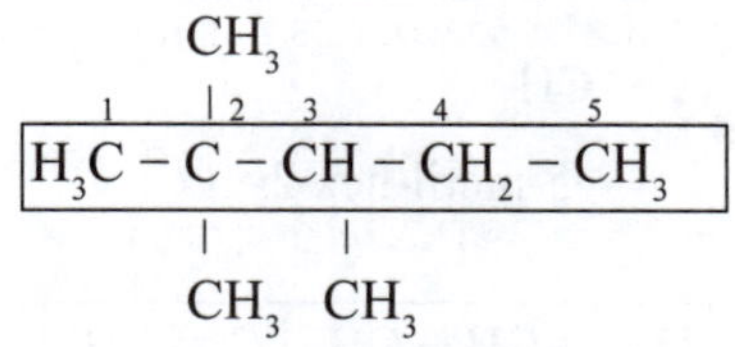

2,2,3-trimetilpentano

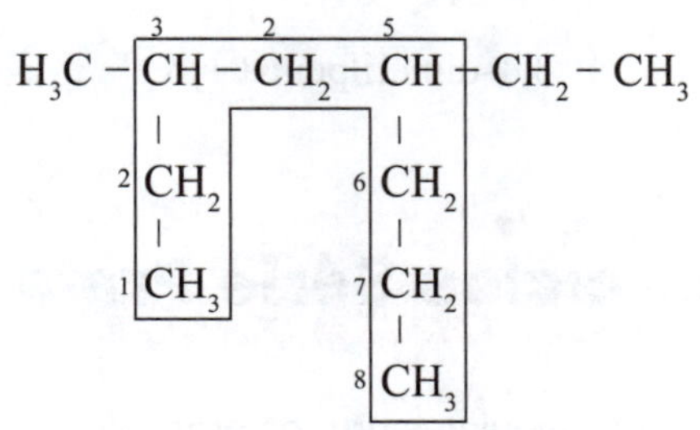

5-etil-3-metiloctano

4. Nomenclatura de alqueno, alceno ou olefina ramificada

Para alcenos com 4 ou mais átomos de carbono devemos indicar a posição da dupla-ligação na cadeia. A numeração começa da extremidade mais próxima da dupla-ligação e escrevendo, antes do **infixo en**, o menor dos dois números que recaem sobre os átomos de carbono da dupla-ligação, mesmo havendo **ramificação**.

Exemplos:

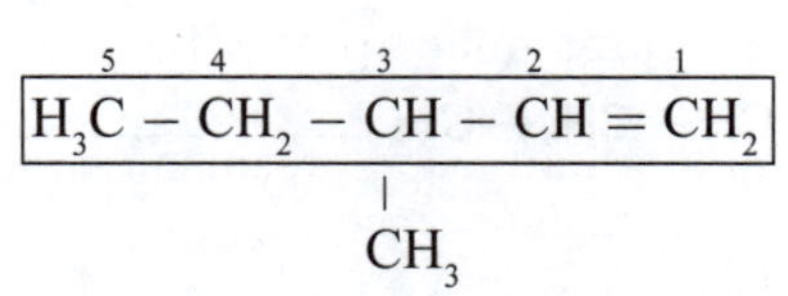

3-metilpent-1-eno

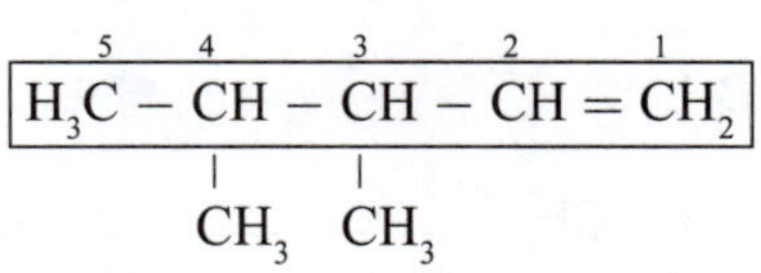

3,4-dimetilpent-1-eno

5. Nomenclatura de alquino ou alcino ramificado

Para alcinos com 4 ou mais átomos de carbono devemos indicar a posição da tripla-ligação na cadeia. A numeração começa da extremidade mais próxima da tripla-ligação e escrevendo, antes do **infixo in**, o menor dos dois números que recaem sobre os átomos de carbono da tripla-ligação, mesmo havendo **ramificação**.

Exemplos:

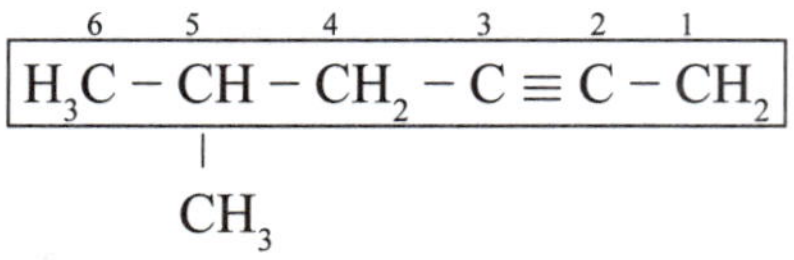

5-metil-hex-2-ino

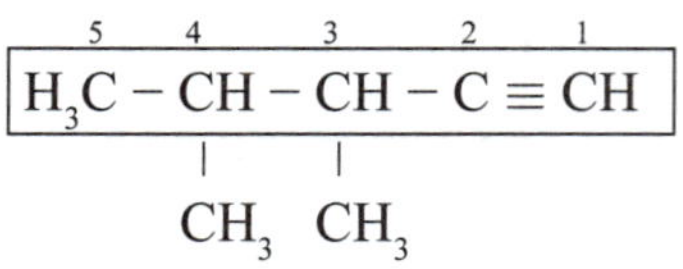

3,4-dimetilpent-1-ino

6. Nomenclatura de alcadieno ou dieno ramificado

A sua nomenclatura segue as mesmas regras para os outros hidrocarbonetos insaturados. As duplas-ligações devem ter os menores números possíveis.

Exemplos:

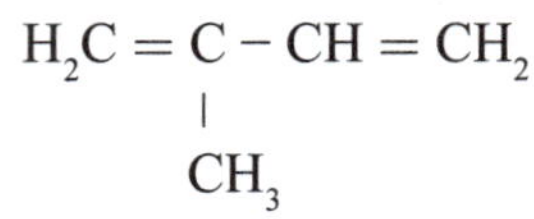

2-metilbuta-1,3-dieno(isopreno)

matéria-prima para a produção da borracha natural

Exercícios Série Prata

Dê o nome dos seguintes grupos orgânicos.

1. H_3C- ____________________

2. CH_3-CH_2- ____________________

3. $CH_3-CH_2-CH_2-$ ____________________

4. 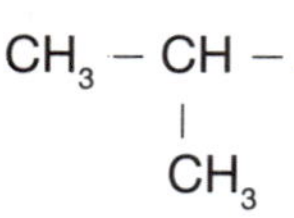 ____________________

5. $CH_3-CH_2-CH_2-CH_2-$ ____________________

6. 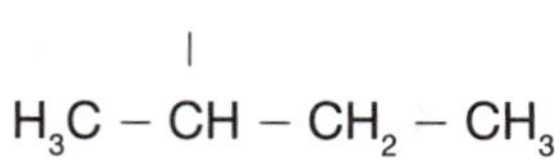 ____________________

7. 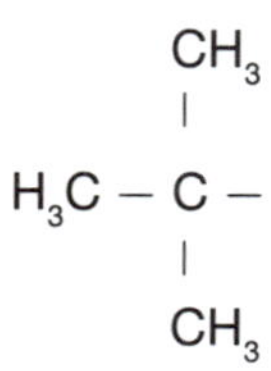 ____________________

8. 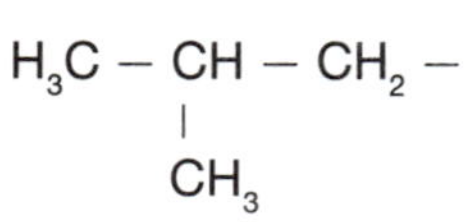 ____________________

9. $H_2C=CH-$ ____________________

10. 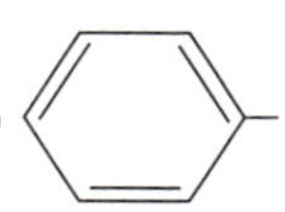 ____________________

11. 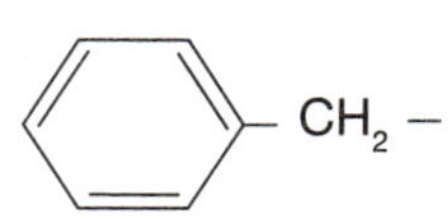 ____________________

Dê o nome oficial

12. 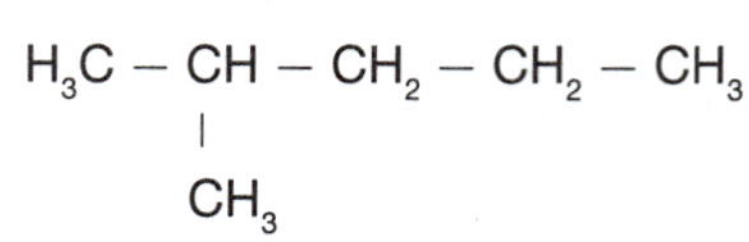 ____________________

13. 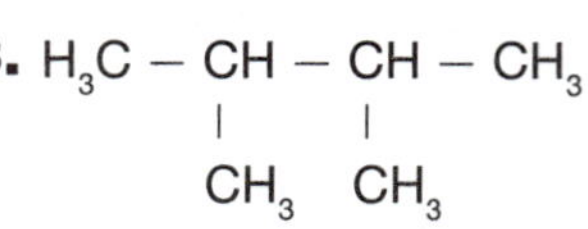 ____________________

14. 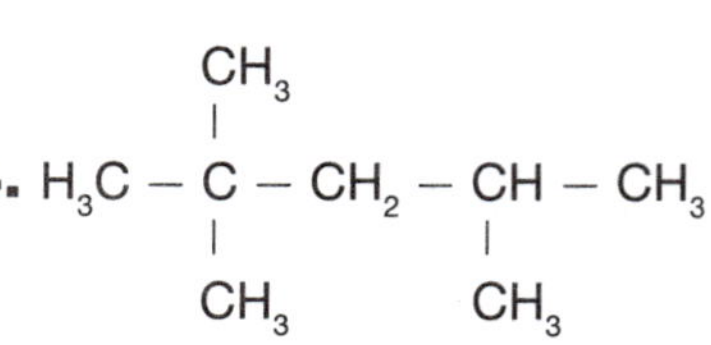

____

15. 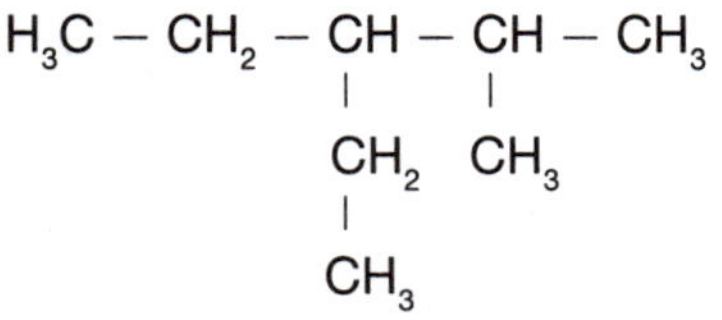

---

16. 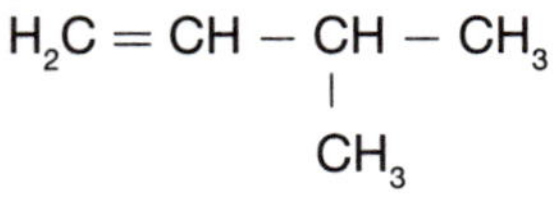

---

17. 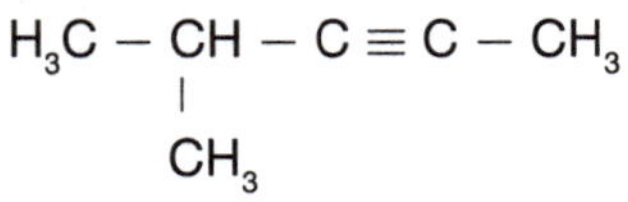

---

18. 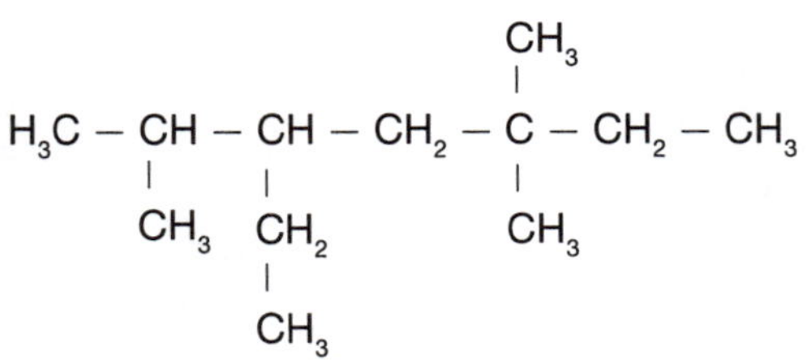

---

19. (UFF - RJ) O nome oficial (IUPAC) do composto abaixo é

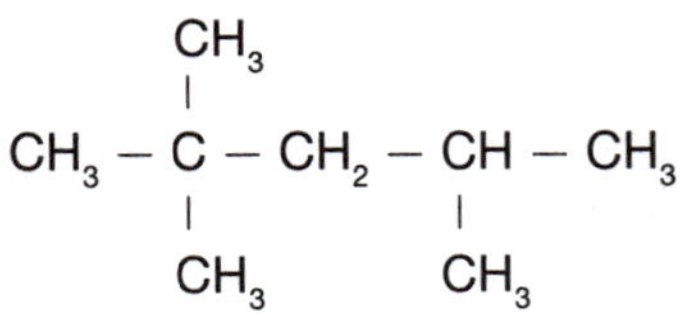

a) 2,2-dimetil-4-isopropilpentano.
b) 4,4,2-trimetilpentano.
c) isopropil-tercbutil-pentano.
d) 2,2,4-trimetilpentano.
e) isopropil-isobutil-metano.

20. (PUC - MG) 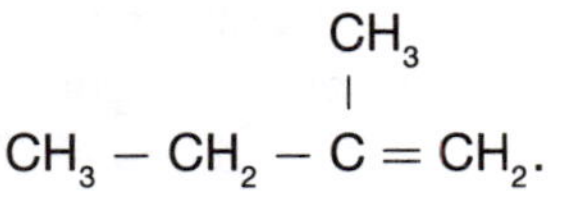. Seu nome IUPAC é

a) isopreno.
b) isopropilideno.
c) 3-metilbut-1-eno.
d) metilbut-1-eno.
e) 2-metilbut-1-eno.

21. (VUNESP) O nome correto do composto orgânico de fórmula

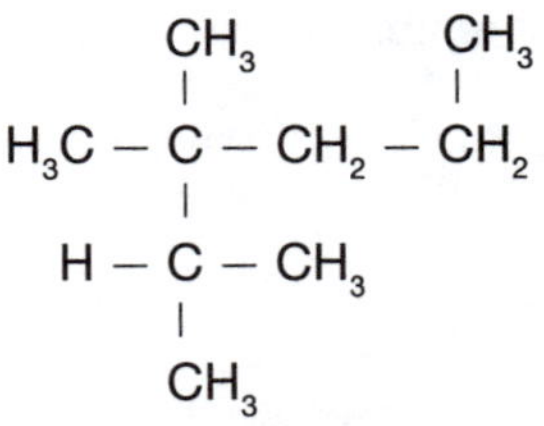 é

a) 2-metil-3-isopropilpentano.
b) 2,4-dimetil-2-isopropilbutano.
c) 2,3,3-trimetil-hexano.
d) 2,2,4-trimetilpentano.
e) 3,3-dimetil-5-metilpentano.

22. (MACKENZIE – SP) Sobre o composto cuja a fórmula estrutural está abaixo, fazem-se as afirmações:

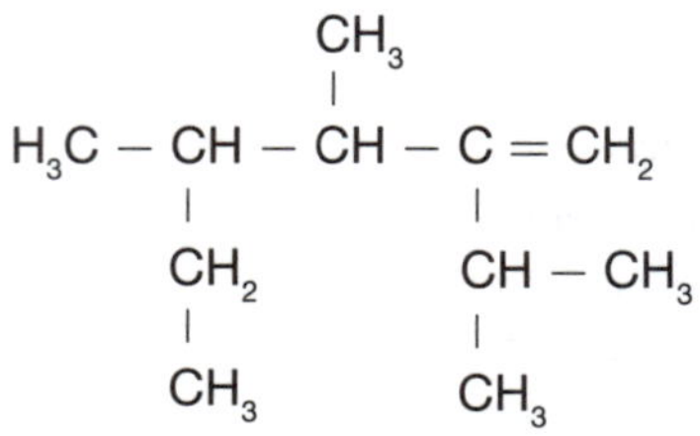

I. É um alceno.
II. Possui três ramificações diferentes entre si, ligadas à cadeia principal.
III. Apesar de ter fórmula molecular $C_{11}H_{22}$, não é um hidrocarboneto.
IV. Possui no total quatro carbonos terciários.

São corretas:

a) I e IV, somente.
b) I, II, III e IV.
c) II e III, somente.
d) II e IV, somente.
e) III e IV, somente.

Escreva as fórmulas estruturais dos seguintes compostos.

23. 2-metil-heptano

24. 2,4-dimetilpentano

25. 3-etil-2,2-dimetiloctano

26. 4-metil-pent-1-eno

27. dimetil-but-2-eno

28. 4-metil-hex-1-ino

29. 2-metil-buta-1,3-dieno

Exercícios Série Ouro

1. (MACKENZIE – SP) 10,0 g de um alcino, que possui cadeia carbônica contendo um carbono quaternário, ocupam 3,0 L a 1 atm e 27 °C. A fórmula estrutural desse hidrocarboneto é

Dados: massas molares (g/mol): H = 1; C = 12; constante universal dos gases $R = 0,082 \frac{atm \cdot L}{mol \cdot K}$.

a) 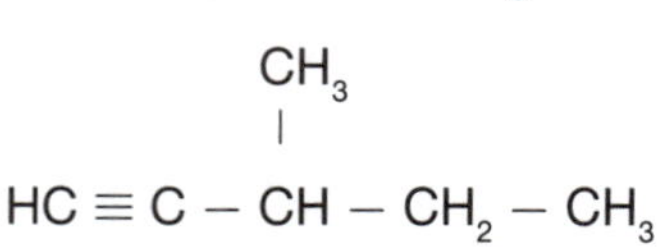

b) 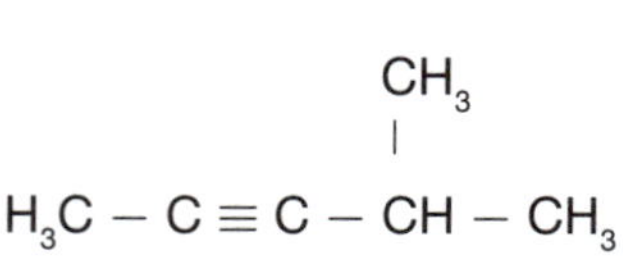

c) 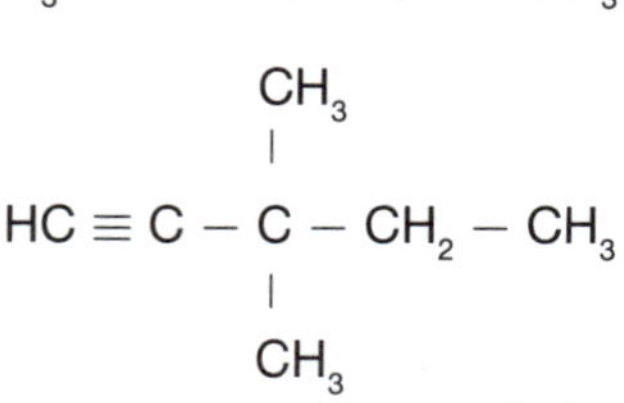

d) 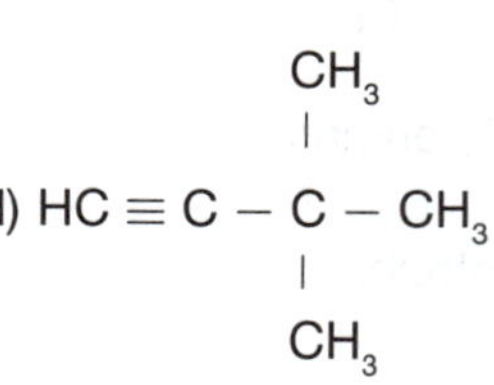

e) $H - C \equiv C - H$

2. (UFRJ) O gráfico a seguir relaciona a massa em grama com o número de moléculas de dois hidrocarbonetos acíclicos.

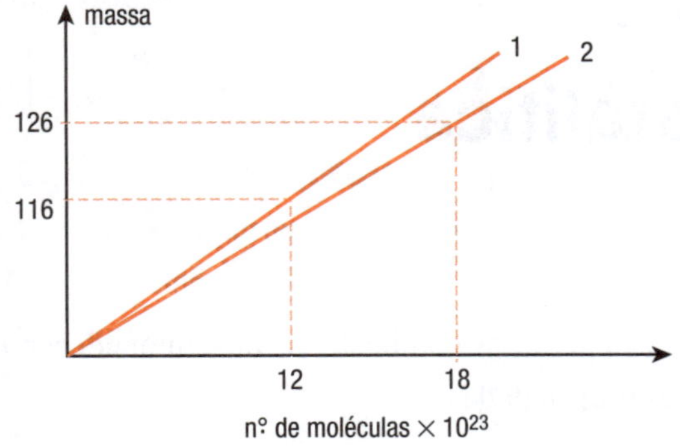

a) Determine a diferença entre as massas molares desses dois hidrocarbonetos.

b) Apresente o nome do hidrocarboneto de menor massa molecular dentre os apresentados no gráfico.

Dados: C = 12; H = 1; constante de Avogadro: 6×10^{23}/mol.

3. (UFF – RJ) Analise a estrutura seguinte e considere as regras de nomenclatura da IUPAC.

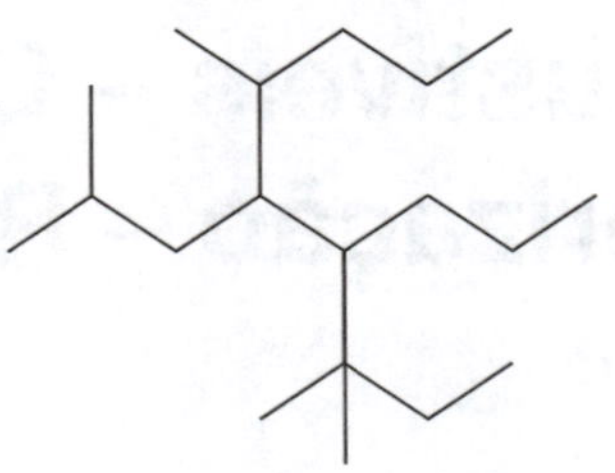

Assinale a opção que indica as cadeias laterais ligadas, respectivamente, aos carbonos de números 4 e 5 da cadeia hidrocarbônica principal.

a) propil e isobutil
b) metil e isobutil
c) terc-pentil e terc-butil
d) propil e terc-pentil
e) metil e propil

Capítulo 7

Combustíveis – Octanagem – Isomerização – Reforma Catalítica

1. Reação de combustão

A combustão é um processo relativamente rápido e exotérmico e que ocorre com gás oxigênio do ar chamado de comburente.

As substâncias que sofrem combustão são chamadas de **combustíveis**.

Exemplo:

$$\underset{\text{etanol combustível}}{CH_3CH_2OH} + \underset{\text{comburente}}{3\ O_2} \longrightarrow 2\ CO_2 + 3\ H_2O$$

As explosões são combustões muito rápidas, realizadas sem que se tenha controle sobre o processo.

Exemplo:

$$C_8H_{18} + \frac{25}{2} O_2 \longrightarrow 8\ CO_2 + 9\ H_2O$$

↓

gasolina no interior do cilindro do motor

Em geral, os combustíveis devem obedecer as seguintes propriedades:

- disponibilidade (o ideal: fonte renovável);
- baixo custo;
- pouco poluente;
- alto poder calorífico (a quantidade de calor liberada por quilograma de combustível queimado – expresso em kJ/kg ou kcal/kg);
- baixa temperatura de fulgor (temperatura em que o combustível inflama).

Na tabela a seguir apresentamos os valores do poder calorífico de alguns combustíveis orgânicos, exceto o gás hidrogênio.

Combustível	Poder calorífico kcal/kg	Poder calorífico kJ/kg
lenha	2.500	10.467
gás canalizado	4.300	18.003
álcool	6.500	27.214
carvão	6.800	28.740
óleo diesel	10.700	44.799
querosene	10.800	45.217
gasolina	12.000	46.892
GLP	12.000	50.242
gás natural	14.062	56.250
hidrogênio	29.000	121.417

2. Tipos de combustão

2.1 Combustão completa

Ocorre quando temos excesso de oxigênio produzindo CO_2 e H_2O.

$$\text{Combustível} + O_2 \longrightarrow CO_2 + H_2O$$

Exemplo:

$$CH_4 + 2\ O_2 \longrightarrow CO_2 + 2\ H_2O$$

2.2 Combustão incompleta

Ocorre quando a quantidade de oxigênio não é suficientemente alta, produz H_2O, CO e C (fuligem ou pó de carbono).

$$\text{Combustível} + O_2 \longrightarrow CO + H_2O$$
$$\text{Combustível} + O_2 \longrightarrow C + H_2O$$

Exemplos:

$$CH_4 + \frac{3}{2} O_2 \longrightarrow CO + 2\ H_2O$$
$$CH_4 + O_2 \longrightarrow C + 2\ H_2O$$

A fuligem, quando obtida em escala industrial, é denominada **negro de fumo**. Esse material, constituído de carbono finamente dividido, tem várias aplicações, como tintas de impressora e nanquim, pneus, graxas de sapato, papel-carbono, lápis para os olhos e etc.

3. Combustão do carvão mineral

A combustão completa do carvão pode, de forma simplificada, ser equacionada químicamente como:

$$C + O_2 \longrightarrow CO_2$$

Com o advento do petróleo e seus derivados, que passaram a ser largamente empregados no século XX, o uso de carvão mineral como combustível declinou. Ele é mais difícil de usar que o petróleo e na sua queima polui significamente o ar com dióxido de enxofre (SO_2), resultado da combustão do enxofre nele presente.

4. Combustão do gás natural

A combustão completa do gás natural pode ser equacionada:

$$CH_4 + 2\ O_2 \longrightarrow CO_2 + 2\ H_2O$$

Para as indústrias, o gás natural apresenta algumas vantagens em relação ao carvão e ao óleo combustível. O gás natural é levado por uma tubulação (gasoduto) até o local de utilização e sua combustão não deixa resíduos nos fornos e caldeiras.

5. Combustão da gasolina

A combustão completa da gasolina (5 C a 12 C) pode ser equacionada:

$$C_8H_{18} + \frac{25}{2} O_2 \longrightarrow 8\ CO_2 + 9\ H_2O$$

As duas principais desvantagens do uso de gasolina como combustível são:

- fonte não renovável (petróleo).
- poluição (lança no ar SO_2 devido à presença de enxofre dissolvido na gasolina).

6. Combustão do álcool etílico

A combustão completa do álcool etílico (C_2H_6O) é representada pela seguinte equação:

$$C_2H_6O + 3\ O_2 \longrightarrow 2\ CO_2 + 3\ H_2O$$

As vantagens do uso do álcool como combustível são:

- fonte renovável (cana de açúcar).
- menos poluente que a gasolina (não ocorre a emissão de SO_2).

7. Motor a quatro tempos

Embora a gasolina se encontre no estado líquido, para atuar como combustível deve estar no estado gasoso. É no carburador que a gasolina é vaporizada, misturada com uma quantidade adequada de ar e injetada no motor.

Os motores dos veículos movidos a gasolina ou a álcool são constituídos por um cilindro, que permite o movimento de um pistão, duas válvulas (uma de entrada e outra saída de gases) e uma vela, que produz faísca elétrica.

Observe o esquema de um cilindro de um motor.

$$\text{Coeficiente de compressão} = \frac{\text{volume A}}{\text{volume B}}$$

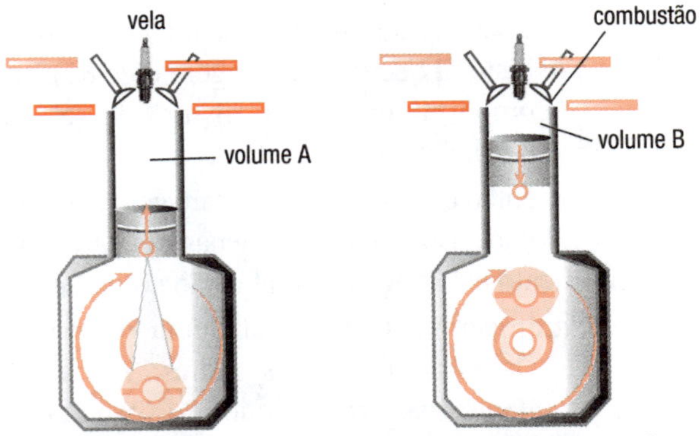

início do tempo de compressão

fim do tempo de compressão e início do tempo de expansão

No cilindro temos as seguintes etapas:

1º tempo: entrada de mistura gasosa gasolina-ar (pistão desce).

2º tempo: compressão da mistura (pistão sobe).

3º tempo: a vela emite faíscas e ocorre combustão com expansão de gases (pistão desce).

4º tempo: expulsão dos produtos de combustão (pistão sobe) e recomeça as etapas.

Em algumas situações, a gasolina pode sofrer detonação prematura, sem faísca da vela e sem que o pistão execute todo o percurso. Essa detonação prematura provoca ruídos característicos durante a aceleração ("batida de pino"), diminui a potência do motor e causa também o aumento da emissão de fuligem e de monóxido de carbono.

As batidas de pino podem ser evitadas com uma regulagem do motor, por adição de um antidetonante ou pelo uso de gasolina com alta octanagem.

Conclusões:

- **gasolina de baixa qualidade:** facilidade de sofrer detonação por simples compressão.
- **gasolina de alta qualidade:** dificuldade de sofrer detonação por simples compressão.

8. Octanagem ou número de octano da gasolina

É um número que indica a resistência de uma gasolina a uma detonação prematura.

Dois hidrocarbonetos puros componentes da gasolina tiveram a sua octanagem fixada arbitrariamente em 0 e 100.

Octanagem	Hidrocarboneto	Detonação
0	heptano	fácil
100	2,2,4- -trimetilpentano (isooctano)	difícil

Quando dizemos que uma determinada gasolina tem 85 octanos (isto é, que sua octanagem é de 85), significa que se comporta como uma mistura de 15% de heptano e 85% de isooctano.

Observe então que o índice de octanagem não indica a composição da gasolina, mas é apenas um parâmetro de comportamento em relação à combustão no motor.

Cada hidrocarboneto puro tem uma octanagem característica. Os normais são os piores. A octanagem melhora quanto mais ramificado. Por exemplo: o 2,2,3,3-tetrametilbutano, de octanagem 103, se comporta ainda melhor que o isooctano. Além disso, os hidrocarbonetos aromáticos se comportam de maneira excelente nos motores. A octanagem dos hidrocarbonetos diminui com o aumento de cadeia carbônica.

Exemplos:

metano: octanagem = 110

etano: octanagem = 104

octano: octanagem = –17

nonano: octanagem = – 45

2-metilpentano: octanagem = 75

ciclo-hexano: octanagem = 77

benzeno = octanagem = 108

O problema é que a gasolina obtida diretamente de petróleo tem uma octanagem de 50 a 55, isto é, muito baixa para o uso eficiente nos motores. A gasolina deve receber diversos tratamentos químicos ainda na refinaria, para converter os hidrocarbonetos normais ou pouco ramificados (por exemplo, isomerização) que permitam atingir uma boa octanagem.

No Brasil, a gasolina comum deveria possuir octanagem ao redor de 85. Etanol puro, por exemplo, possui índice de octanagem 105. Isso significa que sua resistência à detonação por simples compressão é 5% superior a do isooctano.

9. Aditivos ou antidetonantes

São substâncias que aumentam a octanagem da gasolina. Na refinaria, antes de ir para o mercado, acrescentam-se diversos aditivos à gasolina para aumentar a octanagem, portanto uma gasolina pode ter octanagem superior a 100.

O aditivo atualmente mais usado é um éter cuja fórmula estrutural é mostrada a seguir.

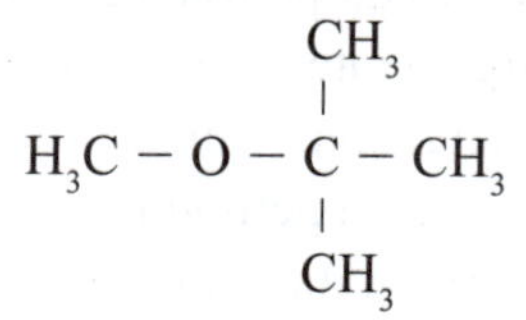

IUPAC: 2-metóxi-2-metilpropano ou

éter terc-butílico e metílico

No Brasil o aditivo mais usado é o etanol (a especificação é 24% mais ou menos 1% dependendo do momento econômico e político).

Atualmente, são comercializadas no Brasil três tipos de gasolinas para automóveis: comum, aditivada e premium.

comum: octanagem até 86;

aditivada: octanagem até 86 (tem mais aditivo);

premium: octanagem = 94.

Observação:

Gasolina adulterada: adição de solventes orgânicos (óleo diesel, querosene, álcool etc.) na gasolina para aumentar a sua quantidade. Isso pode provocar

- maior consumo de combustível;
- diminuição da octanagem;
- resíduos nocivos ao motor.

10. Isomerização

Os alcanos de cadeia normal por aquecimento com catalisador transformam-se em alcanos isômeros de cadeia ramificada.

Esse processo químico é feito na refinaria, pois gasolina com alto teor de alcano ramificado é de boa qualidade (alta octanagem). A combustão de um alcano ramificado é mais lenta que seu isômero de cadeia normal.

$$C_nH_{2n+2}\ \text{(normal)} \xrightarrow[\text{cat.}]{\Delta} C_nH_{2n+2}\ \text{(ramificado)}$$

Exemplo:

$$CH_3-CH_2-CH_2-CH_3 \xrightarrow[\text{cat.}]{\Delta} CH_3-\underset{\displaystyle CH_3}{\underset{|}{CH}}-CH_3$$

butano cadeia normal (2 extremos livres)	2-metilpropano cadeia ramificada (mais de 2 extremos livres)

11. Reforma catalítica

Conversão de alcanos e cicloalcanos em hidrocarbonetos aromáticos através do aquecimento com catalisador.

Esse processo é importante por dois motivos:

1. melhorar a qualidade da gasolina, pois hidrocarbonetos cíclicos e aromáticos melhoram o desempenho da gasolina nos motores dos automóveis.
2. produção de hidrocarbonetos aromáticos, pois as quantidades de aromáticos obtidos a partir da hulha seriam insuficientes para satisfazer a demanda industrial.

Exemplos:

- Reforma catalítica do hexano obtendo benzeno

$$H_3C-CH_2-CH_2-CH_2-CH_2-CH_3 \xrightarrow[\text{cat.}]{\Delta}$$

hexano (C_6H_{14})

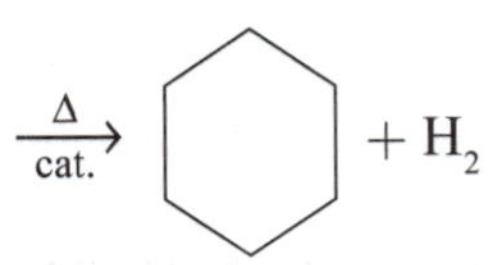

ciclo-hexano (C_6H_{12})

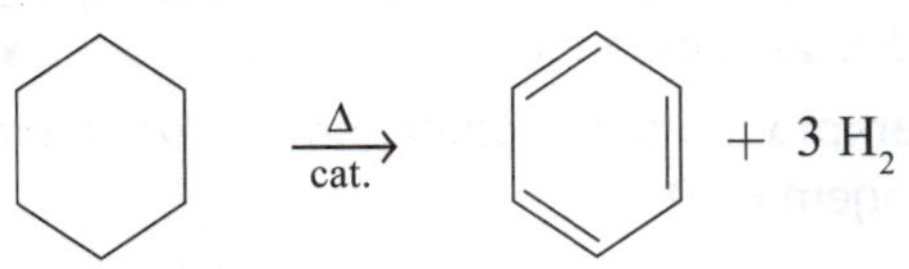

ciclo-hexano (C_6H_{12})   benzeno (C_6H_6)

Somando as duas equações temos:

$$H_3C-CH_2-CH_2-CH_2-CH_2-CH_3 \xrightarrow[\text{cat.}]{\Delta}$$

hexano

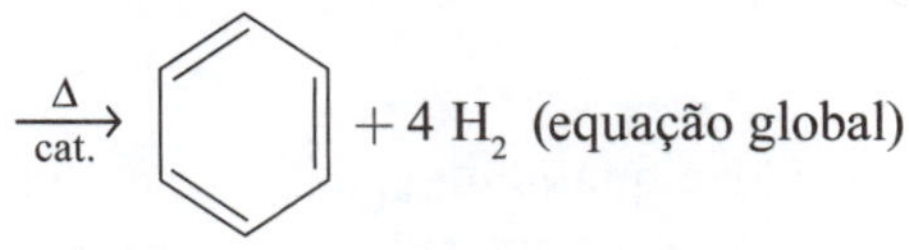

benzeno

Resumindo, temos:

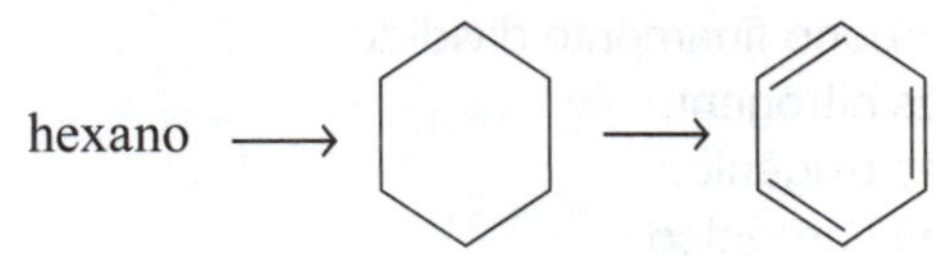

- Reforma catalítica do heptano obtendo metilbenzeno (tolueno)

$$H_3C-CH_2-CH_2-CH_2-CH_2-CH_3 \xrightarrow[\text{cat.}]{\Delta}$$

heptano

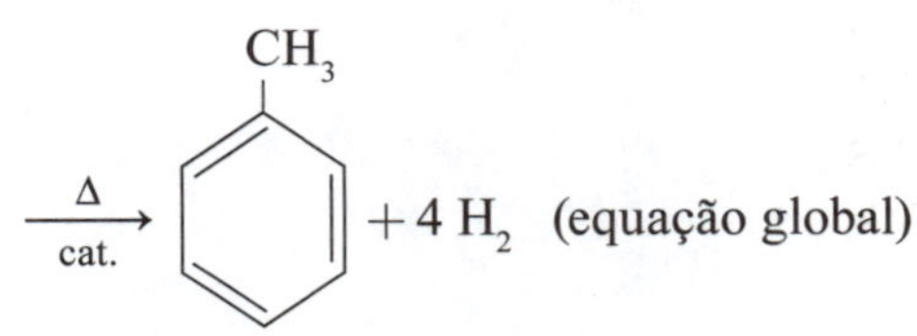

metilbenzeno tolueno

Resumindo, temos:

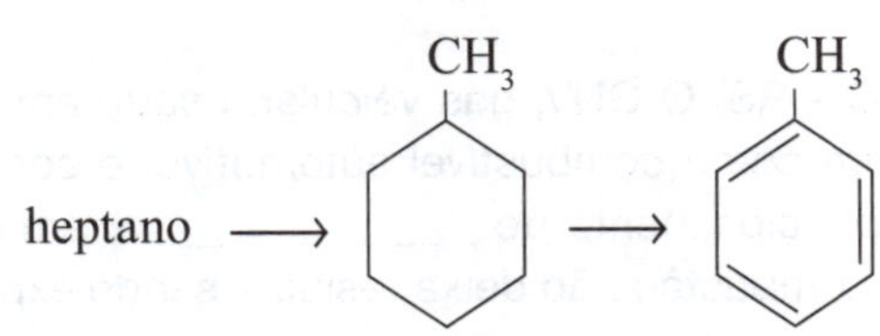

Esse processo pode ser representado pela equação genérica:

$$C_nH_{2n+2} \longrightarrow C_nH_{2n-6} + 4\ H_2$$

Exercícios Série Prata

1. (MACKENZIE – SP) A equação

$H_3C-CH_2-CH_3 + 5\ O_2 \longrightarrow 3\ CO_2 + 4\ H_2O$

representa uma reação de:

a) substituição.
b) esterificação.
c) combustão.
d) eliminação.
e) adição.

2. (FUVEST – SP) A combustão incompleta da gasolina em motores de automóvel polui o ar atmosférico com

a) He
b) N_2
c) CO_2
d) CO
e) H_2O

3. (MACKENZIE – SP) A fuligem, que pode formar-se na combustão incompleta de gás de botijão (mistura propano e butano), é constituída por:

a) monóxido de carbono.
b) carbono finamente dividido.
c) gás nitrogênio.
d) gás oxigênio.
e) gás carbônico.

4. (FUVEST – SP) Um dos incovenientes da gasolina com alto teor de enxofre é que durante a combustão se forma um poluente atmosférico, cuja fórmula química é:

a) H_2S
b) CO
c) H_2SO_4
d) SO_2
e) CO_2

5. (PUC – RS) O GNV, gás veicular, usado em Porto Alegre como combustível automotivo, é constituído principalmente de ____________ e, em geral, sua combustão não deixa resíduo, sendo expressa pela equação ____________.

a) metano $CH_4 + O_2 \longrightarrow + 2\ H_2O$
b) metano $CH_4 + 2\ O_2 \longrightarrow CO_2 + 2\ H_2O$
c) 1-butano $C_4H_8 + 2\ O_2 \longrightarrow 4\ C + 4\ H_2O$
d) etanol $C_2H_6O + 3\ O_2 \longrightarrow 2\ CO_2 + 3\ H_2O$
e) etanol $C_2H_6O + O_2 \longrightarrow 2\ C + 3\ H_2O$

6. (FUVEST – SP) Em tempo de seca são comuns as queimadas nas florestas. No ar atmosférico que envolve uma queimada, a concentração de oxigênio e de vapor de água, respectivamente:

a) aumenta – diminui.
b) aumenta – aumenta.
c) diminui – aumenta.
d) diminui – diminui.
e) diminui – não se altera.

7. (MACKENZIE – SP) O gás metano, principal constituinte do gás natural, pode ser obtido:

I. Em bolsões naturais, assim como o petróleo.
II. Na fermentação de lixo orgânico doméstico e de excrementos de animais.
III. Na decomposição de vegetais no fundo dos lagos e pântanos.
IV. Na combustão total da madeira.

Estão corretas somente:

a) I e IV.
b) I, II e IV.
c) III e IV.
d) II e III.
e) I, II e III.

8. Complete com **menor** ou **maior**.
Quanto mais ramificada for uma cadeia, ________ será a sua octanagem.
Exemplo: octano: octanagem = –17; isoctano: octanagem = 100.

9. Complete com **menor** ou **maior**.
Quanto ____________ for a octanagem, melhor será a qualidade da gasolina, pois assim ela resistirá a maiores compressões sem detonação prematura.

10. (FCMMG) Nem todos os alcanos componentes da gasolina (C_5 a C_{10}) se comportam de igual maneira com respeito às propriedades de detonação. Para descrever as propriedades de detonantes da gasolina foram relacionados dois alcanos puros como padrão.

Estes dois alcanos são

a) heptano e 2,2,4-trimetilpentano.
b) octano e 2,2,4,4-tetrametilpentano.
c) 2-metil-heptano e 2,3,4-trimetil-hexano.
d) hexano e iso-hexano.
e) 2-metilpentano e octano.

11. (VUNESP) No Brasil, adiciona-se álcool etílico anidro à gasolina, para produzir a combustão completa nos motores. Em agosto de 2000, o Ministério da Agricultura anunciou:

"Mistura de álcool anidro na gasolina será reduzida de 24% para 20%. O objetivo é economizar 450 milhões de litros de álcool este ano".

Em consequência dessa medida, os motores dos veículos movidos a gasolina aumentarão a emissão no ar do poluente:

a) acetona.
b) etanal.
c) dióxido de carbono.
d) álcool metílico.
e) monóxido de carbono.

12. Escreva a equação química de isomerização do heptano produzindo 2-metil-hexano.

Exercícios Série Ouro

1. (UNESP) A queima de um combustível como a gasolina, ou seja, sua reação com o oxigênio, é bastante exotérmica e, do ponto de vista termodinâmico, é espontânea.

Entretanto, essa reação inicia-se somente com a ocorrência de um estímulo externo, como, por exemplo, uma faísca elétrica.

Dizemos que o papel deste estímulo é:

a) fornecer a energia de ativação necessária para a reação ocorrer.
b) deslocar o equilíbrio no sentido de formação de produtos.
c) aumentar a velocidade da reação direta e diminuir a velocidade da reação inversa.
d) favorecer a reação no sentido de formação de reagentes.
e) remover o nitrogênio do ar, liberando o oxigênio para reagir.

2. (UNIP – SP) A combustão completa de 0,5 mol de hidrocarboneto aromático formou 5 mols de CO_2 e 2 mol de H_2O. A fórmula estrutural do hidrocarboneto poderá ser:

a) 

b) 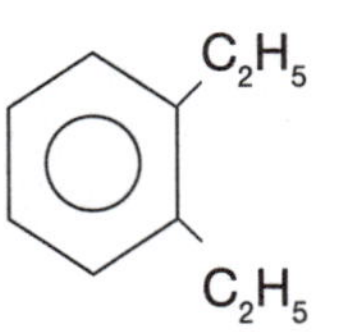

c) 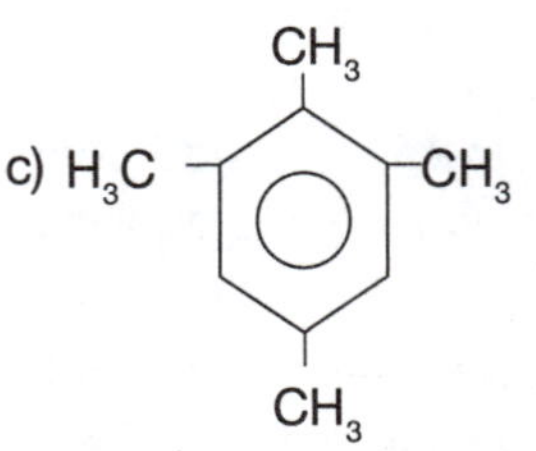

d) 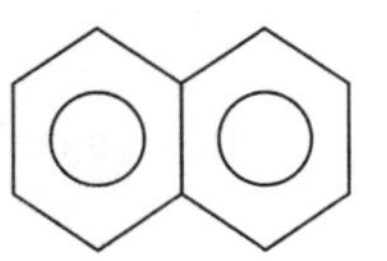

Dado: massas atômicas: C: 12 u, H: 1 u.

3. (FUVEST – SP) Um hidrocarboneto gasoso (que pode ser eteno, etino, propano, etano ou metano) está contido em um recipiente de 1 L, a 25 °C e 1 atm. A combustão total desse hidrocarboneto requer exatamente 5 L de O_2, medidos nas mesmas condições de temperatura e pressão, portanto, esse hidrocarboneto deve ser:

a) eteno.
b) etino.
c) propano.
d) etano.
e) metano.

4. (FUVEST – SP)

Combustíveis de automóvel	
combustível 1	álcool hidratado
combustível 2	78% de gasolina + 22% de álcool (em volume)

Um automóvel com tanque furado foi deixado em uma concessionária para troca do tanque e abastecimento. O proprietário, ao retirar o veículo, ficou em dúvida quanto ao combustível (1 ou 2) colocado no tanque. Ao cheirar o combustível, continuou na mesma.

a) Com uma amostra do combustível do tanque, proponha uma maneira de resolver a dúvida.
b) Indique por meio de fórmulas químicas dois componentes de um combustível de automóvel.

5. (FUVEST – SP) A cidade de São Paulo produz 4 milhões de m^3 de esgoto por dia. O tratamento de 1 m_3 desse esgoto produz em média 0,070 m^3 de biogás, no qual 60% é metano. Usado com combustível de veículos 1 m^3 de metano equivale a 1 L de gasolina.

a) Quantos litros de gasolina seriam economizados diariamente se todo o esgoto de São Paulo fosse tratado para produzir metano?
b) Escreva a equação química que representa o aproveitamento do metano como combustível.

6. (FUVEST – SP)

Composição, em volume, do gás de nafta	
hidrogênio	45%
metano	30%
dióxido de carbono	20%
monóxido de carbono	5%

O gás de nafta distribuído na cidade de São Paulo está sendo gradativamente substituído pelo gás natural (100% metano). A substituição requer troca de queimadores dos fogões e aquecedores para que o fluxo de ar seja o adequado à combustão completa do gás natural.

a) Mostre por meio de equações químicas e relações volumétricas que a chama será fuliginosa, devido à combustão incompleta, se a troca dos queimadores não for feita. Neste caso, considere fluxos iguais para o gás de nafta e para o gás natural.
b) Qual é a contribuição do dióxido de carbono para o poder calorífico do gás de nafta?
c) Gás de nafta ou gás natural, qual é o mais tóxico? Justifique.

7. (FUVEST – SP) Frações do petróleo podem ser transformadas em outros produtos por meio de vários processos, entre quais:

I. craqueamento.
II. reforma catalítica (conversão de alcanos, cicloalcanos em compostos aromáticos).
III. isomerização.

Utilizando o hexano como composto de partida escreva uma equação química balanceada para cada um desses processos, usando fórmulas estruturais.

Capítulo 8

Nomenclatura de Cadeia Mista

1. Cicloalcanos, ciclanos ou cicloparafinas

São hidrocarbonetos cíclicos saturados, cuja fórmula é C_nH_{2n}. Sua nomenclatura segue as mesmas regras utilizadas para os alcanos, sendo precedida pela palavra **ciclo**.

a) **Ciclo com um único grupo orgânico:** não há necessidade de indicar a posição do grupo orgânico.

Exemplo:

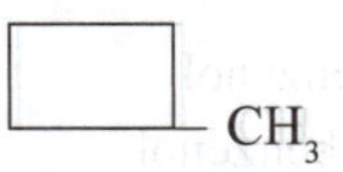

metilciclobutano

b) **Ciclo com dois grupos orgânicos:** a numeração é feita em ordem alfabética.

Exemplo:

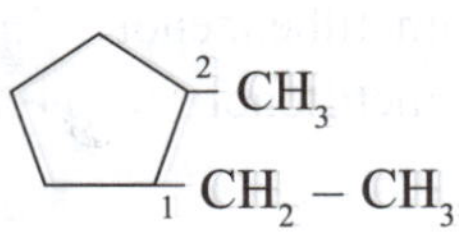

1-etil-2-metilciclopentano

c) **Ciclo com três ou mais grupos orgânicos:** a numeração é feita em ordem alfabética desde que não seja desobedecida a regra dos menores números.

Exemplo:

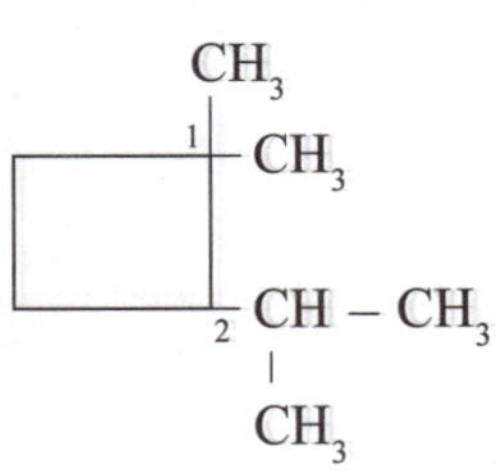

2-isopropil-l,
1-dimetilciclobutano

2. Cicloalcenos, ciclenos ou ciclo-olefinas

São hidrocarbonetos cíclicos com uma dupla-ligação, cuja fórmula geral é C_nH_{2n-2}. A numeração começa pela dupla-ligação, isto é, um carbono da dupla é 1 e outro carbono da dupla é 2.

Exemplos:

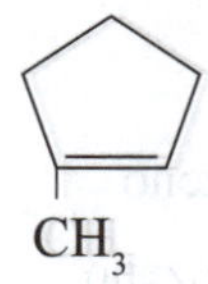

l-metilciclopenteno

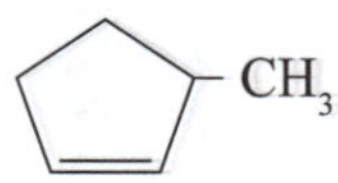

3-metilciclopenteno

3. Substituintes no benzeno

a) **benzeno com um grupo orgânico:** não há necessidade de indicar a posição do grupo orgânico.

Exemplo:

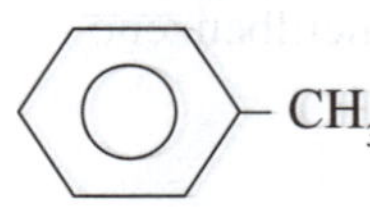

solvente e matéria-prima para fabricar TNT (trinitrotolueno)

metilbenzeno ou tolueno

b) **benzeno com dois grupos orgânicos:** quando há dois grupos orgânicos diferentes, a numeração é feita em ordem alfabética.

Exemplo:

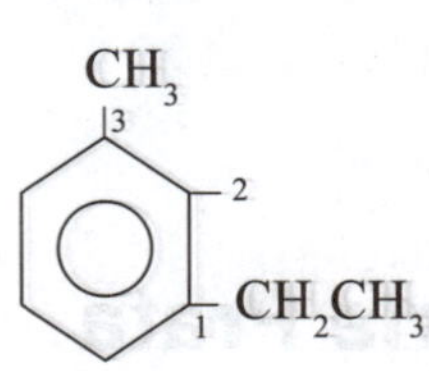

l-etil-3-metilbenzeno

Também podem ser usados os prefixos *orto* (diretamente), *meta* (depois de) e *para* (mais longe de).

Prefixo	Posição dos grupos
orto	1 e 2
meta	1 e 3
para	1 e 4

Exemplos:

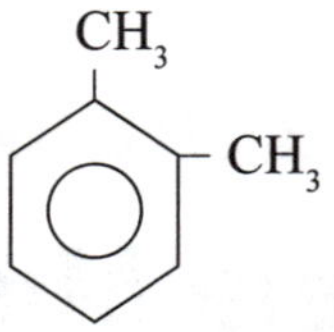

1,2-dimetilbenzeno
orto-dimetilbenzeno
o-xileno

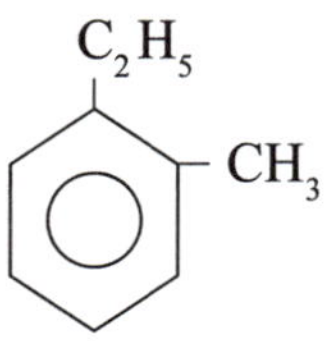

ortoetilmetilbenzeno

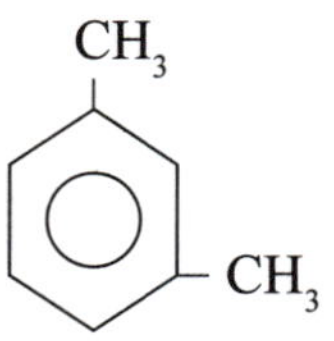

1,3-dimetilbenzeno
meta-dimetilbenzeno
m-xileno

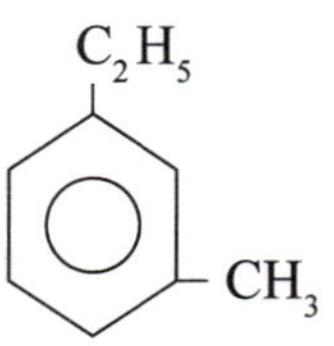

metaetilmetilbenzeno

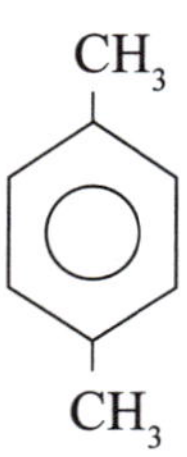

1,4-dimetilbenzeno
para-dimetilbenzeno
p-xileno

paraetilmetilbenzeno

4. Substituintes no naftaleno

A IUPAC recomenda a seguinte numeração.

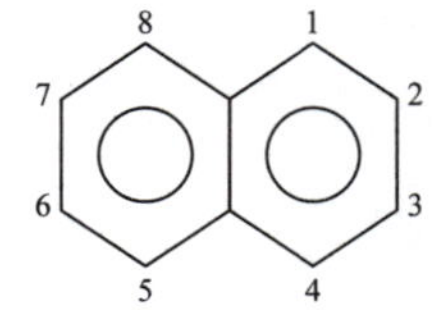

Exemplos:

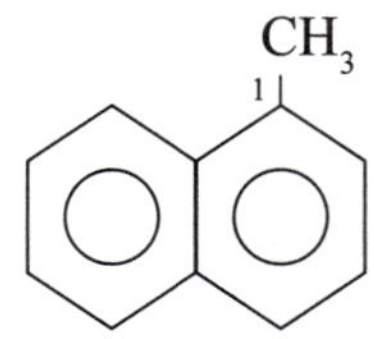

1-metilnaftaleno
α-metilnaftaleno (em desuso)

α: posições 1 ou 4 ou 5 ou 8.

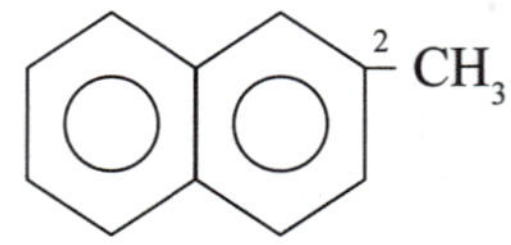

2-metilnaftaleno
β-metilnaftaleno

β: posições 2 ou 3 ou 6 ou 7.

5. Substituintes no benzenol

A numeração sempre começa no grupo OH.

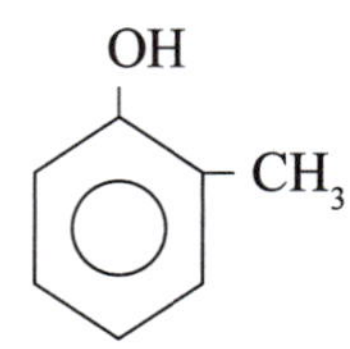

2-metilbenzenol
ortometilbenzenol
ortometilfenol

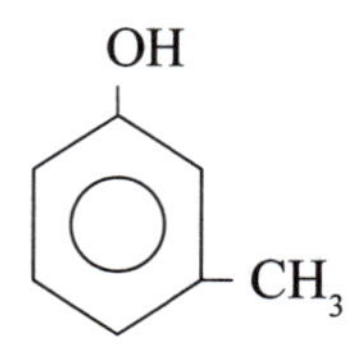

3-metilbenzenol
metametilbenzenol
metametilfenol

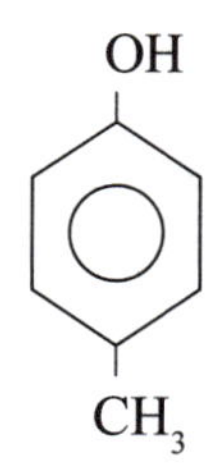

4-metilbenzenol
parametilbenzenol
parametilfenol

Exercícios Série Prata

Dê nome aos seguintes compostos:

1. 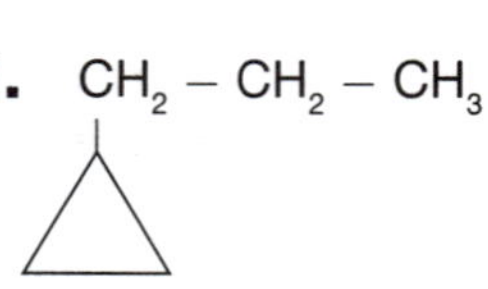

2. 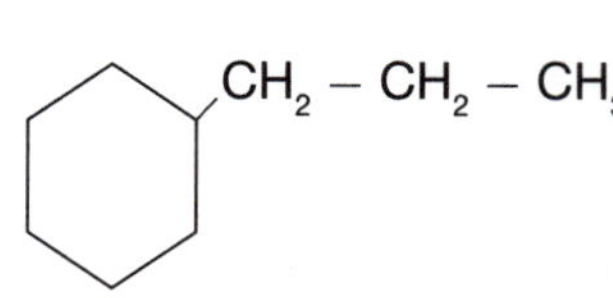

3. 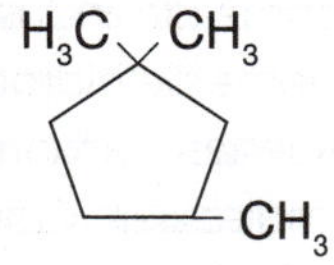

4. 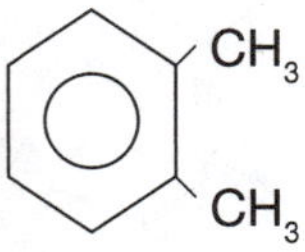

5. 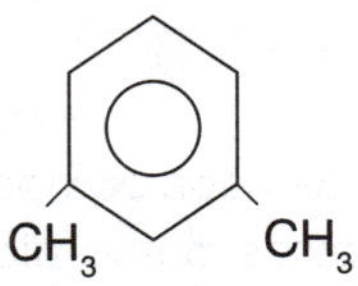

6. 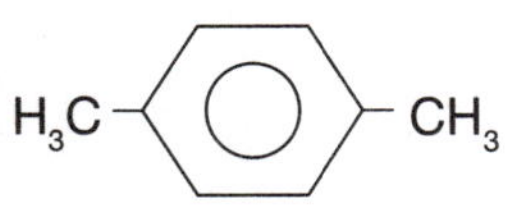

7. 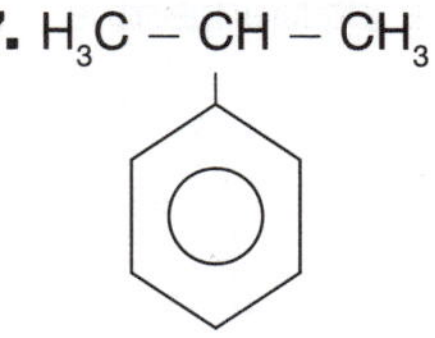

8. 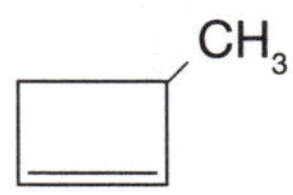

Escreva as fórmulas estruturais dos seguintes compostos:

9. etilciclopentano

10. isopropilbenzeno

Exercícios Série Ouro

1. (FEI – SP) Antidetonantes são substâncias que elevam sensivelmente a octanagem da gasolina. Nas refinarias modernas, esses antidetonantes são obtidos no próprio craqueamento catalítico. Três exemplos desse processo são:

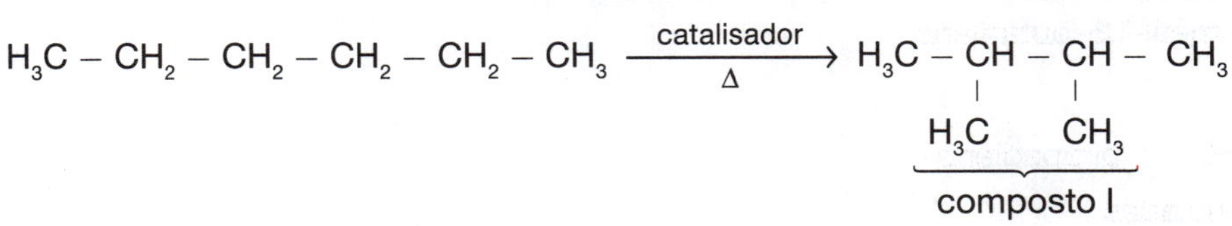

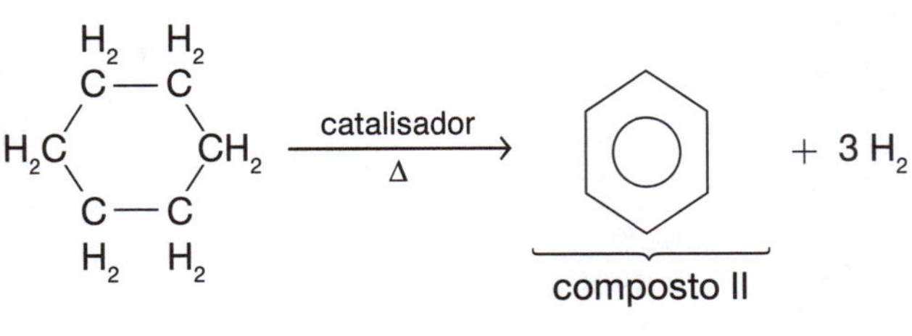

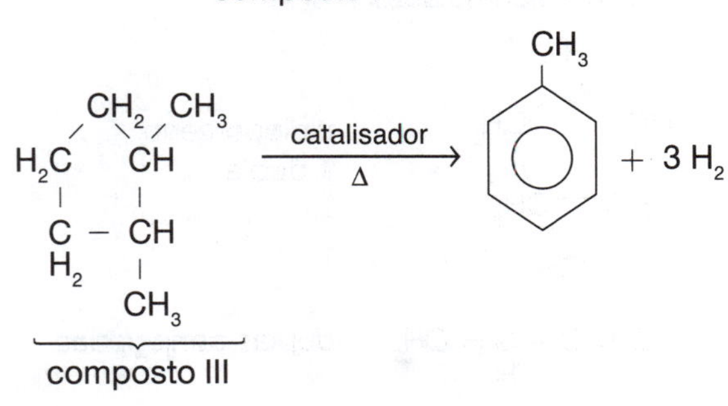

Os nomes oficiais dos compostos I, II e III são respectivamente:

a) 2-metilpentano; benzeno; benzeno.
b) 2,3-dimetilbutano, tolueno; 1,1-dimetilciclopentano.
c) 2,2-dimetilciclobutano; tolueno, benzeno.
d) 2,2-dimetilbutano; benzeno; 1,2-dimetilciclopenteno.
e) 2,3-dimetilbutano; benzeno; 1,2-dimetilciclopentano.

2. (UFS – SE) A fórmula estrutural do benzeno é

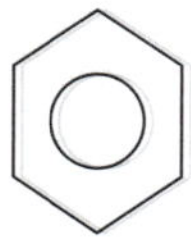

Sendo assim, quantos "trimetilbenzenos" com propriedades diferentes são possíveis?

a) 2
b) 3
c) 4
d) 5
e) 6

3. (UEL – PR) Uma alternativa para os catalisadores de células a combustíveis são os polímeros condutores, que pertencem a uma classe de novos materiais com propriedades elétricas, magnéticas e ópticas. Esses polímeros são compostos formados por cadeias contendo ligações duplas conjugadas que permitem o fluxo de elétrons.

Assinale a alternativa na qual ambas as substâncias químicas apresentam ligações duplas conjugadas.

a) Propanodieno e metil-1,3-butadieno.
b) Propanodieno e ciclopenteno.
c) Ciclopenteno e metil-1,3-butadieno.
d) Benzeno e ciclopenteno.
e) Benzeno e metil-1,3-butadieno.

Resolução:

$H_2C = C = CH_2$ propadieno

2 duplas acumuladas

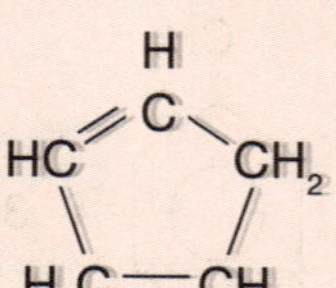

ciclopenteno
1 dupla

$$\begin{array}{c} CH_3 \\ | \\ H_2C = C - \underset{H}{C} = CH_2 \end{array}$$

duplas conjugadas

metil-1,3-butadieno

duplas conjugadas

benzeno

Resposta: alternativa e.

4. (UNESP) O petróleo, a matéria-prima da indústria petroquímica, consiste principalmente de hidrocarbonetos, compostos contendo apenas carbono e hidrogênio na sua constituição molecular. Considerando os hidrocarbonetos I, II, III e IV:

I

II

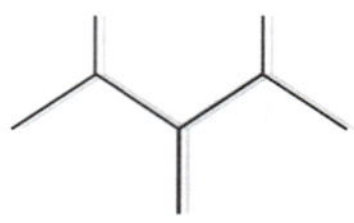

III

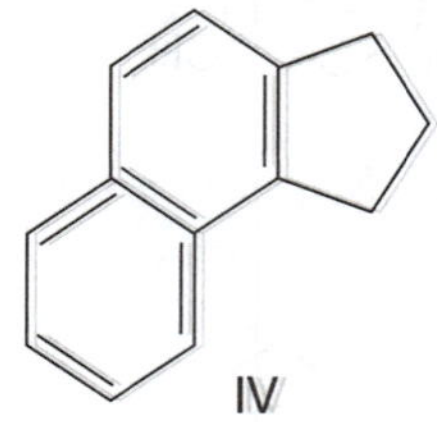

IV

a) Dê as fórmulas moleculares de cada composto.
b) Rotule cada um dos compostos como alcano, alceno, alcino ou hidrocarboneto aromático.

Capítulo 9

Compostos Oxigenados

1. Álcoois

São compostos orgânicos que apresentam um ou mais grupo hidroxila ou oxidrila (OH) ligado a carbono saturado (simples ligações). O sufixo de um álcool é **ol**.

Exemplos:

H_3C-OH $\quad$ $H_2C(OH)-CH_2(OH)$ $\quad$ $H_2C(OH)-CH(OH)-CH_2(OH)$

No caso de o álcool apresentar três ou mais átomos de carbono, deveremos indicar a posição do grupo – OH por número; para isso, contamos a cadeia carbônica a partir da extremidade mais próxima do grupo – OH.

H_3C-OH { metanol (IUPAC) álcool metílico } { tóxico; combustível (aviões a jato, carros de corrida); obtenção do formol; antifreezer }

H_3C-CH_2-OH { etanol (IUPAC) álcool etílico } { bebida alcoólica; combustível; solvente; desinfetante; obtenção do vinagre }

$H_3C-CH_2-CH_2(OH)$
propan-1-ol
usual: álcool propílico

$H_3C-CH(OH)-CH_3$
propan-2-ol
usual: álcool isopropílico

$H_3C-CH_2-CH(OH)-CH_3$
butan-2-ol
usual: álcool s-butílico

$H_2C(OH)-CH(OH)-CH_2(OH)$
propano-1,2,3-triol
usual: glicerina/glicerol

$H_2C(OH)-CH_2(OH)$
etano-1,2-diol
usual: etilenoglicol
(anticongelante)

$\overset{4}{H_3C}-\underset{CH_3}{\overset{3}{C}H}-\overset{2}{C}H_2-\overset{1}{C}H_2OH$
3-metil-butan-1-ol

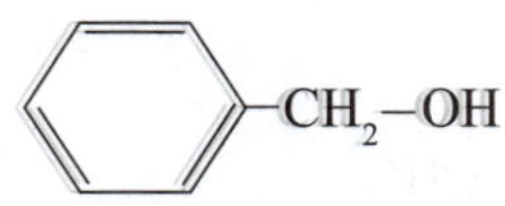

fenilmetanol
usual: álcool benzílico

1.1 Classificação dos álcoois

Álcool primário: grupo OH ligado a carbono primário.

$H_3C-\overset{P}{C}H_2-OH$ etanol

Álcool secundário: grupo OH ligado a carbono secundário.

$H_3C-\underset{S}{C}H(OH)-CH_3$ propan-2-ol

Álcool terciário: grupo OH ligado a carbono terciário.

$H_3C-\overset{T}{C}(OH)(CH_3)-CH_3$ 2-metilpropan-2-ol

Enol: composto orgânico que apresenta o grupo OH ligado em um carbono da dupla ligação.

$H_2C=CH(OH)$ etenol

2. Fenóis

Compostos orgânicos que apresentam o grupo OH ligado diretamente ao anel benzênico.

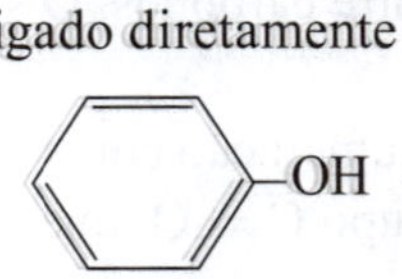

benzenol (hidroxibenzeno)

usual: fenol ou ácido fênico (desinfetante, polímeros)

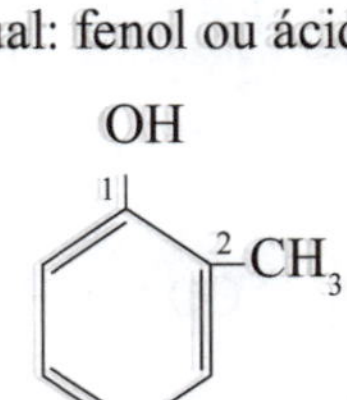

2-metilbenzenol

usual: 2-metilfenol ou ortometilfenol

3. Aldeídos

São compostos orgânicos que apresentam o grupo $-C\begin{matrix}/\!\!/ O\\ \backslash H\end{matrix}$ (–CHO) na extremidade da cadeia. O sufixo de um aldeído é **al**.

Se houver ramificações, a numeração começa pelo grupo –CHO, que é chamado de formila ou aldoxila.

Exemplos:

$$H-C\begin{matrix}/\!\!/ O\\ \backslash H\end{matrix} \quad \text{ou } H-CHO$$

IUPAC: metanal

usual: formol (conservação dos tecidos de animais)

$$H_3C-C\begin{matrix}/\!\!/ O\\ \backslash H\end{matrix} \quad \text{ou } H_3C-CHO$$

IUPAC: etanal

usual: acetaldeído

$$H_3\overset{4}{C}-\underset{\displaystyle CH_3}{\overset{3}{C}H}-\underset{\displaystyle CH_3}{\overset{2}{C}H}-\overset{1}{C}\begin{matrix}/\!\!/ O\\ \backslash H\end{matrix}$$

2,3-dimetilbutanal

Existe um aldeído muito importante, cujo nome não segue essas regras. É o benzaldeído, cuja fórmula estrutural aparece abaixo:

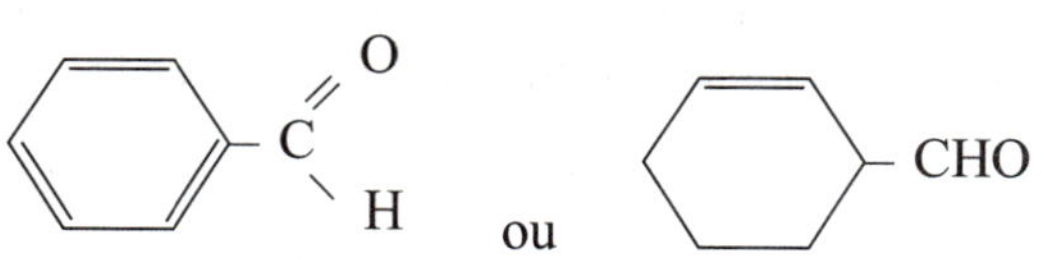

benzaldeído (odor de amêndoa)

4. Cetonas

São compostos orgânicos que apresentam o grupo carbonila, C = O, posicionado entre carbonos. O sufixo de uma cetona é **ona**.

Se houver ramificação, a numeração começa pela extremidade mais próxima do grupo C = O, que é chamado carbonila.

Exemplos:

$$H_3C-\overset{\overset{\displaystyle O}{\|}}{C}-CH_3 \quad \text{ou} \quad H_3C-CO-CH_3$$

IUPAC: propanona

comercial: acetona (removedor do esmalte da unha)

$$H_3C-\overset{\overset{\displaystyle O}{\|}}{C}-CH_2-CH_3 \quad \text{ou} \quad H_3C-CH_2-\overset{\overset{\displaystyle O}{\|}}{C}-CH_3$$

IUPAC: butanona

usual: cetona etílica e metílica ou etilmetilcetona

$$H_3C-CH_2-CH_2-\overset{\overset{\displaystyle O}{\|}}{C}-CH_3$$

pentan-2-ona

usual: cetona metílica e propílica ou metilpropilcetona

$$H_3\overset{1}{C}-\underset{\displaystyle CH_3}{\overset{2}{C}H}-\overset{\overset{\displaystyle O}{\|}}{\overset{3}{C}}-\overset{4}{C}H_2-\overset{5}{C}H_3$$

2-metilpentan-3-ona

usual: cetona etílica e isopropílica ou etilisopropilcetona

5. Éteres

São compostos orgânicos que apresentam um átomo de oxigênio (heteroátomo) entre 2 grupos orgânicos iguais ou diferentes.

fórmula geral: R – O – R   R: grupo orgânico

Exemplos:

$H_3C-O-CH_2-CH_3$, $H_3C-CH_2-O-CH_2-CH_3$

5.1 Nomenclatura

Nomenclatura IUPAC

1. Usando a cadeia principal
   grupo orgânico menor: pref + oxi: metoxi, etoxi...
   grupo orgânico maior: nome de um hidrocarboneto
2. Usando nomes dos grupos orgânicos
   Nome dos grupos orgânicos colocando-os em ordem alfabética.

Exemplos:

$$H_3C-O-\boxed{CH_2-CH_3}$$

IUPAC: metoxietano (solvente, anestésico)
éter etílico e metílico ou éter etilmetílico

$$H_3C-CH_2-O-\boxed{CH_2-CH_3}$$

IUPAC: etoxietano (solvente, anestésico)
éter dietílico

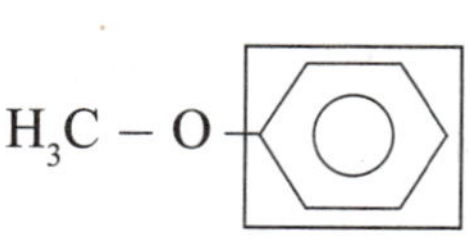

IUPAC: metoxibenzeno (solvente, anestésico) / éter fenílico e metílico ou éter fenil-metílico

$H_3C - O - \boxed{CH_2 - CH_2 - CH_3}$

IUPAC: 1-metoxipropano / éter metílico e propílico ou éter metil-propílico

$H_3C - O - \boxed{CH(CH_3) - CH_3}$

IUPAC: 2-metoxipropano / éter isopropílico e metílico ou éter isopropilmetílico

6. Ácidos carboxílicos

São compostos orgânicos que apresentam o grupo

$-C(=O)-OH$ (–COOH) na extremidade da cadeia.

O sufixo de um ácido carboxílico é **oico**.

Se houver ramificação, a numeração começa a partir do grupo –COOH, que é chamado de **carboxila**.

Exemplos:

$H - C(=O) - OH$ ou $H - COOH$

IUPAC: ácido metanoico (desinfetante)
usual: ácido fórmico (encontrado em certas formigas)

$H_3C - C(=O) - OH$ ou $H_3C - COOH$

IUPAC: ácido etanoico
usual: ácido acético (vinagre)

$HO - C(=O) - C(=O) - OH$ ou $HOOC - COOH$

IUPAC: ácido etanodioico
usual: ácido oxálico (tomate, espinafre, fixador de tintas)

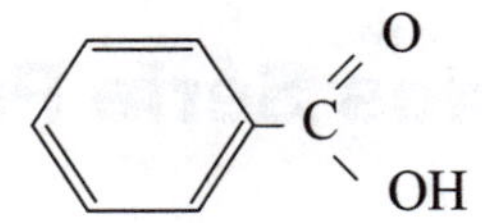

ácido benzoico (conservante de alimentos)

$\overset{5}{H_3C} - \overset{4}{CH}(CH_3) - \overset{3}{CH_2} - \overset{2}{CH_2} - \overset{1}{C}(=O) - OH$

ácido 4-metilpentanoico

> Assim como um ácido inorgânico, um ácido carboxílico pode ser neutralizado por uma base, produzindo um **sal de ácido carboxílico**.
>
> $H_3C - C(=O) - OH + NaOH \longrightarrow H_3C - C(=O) - O^-Na^+ + H_2O$
>
> ácido etanoico (ácido acético) → etanoato de sódio (acetato de sódio)

7. Ésteres

São compostos orgânicos formados pela troca do hidrogênio presente na carboxila dos ácidos carboxílicos por um grupo orgânico.

Esquema

$H_3C - C(=O) - O - H \longrightarrow H_3C - C(=O) - O - CH_3$

ácido carboxílico → éster

Nome IUPAC: sufixo: **oato** até o grupo C = O
sufixo: **ila** para o grupo orgânico

Os principais flavorizantes (aromatizantes) artificiais são ésteres.

Exemplos:

$H_3C - C(=O) - O - CH_2 - CH_3$

etanoato de etila (IUPAC)
acetato de etila: flavorizante de maçã

$H_3C - (CH_2)_2 - C(=O) - O - (CH_2)_3 - CH_3$

butanoato de butila: flavorizante de abacaxi

$H_3C - C(=O) - O - (CH_2)_7 - CH_3$

etanoato de octila (IUPAC)
acetato de octila: flavorizante de laranja

Exercícios Série Prata

1. Escreva as fórmulas estruturais simplificadas:

a) butan-1-ol

b) butan-2-ol

2. Escreva as fórmulas estruturais simplificadas:

a) pentan-2-ona

b) pentan-3-ona

3. Escreva as fórmulas estruturais simplificadas:

a) ácido propanoico

b) ácido butanoico

4. Escreva as fórmulas estruturais simplificadas:

a) etanoato de etila

b) butanoato de metila

5. Escreva as fórmulas estruturais simplificadas:

a) metoximetano ou éter dimetílico

b) etoxipropano ou éter etílico e propílico

6. Indique as funções orgânicas presentes nos compostos:

a)

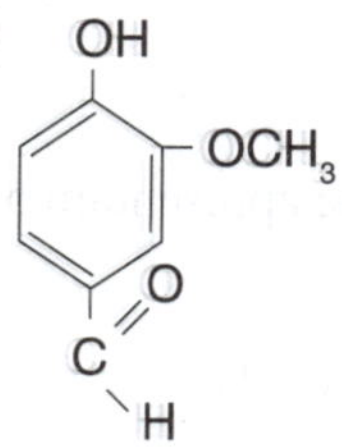

b)

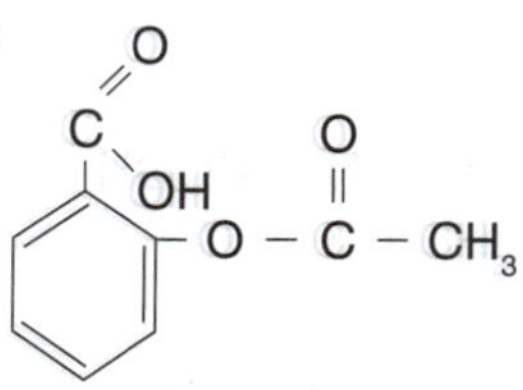

c)

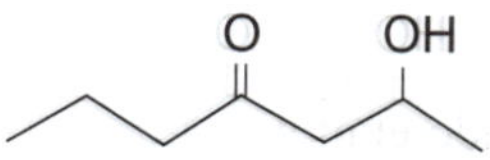

Exercícios Série Ouro

1. (UFRGS – RS) O ortocresol, presente na creolina, resulta da substituição de um átomo de hidrogênio do hidroxibenzeno por um grupo metila. A fórmula molecular do ortocresol é:

a) C_7H_8O
b) C_7H_9O
c) C_6H_7O
d) C_6H_8O
e) C_6H_9O

2. (EEM – SP) Considere o composto de função mista:

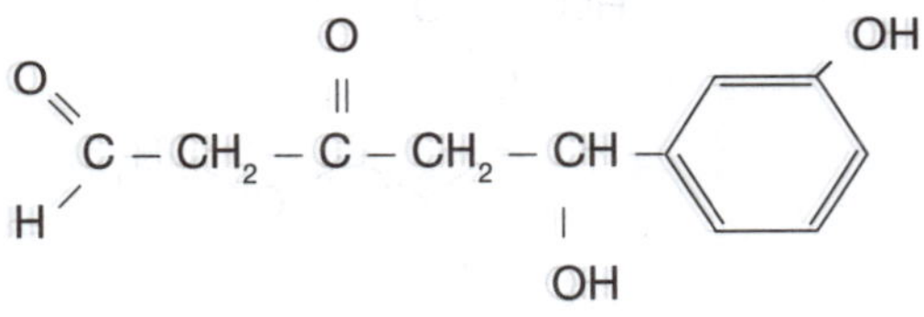

e resolva:

a) Qual é a sua fórmula molecular?
b) Indique as funções presentes.

3. (PUC – MG) Considere o seguinte álcool:

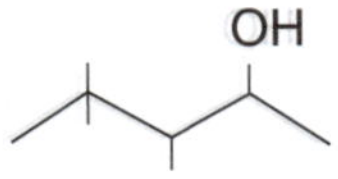

Dê o seu nome oficial e indique sua fórmula molecular.

4. (FUVEST – SP) Dentre as fórmulas abaixo, aquela que representa uma substância utilizada como combustível, dissolvente e componente de bebidas é:

a) 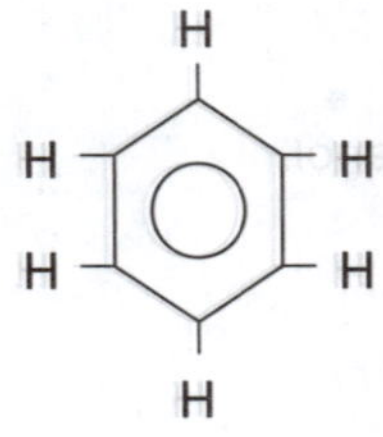

b) 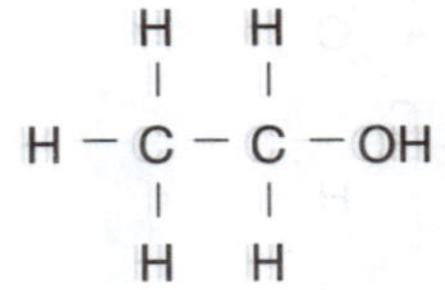

c) 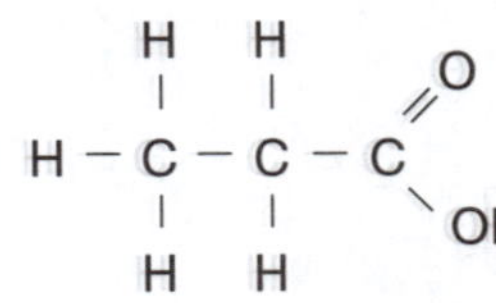

d) 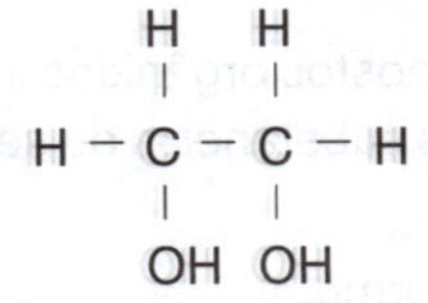

e) 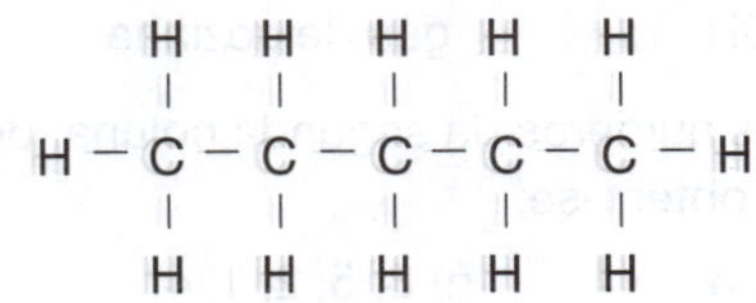

5. O nome, de acordo com a IUPAC, para a estrutura:

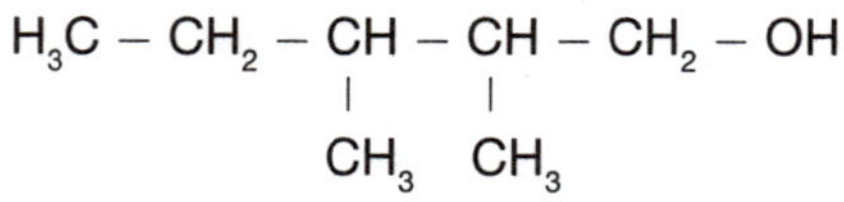

é:

a) 2,3-dimetilpentan-1-ol.
b) 2,3-dimetilpentanol.
c) 2-metil-3-etil-1-butanol.
d) 2-metil-3-etilbutanona.
e) 2,3-dimetil-3-etil-1-propanol.

6. (PUC-Campinas – SP)

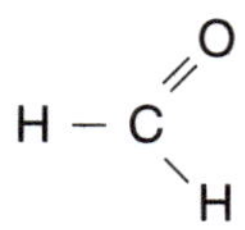

A função química e o nome oficial desse composto são, respectivamente:

a) ácido carboxílico e metanoico.
b) cetona e metanol.
c) álcool e metanol.
d) aldeído e metanal.
e) éter e metoximetano.

7. (UFPE) Relacione os compostos orgânicos listados na primeira coluna com as substâncias da segunda coluna:

1. CH_3COOH	formol
2. CH_3COCH_3	cachaça
3. HCHO	removedor de esmalte
4. $CH_3CH_2CH_2CH_3$	vinagre
5. CH_3CH_2OH	gás de cozinha

Lendo-se os números da segunda coluna, de cima para baixo, obtém-se:

a) 1, 5, 2, 4, 3
b) 4, 2, 3, 1, 5
c) 3, 4, 1, 5, 2
d) 3, 5, 2, 1, 4
e) 5, 2, 1, 3, 4

8. (UFO – MG) Assim "falou" a substância: "Sou líquida nas condições ambientes. Sou tóxica. Posso explodir com muita facilidade. Os corpos de minhas moléculas são formados por um átomo de oxigênio e seus braços são dois grupos etila". Qual substância poderia "falar" assim?

a) etanol
b) benzeno
c) etoxietano
d) butano
e) propanona

9. (UFLA – MG) A aspirina é um medicamento de uso relativamente corriqueiro que é comercializado há décadas. Pode-se afirmar que tal substância

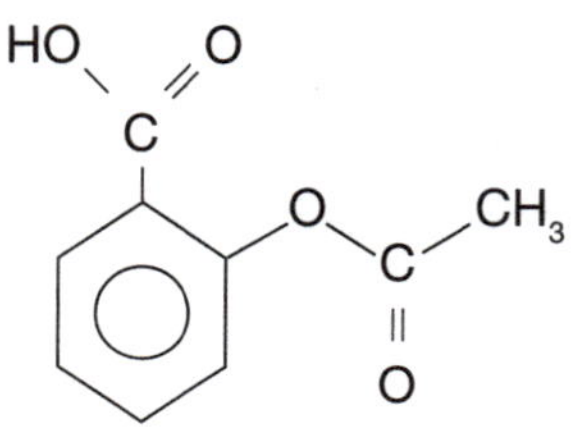

a) contém um anel aromático, uma função aldeído e 8 átomos de hidrogênio.
b) possui uma função éster, uma função ácido carboxílico e um anel aromático.
c) é um ácido carboxílico aromático com tripla ligação.
d) apresenta 12 átomos de hidrogênio, uma função ácido carboxílico e um anel aromático na sua estrutura.
e) tem fórmula molecular $C_9H_8O_4$, um anel aromático e uma função cetona.

10. (ESAN – SP) O nome do composto a seguir, que pode ser usado para dar sabor "morango" a balas e refrescos, é:

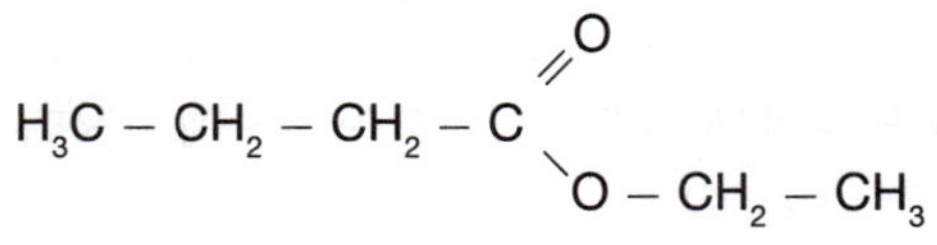

a) etanoato de butila
b) butanoato de etila
c) butanoato de metila
d) propanoato de metila
e) etanoato de magnésio

11. (UFV – MG) A azadiractina é um composto natural isolado de árvore indiana *Azadirachta indica* com potente atividade nematicida e antialimentar para insetos.

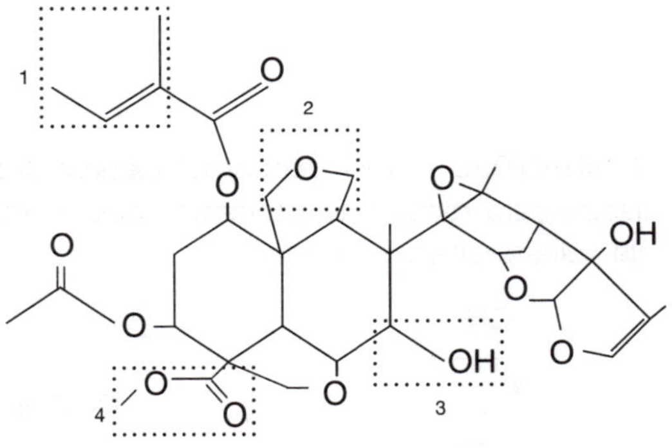

Azadiractina

As funções de 1 a 4 marcadas na estrutura de azadiractina são, respectivamente,

a) alqueno, álcool, éter, ácido carboxílico
b) alqueno, éster, álcool, ácido carboxílico
c) alqueno, éter, álcool, éster
d) dieno, cetona, fenol, éster
e) alquino, éter, fenol, cetona

12. (UFPE) Os cães conhecem seus donos pelo cheiro. Isso se deve ao fato de os seres humanos apresentarem, junto à pele, glândulas que produzem e liberam ácidos carboxílicos. A mistura desses ácidos varia de pessoa para pessoa, o que permite a animais de faro bem desenvolvido conseguir discriminá-la. Com o objetivo de testar tal discriminação, um pesquisador elaborou uma mistura de substâncias semelhante à produzida pelo dono de um cão.

Para isso, ele usou substâncias genericamente representadas por

a) RCHO
b) RCOOH
c) RCH_2OH
d) $RCOOCH_3$

13. (PUC – MG) O composto $CH_3CH_2CH_2COOCH_2CH_3$, usado na fabricação de doces, balas e refrescos, tem nome comum de essência de morango. Ele pertence à função:

a) ácido carbonílico.
b) aldeído.
c) álcool.
d) éster.
e) éter.

14. (OSEC – SP) Considere o composto:

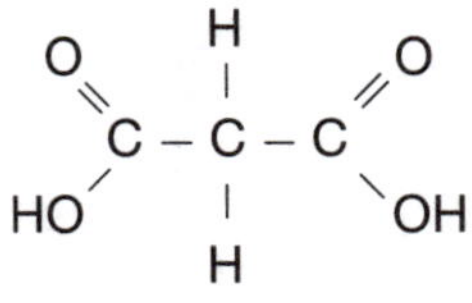

Seu nome oficial deve ser:

a) diidroxipropanodiona.
b) diapropanal.
c) propanodial.
d) diácido propanoico.
e) ácido propanodioico.

15. (MACKENZIE – SP) As vagens da baunilha contêm vanilina, uma substância utilizada como aromatizante. De fórmula estrutural

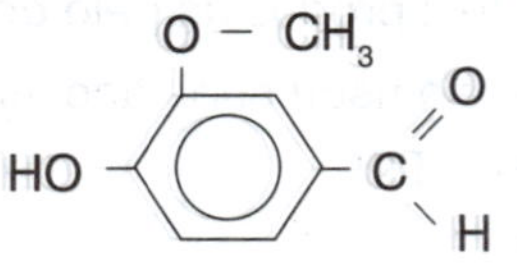

a vanilina apresenta as seguintes funções orgânicas:

a) ácido carboxílico, aldeído e cetona
b) fenol, éster e aldeído
c) cetona, álcool e éter
d) cetona, aldeído e éster
e) fenol, éter e aldeído

16. (ITA – SP) Sabemos que o analgésico sintetizado por A. Bayer tem a fórmula estrutural mostrada abaixo:

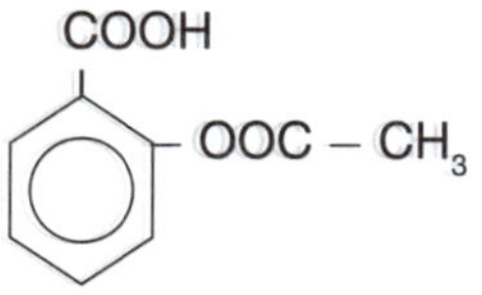

Em relação à constituição deste composto, qual das opções abaixo contém a afirmação errada?

a) um grupo carboxila
b) um anel aromático e um grupo carboxila
c) um grupo éter e um anel aromático
d) um grupo éster e um grupo carboxila
e) um anel aromático, um grupo éster e um grupo carboxila

17. (FEI – SP) Substituindo os hidrogênios da molécula da água por 1 grupo fenil e 1 grupo metil, obtém-se:

a) cetona.
b) aldeído.
c) éster.
d) éter.
e) ácido carboxílico.

18. (UNIRIO – RJ) A seguir é apresentada uma reação química onde compostos de diferentes funções orgânicas tomam parte:

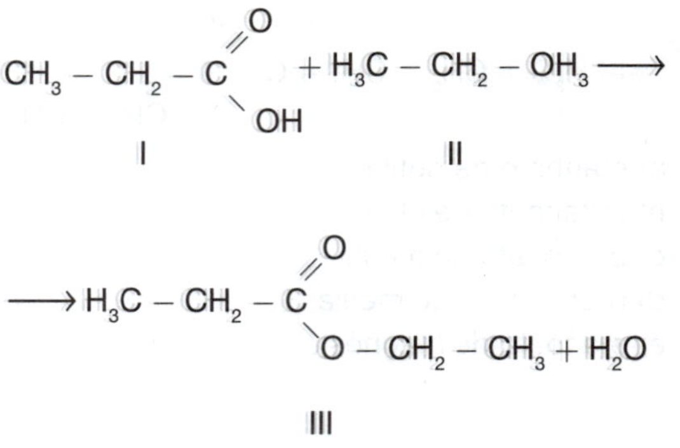

Indique as funções orgânicas dos compostos I, II e III.

19. (UNISANTOS – SP) A genfibrozila é uma droga utilizada para reduzir as concentrações plasmáticas de colesterol e triglicerídeos.

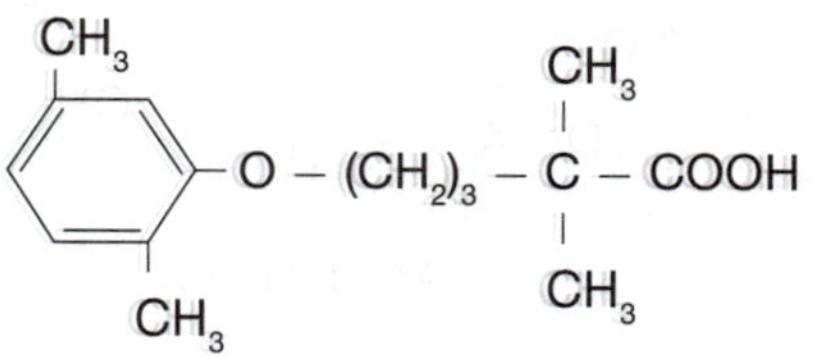

genfibrozila

Indique a alternativa que corresponde aos grupos funcionais do "genfibrozila":

a) éter e ácido carboxílico.
b) éter e aldeído.
c) fenol e aldeído.
d) fenol e ácido carboxílico.

20. (COVEST – PE) Relacione os tipos de substâncias orgânicas da coluna da esquerda com os compostos orgânicos contidos na coluna da direita:

(1) aldeído ( ) 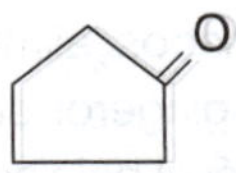

(2) álcool ( ) $CH_3CH_2C(=O)OH$

(3) ácido carboxílico ( ) $CH_3CH_2CH(OH)CH_3$

(4) éter ( ) 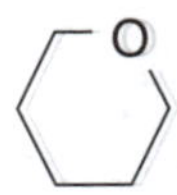

(5) cetona ( ) $CH_3CH_2-C(=O)H$

A sequência correta, de cima para baixo, é:

a) 5, 3, 4, 1 e 2.
b) 1, 5, 2, 4 e 3.
c) 4, 5, 1, 2 e 3.
d) 1, 2, 5, 3 e 4.
e) 5, 3, 2, 4 e 1.

21. (UFPE) Quando uma garrafa de vinho é deixada aberta, o conteúdo vai se transformando em vinagre por uma oxidação bacteriana aeróbica representada por:

$$CH_3CH_2OH \longrightarrow CH_3CHO \longrightarrow CH_3COOH$$

O produto intermediário da transformação do álcool do vinho no ácido acético do vinagre é:

a) um éster.
b) uma cetona.
c) um éter.
d) um aldeído.
e) um fenol.

22. (FEI – SP) Dadas as fórmulas moleculares dos compostos I e II:

I. C_3H_6O II. C_3H_8O

a) O composto I pode ser um ácido carboxílico e o composto II, um álcool.
b) O composto I pode ser uma cetona e o composto II pode ser um éter.
c) O composto II pode ser um ácido carboxílico e o composto I pode ser um álcool.
d) O composto II pode ser um aldeído e o composto I pode ser um ácido carboxílico.
e) O composto I pode ser um aldeído e o composto II pode ser um éster.

23. (UFPA) Observe as fórmulas, dadas a seguir, de quatro substâncias químicas:

$$CH_3-O-CH_3$$
$$CH_3CHO$$
$$CH_3CH_2COCH_3$$
$$CH_3COOCH_3$$

Na ordem de cima para baixo, essas substâncias pertencem, respectivamente, às funções orgânicas:

a) éter, aldeído, cetona e éster.
b) éter, aldeído, éster e cetona.
c) éter, álcool, cetona e éster.
d) éster, ácido carboxílico, éter e cetona.
e) éster, álcool, éter e cetona.

24. (UNISINOS – RS) As fórmulas gerais R – O – R, R – CHO, R – COOH e R – COO – R correspondem, respectivamente, às funções:

a) éter, ácido carboxílico, aldeído e éter.
b) ácido carboxílico, éster, aldeído e éter.
c) éster, aldeído, ácido carboxílico e éter.
d) éter, aldeído, ácido carboxílico e cetona.
e) éter, aldeído, ácido carboxílico e éster.

25. (UFPI) Os aromas da banana e do abacaxi estão relacionados com as estruturas dos dois ésteres dados abaixo.

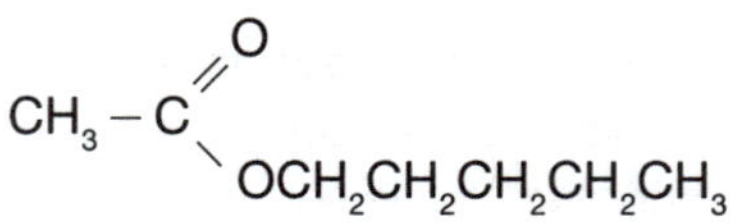

aroma de banana

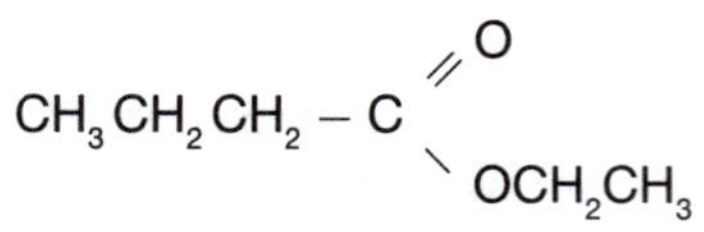

aroma de abacaxi

Escolha a alternativa que apresenta os nomes sistemáticos das duas substâncias orgânicas:

a) Acetilpentanoato e etilbutanoato.
b) Etanoato de pentila e butanoato de etila.
c) Pentanoato de etila e etanoato de butila.
d) Pentanoato de acetila e etanoato de butanoíla.
e) Acetato de pentanoíla e butanoato de acetila.

26. (UFPI) Amburosídeo B (*Phytochemistry* 50, 71-74, 2000), cuja estrutura é dada abaixo, foi isolada de *Amburana cearensis* (Imburana-de-cheiro ou cumaru) na busca pelo princípio ativo responsável pela atividade antimalárica dessa substância. Escolha a alternativa que apresenta quatro funções orgânicas presentes no amburosídeo B.

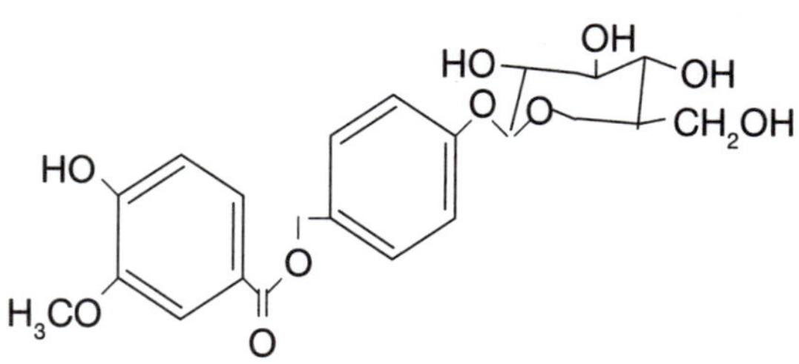

a) Fenol, cetona, ácido carboxílico, álcool.
b) Cetona, éter, éster, álcool.
c) Cetona, éter, ácido carboxílico, álcool.
d) Fenol, éter, éster, álcool.
e) Fenol, cetona, éter, álcool.

27. (PUC – PR) A presença de certos grupos funcionais em alguns compostos é responsável pelas sensações ardente, adstringente e refrescante, também denominadas sabores, que sentimos quando ingerimos determinados alimentos. A estrutura a seguir refere-se ao gingerol, substância encontrada no gengibre, responsável pela sensação ardente, quando ingerido.

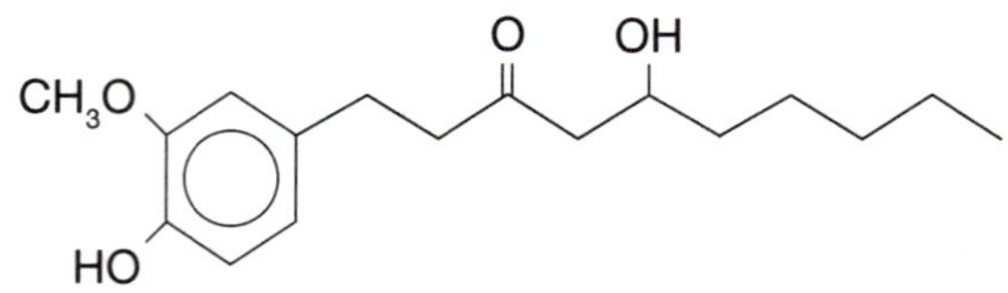

Qual das funções abaixo não está presente no gingerol?

a) álcool
b) fenol
c) éster
d) éter
e) cetona

28. (UEPA) Dadas as colunas I e II, faça a associação entre fórmulas e funções e marque a alternativa correta.

Coluna I	**Coluna II**
1. $CH_3 - CH_2OH$	a) aldeído
2. $CH_3 - CH_2 - COOH$	b) éter
3. 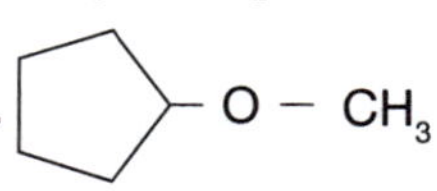	c) álcool
4. 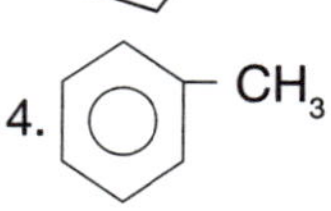	d) cetona
	e) éster
	f) hidrocarboneto
	g) ácido carboxílico
5. 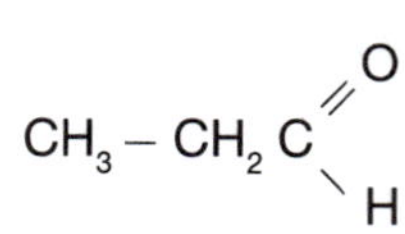	

a) 1-a, 2-b, 3-c, 4-f, 5-d
b) 1-a, 2-g, 3-d, 4-f, 5-b
c) 1-b, 2-e, 3-c, 4-f, 5-a
d) 1-c, 2-g, 3-b, 4-f, 5-a
e) 1-c, 2-a, 3-d, 4-e, 5-g

29. (UDESC) A testosterona é um hormônio sexual masculino, responsável, entre outras coisas, pelas alterações sofridas pelos rapazes na puberdade. Já a progesterona é um hormônio sexual feminino, indespensável à gravidez. Abaixo são representadas as respectivas estruturas:

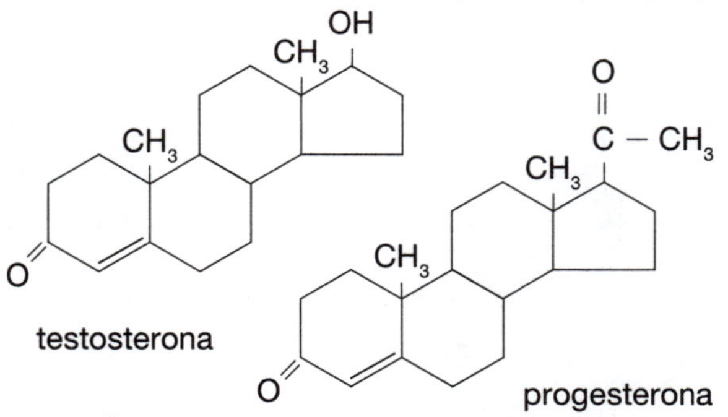

Assinale a alternativa que indica corretamente as funções orgânicas presentes nas duas substâncias acima.

a) Na testosterona temos a função fenol e cetona, e, na progesterona, a função cetona.
b) Na testosterona temos a função ácido e cetona, e, na progesterona, a função aldeído.
c) Na testosterona temos a função álcool e cetona, e, na progesterona, a função aldeído.
d) Na testosterona temos a função fenol e cetona, e, na progesterona, a função ácido.
e) Na testosterona temos a função álcool e cetona, e, na progesterona, a função cetona.

30. (UNISINOS – RS) O ácido fórmico, oficialmente conhecido como ácido metanoico, de fórmula bruta CH_2O_2, é o responsável pela irritação causada na pele humana, provocada pela picada das formigas. Qual das substâncias abaixo poderia ser aplicada na pele, a fim de atenuar esse efeito irritante?

a) $Mg(OH)_2$
b) $C_2H_5 - OH$
c) NH_4Cl
d) H_3PO_4
e) H_2SO_4

Capítulo 10

Compostos Nitrogenados, Compostos Halogenados e Compostos Sulfurados

1. Compostos nitrogenados

Os principais compostos orgânicos nitrogenados são: **aminas** e **amidas**.

1.1 Aminas

As estruturas das aminas podem ser explicadas a partir da substituição de um ou mais hidrogênios da amônia (NH_3) por grupos orgânicos (R).

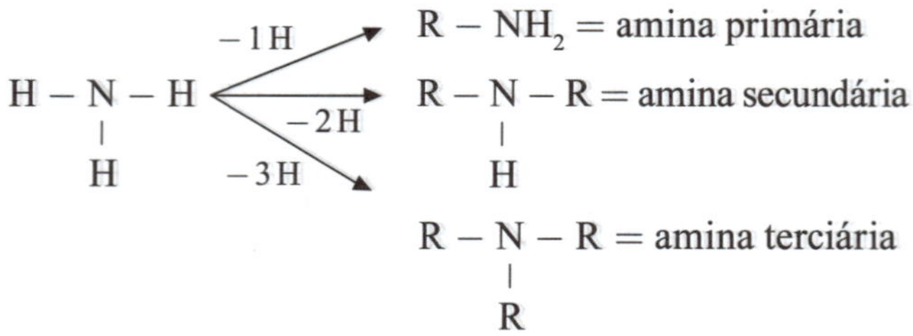

1.1.1 Nomenclatura IUPAC: nome do grupo + amina

Exemplos:

$H_3C - NH_2$: metilamina

$H_3C - CH_2 - NH_2$: etilamina

$H_3C - N - NH_2$: trimetilamina (odor de peixe podre)
$\quad\quad\; | $
$\quad\;\; CH_3$

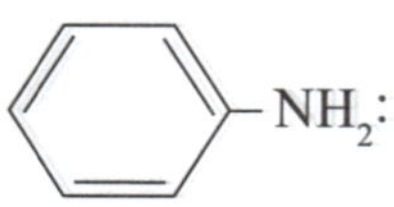: fenilamina (fabricação de corantes)
anilina (usual)

1.2 Amidas

As estruturas das amidas podem ser explicadas pela substituição do OH do grupo carboxila (– COOH) por NH_2.

A fórmula geral de uma amida é: 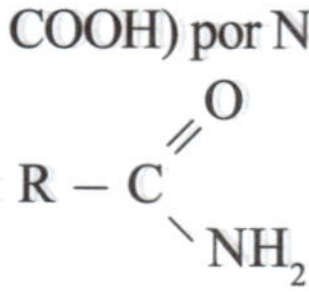 ou

$R - CONH_2$ R = grupo orgânico

A nomenclatura IUPAC utiliza o **sufixo amida**.

Exemplos:

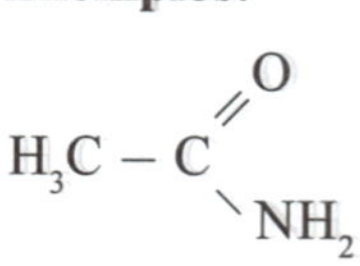 etanamida
acetamida

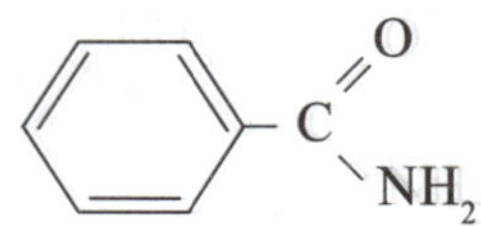 benzamida

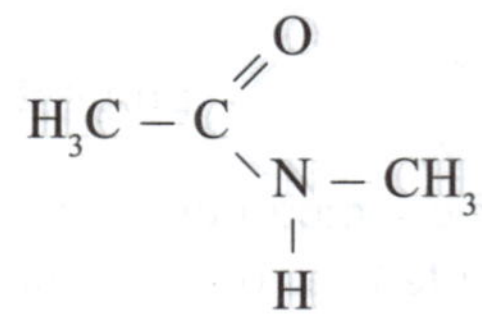 N-metiletanamida

1.3 Outros compostos nitrogenados

As funções que serão vistas neste tópico serão mostradas com as respectivas reações químicas:

Nitrila: apresenta o grupo $- C \equiv N$

$H_3C - C \equiv N$ etanonitrilo
cianeto de metila (usual)

Nitrocomposto: apresenta grupo $- NO_2$

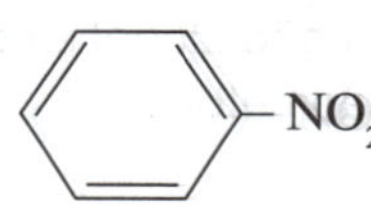 nitrobenzeno

2. Compostos halogenados

2.1 Conceito

Composto halogenado é um composto orgânico contendo ao menos um halogênio (– F, – Cl, – Br, – I).

Exemplo:

$CHCl_3$, $H_3C - CH(Br) - CH_3$ 

2.2 Nomenclatura IUPAC

Nome do halogênio + nome do hidrocarboneto

Exemplos:

CH_3Cl: clorometano
cloreto de metila (usual)

$CHCl_3$: triclorometano
clorofórmio (usual)

CCl_4: tetraclorometano
tetracloreto de carbono (usual)

$H_3C - \underset{\displaystyle Br}{\underset{|}{CH}} - CH_3$: 2-bromopropano
brometo de isopropila

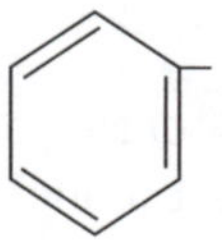
I : iodobenzeno
iodeto de fenila (usual)

F: fluorociclopentano

CF_2Cl_2: diclorodifluorometano
freon-12 (destruição da camada de ozônio)

3. Compostos sulfurados

3.1 Tiol ou tioálcool ou mercaptana

Em química, a palavra **tio** indica **enxofre**. A estrutura é parecida com um álcool, com a diferença de que há um enxofre no lugar do oxigênio.

álcool — OH   tiol — SH

Os tióis têm odor muito desagradável e, por esse motivo, os mais simples são misturados, em pequena porcentagem, a gases comerciais inodoros (GLP), para denunciar vazamentos.

Exemplos:

$H_3C - OH$ metanol $H_3C - SH$ metanotiol

$H_3C - CH_2OH$ etanol $H_3C - CH_2SH$ etanotiol

3.2 Ácido sulfônico

Apresenta o grupo $- SO_3H$

Exemplos:

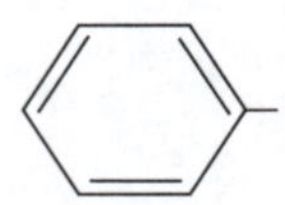
SO_3H: ácido benzenossulfônico

$H_3C - SO_3H$: ácido metanossulfônico

Exercícios Série Prata

Complete com **primária**, **secundária** ou **terciária**.

1. $H_3C - \underset{\displaystyle H}{\underset{|}{N}} - CH_3$ amina ____________

2. 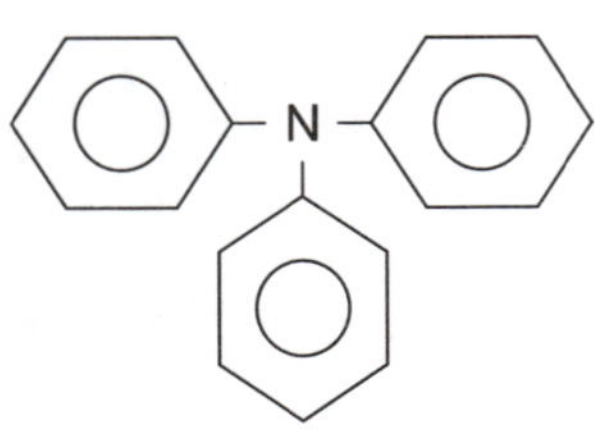   amina ____________

3. $H_3C - NH_2$ amina ____________

Dê o nome das seguintes aminas.

4. CH_3NH_2

5. $CH_3 - CH_2 - CH_2 - NH_2$

6. 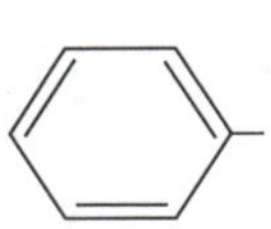 NH_2

7. $H_3C - \underset{\displaystyle CH_3}{\underset{|}{N}} - CH_3$

8. $H_3C - \underset{\displaystyle H}{\underset{|}{N}} - CH_2 - CH_3$

Represente a fórmula estrutural de:

9. etilamina

10. anilina

11. isopropilamina

12. tercbutilamina

13. isobutilamina

Represente a fórmula estrutural de:

14. butanamida

15. benzamida

Dê o nome dos seguintes compostos:

16. 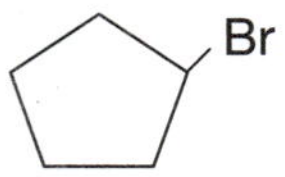

17. $H_3C - Cl$

18. 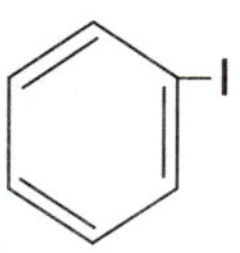

19. $H_3C - CH_2 - CH_2 - Br$

20. 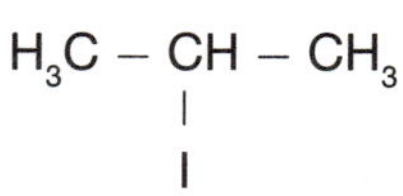

21. (UNIP – SP) A fórmula do *para*-dinitro-benzeno é:

a) 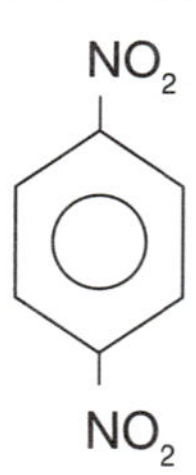

b) 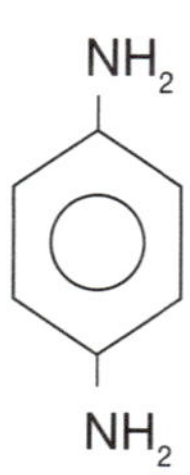

c) 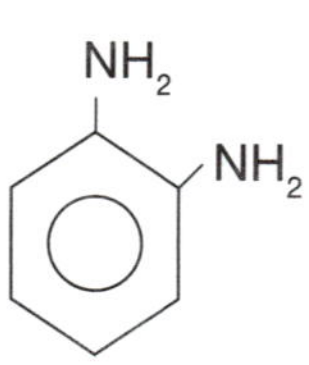

d) 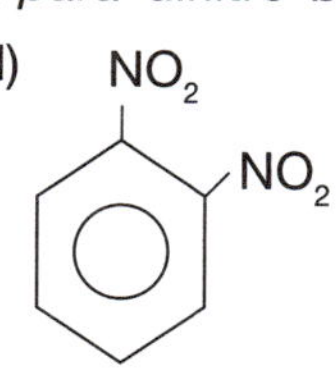

e) 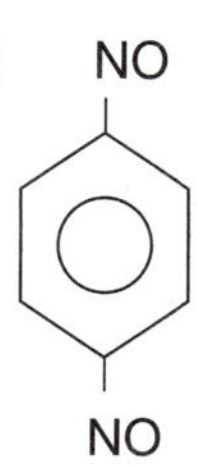

22. (UEPA) A nomenclatura IUPAC dos compostos abaixo é:

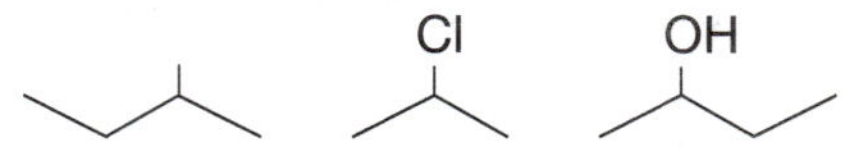

a) iso-pentano, 2-cloropropano, álcool sec-butílico.
b) 2-metil-butano, 2-cloro-propano, butan-2-ol.
c) iso-pentano, 2-cloro-propil, metil-propil-carbinol.
d) 2-metil-butano, cloreto de isopropila, 2-butanol.
e) iso-pentil, 2-cloro-propano, álcool butílico.

23. (PUC – RS) A adrenalina, substância secretada em nosso organismo em momentos de tensão, pode ser representada por

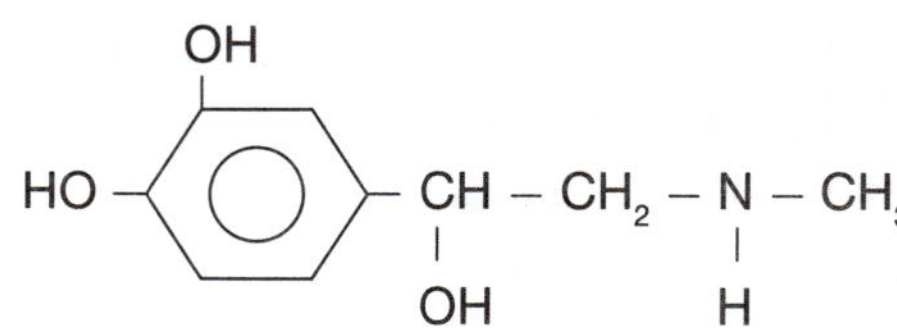

As funções presentes na estrutura da adrenalina são:

a) fenol, aldeído e éter.
b) fenol, álcool e amina.
c) amida, álcool e éster.
d) álcool, ácido carboxílico e éter.
e) cetona, aldeído e enol.

24. (UNIP – SP) As fórmulas representadas abaixo correspondem às seguintes funções orgânicas, respectivamente:

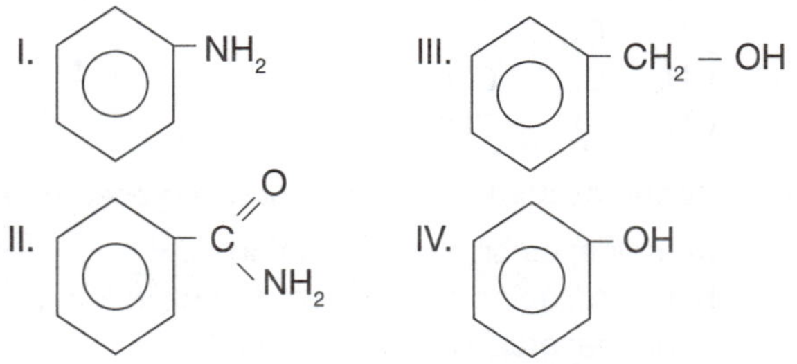

correspondem às seguintes funções orgânicas, respectivamente:

a) amina, amida, fenol e álcool.
b) amina, amida, álcool e fenol.
c) amida, amina, fenol e álcool.
d) amida, ácido carboxílico, álcool e álcool.
e) amina, aldeído, cetona e álcool.

25. (UFRJ) A adrenalina é um hormônio liberado na corrente sanguínea dos seres humanos, quando em situação de perigo iminente. Sua fórmula estrutural é:

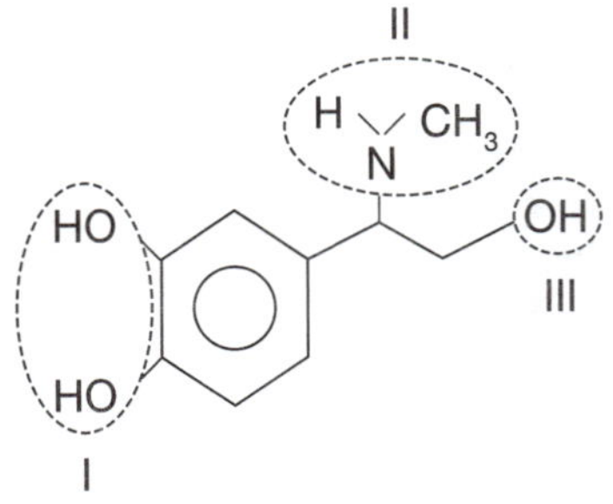

Os grupos funcionais I, II e III são, respectivamente:

a) álcool, amida, álcool.
b) álcool, amina, álcool.
c) fenol, amina, álcool.
d) fenol, amida, álcool.
e) álcool, amina, fenol.

26. (MACKENZIE – SP) Alguns confeitos e balas contêm um flavorizante que dá sabor e aroma de uva, de fórmula estrutural

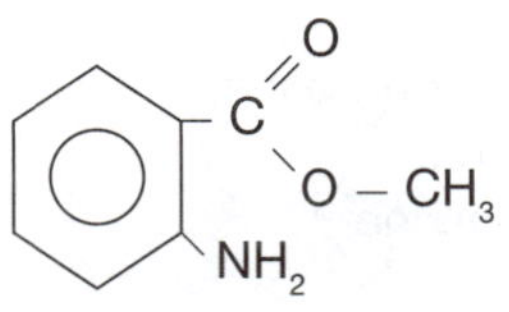

As funções químicas presentes nessa molécula são:

a) éster e amina.
b) ácido carboxílico e fenol.
c) éter e amina.
d) aldeído e éster.
e) éster e nitrocomposto.

27. (FATEC – SP) Ingerida pelas vias respiratórias, a nicotina chega ao sangue, que irriga todo o corpo, incluindo o cérebro. Na cabeça do fumante, essa toxina excita os neurônios, que produzem um estimulante chamado dopamina. Os neurônios lançam a dopamina no sistema nervoso central e criam uma sensação de prazer. A dependência nasce daí.

Veja na Sala de Aula. *In:* **Veja**, fev. 2000.

A fórmula molecular da nicotina e as funções químicas presentes na dopamina, cujas fórmulas estruturais aparecem abaixo, são, respectivamente:

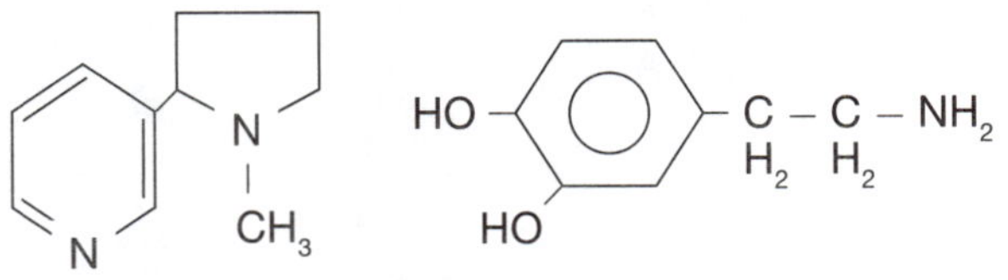

nicotina dopamina

a) $C_{10}H_{13}N_2$, fenol, amida.
b) $C_{10}H_{14}N_2$, fenol, amina.
c) $C_{10}H_{14}N$, álcool, amina.
d) $C_{10}H_{14}N_2$, álcool, amida.
e) $C_{10}H_{13}N_2$, álcool, fenol.

28. (MACKENZIE – SP) O nome da molécula

$H_3C - \underset{\displaystyle CH_3}{\underset{|}{CH}} - CH_2 - NH_2$ é

a) metil-3-aminopropano.
b) isobutilamina.
c) metilpropilamina.
d) t-butilamina.
e) anilina.

29. (UFAC)

Coluna I	Coluna II
a) $CH_3 - \overset{\displaystyle O}{\overset{\|}{C}} - CH_3$	(?) propanal
b) $CH_3 - CH_2 - \overset{\displaystyle O}{\overset{\|}{C}} - OH$	(?) propan-1-ol
c) $CH_3 - CH_2 - CH_2 - OH$	(?) propanamida
d) $CH_3 - CH_2 - \overset{\displaystyle O}{\overset{\|}{C}} - H$	(?) propanoico
e) $CH_3 - CH_2 - \overset{\displaystyle O}{\overset{\|}{C}} - NH_2$	(?) propanona

Preencher a coluna II

a) E, B, C, D, A.
b) A, B, C, D, E.
c) B, C, E, D, A.
d) D, C, E, B, A.
e) C, D, E, B, A.

30. (FECOLINAS – TO/FUNDEG – MG) Observando os compostos abaixo:

$CH_3 - CO - NH_2$;
$CH_3 - COO - CH_3$;
$CH_3 - CH_2 - OH$;
$CH_3 - CH_2 - CHO$

podemos afirmar que as funções presentes são:

a) amina; éster; álcool; aldeído.
b) amida; ácido carboxílico; álcool; aldeído.
c) amida; éter; álcool; aldeído.
d) amida; éster; álcool; aldeído.
e) amida; éster; álcool; anidrido.

Exercícios Série Ouro

1. (FUVEST – SP) A contaminação por benzeno, clorobenzeno, trimetilbenzeno e outras substâncias utilizadas na indústria como solvente pode causar efeitos que vão da enxaqueca à leucemia. Conhecidos como compostos orgânicos voláteis, eles têm alto potencial nocivo e cancerígeno e, em determinados casos, efeito tóxico cumulativo.

O Estado de S. Paulo, 17 ago. 2001.

Pela leitura do texto é possível afirmar que

I. certos compostos aromáticos podem provocar leucemia.
II. existe um composto orgânico volátil com nove átomos de carbono.
III. solventes industriais não incluem compostos orgânicos halogenados.

Está correto apenas o que se afirma em

a) I.
b) II.
c) III.
d) I e II.
e) I e III.

2. (VUNESP) Escreva os nomes e as funções orgânicas das substâncias de fórmula:

a) 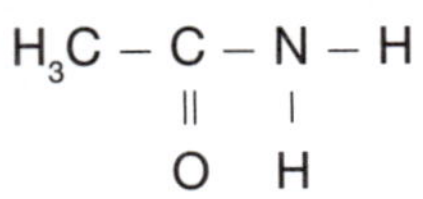

b) 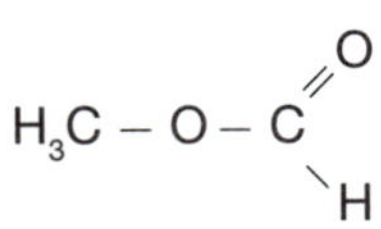

3. (VUNESP) Escreva:

a) as fórmulas estruturais da amina terciária e do éster com o menor número possível de átomos de carbono;
b) os nomes dos compostos.

4. (VUNESP) Escreva a fórmula estrutural e o nome de:

a) um éster, com pelo menos quatro átomos de carbono na molécula;
b) uma amina secundária, com pelo menos quatro átomos de carbono na molécula.

5. (UNICAMP – SP) Considere o ácido acético e dois de seus derivados:

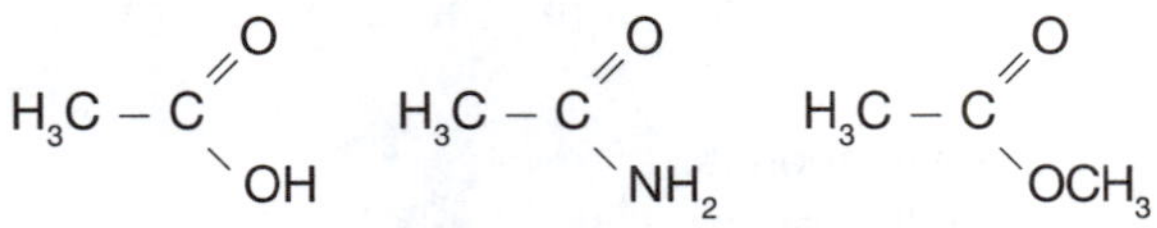

ácido acético — acetamida — acetato de metila

Sendo a fórmula do ácido benzoico:

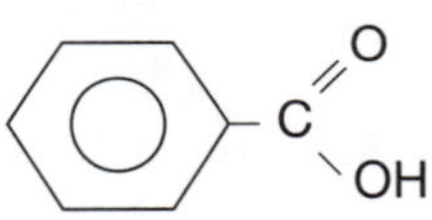

Escreva as fórmulas de benzamida e do benzoato de metila.

6. (ITA – SP) Em junho de 2006, foi noticiado que um caminhão transportando cilindros do composto t--butil mercaptana (2-metil-2-propanotiol) tombou na Marginal Pinheiros – cidade de São Paulo. Devido ao acidente, ocorreu o vazamento da substância. Quando adicionada ao gás de cozinha, tal substância fornece-lhe um odor desagradável. Assinale a opção que indica a fórmula molecular CORRETA desse composto.

a) $(CH_3)_3CNH_2$
b) $(CH_3)_3CSH$
c) $(CH_3)_3CNHCH_3$
d) $(CH_3)_3CCH_2NH_2$
e) $(CH_3)_3CSCH_2OH$

7. (UNIFESP) No final de junho de 2006, na capital paulistana, um acidente na avenida marginal ao rio Pinheiros causou um vazamento de gás, deixando a população preocupada. O forte odor do gás foi perceptível em vários bairros próximos ao local. Tratava-se da substância química butilmercaptana, que é um líquido inflamável e mais volátil que a água, utilizado para conferir odor ao gás liquefeito de petróleo (GLP). A substância tem como sinônimos químicos butanotiol e álcool tiobutílico. Sobre a butilmercaptana, são feitas as seguintes afirmações:

I. Apresenta massa molar igual a 90 g/mol.
II. Apresenta maior pressão de vapor do que a água, nas mesmas condições.
III. É menos densa que o ar, mas nas mesmas condições.

São corretas as afirmações contidas em

a) I, II e III.
b) I e II, apenas.
c) I e III, apenas.
d) II e III, apenas.
e) I, apenas.

Dados: massas molares em g/mol: C = 12, H = 1, S = 32.

8. (UESPI) O composto trinitrotolueno (TNT) é um explosivo usado para fins militares e em demolições. Nesse composto, o número de átomos de nitrogênio, hidrogênio e oxigênio por molécula é:

a) 3, 5 e 6
b) 3, 9 e 6
c) 3, 5 e 9
d) 3, 7 e 6
e) 3, 5 e 3

Dado: nome oficial: 2,4,6-trinitrometilbenzeno.

9. (UNESP) Durante a guerra do Vietnã (década de 60 do século passado), foi usado um composto chamado agente laranja (ou 2,4-D) que, atuando como desfolhante das árvores, impedia que os soldados vietnamitas (os vietcongues) se ocultassem nas florestas durante os ataques dos bombardeiros. Esse material continha uma impureza, resultante do processo de sua fabricação, altamente cancerígena, chamada dioxina. As fórmulas estruturais para estes compostos são apresentadas a seguir.

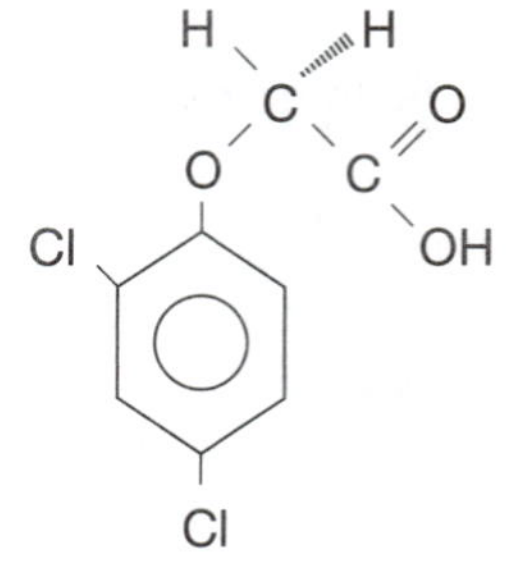

2,4-D

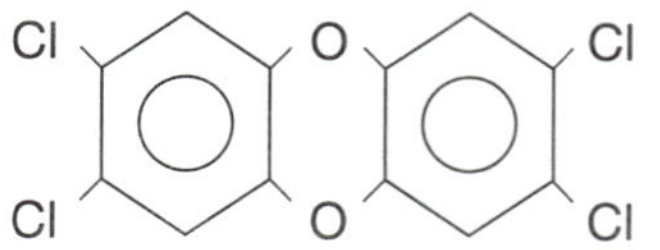

dioxina

Esses compostos apresentam em comum as funções:

a) amina e ácido carboxílico.
b) ácido carboxílico e amida.
c) éter e haleto orgânico.
d) cetona e aldeído.
e) haleto orgânico e amida.

10. (ENEM) Os pesticidas modernos são divididos em várias classes, entre as quais se destacam os organofosforados, materiais que apresentam efeito tóxico agudo para os seres humanos. Esses pesticidas contêm um átomo central de fósforo ao qual estão ligados outros átomos ou grupo de átomos como oxigênio, enxofre, grupos metoxi ou etoxi, ou um radical orgânico de cadeia longa. Os organofosforados são divididos em três subclasses: ***Tipo A***, na qual o enxofre não se incorpora na molécula; ***Tipo B***, na qual o oxigênio, que faz dupla-ligação com fósforo, é substituído pelo enxofre; e ***Tipo C***, no qual dois oxigênios são substituídos por enxofre.

BAIRD, C. **Química Ambiental**. Porto Alegre: Bookman.

Um exemplo de pesticida organofosforado Tipo B, que apresenta grupo etoxi em sua fórmula estrutural, está representado em:

a) 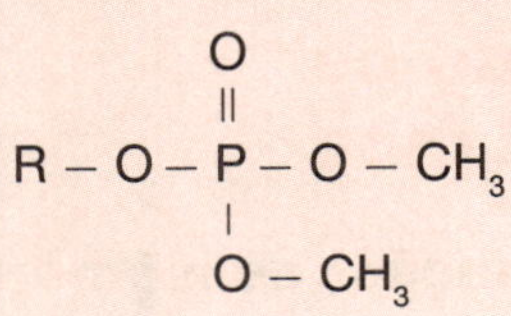

b) 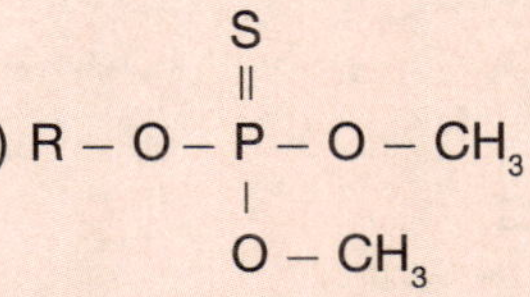

c) 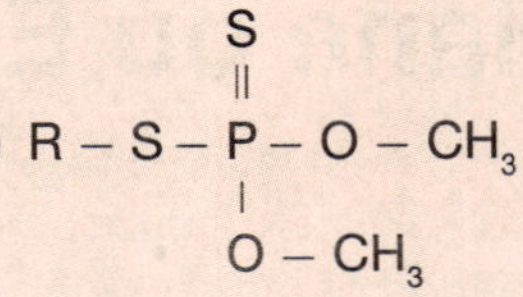

d) 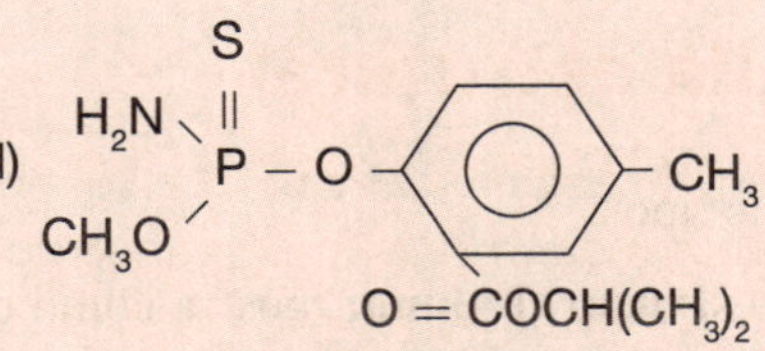

e) 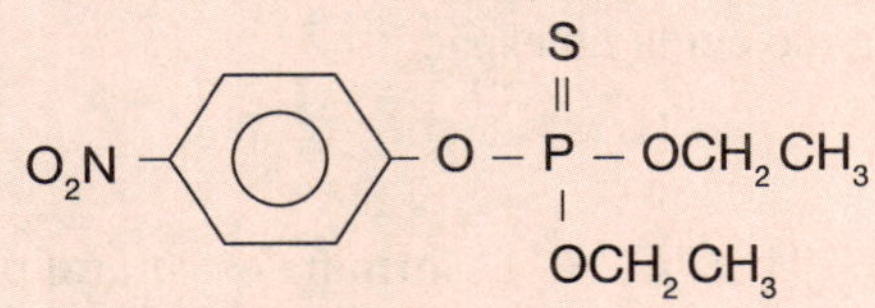

Resolução:

O composto da alternativa e apresenta enxofre fazendo dupla-ligação com o fósforo e o grupo etoxi ($H_3C - CH_2 - O -$).

Resposta: alternativa e.

Capítulo 11

Isomeria Plana ou Estrutural

1. Fórmula estrutural

Temos dois tipos:

Fórmula estrutural plana: mostra como os átomos estão ligados entre si numa molécula (não mostra o formato da molécula no espaço).

metano $H - \underset{\underset{H}{|}}{\overset{\overset{H}{|}}{C}} - H$ fórmula estrutural plana

Fórmula estrutural espacial: mostra como os átomos estão ligados entre si numa molécula e o formato da molécula no espaço.

metano 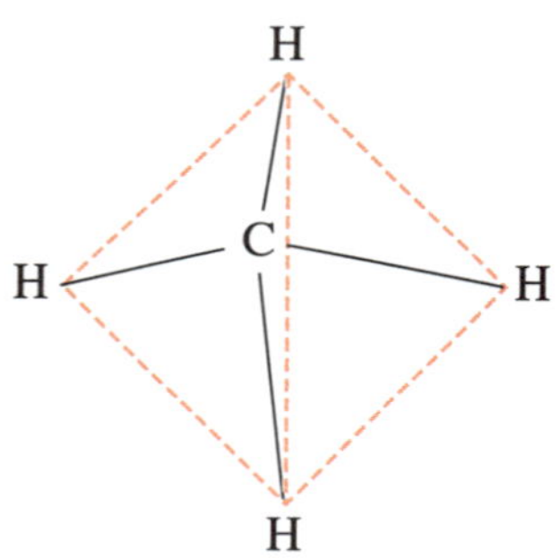 fórmula estrutural espacial molécula tetraédrica

2. Conceito de isômeros

São dois ou mais compostos diferentes que apresentam igual fórmula molecular e diferentes fórmulas estruturais.

Exemplos:

- $H_2C = CH - CH_3$ (propeno) e 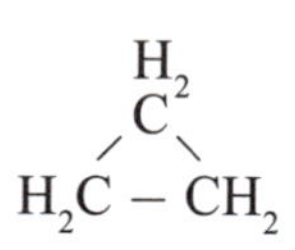 (ciclopropano) — isômeros: C_3H_6
- $H_3C - CH_2 - OH$ (etanol) e $H_3C - O - CH_3$ (metoximetano) — isômeros: C_2H_6O

Esses fenômenos foram chamados de **isomeria**.

3. Classificação dos isômeros

O estudo da isomeria será dividido em duas partes:

- **isômeros planos ou estruturais:** a diferença dos isômeros é facilmente observada na fórmula estrutural plana (capítulo 11).
- **isômeros espaciais ou estereoisômeros:** a diferença dos isômeros somente é observada na fórmula estrutural espacial (capítulos 12 e 13).

4. Classificando os isômeros planos

4.1 Isômeros de função: os isômeros têm funções diferentes

Exemplos:

- $H_3C - CH_2 - C(=O)H$ — propanal (aldeído) C_3H_6O; $H_3C - C(=O) - CH_3$ — propanona (cetona) C_3H_6O
- $H_3C - CH_2 - C(=O)OH$ — ácido propanoico $C_3H_6O_2$; $H_3C - C(=O) - O - CH_3$ — etanoato de metila (éster) $C_3H_6O_2$
- $H_3C - CH_2 - OH$ — etanol (álcool) C_2H_6O; $H_3C - O - CH_3$ — metoximetano (éter) C_2H_6O
- 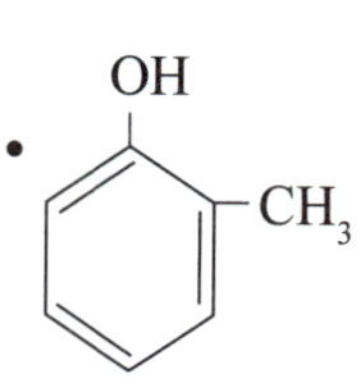

fenol C_7H_8O

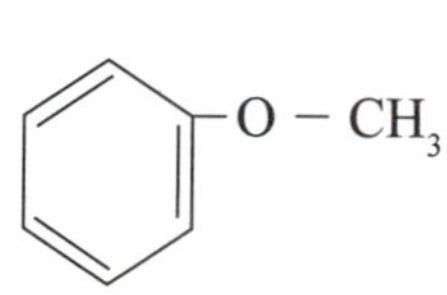

éter C_7H_8O

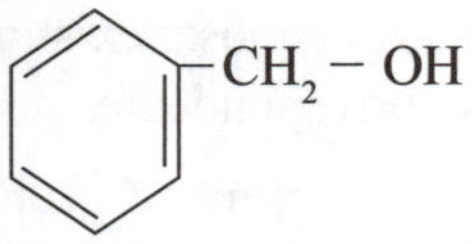

álcool

C_7H_8O

4.2 Isômeros de cadeia

Os isômeros pertencem à mesma função, porém apresentam cadeias diferentes.

Exemplos:

- $H_3C - CH_2 - CH = CH_2$
  but-1-eno
  (aberta)
  C_4H_8

  $H_2C - CH_2$
  | |
  $H_2C - CH_2$
  ciclobutano
  (fechada)
  C_4H_8

- $H_3C - CH_2 - CH_2 - CH_3$
  butano (normal)
  C_4H_{10}

  $H_3C - CH - CH_3$
  |
  CH_3
  2-metilpropano
  (ramificada)
  C_4H_{10}

- $H_3C - CH_2 - CH_2 - NH_2$
  propilamina (homogênea)
  C_3H_9N

  H
  |
  $H_3C - N - CH_2 - CH_3$
  etilmetilamina (heterogênea)
  C_3H_9N

4.3 Isômeros de posição

Os isômeros pertencem à mesma função e têm o mesmo tipo de cadeia, mas apresentam diferença na posição de um grupo funcional, de uma ramificação ou de uma insaturação.

Exemplos:

- OH
  |
  $H_3C - CH - CH_3$
  propan-2-ol (OH está no C2)
  C_3H_8O

  OH
  |
  $H_3C - CH_2 - CH_2$
  propan-1-ol (OH está no C1)
  C_3H_8O

- $H_2C = CH - CH_2 - CH_3$
  but-1-eno
  dupla entre C1 e C2
  C_4H_8

  $H_3C - CH = CH - CH_3$
  but-2-eno
  dupla entre C2 e C3
  C_4H_8

- $H_3C - CH - CH_2 - CH_2 - CH_3$
  |
  CH_3
  2-metilpentano ramificação no C2
  C_6H_{14}

  $H_3C - CH_2 - CH - CH_2 - CH_3$
  |
  CH_3
  3-metilpentano ramificação no C3
  C_6H_{14}

4.4 Isômeros de compensação ou metâmeros

Os isômeros pertencem à mesma função e apresentam o mesmo tipo de cadeia, mas apresentam diferença na posição de um heteroátomo.

Exemplos:

- $H_3C - O - CH_2 - CH_2 - CH_3$
  metoxipropano (O está entre o C1 e C2)
  $C_4H_{10}O$

  $H_3C - CH_2 - O - CH_2 - CH_3$
  etoxietano (O está entre o C2 e C3)
  $C_4H_{10}O$

- O
  ||
  $H - C - O - CH_2 - CH_2 - CH_3$
  metanoato de propila
  1C O 2C
  $C_4H_8O_2$

  O
  ||
  $H_3C - C - O - CH_2 - CH_3$
  etanoato de etila
  2C O 3C
  $C_4H_8O_2$

4.5 Tautômeros ou dinâmicos

Os isômeros têm funções diferentes, porém estão em equilíbrio devido à migração do H e da dupla-ligação. Temos dois casos importantes.

- **Equilíbrio aldo-enólico**

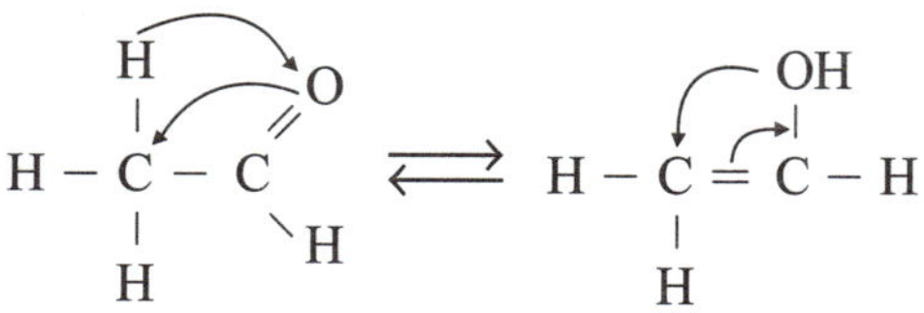

etanal (aldeído) C_2H_4O — etenol (enol) C_2H_4O

No estado líquido ou em solução aquosa, existindo o aldeído, haverá o enol correspondente.

- **Equilíbrio ceto-enólico**

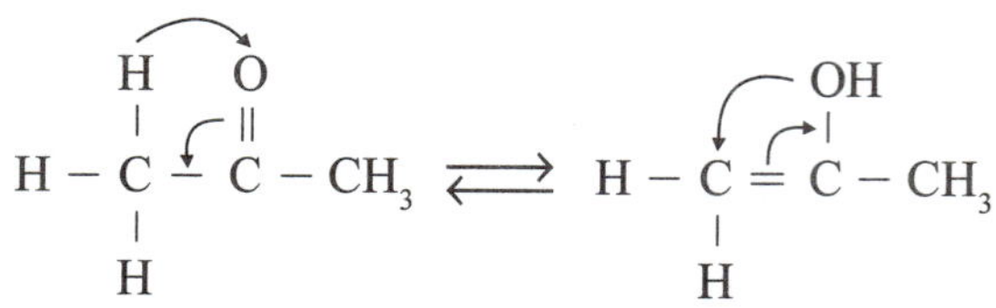

propanona (cetona) C_3H_6O — prop-1-en-2-ol (enol) C_3H_6O

No estado líquido ou em solução aquosa, existindo a cetona, haverá também o enol correspondente.

Nota: enol é composto orgânico que apresenta o grupo OH ligado em um carbono da dupla-ligação.

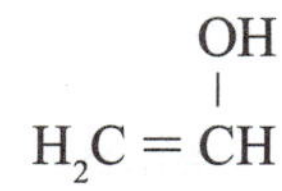

etenol

Observação: nesses equilíbiros, a concentração de aldeído ou da cetona é maior do que a do enol, portanto, no equilíbrio predomina aldeído ou cetona.

Comentário Final

Pelos exemplos citados podemos deduzir que os isômeros planos sempre apresentam **propriedades físicas diferentes** (ponto de fusão, ponto de ebulição, densidade etc.) e **propriedades químicas semelhantes** ou **diferentes**.

Exercícios Série Prata

Decida se cada par de estruturas mostradas a seguir representa ou não isômeros:

1. 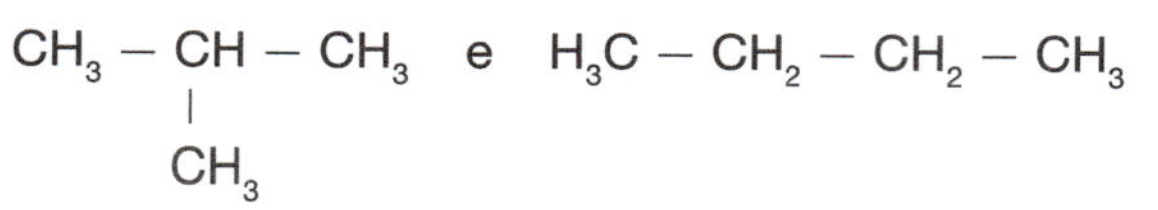

2. 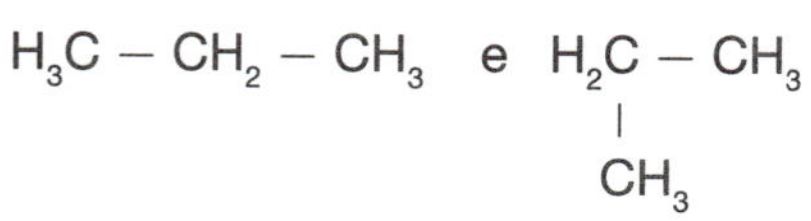

3. 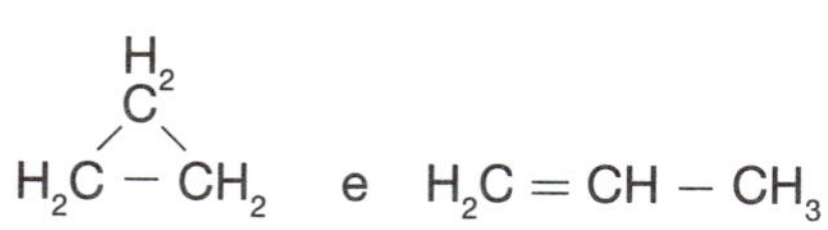

4. $H_3C - CH = CH - CH_3$ e $H_2C = CH - CH_2 - CH_3$

5. $H_3C - CH = CH_2$ e $H_2C = CH - CH_3$

6. 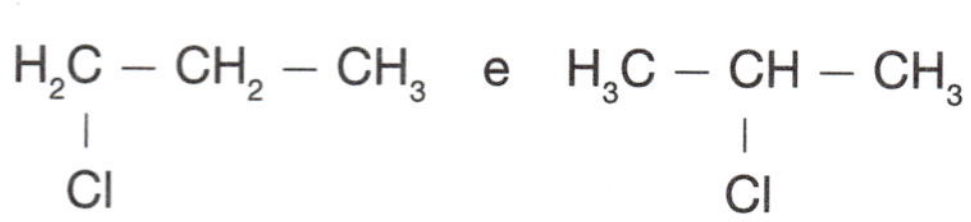

7. 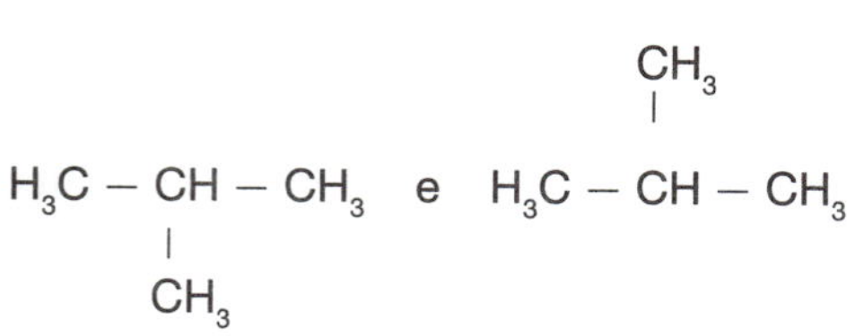

8. 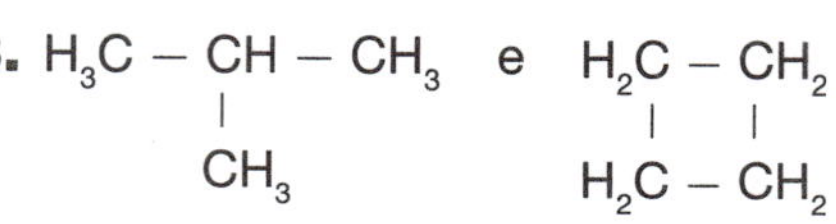

9. 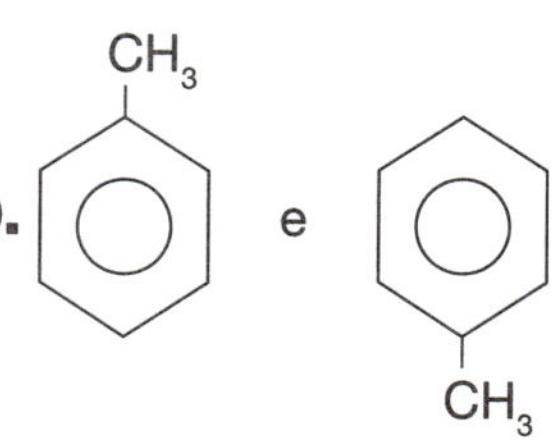

10. (MACKENZIE – SP) Entre os compostos

$H_3C - CH_2 - CH_2 - CH_2 - NH_2$

e

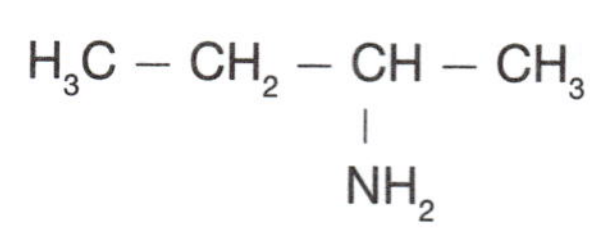

ocorre isomeria de:

a) metameria.
b) posição.
c) função.
d) cadeia.
e) tautomeria.

11. (MACKENZIE – SP) Dentre os compostos formulados, os que apresentam isomeria de função são:

a) 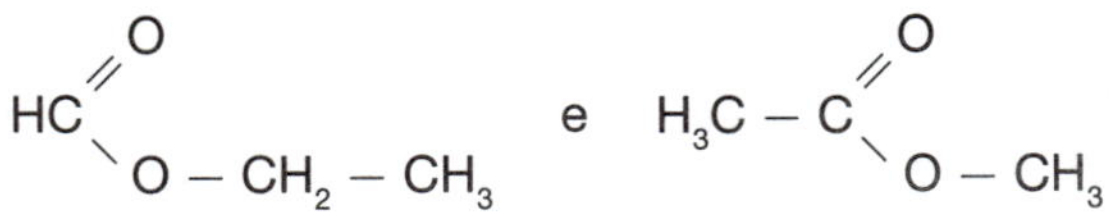

b) $H_2C = CH - CH_2 - CH_2 - CH_3$

e

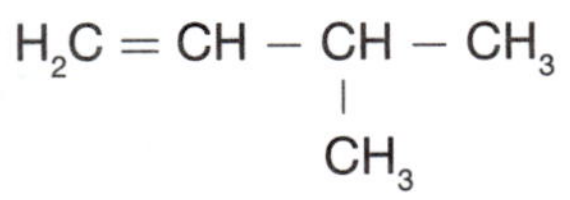

c) 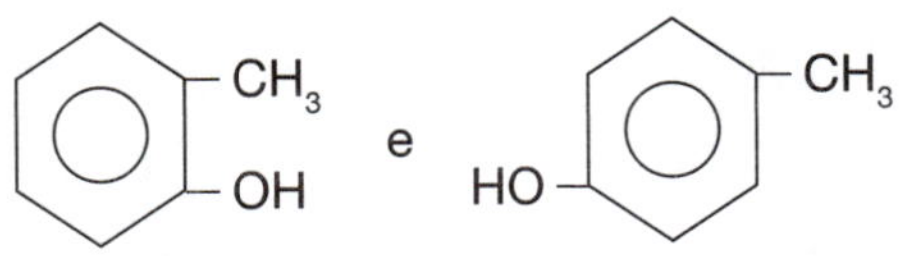

d) $H_2C = CH - CH_3$ e $HC \equiv C - CH_3$

e) $H_3C - O - CH_3$ e $H_3C - CH_2 - OH$

12. (UFMA) Os seguintes compostos apresentam:

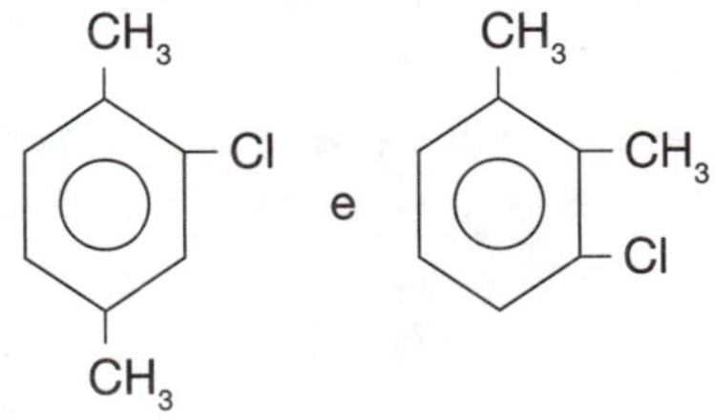

apresentam:

a) isomeria de compensação.
b) isomeria de cadeia.
c) isomeria funcional.
d) isomeria de posição.
e) tautomeria.

13. (UFES) Associe os pares de compostos da coluna à esquerda com o tipo de isomeria existente entre eles, na coluna à direita.

I. $CH_3 - S - CH_2 - CH_2 - CH_3$ e $CH_3 - CH_2 - S - CH_2 - CH_3$

II.  e $CH_3 - CH_2 - CH_2 - C \equiv CH$

III. 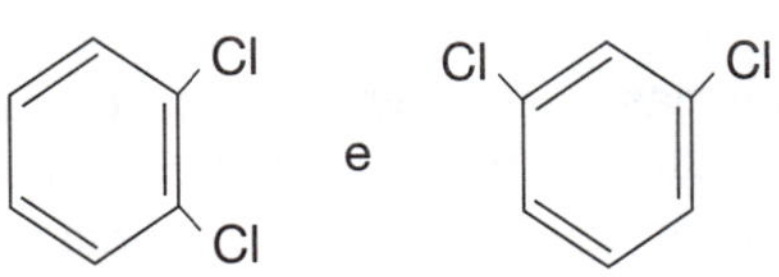

IV. 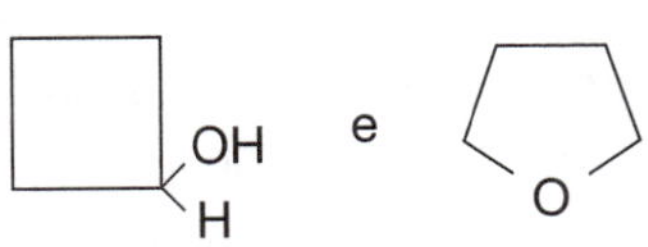

1. Isomeria de função
2. Isomeria de compensação
3. Isomeria de cadeia
4. Isomeria de posição.

A alternativa que apresenta uma associação correta é:

a) I – 3; II – 2; III – 4; IV – 1.
b) I – 3; II – 2; III – 1; IV – 4.
c) I – 2; II – 3; III – I; IV – 4.
d) I – 2; II – 3; III – 4; IV – 1.
e) I –1; II – 2; III – 3; IV – 4.

14. (MACKENZIE – SP) O etanoato de etila, que tem odor e sabor de maçã, pode ser obtido pela reação entre ácido etanoico e etanol.

A fórmula estrutural plana do isômero de função do etanoato de etila, que apresenta cadeia carbônica ramificada, é:

a) 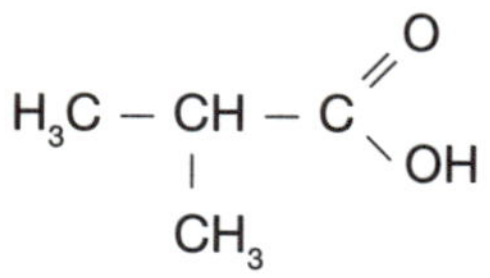

b) 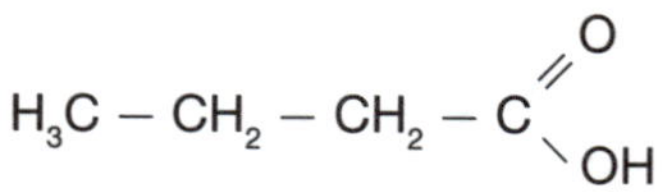

c) $H_3C - CH_2 - CH_2 - CH_2 - OH$

d) 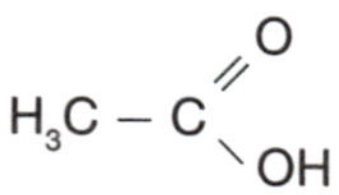

e) 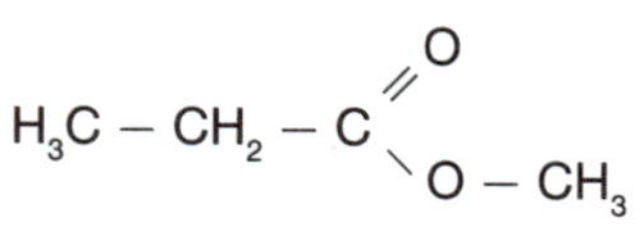

15. (FUVEST – SP) A substância A, na presença de luz solar, transforma-se na substância B, que, por sua vez no escuro, se transforma em A.

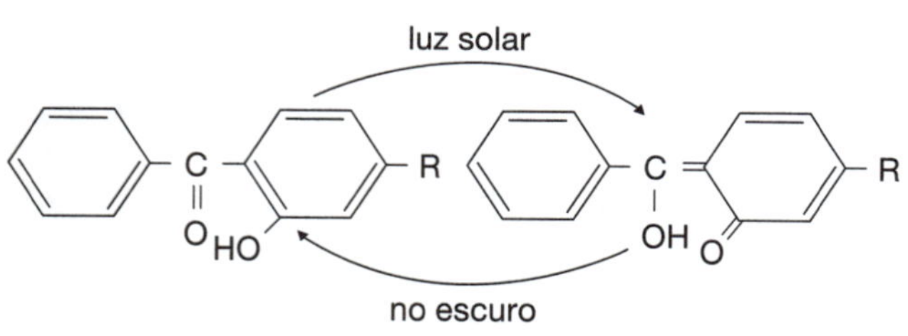

Que tipo de isomeria ocorre nesse caso?

16. Escreva as fórmulas estruturais planas dos três alcanos de fórmula molecular C_5H_{12}.

17. Escreva as fórmulas estruturais planas de quatro álcoois e de três éteres cuja fórmula molecular é $C_4H_{10}O$.

18. (MACKENZIE – SP)

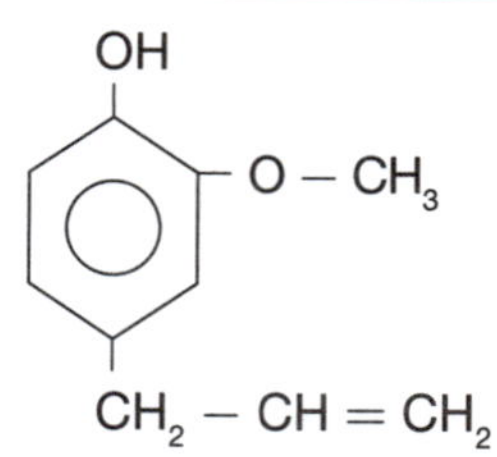 (I – óleo de cravo)	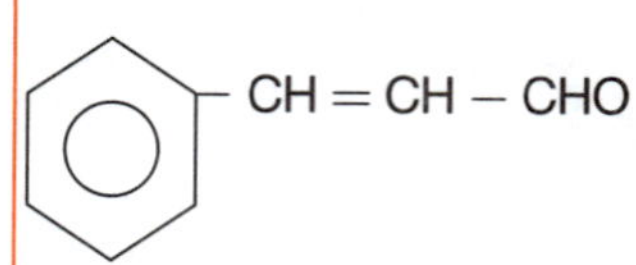 (II – canela)
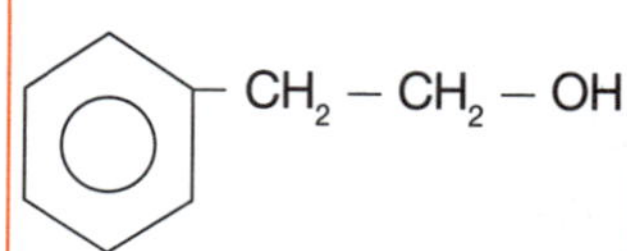 (III – óleo de rosas)	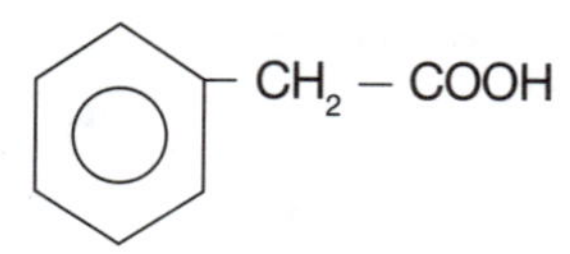 (IV – fragância flor de laranjeira)

As fragrâncias características dos perfumes podem ser obtidas a partir de fontes naturais, como óleos essenciais extraídos de plantas, flores e animais ou por processos sintéticos. Dos quatro componentes de óleos essenciais, cujas fórmulas estão acima, é correto afirmar que:

a) as substâncias III e IV apresentam, entre si, isomeria de função.
b) as substâncias II e III são álcoois.
c) as quatro substâncias possuem cadeias carbônicas saturadas.
d) duas das substâncias são ácidos carboxílicos.
e) cada uma das substâncias possui grupo funcional oxigenado diferente do apresentado nas outras substâncias.

19. (FUVEST – SP) O composto A, por aquecimento, transforma-se no seu isômero B.

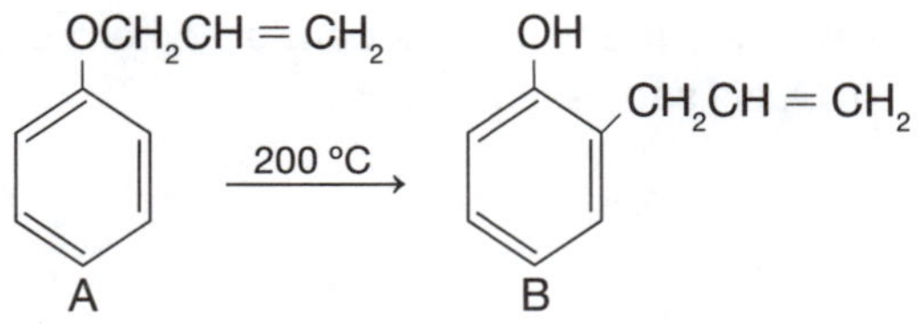

Nesse aquecimento um:

a) éter transforma-se em fenol.
b) éter transforma-se em outro éter.
c) éter transforma-se em éster.
d) fenol transforma-se em éster.
e) fenol transforma-se em álcool.

Exercícios Série Ouro

1. (FUVEST – SP) Deseja-se saber se três hidrocarbonetos saturados, I, II e III, são isômeros entre si. Para tal amostras desses hidrocarbonetos foram analisadas, determinando-se as quantidades de carbono e de hidrogênio presente em cada uma delas. Os resultados obtidos foram os seguintes:

Hidrocarbonetos	Massa da amostra/g	Massa de C/g	Massa de H/g
I	0,200	0,168	0,032
II	0,300	0,252	0,048
III	0,600	0,491	0,109

com base nesses resultados, pode-se afirmar que:

a) I não é isômero de II e nem de III.
b) I é isômero apenas de II.
c) I é isômero apenas de III.
d) II é isômero apenas de III.
e) I é isômero de II e III.

2. (FUVEST – SP) Quantos compostos diferentes estão representados pelas seguintes fórmulas estruturais?

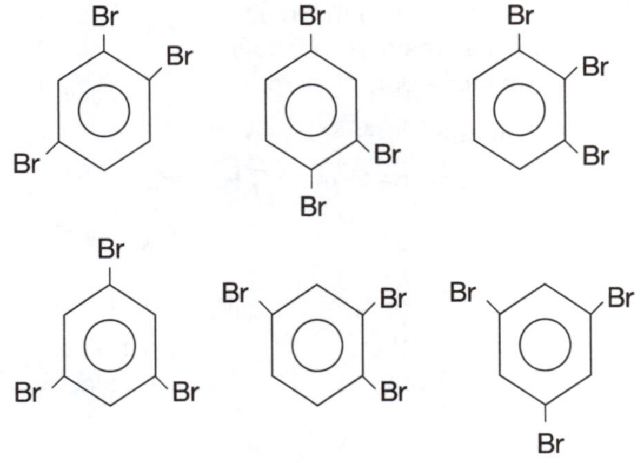

a) 6
b) 5
c) 4
d) 3
e) 2

3. (UNESP) A fórmula simplificada 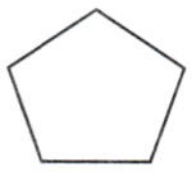 representa um hidrocarboneto saturado.

a) Escreva a fórmula estrutural do hidrocarboneto e dê seu nome oficial.

b) Escreva a fórmula estrutural e dê o nome de um hidrocarboneto de cadeia normal, isômero do hidrocarboneto dado.

4. (PUC – SP) São conhecidas algumas substâncias com a fórmula C_3H_8O. Analisando o total de isômeros de fórmula C_3H_8O encontramos

a) um éster e dois ácidos carboxílicos.
b) duas cetonas e dois aldeídos.
c) uma cetona e um aldeído.
d) dois éteres e três álcoois.
e) um éter e dois álcoois.

Resolução:

Os isômeros de fórmula C_3H_8O são:

$$\underset{|}{\overset{OH}{}}H_2C - CH_2 - CH_3$$

propan-1-ol
(função: álcool)

$$H_3C - \overset{\overset{OH}{|}}{C}H - CH_3$$ e

propan-2-ol
(função: álcool)

$$H_3C - O - CH_2 - CH_3$$

metoxietano (éter etílico e metílico)
(função éter)

Resposta: alternativa e.

5. (FUVEST – SP) "Palíndromo – diz-se de frase ou palavra que, ou se leia da esquerda para a direita, ou da direita para a esquerda, tem o mesmo sentindo."

HOLANDA, A. B. de **Novo Dicionário da Língua Portuguesa** 2ª ed., 40ª imp. Rio de Janeiro: Nova Fronteira, 1986, p. 1.251.

"Roma me tem amor" e "a nonanona" são exemplos de palíndromo.

A nonanona é um composto de cadeia linear. Existem quatro nonanonas isômeras.

a) Escreva a fórmula estrutural de cada uma dessas nonanonas.

b) Dentre as fórmulas do item *a*, assinale aquela que poderia ser considerada um palíndromo.

c) De acordo com a nomenclatura química, podem-se dar dois nomes para o isômero do item *b*. Quais são esses nomes?

6. (FUVEST – SP) As fórmulas estruturais de alguns componentes de óleos essenciais, responsáveis pelo aroma de certas ervas e flores, são:

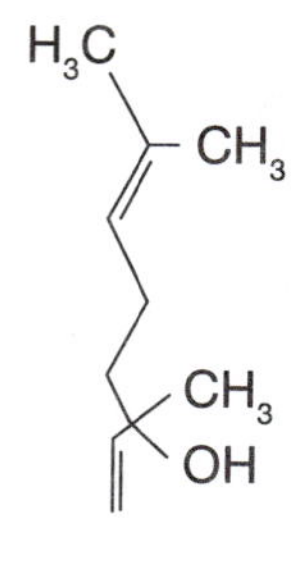

linalol

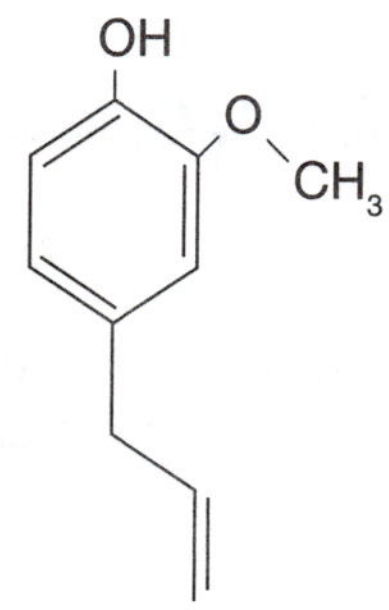

eugenol

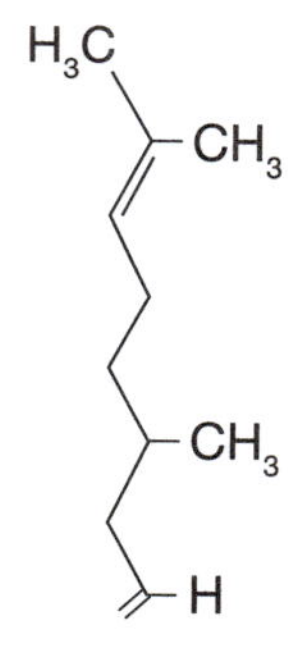

citronelal

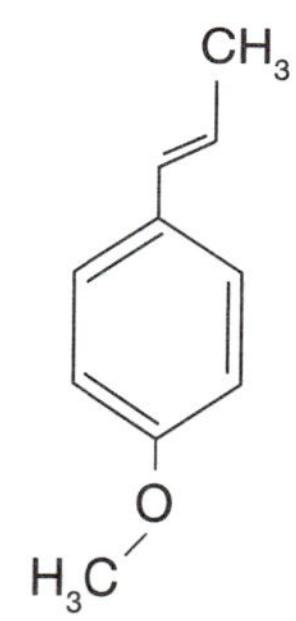

anetol

Dentre esses compostos, são isômeros:

a) anetol e linalol.
b) eugenol e linalol.
c) citronelal e eugenol.
d) linalol e citronelal.
e) eugenol e anetol.

Capítulo 12

Isomeria Geométrica ou CIS-TRANS

1. Introdução

É um tipo de isomeria espacial presente em compostos de cadeia aberta com dupla-ligação (mais importante) e em compostos de cadeia fechada saturada.

Ligantes: são átomos ou grupo de átomos ligados a um carbono da dupla-ligação ou a um carbono pertencente a um ciclo.

Exemplos:

ligantes

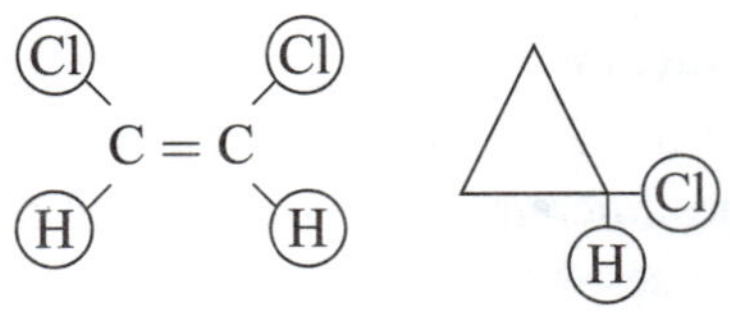

Esses ligantes no espaço estão em posições diferentes originando os **isômeros geométricos** ou **cis-trans**.

Exemplo:

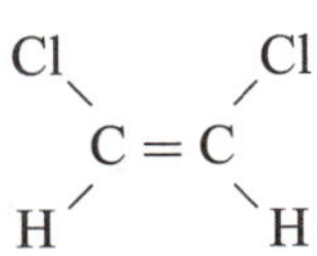

2 Cl em cima
isômeros geométricos

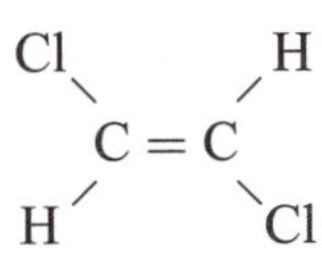

1 Cl em cima e
1 Cl embaixo

2. Compostos de cadeia aberta com dupla-ligação

2.1 Condição

Deve haver ligantes diferentes entre si nos átomos de carbono da dupla-ligação.

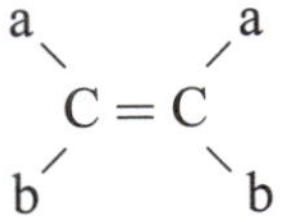

$a \neq b$

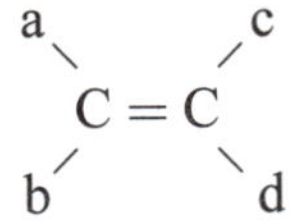

$a \neq b$ e $c \neq d$

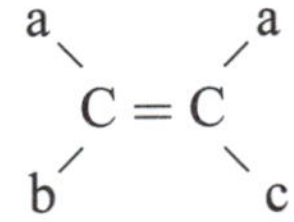

$a \neq b$ e $a \neq c$

Exemplos:

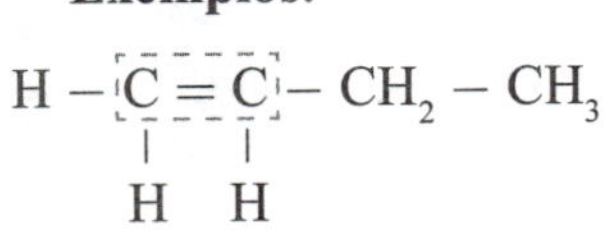

but-1-eno (não apresenta isomeria geométrica)

C1 da dupla com ligantes iguais (H)

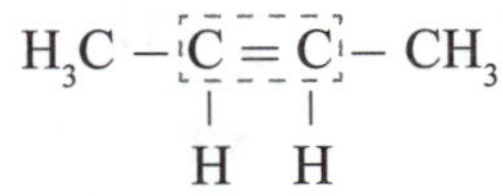

but-2-eno (apresenta isomeria geométrica)

C das duplas com ligantes diferentes (H e CH_3)

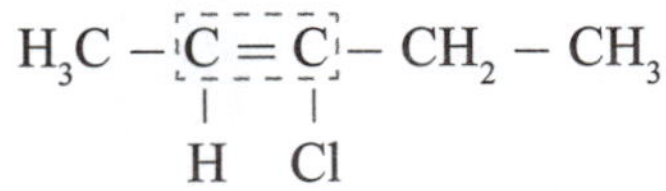

3-cloropent-2eno (apresenta isomeria geométrica)

C das duplas com ligantes diferentes (H_3C e H, Cl e $CH_2 - CH_3$)

A dupla-ligação impede a rotação entre os átomos de carbono da dupla. Os ligantes diferentes irão originar dois compostos diferentes: isômeros cis e isômeros trans.

Isômeros cis: apresentam ligantes iguais ou de maior massa molar no mesmo lado com relação à dupla-ligação.

Isômeros trans: apresentam ligantes iguais ou de maior massa molar em lados opostos com relação à dupla-ligação.

Exemplos:

O composto 1,2-dicloroeteno

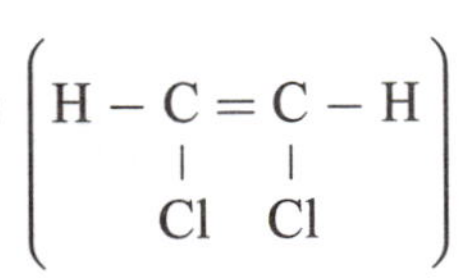

apresenta isomeria geométrica, portanto existem dois compostos diferentes: **cis**-1,2-dicloroeteno e **trans**-1,2-dicloroeteno.

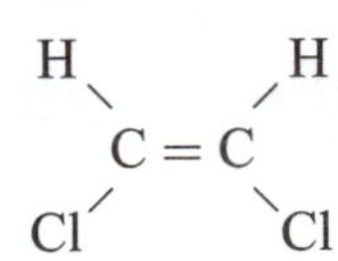

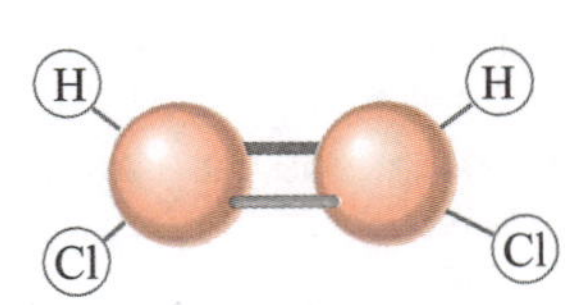

cis-1,2-dicloroeteno
PF = –80,5 °C
PE = 60,3 °C

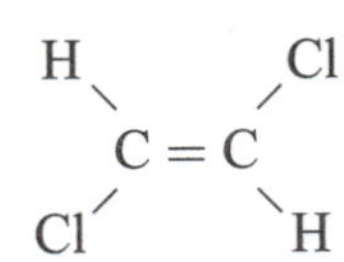

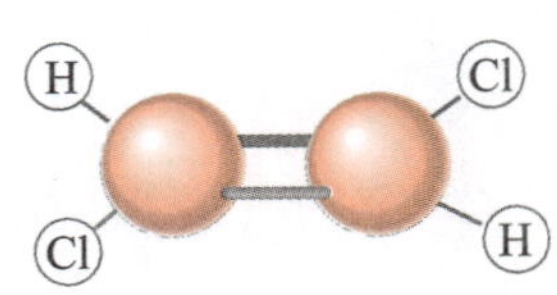

trans-1,2-dicloroeteno
PF = –50 °C
PE = 47,5 °C

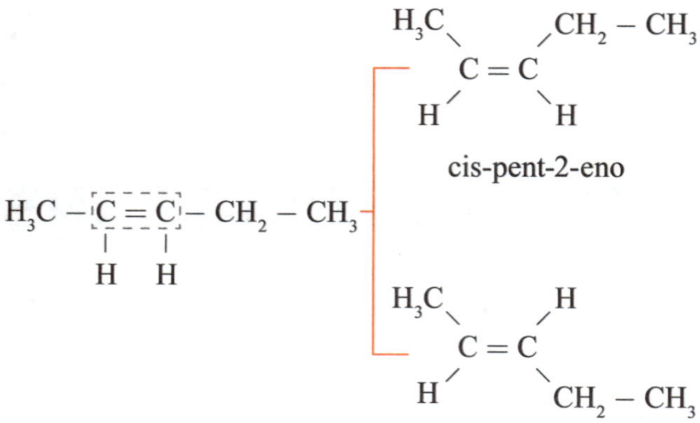

cis-pent-2-eno

trans-pent-2-eno

Os isômeros cis e trans têm fórmulas espaciais diferentes, portanto são isômeros espaciais ou estereoisômeros.

3. Compostos de cadeia fechada saturada

3.1 Condição

Há pelo menos dois átomos de carbono do ciclo com ligantes diferentes entre si.

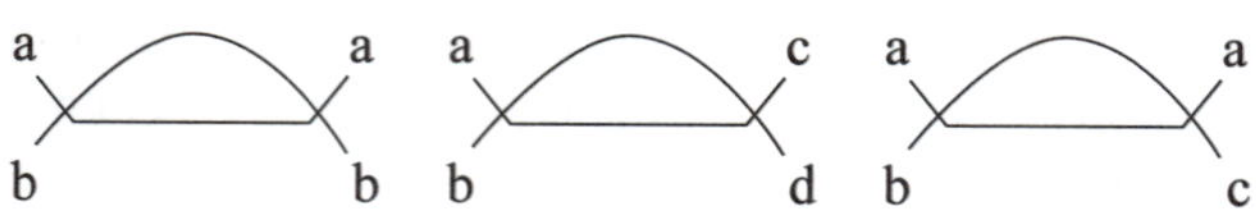

$a \neq b$ $\quad$ $a \neq b$ e $c \neq d$ $\quad$ $a \neq b$ e $a \neq c$

Exemplos:

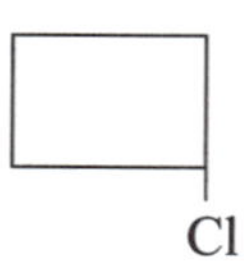

não apresenta isomeria geométrica

apresenta isomeria geométrica

O composto 1,2-dibromociclopropano

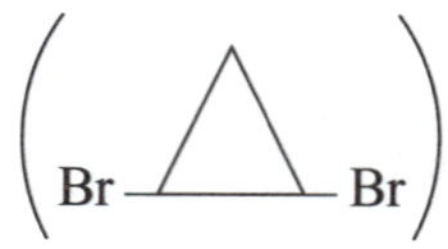

apresenta isomeria geométrica, portanto existem dois compostos diferentes.

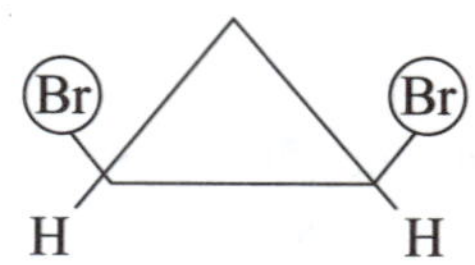

cis-1,2-dibromociclopropano

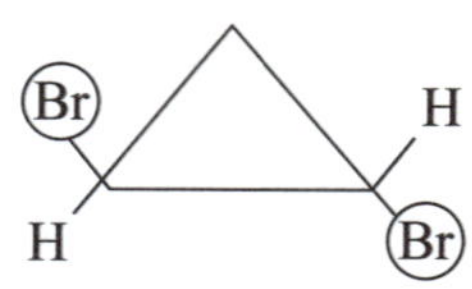

trans-1,2-dibromociclopropano

Observações:

- Isômeros cis e trans apresentam propriedades físicas sempre diferentes, enquanto as propriedades químicas podem ser semelhantes ou em alguns casos diferentes.
- Embora os isômeros cis e trans não se encontrem em equilíbrio em temperatura ambiente, isto pode ocorrer em temperaturas mais altas devido à quebra da dupla-ligação.

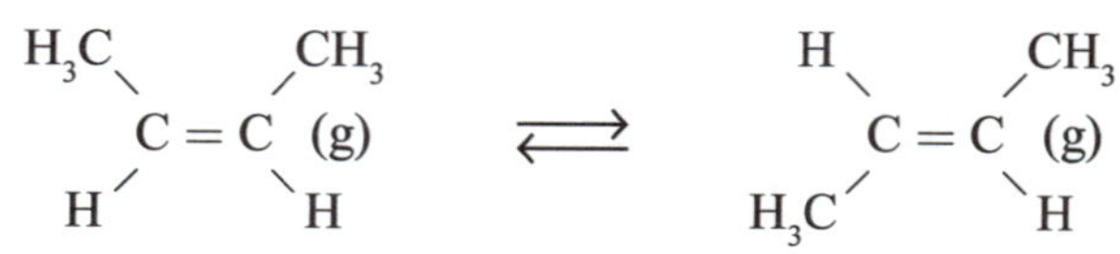

cis-but-2-eno $\qquad$ trans-but-2-eno

equilíbrio entre os dois isômeros

Exercícios Série Prata

Com relação às fórmulas planas, indique os casos em que há possibilidade de isomeria geométrica. Marque com X.

1. $H_2C = CH - CH_3$

( ) sim ( ) não

2. $H - C = C - H$ (com Br e Cl ligados aos carbonos: $\underset{Br}{C} = \underset{Cl}{C}$)

( ) sim ( ) não

3. $H_3C - C = C - CH_3$ (com H e CH_3 ligados aos carbonos: $\underset{H}{C} = \underset{CH_3}{C}$)

( ) sim ( ) não

4. $H_3C - C = C - CH_3$ (com CH_3 e CH_3 ligados aos carbonos: $\underset{CH_3}{C} = \underset{CH_3}{C}$)

( ) sim ( ) não

5. $H_3C - C = C - CH_2 - CH_3$ (com H e H ligados aos carbonos: $\underset{H}{C} = \underset{H}{C}$)

( ) sim ( ) não

6. 

( ) sim ( ) não

7. 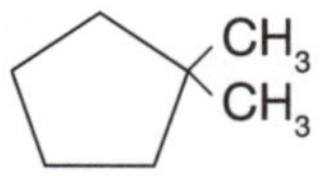

( ) sim ( ) não

Dê o nome dos compostos usando a nomenclatura cis e trans.

8. 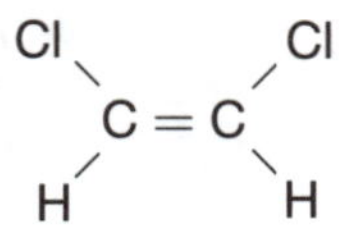

9. 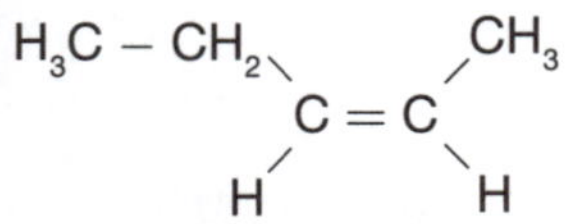

10. 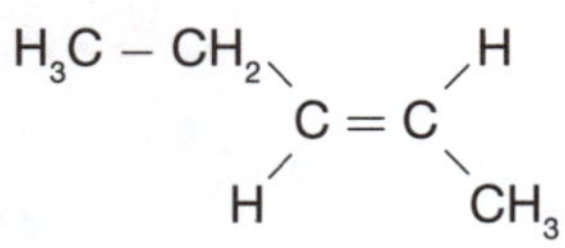

11. (FGV – SP) A indústria de alimentos utiliza vários tipos de agentes flavorizantes para dar sabor e aroma a balas e gomas de mascar. Entre os mais empregados, estão os sabores de canela e de anis.

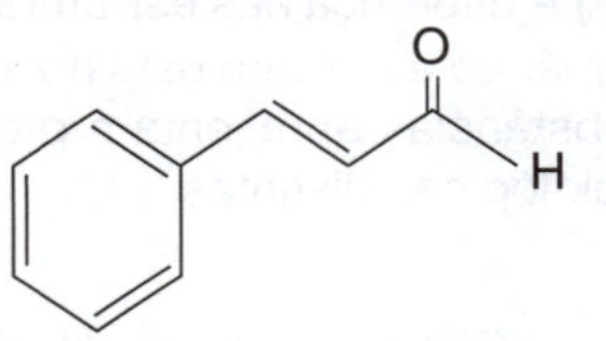

I – flavorizante de canela

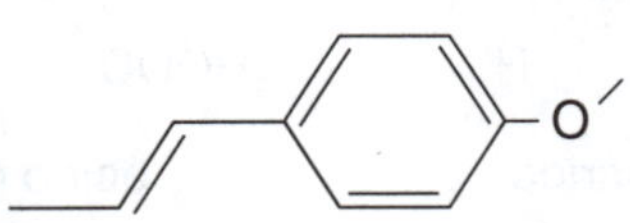

II – flavorizante de anis

Os grupos funcionais das moléculas representadas em I e II e o tipo de isomeria que a estrutura da molécula II apresenta são, respectivamente:

a) cetona, éster e cis-trans.
b) cetona, éter e cis-trans.
c) cetona, éster e óptica.
d) aldeído, éter e cis-trans.
e) aldeído, éter e óptica.

12. (FUVEST – SP) Quantos isômeros geométricos do aldeído cinâmico são previstos?

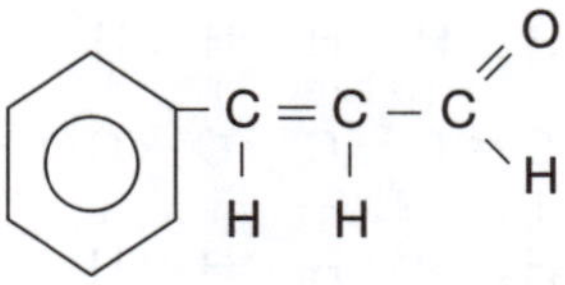

a) 1
b) 2
c) 3
d) 4
e) 5

13. (FGV – SP) A fórmula molecular C_4H_8 pode representar vários hidrocarbonetos. Dê a fórmula estrutural do:

a) isômero cis;
b) isômero trans;
c) cíclico não ramificado;
d) insaturado de cadeia ramificada.

14. (PUC) A seguir são apresentados alguns pares de estruturas:

I. $H_3C - CH_2 - OH$ $HO - CH_2 - CH_3$
II. $H_3C - CH_2 - OH$ $H_3C\ O\ CH_3$
III. $H_3C - CH_2 - CH_3$ $H_2C = CH - CH_3$
IV. 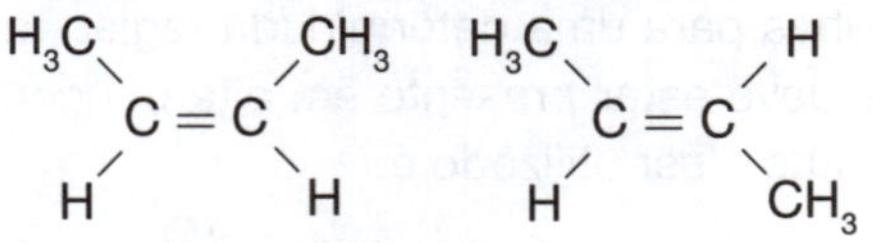

V. 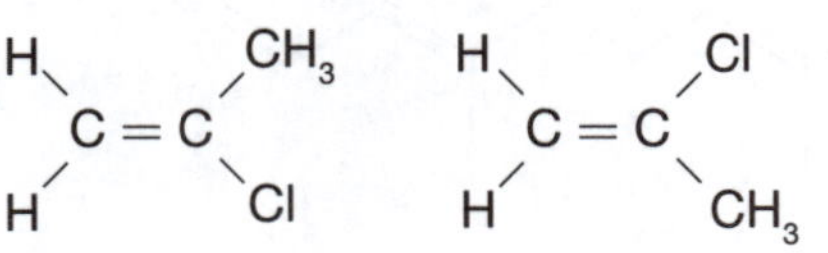

VI. 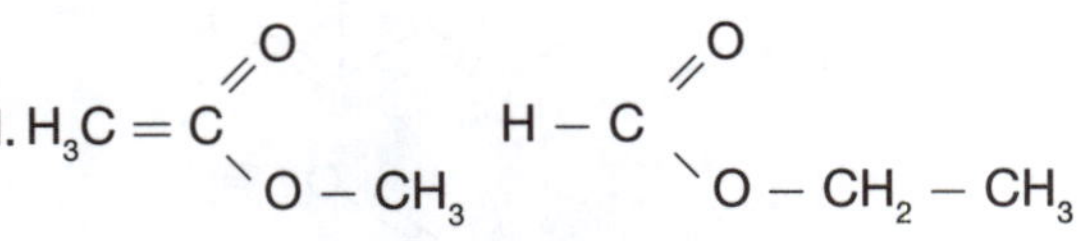

Os pares de estruturas que são isômeros entre si são:

a) II, IV e VI.
b) I, II e VI.
c) I, II e IV.
d) I, II, IV e V.
e) II, IV, V e VI.

15. (PUC – SP) Assinale a alternativa que contém apenas isômeros de pent-1-eno (C_5H_{10}).

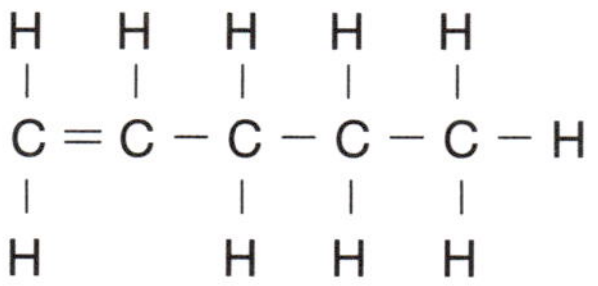

a) pentano, cis-2-pentano e ciclopenteno
b) trans-2-pentano, pentanol e cis-3-penteno
c) 2-metil-1-penteno, trans-2-penteno e ciclopentano
d) cis-pent-2-eno, ciclopentano e 2-metilbut-1-eno
e) 2-metil-1-buteno, ciclopentano e 2-metil-1-butanol

Exercícios Série Ouro

1. (ENEM) O citral, substância de odor fortemente cítrico, é obtido a partir de algumas plantas como o capim-limão, cujo óleo essencial possui aproximadamente 80%, em massa, da substância. Uma de suas aplicações é na fabricação de produtos que atraem abelhas, especialmente do gênero *Apis*, pois seu cheiro é semelhante a um dos feromônios liberados por elas. Sua fórmula molecular é $C_{10}H_{16}O$, com uma cadeia alifática de oito carbonos duas insaturações, nos carbonos 2 e 6 e dois grupos substituintes metila, nos carbonos 3 e 7. O citral possui dois isômeros geométricos, sendo o *trans* o que mais contribui para o forte odor.

Para que se consiga atrair um maior número de abelhas para uma determinada região, a molécula que deve estar presente em alta concentração no produto a ser utilizado é:

a) 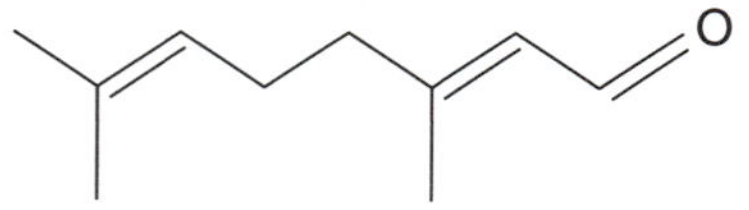

b) 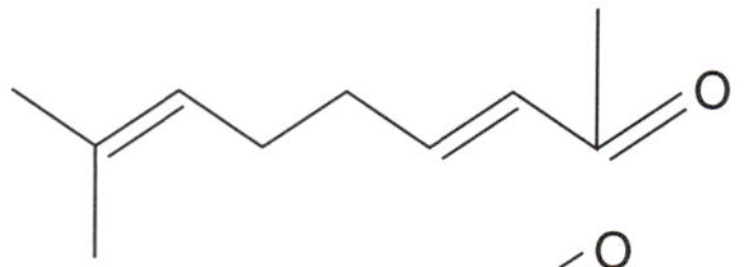

c) 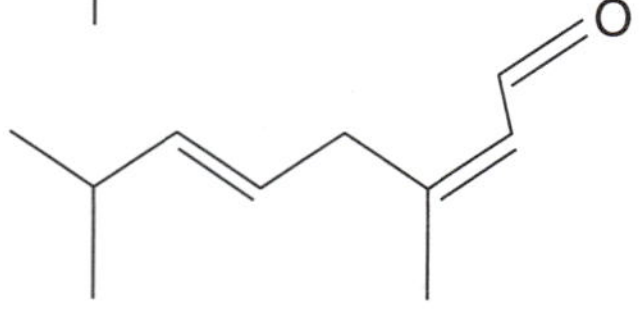

d) 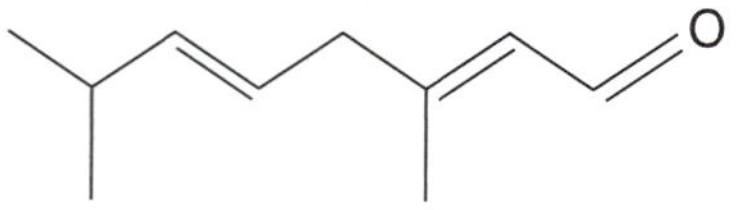

e) 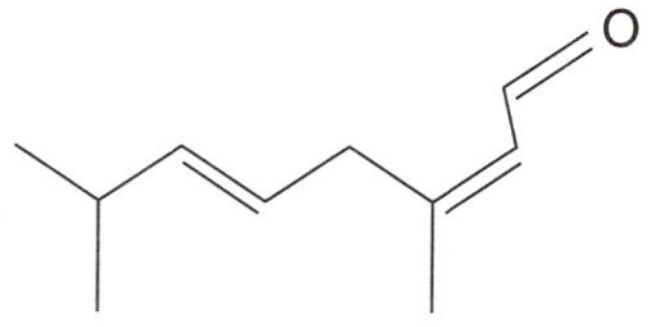

2. (UNIFESP) A diferença nas estruturas químicas dos ácidos fumárico e maleico está no arranjo espacial. Essas substâncias apresentam propriedades químicas e biológicas distintas.

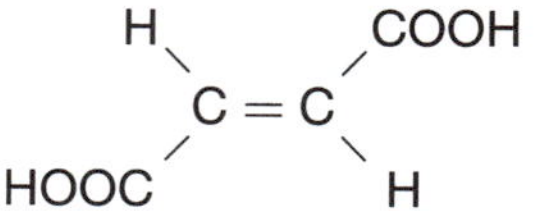

ácido fumárico
$\Delta H^o_f = -5.545$ kJ/mol

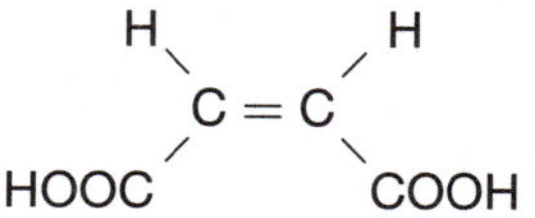

ácido maleico
$\Delta H^o_f = -5.525$ kJ/mol

Analise as seguintes afirmações:

I. Os ácidos fumárico e maleico são isômeros geométricos.
II. O ácido maleico apresenta maior solubilidade em água.
III. A conversão do ácido maleico em ácido fumárico é uma reação exotérmica.

As afirmativas corretas são:

a) I, II e III.
b) I e II, apenas.
c) I e III, apenas.
d) II e III, apenas.
e) III, apenas

3. (FUVEST – SP) Quantos isômeros estruturais (planos) e geométricos, considerando também os cíclicos, são previstos com a fórmula molecular C_3H_5Cl?

a) 2
b) 3
c) 4
d) 5
e) 7

4. (PUC – SP) Sabendo-se que 2,46 L de um hidrocarboneto gasoso, medidos a pressão de 1 atm e 27 °C, têm massa igual a 5,6 gramas e que esse hidrocarboneto apresenta isomeria cis-trans, isomeria de cadeia e isomeria de posição, pode-se afirmar que se trata de

a) but-1-eno.
b) but-2-eno.
c) propeno.
d) ciclobutano.
e) metilciclobutano.

Dados: R = 0,082 atm · L/mol · K, C = 12, H = 1.

5. (UNESP) Moléculas que são isômeros estruturais são constituídas pelos mesmos átomos, mas esses são ligados diferentemente. Por exemplo, os isômeros geométricos têm arranjos diferentes no espaço em cada lado de uma ligação dupla e são distinguidos pelos prefixos cis e trans. O processo biológico de visão envolve a transformação medida por enzimas, entre dois isômeros geométricos, o cis-retinal.

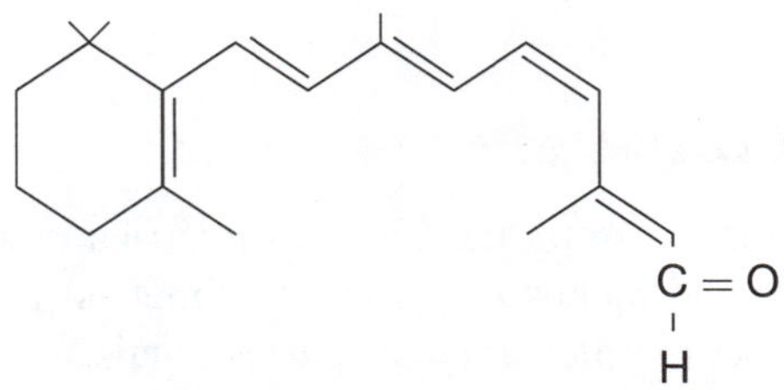

cis-retinal

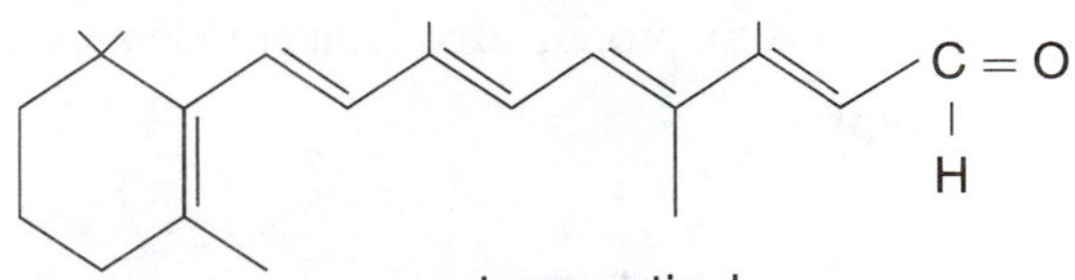

trans-retinal

a) Desenhe a molécula de retinal e numere os átomos de carbono que conferem isomeria geométrica a essa molécula.
b) Escreva os nomes dos grupos funcionais e das funções químicas presentes no cis- e no trans-retinal.

Capítulo 13

Isomeria Óptica

1. Molécula simétrica

Dizemos que uma molécula é simétrica quando ela apresenta pelo menos um plano de simetria, isto é, quando pode ser dividida em duas partes iguais.

Uma molécula simétrica, quando colocada diante de um espelho plano, produz uma imagem idêntica a ela.

Exemplo:

Considere a molécula tetraédrica

```
     F
     |
Cl – C – H
     |
     H
```

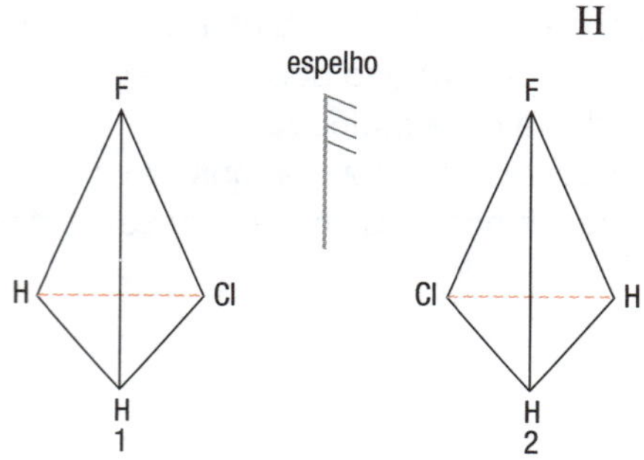

objeto e imagens são iguais

As moléculas 1 e 2 são iguais, pois a coincidência entre os átomos é total, ocorrendo a sobreposição.

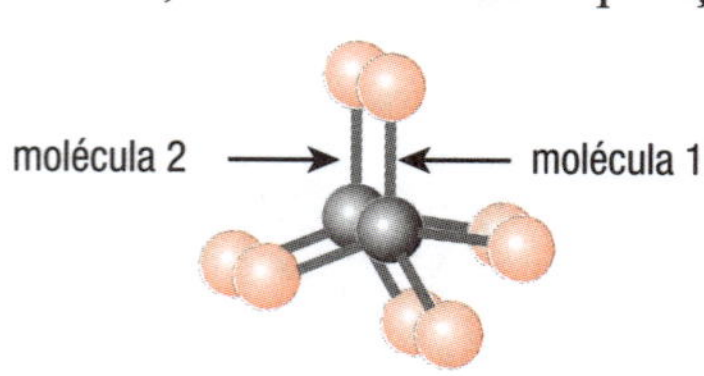

2. Molécula assimétrica ou molécula quiral

A molécula assimétrica não apresenta plano de simetria, isto é, não conseguimos dividi-la em duas partes iguais. Se a colocarmos diante de um espelho, a imagem será diferente dela.

Exemplo:

Considere a molécula tetraédrica

```
     F
     |
Cl – C – H
     |
     Br
```

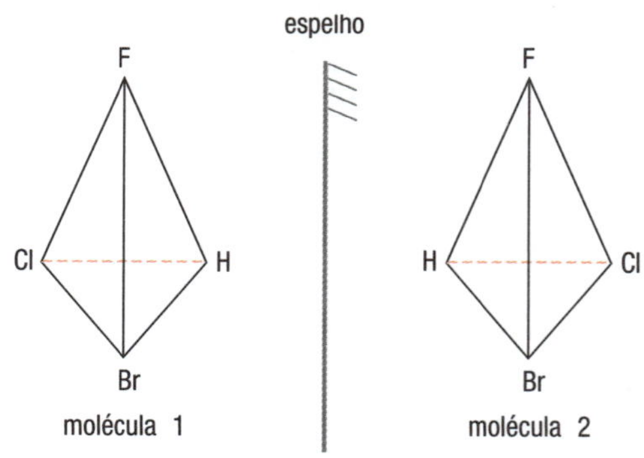

objeto e imagens são diferentes

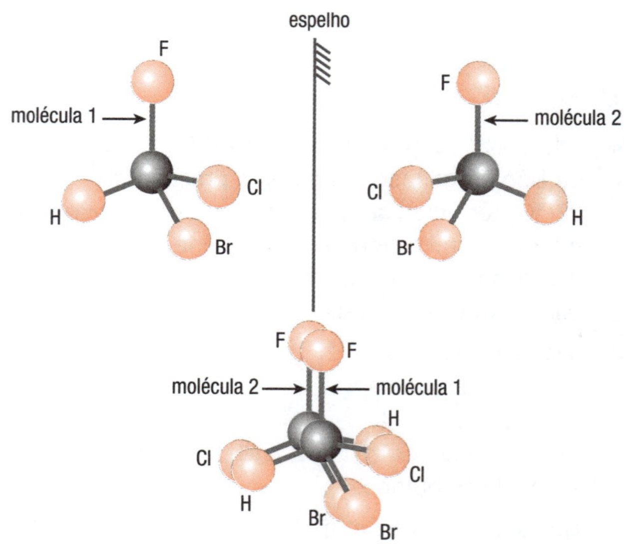

As moléculas 1 e 2 são diferentes, pois não houve coincidência entre os átomos, isto é, as moléculas não são superponíveis.

As moléculas assimétricas têm a mesma fórmula molecular e também a mesma sequência de ligações entre os átomos, mas diferem pela disposição dos átomos no espaço. Considerando a ligação C – H como referência temos:

molécula 1: sentido horário: F, Cl, Br

molécula 2: sentido horário: Br, Cl, F

As moléculas assimétricas são um tipo de isomeria espacial.

3. Isomeria óptica

O tipo de isomeria que ocorre entre as moléculas assimétricas é chamado de isomeria óptica. Os isômeros são chamados de **isômeros ópticos** ou **enantiomorfos** ou, ainda, **enantiômeros**.

O caso mais importante de assimetria molecular ocorre quando existir, na estrutura da molécula, pelo menos um carbono assimétrico ou quiral (indicado por um asterisco (*)).

4. Carbono assimétrico ou quiral (C*)

É todo carbono saturado que apresenta quatro ligantes diferentes.

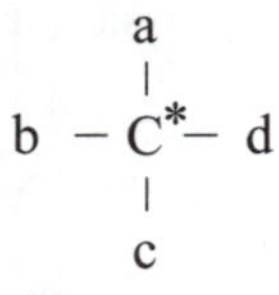

$a \neq b \neq c \neq d$

Exemplos:

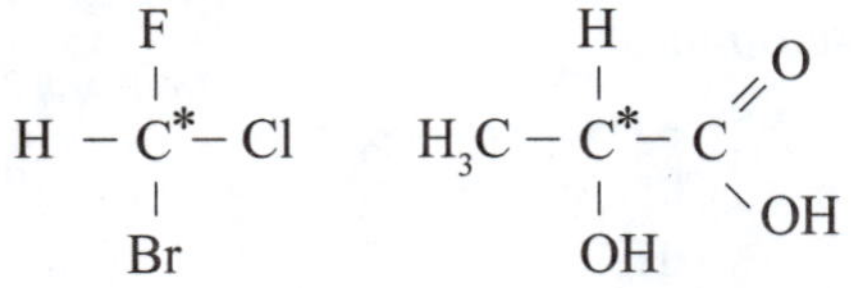

Dizemos que essas substâncias apresentam atividade óptica.

5. Compostos com um carbono assimétrico ou quiral (C*)

Apresentam sempre dois isômeros ópticos: um dextrogiro (d) e um levogiro (l).

Exemplo:

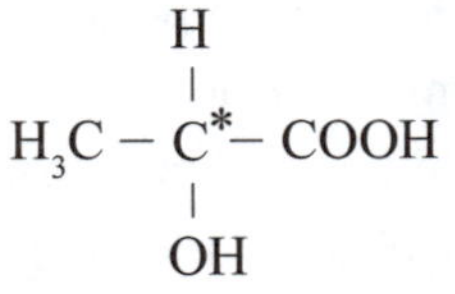

Existem dois ácidos láticos espacialmente diferentes:

ácido lático dextrogiro ou ácido (+) lático

ácido lático levogiro ou ácido (–) lático

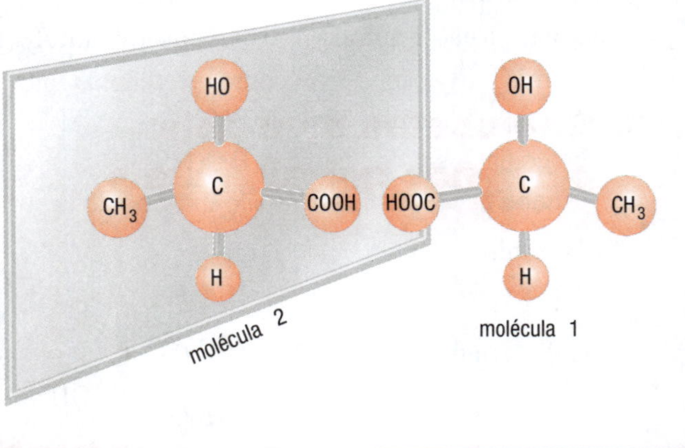

Considerando a ligação C – H como referência temos:

molécula 2: sentido horário: CH_3, OH, COOH

molécula 1: sentido horário: COOH, OH, CH_3

Se a molécula 1 for o dextrogiro, a molécula 2 será o levogiro e vice-versa.

Quando o ácido láctico é fabricado em laboratório, obtemos uma mistura equimolar de ácido láctico dextrogiro e ácido láctico levogiro que é chamada de **mistura racêmica**.

6. Polarímetro

- A única maneira de saber se um isômero óptico é dextrogiro (d) ou levogiro (l) consiste em utilizar um polarímetro.
- Utilizando o polarímetro, verificou-se que ambos os isômeros provocam o mesmo desvio angular, mas em sentidos opostos na luz polarizada.
- **Isômero dextrogiro (d):** desvia o plano da luz polarizada para a direita.
- **Isômero levogiro (l):** desvia o plano da luz polarizada para a esquerda.
- **Mistura racêmica:** mistura de quantidades iguais de dextrogiro e levogiro (não desvia o plano da luz polarizada).

Esquematicamente

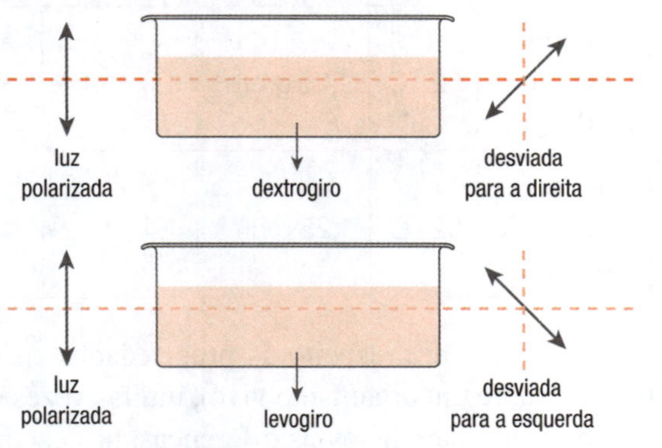

A luz polarizada pode ser obtida a partir da luz natural, pela utilização de polarizadores que são constituídos por substâncias naturais ou sintéticas. As lentes de óculos de sol contém polarizadores que polarizam a luz solar, reduzindo significativamente a incidência de luminosidade nos olhos.

Polarímetro: aparelho utilizado para medir o ângulo de desvio da luz polarizada provocada por um enantiômero puro.

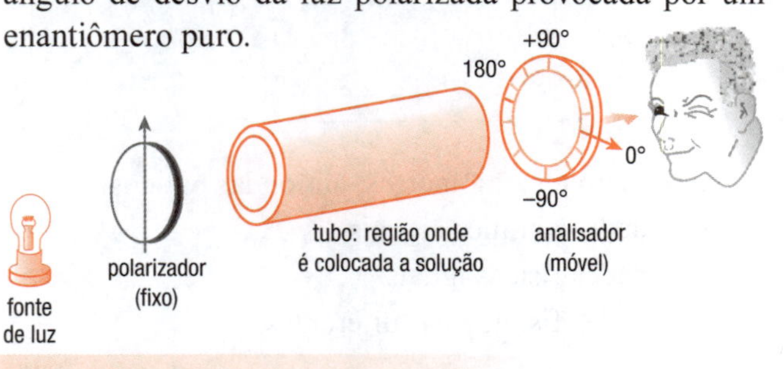

Com o tubo vazio, giramos o analisador até que os dois polarizadores (fixo e móvel) permitam que a luz os atravesse com a máxima intensidade. Ao colocarmos no tubo a solução do enantiômero, teremos a redução da intensidade luminosa inicial. Podemos girar o disco acoplado ao analisador até enxergarmos a máxima luminosidade.A medida desse giro nos dá o valor do desvio provocado pela amostra no plano de polarização.

7. Propriedades dos enantiômeros

Os dois enantiômeros de um composto têm as mesmas **propriedades físicas**, como ponto de fusão, ponto de ebulição, densidade e solubilidade em solventes comuns. Diferem, porém, num efeito bastante importante: quando um feixe de luz plano-polarizada passa através da solução de um enantiômero puro, o plano de polarização sofre um desvio angular num certo sentido (direita ou esquerda).

Exemplo:

	PF	d	Ka	Ângulo de desvio
ácido láctico dextrogiro	52 °C	1,25 g/cm³	$1{,}4 \cdot 10^{-4}$	+2,6°
ácido láctico levogiro	52 °C	1,25 g/cm³	$1{,}4 \cdot 10^{-4}$	–2,6°

No que diz respeito às propriedades fisiológicas (efeitos sobre um organismo vivo), muitas vezes os enantiômeros possuem notáveis diferenças, por exemplo, um tem sabor doce e outro tem sabor amargo.

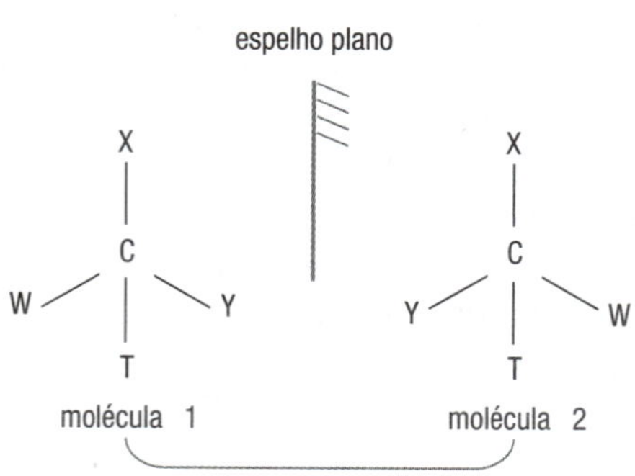

- enantiômero (enantiomorfos, antípodas ópticos)
- propriedades químicas iguais
- propriedades físicas iguais
- propriedades fisiológicas diferentes

Exemplo:

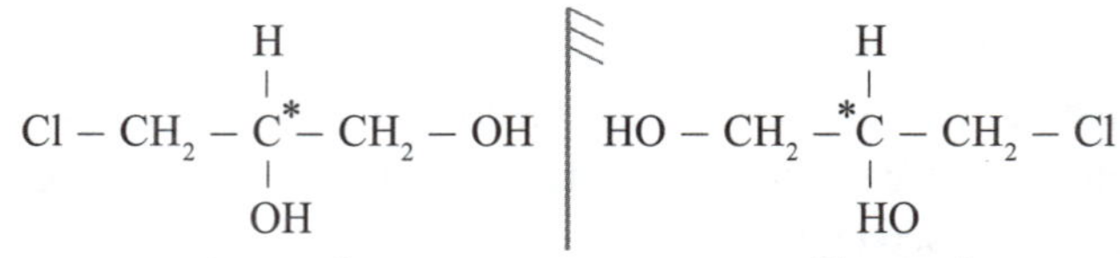

(veneno) (fármaco)

8. Fórmula de van't Hoff

Se um composto apresentar mais de um carbono assimétrico diferente, podemos determinar o número de isômeros ópticos, utilizando a expressão de van't Hoff.

isômero óptico = 2^n

n = número de carbonos assimétricos diferentes

misturas racêmicas = $\frac{2^n}{2}$

Exemplo:

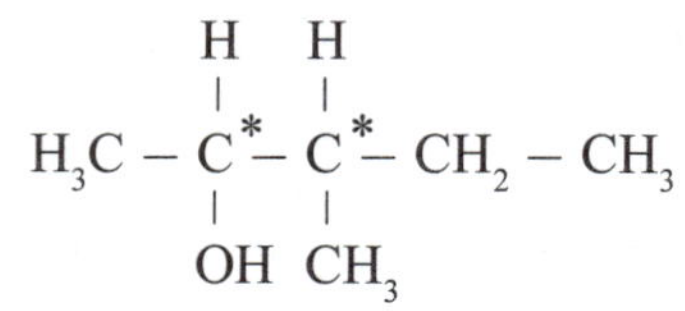

n = 2

isômeros ópticos = $2^n = 2^2 = 4$ (d, l, d', l')

mistura racêmica = 2 (d + l; d' + l')

9. Carbono quiral em cadeia fechada

Um átomo de carbono pertence a um ciclo que é quiral quando forem obedecidas as condições:

a) ter dois ligantes diferentes fora do ciclo

b) o caminho pelo ciclo é diferente nos dois sentidos (horário e anti-horário).

o carbono 1 não é quiral   o carbono 1 é quiral

10. Compostos com dois carbonos quirais iguais

Exemplo:

ácido tartático

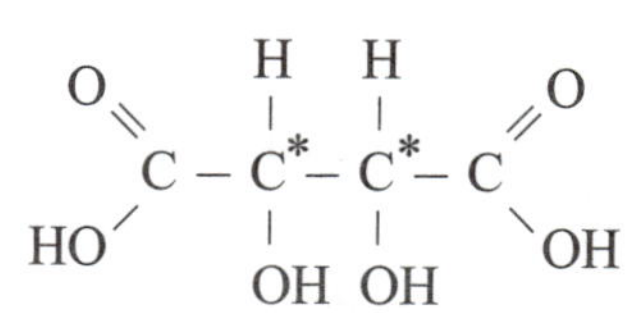

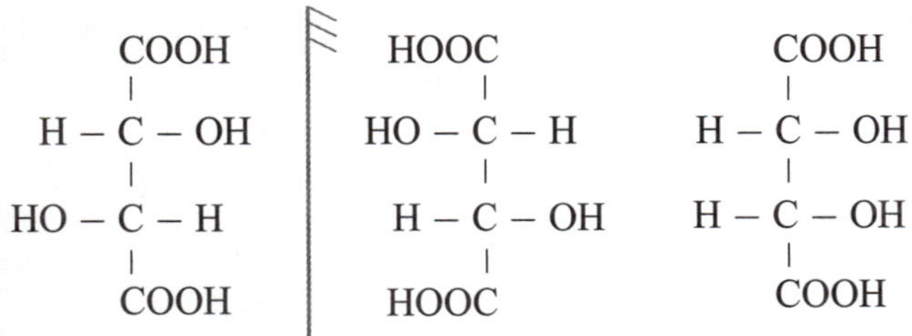

dextrogiro | levogiro | meso

Conclusão:

ácido tartárico dextrogiro
ácido tartárico levogiro
ácido tartárico meso (não desvia a luz polarizada)
ácido tartárico racêmico

O isômero meso é opticamente inativo, por uma compensação interna, pois a molécula não é quiral.

O isômero meso só aparece nesse caso.

Observe o composto 1,2-diclorociclopropano.

cis trans

Além de apresentar isomeria geométrica também apresenta isomeria óptica pois possui dois carbonos assimétricos iguais.

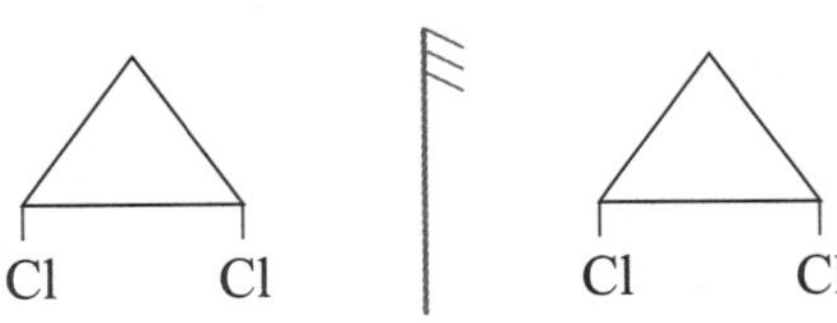

cis cis

O objeto e a imagem são iguais, portanto, o isômero cis correspondente ao *isômero meso*

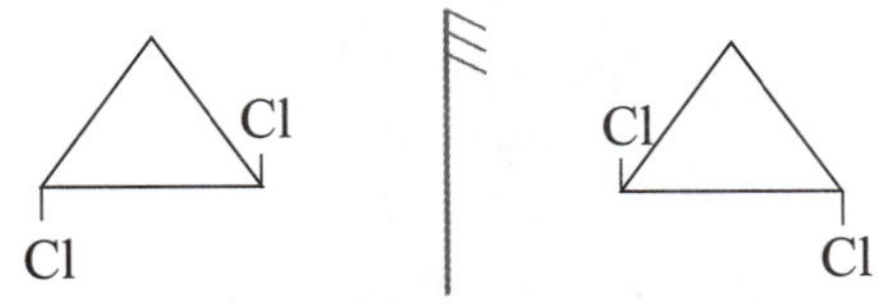

transdextrogiro translevogiro

O objeto e a imagem são diferentes, portanto, o isômero trans apresenta atividade óptica.

11. Isomeria óptica sem carbono assimétrico

A atividade óptica decorre da assimetria molecular. A presença de carbono assimétrico é um fator de assimetria, que, porém, não é único. Existem moléculas que são assimétricas sem possuírem carbonos assimétricos. Os principais casos são:

- **Cristais de quartzo $(SiO_2)_n$**
  Existem dois tipos de cristais de quartzo assimétricos, possuindo atividade óptica sendo imagem espetacular do outro.
- **Composto com duplas-ligações acumuladas**

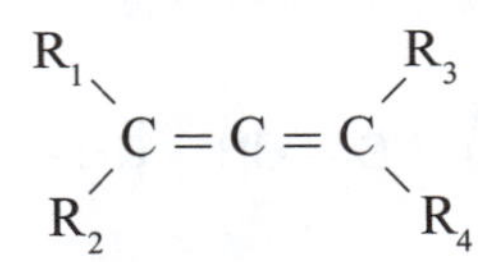

$R_1 \neq R_2, R_3 \neq R_4$

Exemplo:

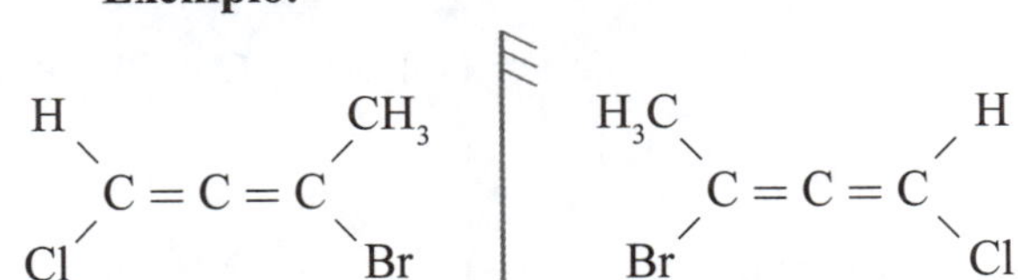

dextrogiro levogiro

Exercícios Série Prata

Marque com asterisco o carbono assimétrico ou quiral para as questões **1** a **6**.

1. 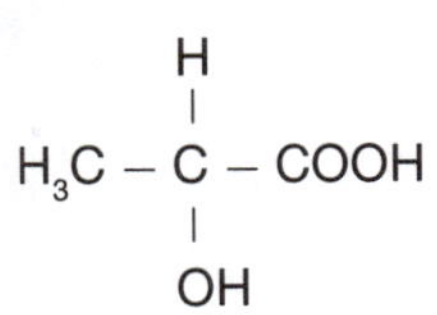

2. 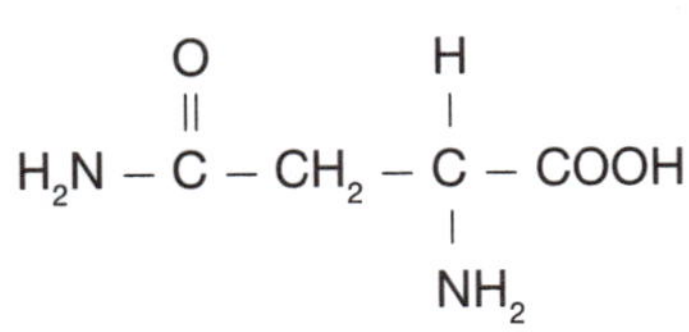

3. 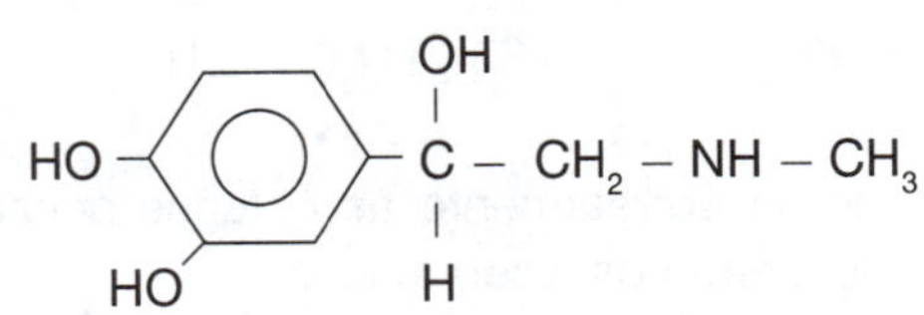

4. 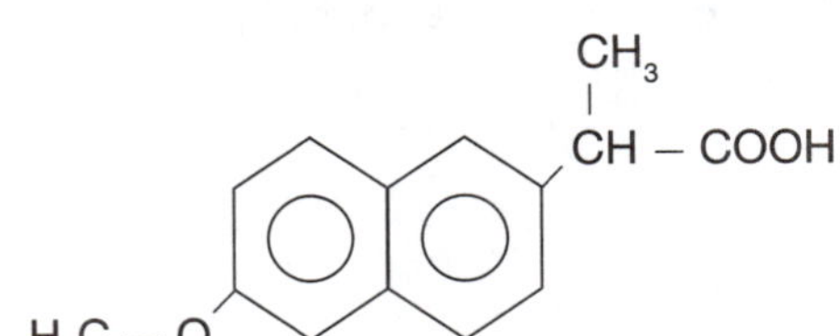

5. 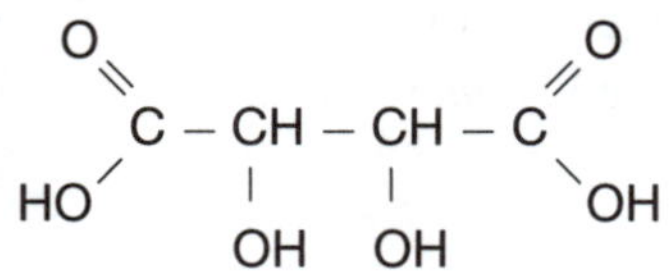

6. 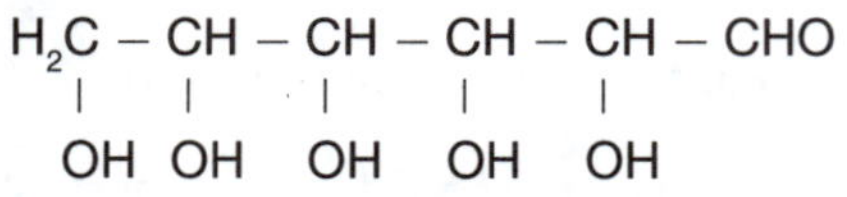

7. Complete com + ou –.

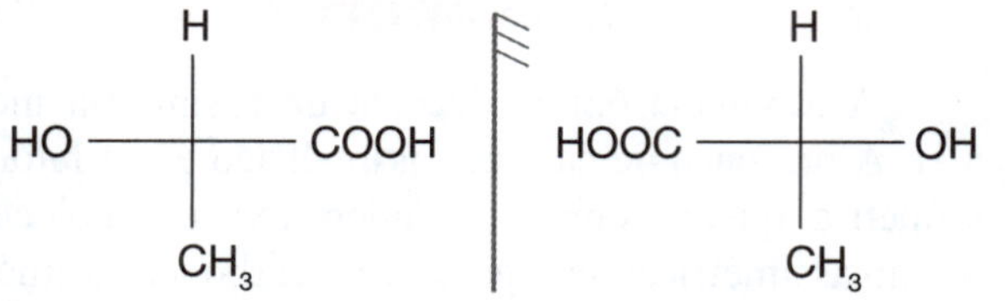

a) ácido dextrogiro
ácido (   ) lático

b) ácido lático levogiro
ácido (   ) lático

8. (UFRA) O composto 3-metilpent-1-eno apresenta quantos isômeros opticamente ativos?

a) 2
b) 4
c) 6
d) 0
e) 3

---

9. (CESGRANRIO – RJ)

1) cadeia
2) cis-trans
3) função
4) metameria
5) óptica
6) posição
7) tautomeria

(   ) $H_3C - CH = CH - CH_3$ e 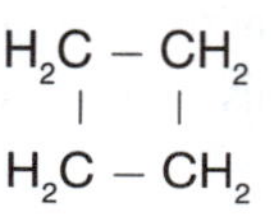

(   ) $CH_3 - O - CH_3$ e $CH_3 - CH_2 - O - H$

(   ) 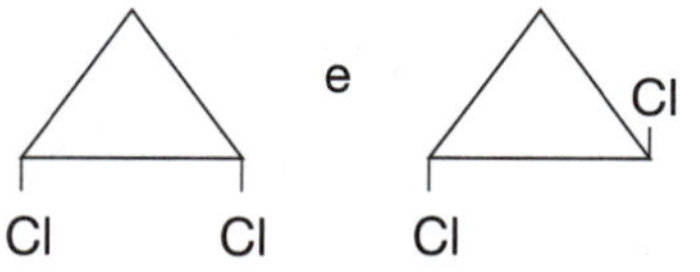

(   ) 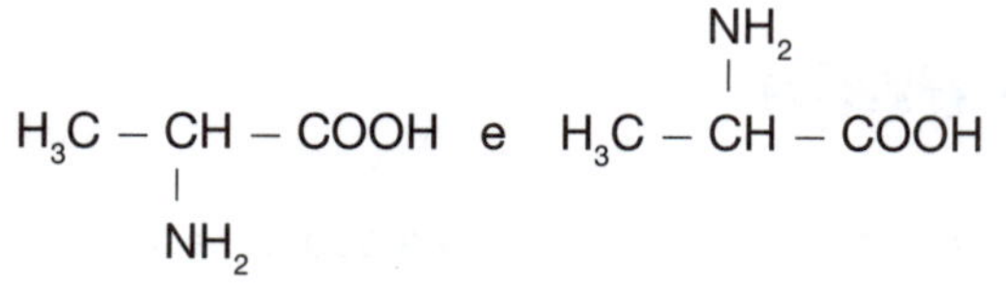

(   ) $H_3C - CH = CH - CH_3$ e $H_2C = CH - CH_2 - CH_3$

Associando-se corretamente as colunas acima, referentes aos tipos de isomeria encontrados, teremos a sequência:

a) 1, 2, 3, 4, 5.
b) 1, 3, 2, 5, 6.
c) 3, 1, 2, 6, 4.
d) 3, 4, 6, 2, 7.
e) 3, 6, 2, 4, 1.

10. (UNESP) O adoçante artificial aspartame tem fórmula estrutural

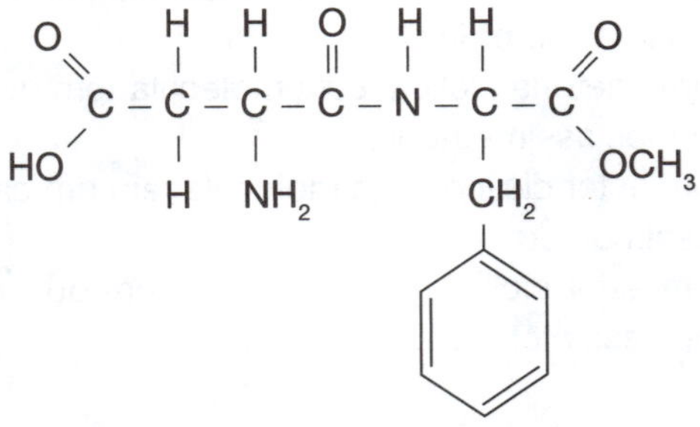

Sobre o aspartame, são feitas as seguintes afirmações:

I. apresenta as funções éster e amida;
II. não apresenta isomeria óptica;
III. sua fórmula molecular é $C_{14}H_{13}N_2O_5$.

Das afirmações apresentadas:

a) apenas I é verdadeira.
b) apenas I e II são verdadeiras.
c) apenas I e III são verdadeiras.
d) apenas II e III são verdadeiras.
e) I, II e III são verdadeiras.

11. (VUNESP) Observe a tabela

Composto	Tipo de Isomeria
butan-2-ol	geométrica
hex-3-eno	óptica

a) Associe cada composto ao respectivo tipo de isomeria.
b) Escreva as fórmulas estruturais e dê os nomes dos respectivos isômeros.

12. (FUVEST – SP) Considere o álcool $C_nH_{2n+1}OH$, cuja molécula contenha o menor número de átomos de carbono, sendo um deles assimétrico.

a) Qual a fórmula estrutural desse álcool?
b) Qual o seu nome?

13. (PUC – SP) Em solução aquosa neutra, a glicose é encontrada em equilíbrio entre a forma aberta e a forma cíclica, representada pela equação a seguir:

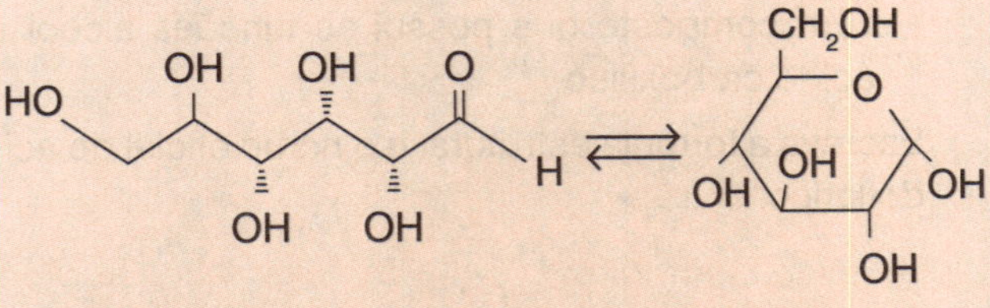

I. Identifique as funções químicas presentes em cada uma das formas apresentadas pela glicose.
II. A glicose apresenta isômeros, e vários deles derivam da assimetria de suas moléculas. Determine o número de átomos de carbono assimétricos da estrutura aberta da glicose e identifique o tipo de isomeria decorrente da presença desses átomos.

Resposta:

I. As funções químicas presentes são:

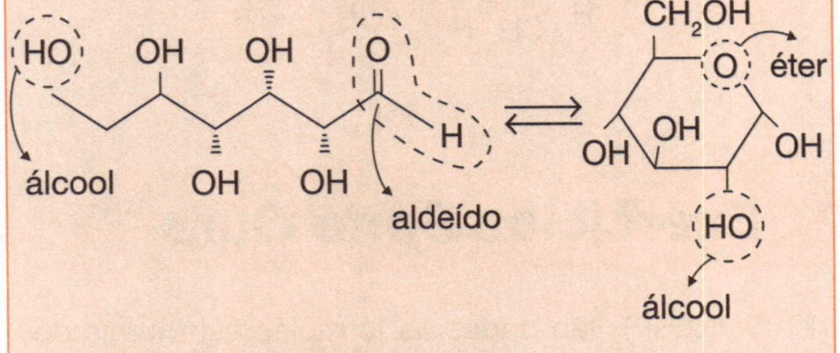

II. A isomeria decorrente da presença de átomos de carbono assimétricos chama-se *isomeria óptica*. O número de átomos de carbono assimétricos na estrutura aberta da glicose é 4.

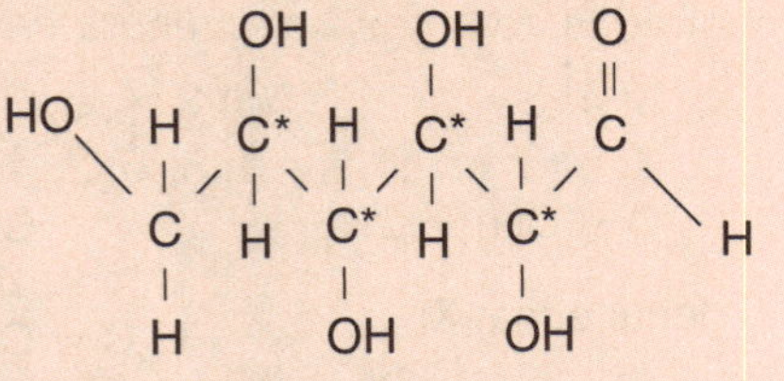

Os átomos de carbono assimétricos possuem quatro ligantes diferentes e estão representados por C*.

14. (UNESP) Apresenta isomeria geométrica e óptica:

a) but-2-eno.
b) 4-cloro-2-metilpent-1-eno.
c) 4-cloropent-2-eno.
d) butan-2-ol.
e) 2-clorobut-2-eno.

15. (VUNESP) O ácido lático, um produto do metabolismo humano, apresenta as seguintes caracaterísticas:

- fórmula molecular $C_3H_6O_3$;
- é opticamente ativo;
- é um composto que possui as funções álcool e ácido carboxílico.

Escreva a fórmula estrutural e o nome oficial do ácido lático.

16. (FUVEST – SP) A substância com a fórmula a seguir é:

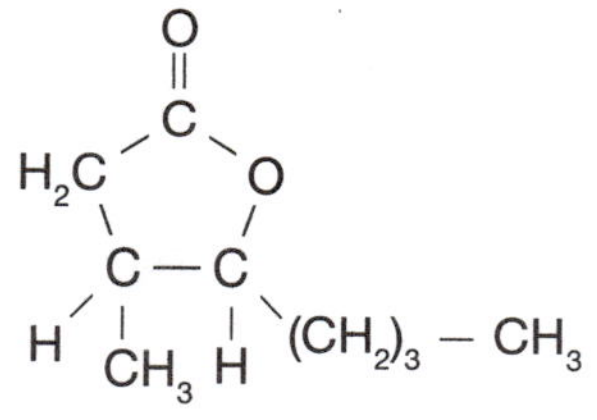

a) éter cíclico, cuja molécula tem dois carbonos assimétricos.
b) uma acetona cíclica, cuja molécula tem um carbono assimétrico.
c) uma cetona cíclica, cuja molécula tem dois carbonos assimétricos.
d) em éster cíclico, cuja molécula tem um carbono assimétrico.
e) um éster cíclico, cuja molécula tem dois carbonos assimétricos.

17. (FUVEST – SP) O inseticida DDT tem a seguinte fórmula estrutural:

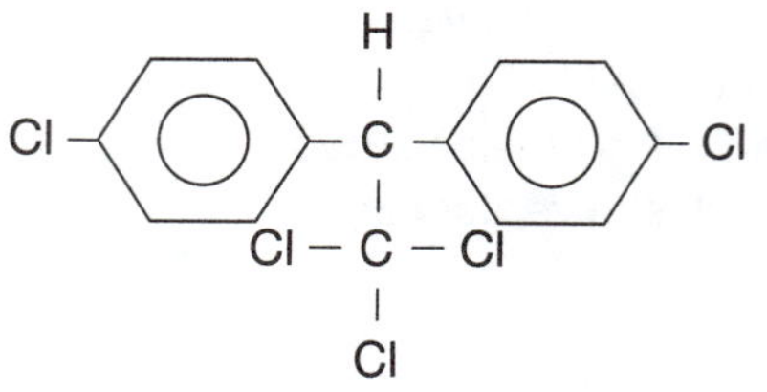

Sua solubilidade em água é $1{,}0 \cdot 10^{-6}$ g/L.

a) Existem DDT levogiro e DDT dextrogiro (isômeros ópticos)? Justifique.
b) Calcule o volume de água, em litros, para espalhar 1,0 g de DDT, sob forma de solução saturada, em uma plantação.

Exercícios Série Ouro

1. (VUNESP) São dadas as fórmulas estruturais dos medicamentos:

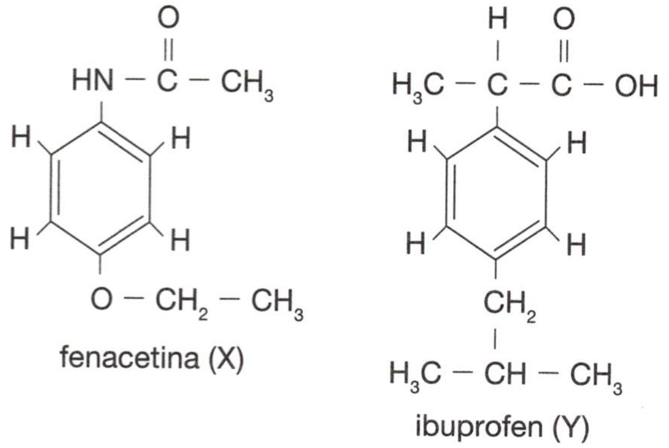

Sobre estes dois medicamentos, foram feitas as afirmações seguintes.

I. X possui as funções éter e amida.
II. Y é um ácido carboxílico.
III. Os dois compostos possuem substituintes no benzeno na posição para.
IV. X e Y apresentam isomeria óptica.

São verdadeiras afirmações:

a) I, II e III, apenas.
b) III e IV, apenas.
c) II e IV, apenas.
d) I e II, apenas.
e) I, II, III e IV.

2. (FGV) A figura apresenta a estrutura química de dois conhecidos estimulantes.

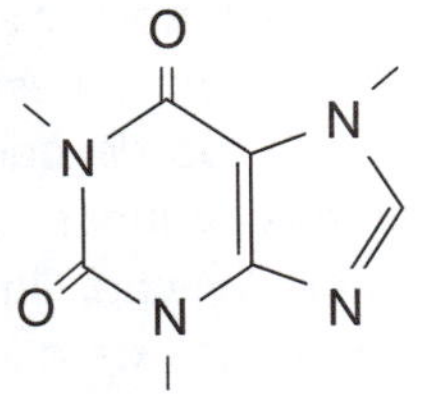
cafeína

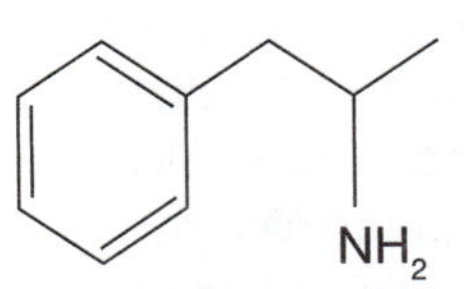
anfetamina

A cafeína, quase todas as pessoas a consomem diariamente ao tomarem um cafezinho. A anfetamina é considerada uma droga ilícita e algumas pessoas fazem o uso desta droga, como caminhoneiros, para provocar insônia e jovens, obsessivos por sua forma física, para provocar perda de apetite e redução de peso. A perda de apetite gerada pelo uso constante pode transformar-se em anorexia, um estado no qual a pessoa passa a sentir dificuldade para comer, resultando em sérias perdas de peso, desnutrição e até morte.

A substância que apresenta carbono assimétrico e os grupos funcionais encontrados nas estruturas destes estimulantes são, respectivamente,

a) anfetamina, amida e cetona.
b) anfetamina, amida e amina.
c) anfetamina, amina e cetona.
d) cafeína, amina e amida.
e) cafeína, amina e cetona.

3. (UNIFESP) Não é somente a ingestão de bebida alcoólica que está associada aos acidentes nas estradas, mas também a ingestão de drogas psicoestimulantes por alguns motoristas que têm longas jornadas de trabalho. Estudos indicam que o Brasil é o maior importador de dietilpropiona e fenproporex, estruturas químicas representada na figura.

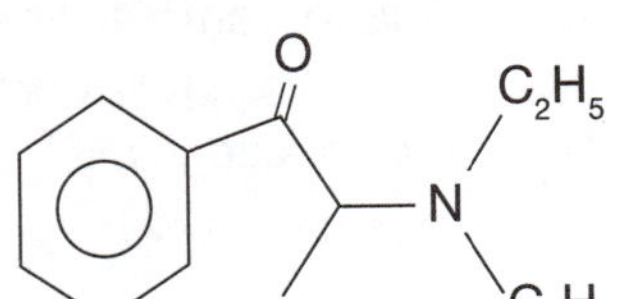
dietilpropiona

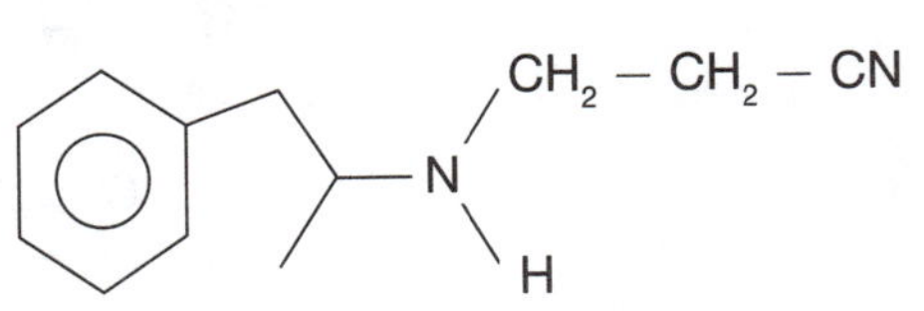
fenproporex

Para as drogas psicoestimulantes, uma das funções orgânicas apresentadas na estrutura da dietilpropiona e o número de carbonos assimétricos na molécula da fenproporex são, respectivamente,

a) amida e 1.
b) amina e 2.
c) amina e 3.
d) cetona e 1.
e) cetona e 2.

4. (UNESP) A sacarose e a lactose são dois dissacarídeos encontrados na cana-de-açúcar e no leite humano, respectivamente. As estruturas simplificadas, na forma linear, dos monossacarídeos que os formam, são fornecidas a seguir.

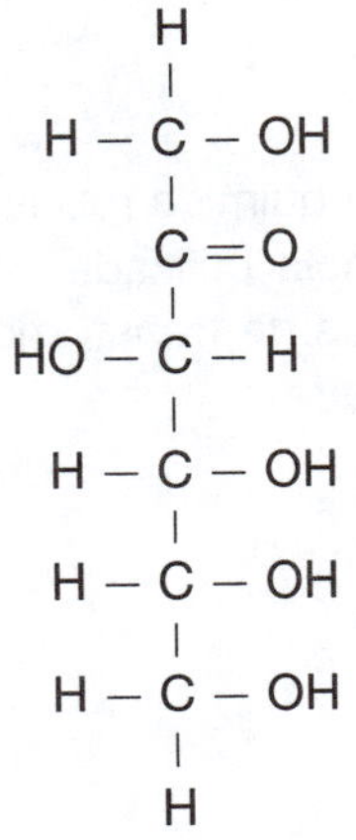
frutose

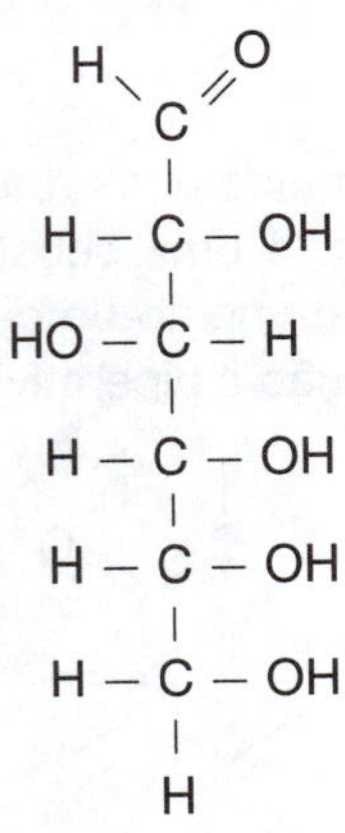
glicose

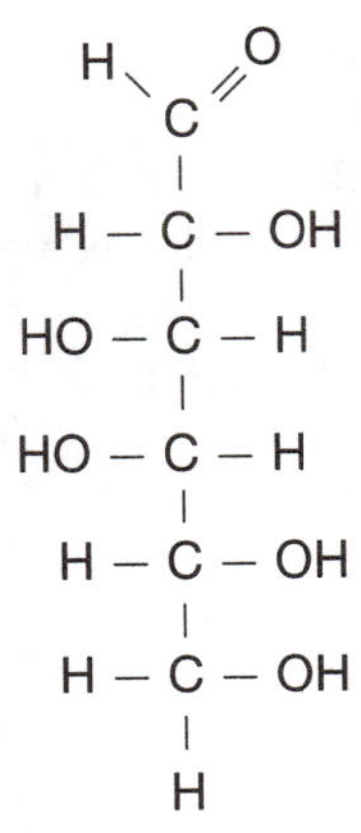
galactose

Os tipos de isomerias encontrados entre a molécula de glicose e as dos monossacarídeos frutose e galactose são, quando representadas na forma linear, respectivamente,

a) de posição e de função.
b) óptica e de função.
c) de função e de função.
d) óptica e de posição.
e) de função e óptica.

5. (FUVEST – SP) A molécula da vitamina C (ácido L-ascórbico) tem a fórmula estrutural plana abaixo.

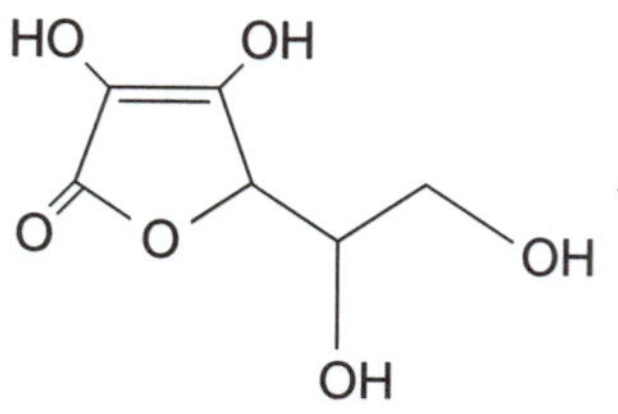

O número de grupos hidroxila ligados a carbono assimétrico é

a) 0
b) 1
c) 2
d) 3
e) 4

6. (FGV) O metilfenidato, estrutura química representada na figura, é uma substância utilizada como fármaco no tratamento de casos de transtorno de déficit de atenção e hiperatividade.

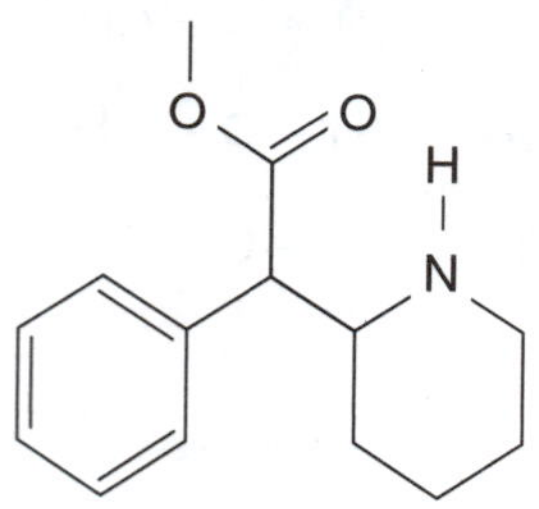

Na estrutura do metilfenidato, o número de carbonos assimétricos e a sua fórmula molecular são, respectivamente,

a) 1 e $C_{12}H_{15}NO_2$.
b) 1 e $C_{13}H_{17}NO_2$.
c) 1 e $C_{14}H_{19}NO_2$.
d) 2 e $C_{13}H_{17}NO_2$.
e) 2 e $C_{14}H_{19}NO_2$.

7. (UNICAMP – SP) A dor pode resultar do rompimento de tecidos onde se formam várias substâncias, como as prostaglandinas, que a potencializam. Fundamentalmente, essas moléculas apresentam um anel saturado de cinco átomos de carbono, contendo duas cadeias laterais vizinhas, sendo que cada uma possui uma dupla-ligação. Uma das cadeias laterais contém sete átomos de carbono, incluindo o carbono de um grupo ácido carboxílico terminal e a dupla-ligação entre os carbonos 2 e 3 a partir do anel. A outra cadeia contém oito átomos de carbono, com um grupo funcional hidroxila no terceiro carbono a partir do anel e a dupla-ligação entre os carbonos 1 e 2 a partir do anel.

a) Desenhe a fórmula estrutural da molécula descrita no texto.
b) Identifique com um círculo, na fórmula do item *a*, um carbono assimétrico.
c) Calcule a massa molar da prostaglandina.

Dado: massas molares em g/mol: C: 12, H: 1; O: 16

8. (VUNESP) Dentre os inúmeros preparados farmacêuticos para o combate à dor, alguns contêm em suas formulações a “aspirina” – um analgésico e antitérmico, muito utilizado no combate à dor de cabeça –, outros são misturas de vitamina C e aspirina, tendo como finalidade combater os sintomas da gripe. As fórmulas estruturais para esses compostos são apresentadas a seguir.

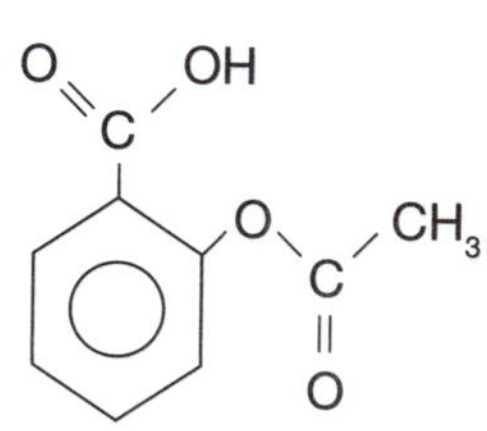

aspirina

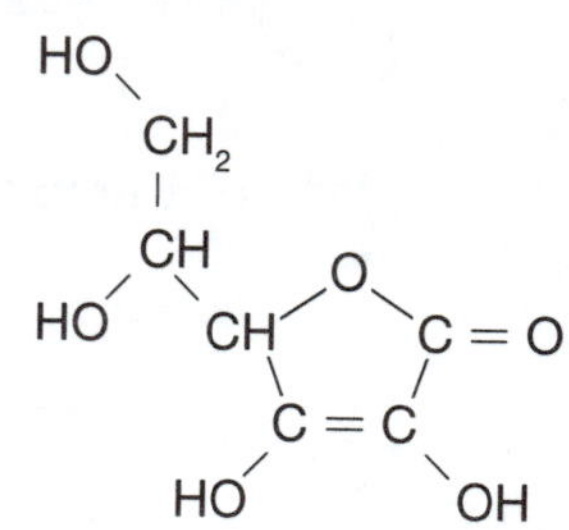

vitamina C

Com relação a esses produtos, é correto afirmar que há quiralidade:

a) apenas na aspirina, pois na sua molécula há seis átomos de carbonos de anel benzênico.
b) apenas na aspirina, pois na sua molécula há dois átomos de carbono ligados, simultaneamente, a dois átomos de oxigênio.
c) apenas na vitamina C, pois na sua molécula há dois átomos de carbono unidos por dupla e que constituem o heterociclo.
d) apenas na vitamina C, pois na sua molécula há dois átomos de carbono ligados, cada um deles, a quatro grupos distintos.
e) nos dois casos, pois as moléculas de ambos apresentam átomos de carbono unidos por ligações duplas constituindo um ciclo.

9. (UNICAMP – SP) As plantas necessitam se comunicar com insetos e mesmo com animais superiores na polinização, frutificação e maturação. Para isso, sintetizam substâncias voláteis que os atraem. Exemplo desse tipo de substâncias é o pent-3-en-2-ol, encontrado em algumas variedades de manga, moranga, pêssego, maçã, alho, feno e até mesmo em alguns tipos de queijo como, por exemplo, o parmesão. Alguns dos seu isômeros atuam também como feromônios de agregação de certos insetos.

a) Sabendo que o pent-3-en-2-ol apresenta isomeria cis-trans, desenhe a fórmula estrutural da forma trans.
b) O pent-3-en-2-ol apresenta também outro tipo de isomeria. Diga qual é, e justifique a sua resposta utilizando a fórmula estrutural.

10. (UNI-RIO – RJ) Testosterona, um hormônio sexual masculino, é produzida por determinadas células existentes nos testículos. É responsável pelas alterações sexuais secundárias que ocorrem no homem durante a puberdade, e é necessária à potência sexual do homem maduro. A sua estrutura é:

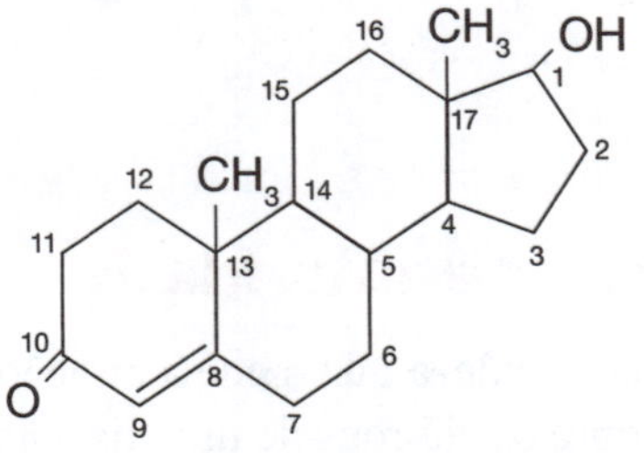

Identifique corretamente as posições de cada carbono quiral (carbono assimétrico)

a) 1, 4, 5, 8, 13 e 17.
b) 1, 4, 5, 9, 14 e 17.
c) 1, 4, 5, 13, 14 e 17.
d) 1, 5, 8, 13, 14 e 17.

Capítulo 14

Propriedades Físicas dos Compostos Orgânicos

1. Eletronegatividade

É uma grandeza que mede a atração do núcleo de um átomo sobre os elétrons de uma ligação química.

Escala de Pauling

F	>	O	>	N, Cl	>	Br	>	I, S, C	>	P, H ------
4		3,5		3		2,8		2,5		2,1

O flúor é o elemento mais eletronegativo.

2. Polaridade das ligações

a) **Ligação covalente apolar**

Ligação entre átomos de mesma eletronegatividade.

Exemplos: 

Não ocorre deslocamento do par de elétron, ou seja, não há formação de polos positivo e negativo.

b) **Ligação covalente polar**

Ligação entre átomos de diferentes eletronegatividades.

Exemplos: 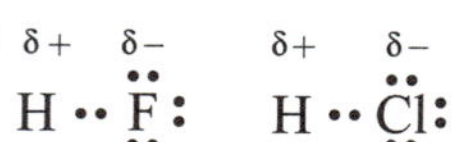

Ocorre deslocamento do par de elétrons, ou seja, o par de elétrons fica próximo do elemento mais eletronegativo.

Na molécula do HF, por exemplo, o par de elétrons está mais próximo do flúor, pois é mais eletronegativo que o hidrogênio.

Polo negativo: elemento mais eletronegativo

Polo positivo: elemento menos eletronegativo

3. Polaridade das moléculas

a) **Método dos ligantes**

É o método mais moderno e prático usado para moléculas do tipo AB_x, isto é, a molécula que apresenta um único átomo central ligado a todos os demais átomos da molécula (ligantes).

Ligantes: átomos ligados ao átomo central.

Molécula apolar: ligantes iguais e não há par de elétrons isolado.

Molécula polar: ligantes diferentes ou presença de par de elétrons isolado no átomo central.

Exemplos:

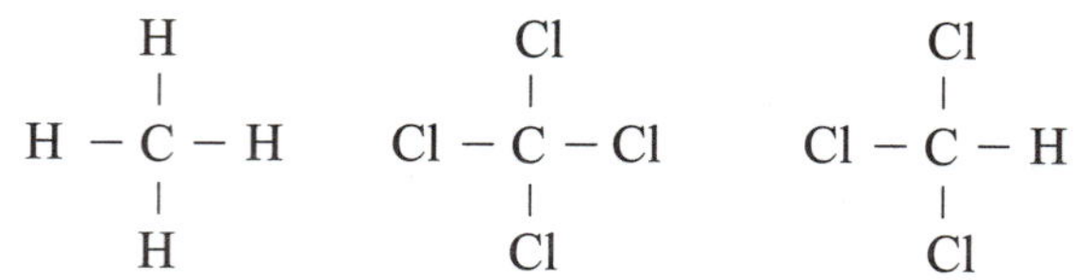

molécula apolar ligantes iguais (H)

molécula apolar ligantes iguais (Cl)

molécula polar ligantes diferentes (H e Cl)

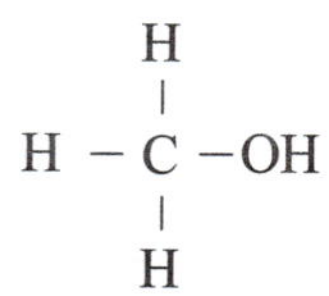

molécula polar ligantes diferentes (H e OH)

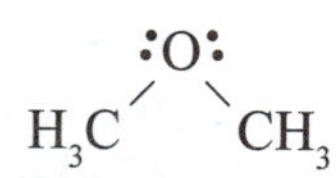

molécula polar (com pares de elétrons isolados)

b) **Método do momento dipolar** (μ)

É um vetor que indica o deslocamento do par eletrônico, isto é, é orientado do polo positivo para o polo negativo.

Exemplo:

$$\overset{\delta+}{H} \xrightarrow[\mu]{} \overset{\delta-}{F}$$

A polaridade de uma molécula pode ser determinada pelo vetor momento dipolar resultante (μ_r), isto é, pela soma dos vetores de cada ligação polar da molécula.

Molécula apolar $\mu_r = 0$; Molécula polar $\mu_r \neq 0$.

Exemplos:

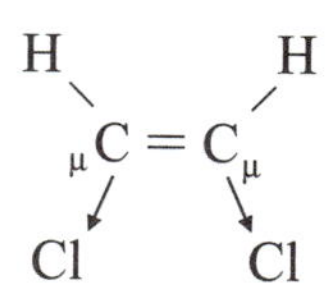

cis-1,2-dicloroeteno
polar
$\mu_{total} \neq 0$

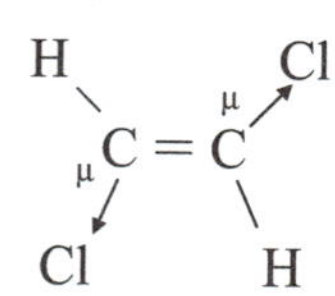

trans-1,2-dicloroeteno
apolar
$\mu_{total} \neq 0$

Observação: hidrocarboneto é sempre **apolar**, pois a ligação C – C é apolar e a ligação C – H é praticamente apolar.

$$H_3C - CH_2 - CH_2 - CH_3 \text{ apolar}$$

Experiência mostrando que a cis-1,2-dicloroeteno é uma molécula polar.

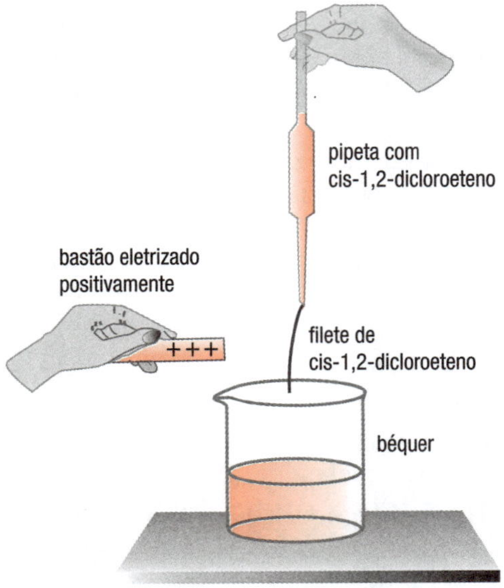

4. Forças intermoleculares ou ligações intermoleculares

Forças de atração que aproximam as moléculas no estado sólido ou líquido.

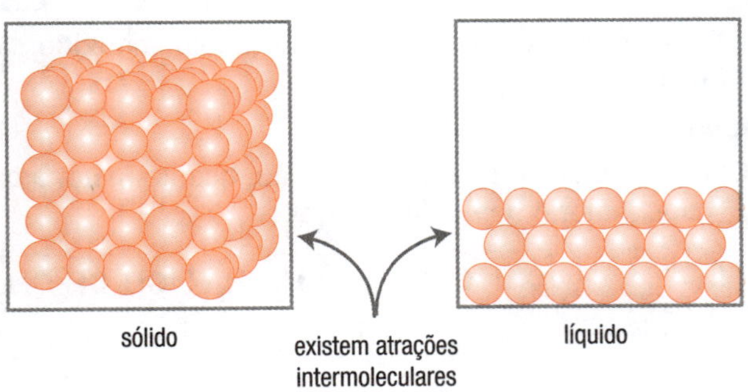

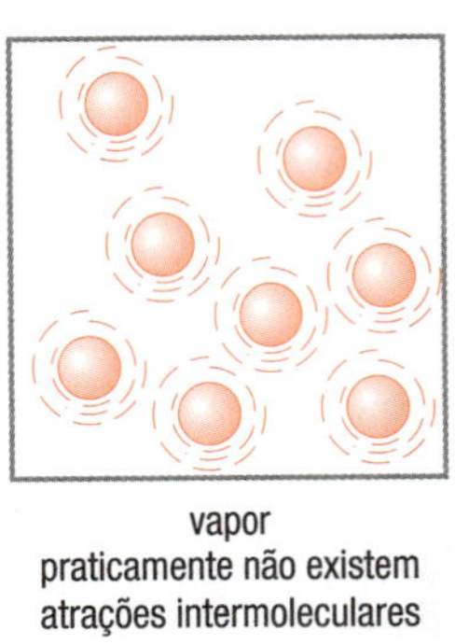

Considere uma substância molecular AB.

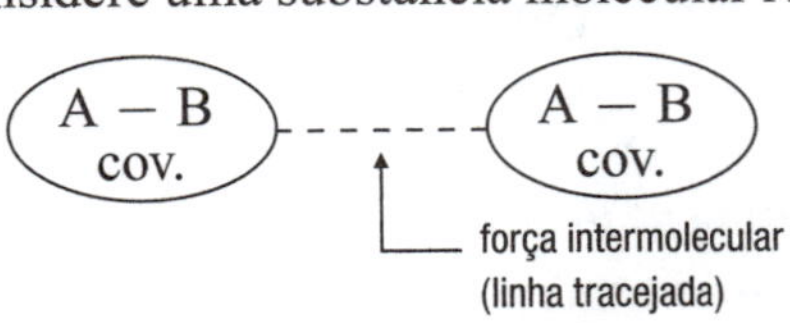

A ligação que prende os átomos dentro de uma molécula é a ligação covalente.

A ligação que aproxima as moléculas é a ligação intermolecular.

Essas forças podem ser divididas em dois tipos:

Forças de van der Waals e ligação de Hidrogênio (ponte de Hidrogênio).

Força de van der Waals

- dipolo-dipolo
- dipolo instantâneo-dipolo induzido (London)

4.1 Ligação de hidrogênio ou ponte de hidrogênio

Ocorre em molécula altamente polar (H ligado a FON).

Atração entre o polo positivo do hidrogênio com um par de elétrons isolados do F ou O ou N da outra molécula.

Exemplos:

álcool (R – OH), ácido (R – COOH), amina ($R - NH_2$), amida ($R - CONH_2$)

```
      R          R          R
      |          |          |
. . . O – H . . . O – H . . . O – H . . .
```

ligações de hidrogênio entre moléculas de álcool

No caso dos ácidos carboxílicos teremos duas pontes de hidrogênio entre as moléculas do ácido formando um dímero.

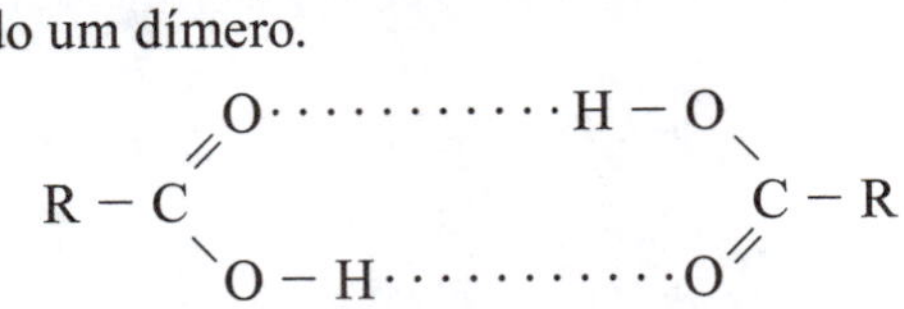

dímero

Ligação de hidrogênio intramolecular é formada entre dois grupos funcionais próximos dentro da mesma molécula.

Exemplos:

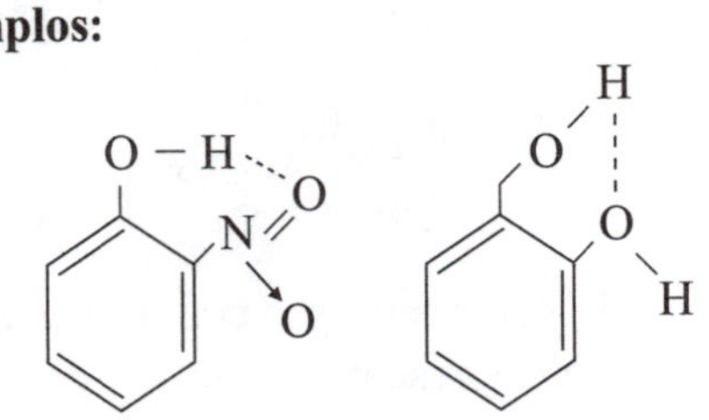

$$\begin{array}{l} H_3C - CH - CH - CH_2 - CH_3 \\ \quad\quad\;\; | \quad\quad\;\; | \\ \quad\quad OH \cdots OH \end{array}$$

4.2 Força entre dipolo-dipolo

Ocorre em molécula polar. O polo positivo de uma molécula atrai o polo negativo de outra molécula.

Exemplos:

aldeído

cetona

$$\overset{\delta+}{}\dots H_3\overset{\delta+}{C} - \overset{\delta-}{Cl} \dots H_3\overset{\delta+}{C} - \overset{\delta-}{Cl} \dots$$

haleto orgânico

4.3 Força entre dipolo instantâneo-dipolo induzido ou força de dispersão de London

Ocorre em molécula apolar devido ao movimento dos elétrons dentro da molécula.

Os elétrons estão em movimento contínuo, sendo que em algum instante existe mais elétrons em um lado da molécula, aparecendo na molécula um dipolo temporário ou instantâneo.

Um dipolo instantâneo em uma molécula pode induzir um dipolo em uma molécula próxima. Como resultado, o lado negativo de uma molécula termina adjacente ao lado positivo de outra molécula, como mostrado a seguir.

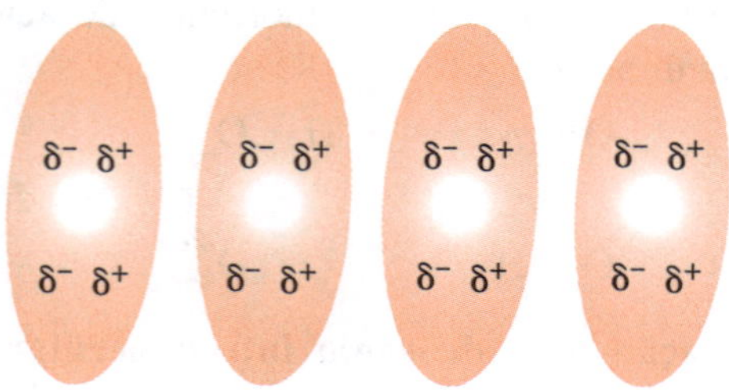

Exemplos:

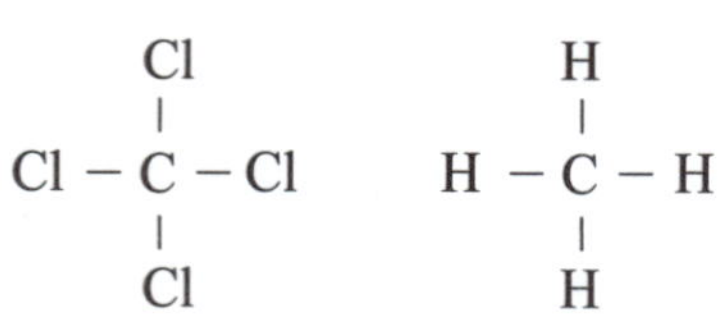

Os hidrocarbonetos são compostos orgânicos que mais comumente apresentam esse tipo de força.

Observação: intensidade das forças intermoleculares para moléculas com tamanhos próximos:

ligação de hidrogênio > dipolo-dipolo > dipolos induzidos

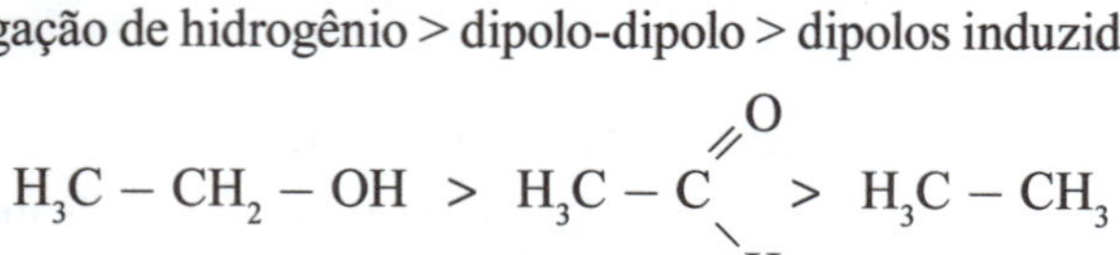

5. Ponto de ebulição (PE)

O ponto de ebulição (PE) de uma substância é a temperatura em que sua forma líquida se torna um gás (vaporiza). Para que uma substância vaporize, as forças que mantêm as moléculas individuais unidas umas às outras precisam ser superadas. Isso significa que o ponto de ebulição de uma substância depende da força atrativa entre as moléculas individuais.

Se as moléculas são mantidas unidas por forças fortes, muita energia será necessária para manter as moléculas separadas umas das outras e a substância terá um ponto de ebulição alto. Por outro lado, se as moléculas são mantidas unidas por forças fracas, apenas uma pequena quantidade de energia será necessária para separar as moléculas uma das outras e a substância terá um ponto de ebulição baixo.

Quanto maior a força intermolecular, maior o ponto de ebulição.

Exemplos:

- Quando o etanol ($H_3C - CH_2 - OH$) ferve, ligações de hidrogênio são quebradas.

$$H_3C - CH_2 - OH(l) \longrightarrow H_3C - CH_2 - OH(v)$$

- Quando a propanona ($H_3C - \overset{\overset{O}{\|}}{C} - CH_3$) ferve, forças dipolo-dipolo são quebradas.

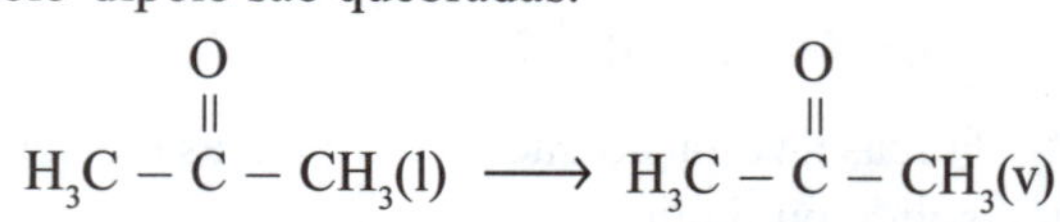

- Quando o pentano ($H_3C - CH_2 - CH_2 - CH_2 - CH_3$) ferve, forças dipolo instantâneo-dipolo induzido são quebradas.

Regras:

1. Para composto de mesma função, quanto maior a cadeia, maior o ponto de ebulição.

	CH_4	CH_3CH_3	$CH_3CH_2CH_3$
PE	–161,7 °C	–88,6	–42,1

	CH_3OH	C_2H_5OH	C_3H_7OH
PE	65	78,5	97

2. Para isômeros, quanto mais ramificada a cadeia, menor o ponto de ebulição (diminui a superfície da molécula).

$CH_3 - (CH_2)_3 - CH_3$

pentano

PE = 36 °C

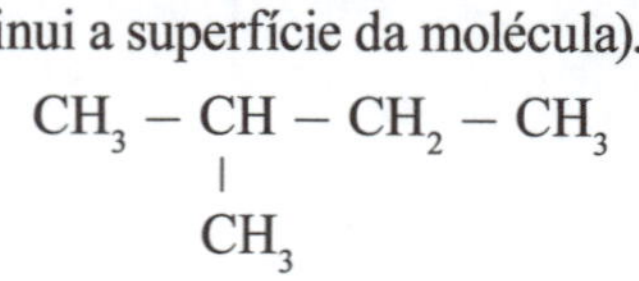

2-metilbutano

PE = 28 °C

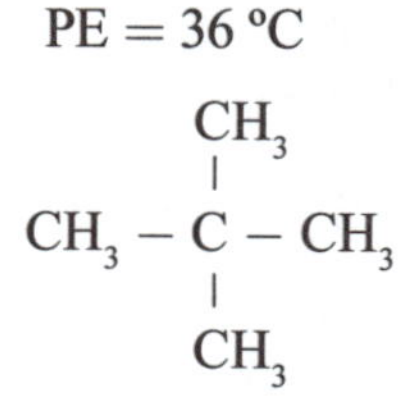

2,2-dimetilpropano

PE = 10 °C

3. Para isômeros, prevalece a intensidade das forças intermoleculares.

dipolos induzidos < dipolo-dipolo < ligação de hidrogênio

Exemplos:

$H_3C - CH_2 - OH$	$H_3C - O - CH_3$
etanol	éter dimetílico
PE = 78,5 °C	PE = –25 °C

O álcool tem maior ponto de ebulição que o éter, pois o álcool faz ligação de hidrogênio.

$CH_3CH_2CH(CH_3)CH_2NH_2$	$CH_3CH_2CH(CH_3)NHCH_3$
amina primária	amina secundária
PE = 97 °C	PE = 84 °C

$CH_3CH_2N(CH_3)CH_2CH_3$

amina terciária

PE = 65 °C

Como aminas primárias têm duas ligações N – H, a ligação de hidrogênio é mais significativa em aminas primárias que em secundárias. Aminas terciárias não podem formar ligações de hidrogênio entre as próprias moléculas porque não têm hidrogênio ligado ao nitrogênio. Consequentemente, se compararmos aminas com a mesma massa molecular e de estruturas semelhantes, observaremos que as aminas primárias têm maior pontos de ebulição que as secundárias, que por sua vez têm maiores pontos de ebulição que as aminas terciárias.

4. Para mesma quantidade de átomos de carbono temos:

$$PE_{ácido} > PE_{álcool} > PE_{hidrocarboneto}$$

$$H_3C - C(=O)OH > H_3C - CH_2 - OH > H_3C - CH_3$$

PE = 118 °C   PE = 78,5 °C   PE = –88,6 °C

O ácido tem maior ponto de ebulição que o álcool, pois o número de ligações de hidrogênio no ácido é maior (dímero).

5. A ocorrência de ligações de hidrogênio **intramoleculares** reduz a ocorrência de ligações de hidrogênio **intermoleculares** e, por isso, esses compostos têm menor ponto de ebulição que o seu isômero.

Exemplo:

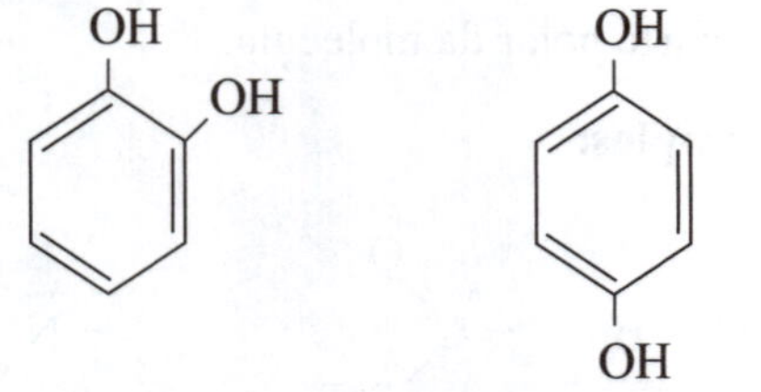

catecol	hidroquinona
PE = 105 °C	PE = 173 °C

6. Solubilidade

6.1 Introdução

Uma substância é solúvel em outra quando ambas apresentam o mesmo tipo de forças intermoleculares e aproximadamente com a mesma intensidade.

O estudo da solubilidade é facilitado utilizando o seguinte princípio:

Semelhantes tendem a dissolver semelhantes:

$$\text{polar} \xrightarrow{\text{dissolve}} \text{polar}$$

$$\text{apolar} \xrightarrow{\text{dissolve}} \text{apolar}$$

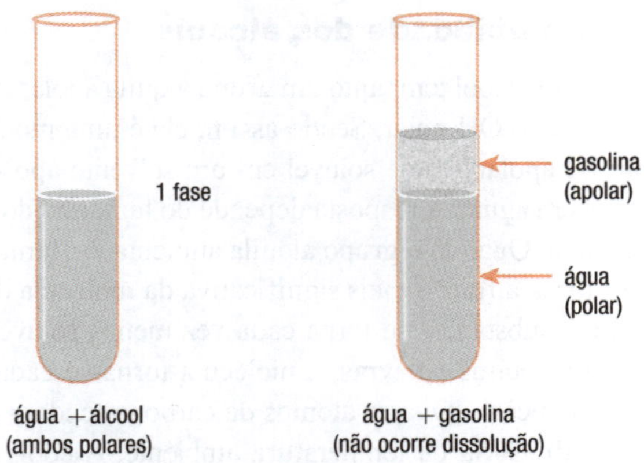

Importante: os hidrocarbonetos são insolúveis na água.

6.2 Parte hidrófoba

A cadeia carbônica é a parte apolar da molécula, portanto, não possui afinidade pela água, pois temos as ligações C – C (apolar) e C – H (praticamente apolar).

A solubilidade diminui à medida que a cadeia carbônica aumenta, pois ela é **hidrófoba**.

Solubilidades de éteres em água

2 C's	CH_3OCH_3	solúvel
3 C's	$CH_3OCH_2CH_3$	solúvel
4 C's	$CH_3CH_2OCH_2CH_3$	ligeiramente solúvel (10 g/100 g H_2O)
5 C's	$CH_3CH_2OCH_2CH_2CH_3$	pouco solúvel (1,0 g/100 g H_2O)
6 C's	$CH_3CH_2CH_2OCH_2CH_2CH_3$	insolúvel (0,25 g/100 g H_2O)

6.3 Parte hidrófila

É a parte polar da molécula.

Exemplos:

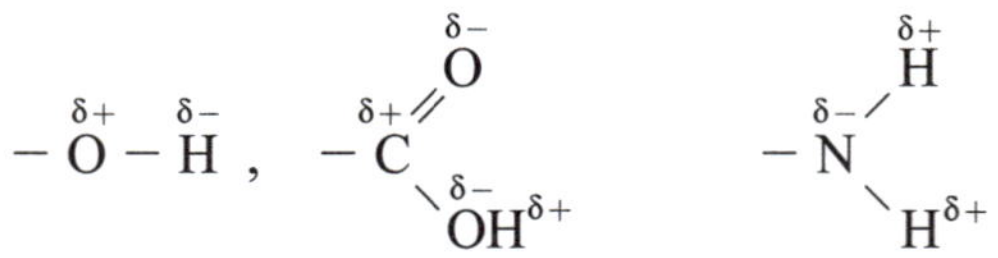

Esses grupos se ligam por ligação de hidrogênio com as moléculas polares da água.

Exemplo:

$$\begin{array}{ccc} CH_3 & & H \\ | & & | \\ \text{------}\,OH & \text{------} & O - H\,\text{------} \end{array}$$

Quanto maior o número de grupos hidrófilos, maior será a tendência de a substância se solubilizar em água.

Exemplo:

$$H_3C - CH_2 - CH_2 - OH \qquad \begin{array}{ccccc} OH & & OH & & OH \\ | & & | & & | \\ H_2C & - & CH & - & CH_2 \end{array}$$

menos solúvel — mais solúvel

6.4 Solubilidade dos álcoois

Um álcool tem tanto um grupo alquila apolar quanto um grupo OH polar. Sendo assim, ele é uma molécula polar ou apolar? Ele é solúvel em um solvente apolar ou solúvel em água? A resposta depende do tamanho do grupo alquila. Quando o grupo alquila aumenta em tamanho, ele se torna a fração mais significativa da molécula de álcool, e a substância se torna cada vez menos solúvel em água. Em outras palavras, a molécula torna-se cada vez mais um alcano. Quatro átomos de carbono tendem a ser a linha divisória da temperatura ambiente. Álcoois com menos de quatro átomos de carbono são solúveis em água, mas álcoois com mais de quatro carbonos são insolúveis. Assim, um grupo OH pode arrastar aproximadamente três ou quatro átomos de carbono para a solução em água.

$$R - \overset{\delta-}{O} - \overset{\delta+}{H}$$

parte apolar	parte polar
hidrófoba	hidrofílica
insolúvel em água	solúvel em água

$R < 4$: totalmente solúvel em água

Os álcoois metanol, etanol e propanol são solúveis em água em qualquer proporção, pois predomina o grupo OH, que é polar.

$$\begin{array}{ccccc} R & & H & & R \\ | & & | & & | \\ \ldots O - H & \ldots & O - H & \ldots & O - H \ldots \end{array}$$

ligações de hidrogênio entre moléculas de álcool e água.

$R \geq 4$: solubilidade em água diminui

À medida que a cadeia carbônica cresce, a solubilidade em água diminui. Nos álcoois de cadeia grande, as cadeias longas e apolares predominam sobre o grupo OH, polar e pequeno.

Álcool	solubilidade em água ($g/100\ g$ de H_2O)
CH_3OH	ilimitada
CH_3CH_2OH	ilimitada
$CH_3CH_2CH_2OH$	ilimitada
$CH_3CH_2CH_2CH_2OH$	8 g
$CH_3CH_2CH_2CH_2CH_2OH$	2,3 g

Atenção: os álcoois são solúveis em solventes apolares (gasolina, benzeno, éter), pois a cadeia apolar (R) se liga com o solvente apolar (força de van der Walls).

$$\begin{array}{ccc} \text{apolar} \ldots R & & R \ldots \text{apolar} \\ | & & | \\ \ldots O - H & \ldots & O - H \ldots \end{array}$$

6.5 Solubilidade das vitaminas

Vitaminas hidrossolúveis (hidro = água) são aquelas que se dissolvem bem em água, mas não em óleos e gorduras. Isso se deve à presença de vários grupos OH (polar).

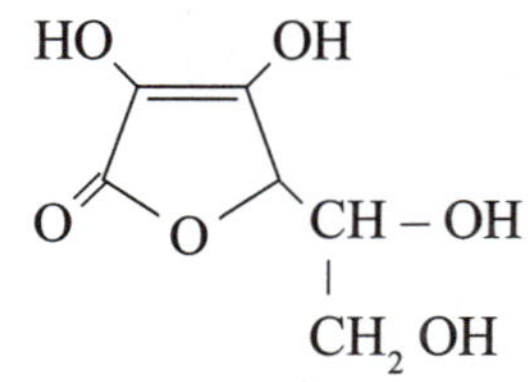

vitamina C (hidrossolúvel)

Vitaminas lipossolúveis (lipo = gordura) são aquelas que se dissolvem bem em óleos e gorduras, mas não em água. Isso se deve ao predomínio de cadeia carbônica (apolar).

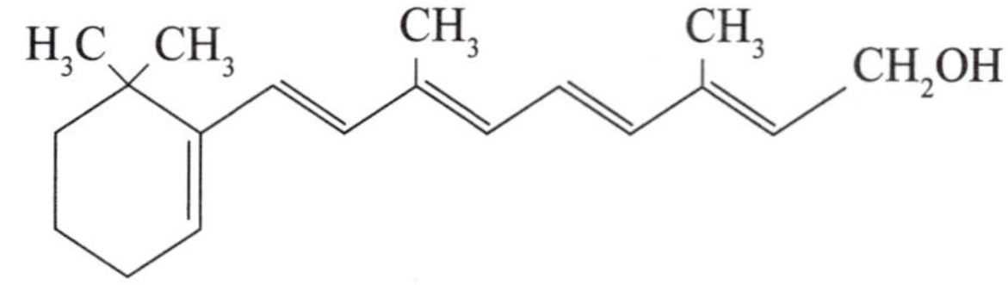

vitamina A (lipossolúvel)

Exercícios Série Prata

Marque apolar ou polar para as questões **1** a **8**.

1. 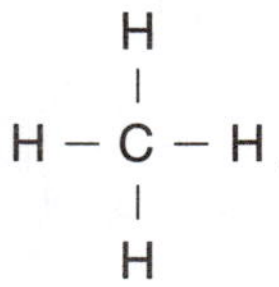 ________________

2. 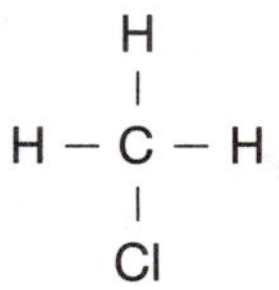 ________________

3. 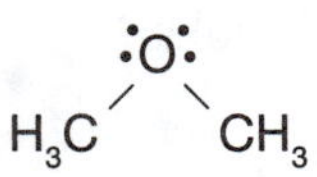 ________________

4. $H_3C - CH_2 - CH_2 - CH_3$ ________________

5. 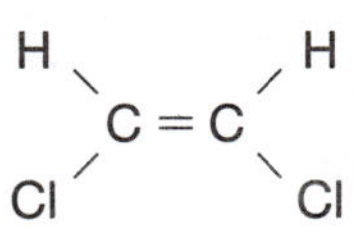 ________________

6. 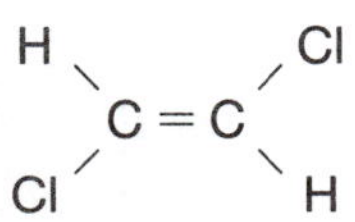 ________________

7. 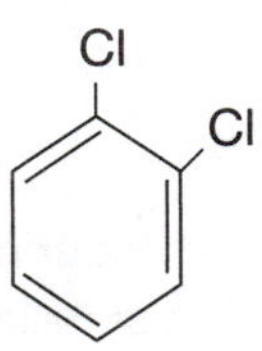 ________________

8. 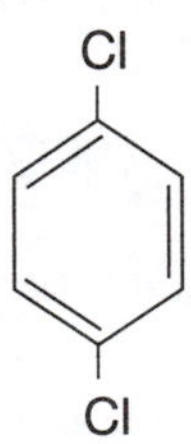 ________________

Para questões **9** a **15** complete com **ligação de hidrogênio**, **dipolo-dipolo** ou **dipolos induzidos**.

9. $H_3C - CH_2 - OH$ ________________

10. 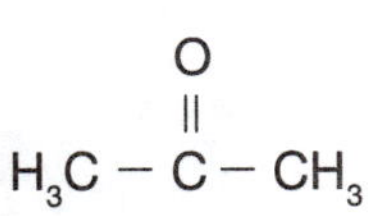 ________________

11. 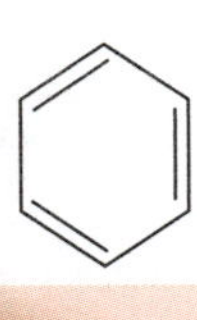 ________________

13. 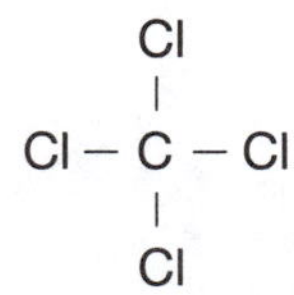 ________________

14. 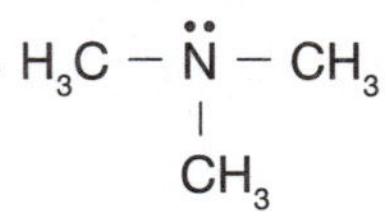 ________________

15. $CH_3\,COOH$ ________________

16. Assinale a alternativa correta.

A representação 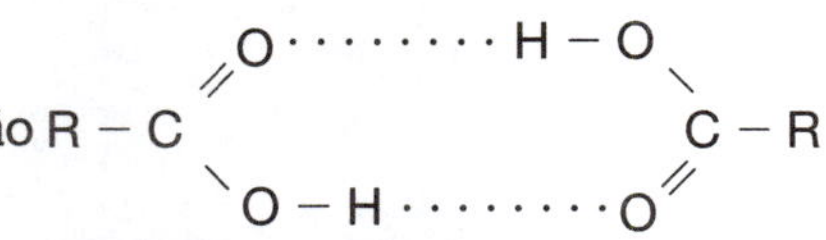

indica um tipo de ligação intermolecular

a) de hidrogênio.
b) covalente.
c) iônica.
d) de van der Walls.
e) apolar.

17. (UEPB) Dados os seguintes compostos:

I. $H_3C - CH_2 - CH_2 - CH_3$

II. $H_3C - CH_2 - CH_2 - CH_2 - CH_3$

III. 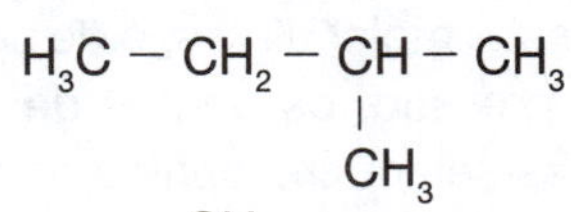

IV. 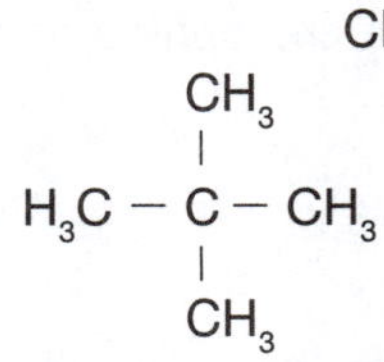

Com base nas propriedades físicas dos hidrocarbonetos supracitados, escolha a alternativa que corresponde à ordem crescente dos ponto de ebulição nos compostos dados.

a) I < IV < III < II.
b) IV < III < II < I.
c) I < II < III < IV.
d) IV < I < III < II.
e) III < IV < II < I.

Dados: H = l g/mol; C = 12 g/mol.

18. (FCMMG/Feluma) A ordem decrescente dos pontos de ebulição dos compostos a seguir está mais bem representada pela opção:

$$\begin{array}{c} \quad CH_3\ CH_3 \\ \quad | \quad\ \ | \\ \text{I. } CH_3 - C - C - CH_3 \\ \quad | \quad\ \ | \\ \quad CH_3\ CH_3 \end{array}$$

II. $CH_3(CH_2)_6CH_3$

III. $CH_3(CH_2)_{16}COOH$

IV. $CH_3(CH_2)_6CH_2OH$

a) III, II, I, IV
b) I, II, IV, III
c) III, IV, I, II
d) IV, III, II, I
e) III, IV, II, I

19. (UNIFOR – CE) Analise as substâncias abaixo.

I. etanol (C_2H_5OH)
II. éter dimetílico (H_3COCH_3)
III. propan-1-ol (C_3H_2OH)

Considerando a existência ou não de pontes de hidrogênio ligando moléculas iguais e suas correspondentes massas moleculares, é de ser prever que, sob mesma pressão, os pontos de ebulição dessas substâncias sejam crescentes na seguinte ordem:

a) I, II e III
b) I, III e II
c) II, I e III
d) II, III e I
e) III, II e I

20. Explique por que o ponto de ebulição do ortonitrofenol (100 °C) é bem menor que o do metanitrofenol (194 °C).

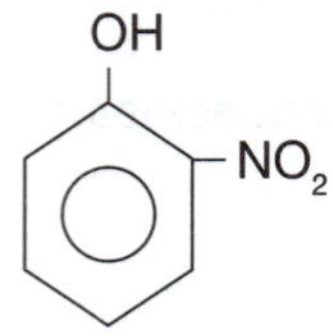

orto-nitrofenol

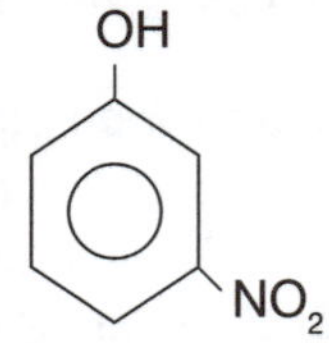

meta-nitrofenol

21. (FUVEST – SP) Examinando as fórmulas:

I. $H_3C - CH_3$

II. $H_3C - CH_2 - OH$

III. $H_3C - C(=O)-OH$

IV. $H_3C - O - CH_3$

Podemos prever que são mais solúveis em água os compostos representados por:

a) I e IV.
b) I e III.
c) II e III.
d) II e IV.
e) III e IV.

22. (CESGRANRIO – RJ) Determina-se experimentalmente que, num álcool R – OH, a solubilidade em água varia inversamente com o tamanho de R. Esse fato se deve:

a) somente às propriedades hidrófilas do grupo hidroxila.
b) às propriedades hidrófilas de R, qualquer que seja seu tamanho.
c) às propriedades hidrófobas de R, qualquer que seja seu tamanho.
d) ao aumento de R corresponder ao aumento da parte apolar hidrofóbica.
e) à diminuição de R corresponder a uma diminuição na polaridade da molécula.

Exercícios Série Ouro

1. (PUC – PR) À temperatura ambiente, o éter etílico evapora mais rapidamente que o álcool etílico. Sendo assim, pode-se concluir que, em relação ao álcool, o éter apresenta:

a) ponto de ebulição mais alto.
b) ligações intermoleculares mais fracas.
c) pressão do vapor menor.
d) pontes de hidrogênio em maior número.
e) massa molecular menor.

2. (PUC – SP) A análise da fórmula estrutural de isômeros possibilita comparar, qualitativamente, as respectivas temperaturas de ebulição. Na análise devem-se considerar os tipos de interação intermolecular possíveis, a polaridade da molécula e a extensão da superfície molecular.

Dados os seguintes pares de isômeros:

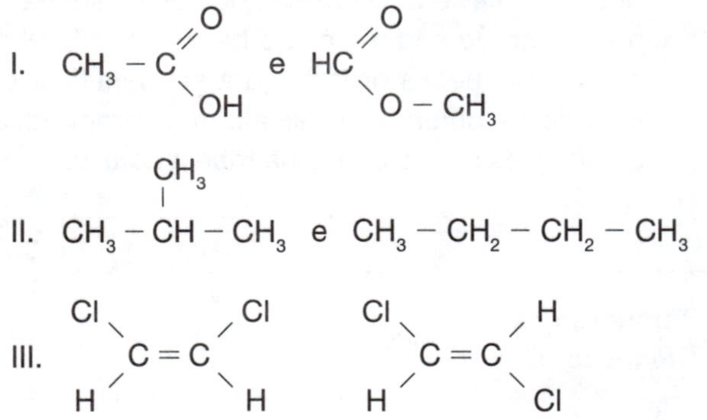

Pode-se afirmar que o isômero que apresenta a maior temperatura de ebulição de cada par é

	I	II	III
a)	ácido etanoico	butano	trans-1,2-dicloroeteno
b)	metanoato de metila	metilpropano	trans-1,2-dicloroeteno
c)	ácido etanoico	metilpropano	cis-1,2-dicloroeteno
d)	ácido etanoico	butano	cis-1,2-dicloroeteno
e)	metanoato de metila	butano	trans-1,2-dicloroeteno

3. (UNIFESP) Solubilidade, densidade, ponto de ebulição (PE) e ponto de fusão (PF) são propriedades importantes na caracterização de compostos orgânicos. O composto 1,2-dicloroeteno apresenta-se na forma de dois isômeros, um com PE 60 °C e outro com PE 48 °C. Em relação a esses isômeros, é correto afirmar que o isômero.

a) cis apresenta PE 60 °C.
b) cis é mais solúvel em solvente não polar.
c) trans tem maior polaridade.
d) cis apresenta fórmula molecular $C_2H_4Cl_2$.
e) trans apresenta forças intermoleculares mais intensas.

4. (UNESP) As moléculas de cis-dibromoeteno (I) e trans-dibromoeteno (II) têm a mesma massa molar e o mesmo número de elétrons, diferindo apenas no arranjo de seus átomos:

À temperatura ambiente, é correto afirmar que:

a) os dois líquidos possuem a mesma pressão de vapor.
b) cis-dibromoeteno apresenta maior pressão de vapor.
c) as interações intermoleculares são mais fortes em (II).
d) trans-dibromoeteno é mais volátil.
e) as duas moléculas são polares.

5. (ENEM) As fraldas descartáveis que contêm o polímero poliacrilato de sódio (1) são mais eficientes na retenção de água que as fraldas de pano convencionais, constituídas de fibras de celulose (2).

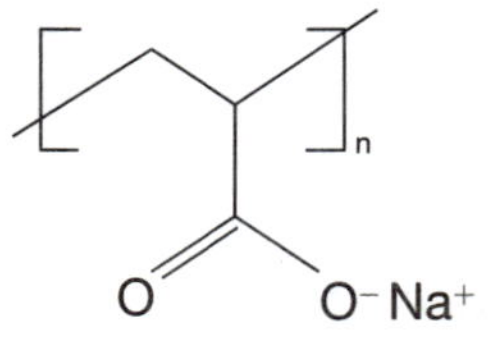

(1)

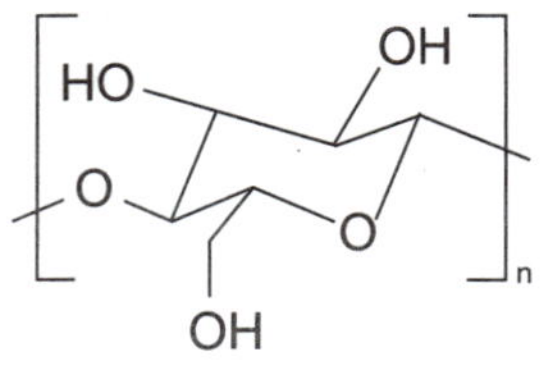

(2)

A maior eficiência dessas fraldas descartáveis, em relação às de pano, deve-se às

a) interações dipolo-dipolo mais fortes entre o poliacrilato e a água, em relação às ligações de hidrogênio entre a celulose e as moléculas de água.
b) interações íon-íon mais fortes entre o poliacrilato e as moléculas de água, em relação às ligações de hidrogênio entre a celulose e as moléculas de água.
c) ligações de hidrogênio mais fortes entre o poliacrilato e a água, em relação às interações íon-dipolo entre a celulose e as moléculas de água.
d) ligações de hidrogênio mais fortes entre o poliacrilato e as moléculas de água, em relação às interações dipolo induzido-dipolo induzido entre a celulose e as moléculas de água.
e) interações íon-dipolo mais fortes entre o poliacrilato e as moléculas de água, em relação às ligações de hidrogênio entre a celulose e as moléculas de água.

6. (FUVEST – SP) Em uma tabela de propriedades físicas de compostos orgânicos, foram encontrados os dados abaixo para compostos de cadeia linear I, II, III e IV. Esses compostos são etanol, heptano, hexano e 1-propanol, não necessariamente nessa ordem.

Composto	Ponto de ebulição*	Solubilidade em água
I	69,0	i
II	78,5	∞
III	97,4	∞
IV	98,4	i

* – em °C sob uma atmosfera
i – composto insolúvel em água
∞ – composto miscível com água em todas as proporções

Os compostos I, II, III e IV são, respectivamente

a) etanol, heptano, hexano e propan-1-ol.
b) heptano, etanol, propan-1-ol e hexano.
c) propan-1-ol, etanol, heptano e hexano.
d) hexano, etanol, propan-1-ol e heptano.
e) hexano, propan-1-ol, etanol e heptano.

7. (FUVEST – SP) Têm-se amostras de três sólidos brancos, A, B e C. Sabe-se que devem ser naftaleno, nitrato de sódio e ácido benzoico, não necessariamente nessa ordem. Para se identificar cada uma delas, determinam-se algumas propriedades, as quais estão indicadas na tabela abaixo:

	A	B	C
Temperatura de fusão °C	306	80	122
Solubilidade em água	muito solúvel	praticamente insolúvel	um pouco solúvel

Esses dados indicam que A, B e C devem ser, respectivamente,

a) ácido benzoico, nitrato de sódio e naftaleno.
b) ácido benzoico, naftaleno e nitrato de sódio.
c) naftaleno, nitrato de sódio ácido benzoico.
d) nitrato de sódio, ácido benzoico e naftaleno.
e) nitrato de sódio, naftaleno e ácido benzoico.

8. (FUVEST – SP) A reação do tetracloroetano ($C_2H_2Cl_4$) com zinco metálico produz cloreto de zinco e duas substâncias orgânicas isoméricas, em cujas moléculas há dupla ligação e dois átomos de cloro. Nessas moléculas, cada átomo de carbono está ligado a um único átomo de cloro.

a) Utilizando fórmulas estruturais, mostre a diferença na geometria molecular dos dois compostos orgânicos isoméricos formados na reação.

b) Os produtos da reação podem ser separados por destilação fracionada. Qual dos dois isômeros tem maior ponto de ebulição? Justifique.

9. (PUC) Foram determinadas as temperaturas de fusão e de ebulição de alguns compostos aromáticos encontrados em um laboratório. Os dados obtidos e as estruturas das substâncias estudadas estão apresentados a seguir:

Amostras	t de fusão (°C)	t de ebulição (°C)
1	–95	110
2	–26	178
3	43	192
4	122	249

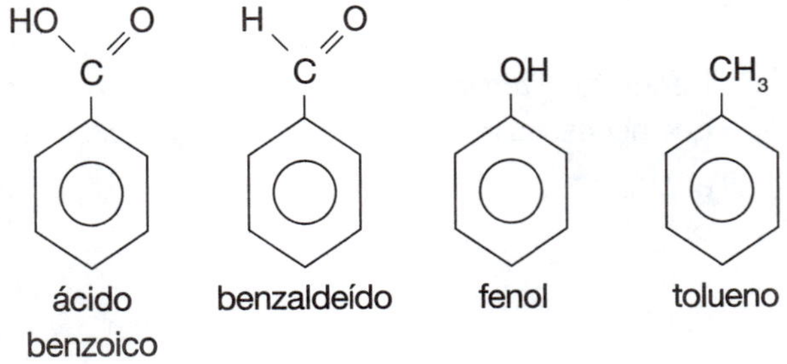

A análise das temperaturas de fusão e ebulição permite identificar as amostras 1, 2, 3, e 4, como sendo, respectivamente.

a) ácido benzoico, benzaldeído, fenol e tolueno.
b) fenol, ácido benzoico, tolueno e benzaldeído.
c) tolueno, benzaldeído, fenol e ácido benzoico.
d) benzaldeído, tolueno, ácido benzoico e fenol.
e) tolueno, benzaldeído, ácido benzoico e fenol.

10. (UNICAMP – SP) – Agora sou eu então – diz Chuá. — Vamos considerar duas buretas lado a lado. Numa se coloca água e na outra hexano, mas não digo qual é qual. Pego agora um bastão de plástico e atrito-o com uma flanela. Abro as torneiras das duas buretas, deixando escorrer os líquidos que formam "fios" até caírem nos frascos coletores. Aproximo o bastão plástico e o posiciono no espaço entre os dois fios, bem próximo deles.

a) A partir da observação do experimento, como se pode saber qual das duas buretas contém hexano? Por quê?
— Hi! Esta questão me entortou! Deixe-me pensar um pouco ... Ah! Já sei! ... Pergunte mais! — diz Naná.

b) Se em lugar de água e de hexano fossem usados trans-1,2-dicloroeteno e cis-1,2-dicloroeteno, o que se observaria ao repetir o experimento?

11. (UNIFESP) Ácido maleíco e ácido fumárico são, respectivamente, os isômeros geométricos cis e trans de fórmula molecular $C_4H_4O_4$. Ambos apresentam dois grupos carboxila e seus pontos de fusão são, respectivamente, 130 °C e 287 °C.

a) Sabendo que C, H e O apresentam as suas valências mais comuns, deduza as fórmulas estruturais dos isômeros cis e trans, identificando-os e explicando o raciocínio utilizado.

b) Com relação aos pontos de fusão dos isômeros, responda qual tipo de interação é rompida na mudança de estado, explicitando se é do tipo inter ou intramolecular. Por que o ponto de fusão do isômero cis é bem mais baixo do que o do isômero trans?

12. (FGV) Armas químicas são baseadas na toxicidade de substâncias, capazes de matar ou causar danos a pessoas e ao meio ambiente.

Elas têm sido utilizadas em grandes conflitos e guerras, como o ocorrido em 2013 na Síria, quando a ação do sarin causou a morte de centenas de civis.

http://pt.wikipedia.org/wiki/Guerra_qu%C3%ADmica e http://pt.wikipedia.org/wiki/Categoria:Armas_qu%C3ADmicas. Adaptado.

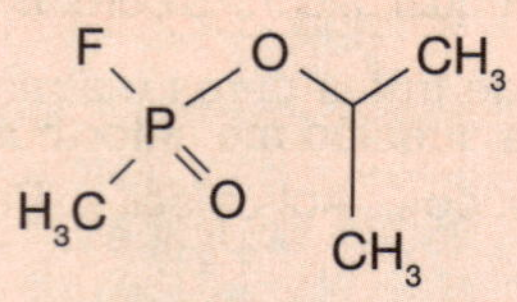

sarin

Entre água e benzeno, o solvente mais adequado para a solubilização do sarin e a principal força intermolecular encontrada entre as moléculas do sarin no estado líquido são, respectivamente,

a) água e dispersão de London.
b) água e interação dipolo-dipolo.
c) água e ligação de hidrogênio.
d) benzeno e interação dipolo-dipolo.
e) benzeno e ligação de hidrogênio.

Resolução:

No sarin, o número de ligações polares (C – P, P – F, P – O, O – C e C – H) é maior do que o número de ligações apolares (C – C).

A principal força intermolecular encontrada entre as moléculas do sarin é interação dipolo-dipolo.

O solvente mais adequado é a água, pois é um solvente polar.

Resposta: alternativa b.

13. (UESPI – modificado) A vitamina C atua como antioxidante. Pode ser encontrada nas frutas cítricas, framboesa, tomate, pimenta, etc. De acordo com sua fórmula estrutural a seguir, escolha a alternativa correta.

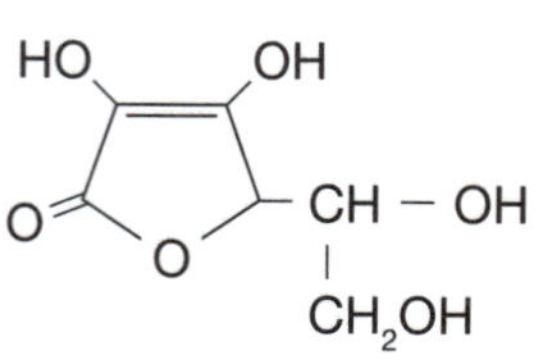

a) É praticamente insolúvel em água.
b) Apresenta as funções álcool, cetona e éter.
c) Forma ligações de hidrogênio.
d) Não possui carbono primário.
e) É mais solúvel em compostos apolares.

14. (ENEM) O armazenamento de certas vitaminas no organismo apresenta grande dependência de sua solubilidade. Por exemplo, vitaminas hidrossolúveis devem ser incluídas na dieta diária, enquanto vitaminas lipossolúveis são armazenadas em quantidades suficientes para evitar doenças causadas pela sua carência. A seguir são apresentadas as estruturas químicas de cinco vitaminas necessárias ao organismo.

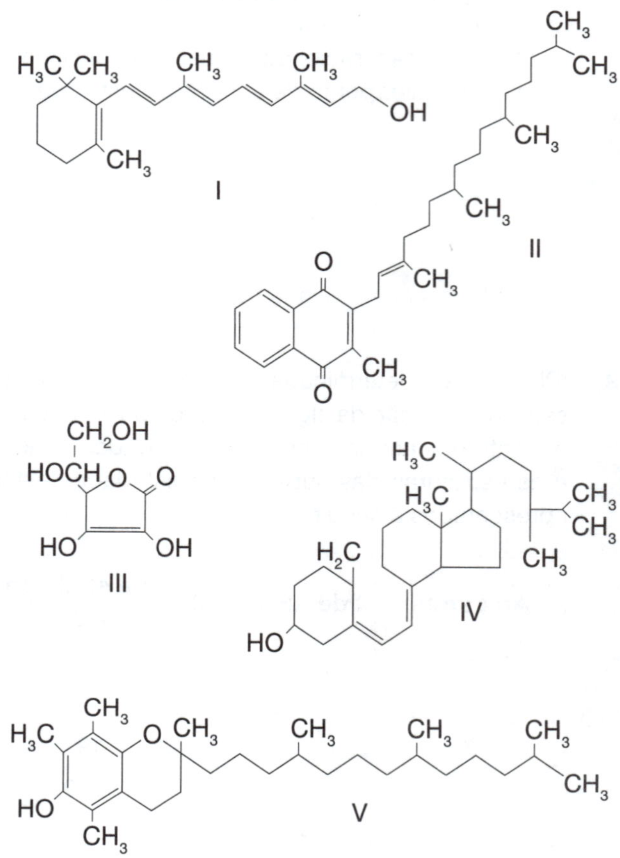

Dentre as vitaminas apresentadas na figura, aquela que necessita de maior suplementação diária é

a) I.
b) II.
c) III.
d) IV.
e) V.

15. (FUVEST - SP)

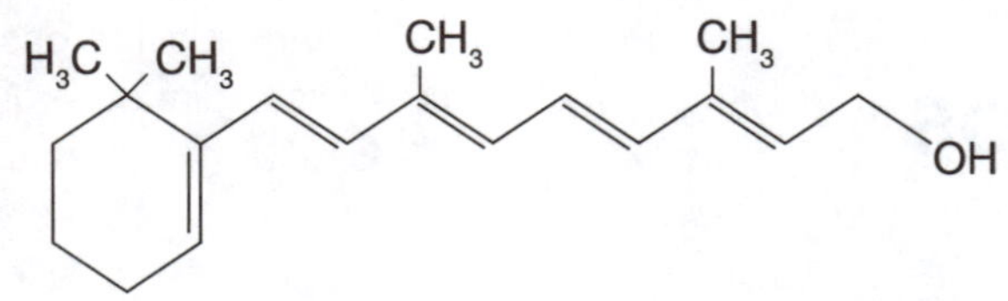

vitamina A (ponto de fusão = 62 °C)

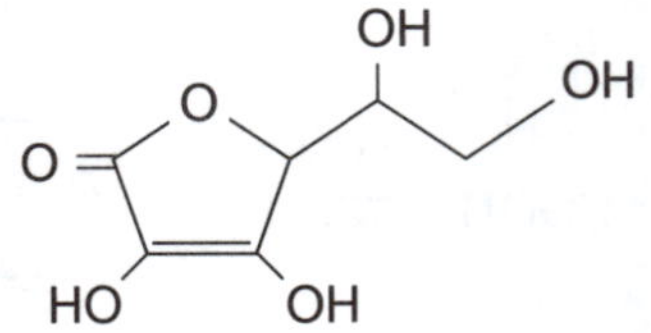

vitamina C (ponto de fusão = 193 °C)

Uma das propriedades que determina a maior ou menor concentração de uma vitamina na urina é a sua solubilidade em água.

a) Qual dessas vitaminas é mais facilmente eliminada na urina? Justifique.

b) Dê uma justificativa para o ponto de fusão da vitamina C ser superior ao da vitamina A.

16. (FUVEST - SP) Alguns alimentos são enriquecidos pela adição de vitaminas, que podem ser solúveis em gordura ou em água. As vitaminas solúveis em gordura possuem uma estrutura molecular com poucos átomos de oxigênio, semelhante à de um hidrocarboneto de longa cadeia, predominando o caráter apolar. Já as vitaminas solúveis em água têm estrutura com alta proporção de átomos eletronegativos, como o oxigênio e o nitrogênio, que promovem forte interação com a água. A seguir estão representadas quatro vitaminas:

I.

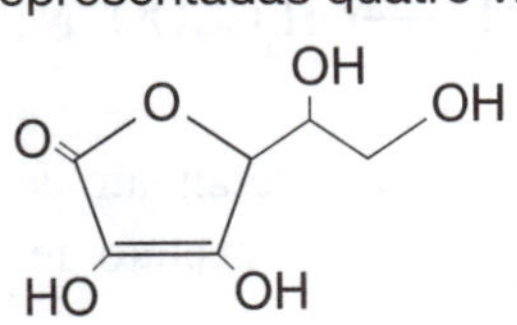

II.

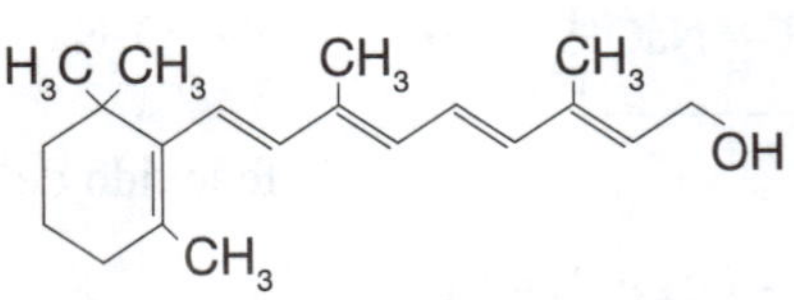

III.

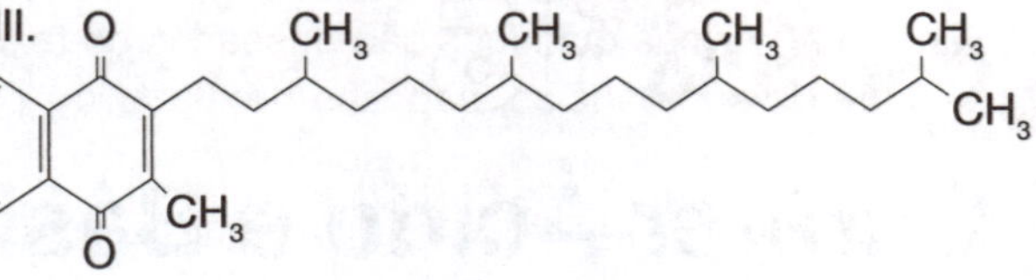

IV.

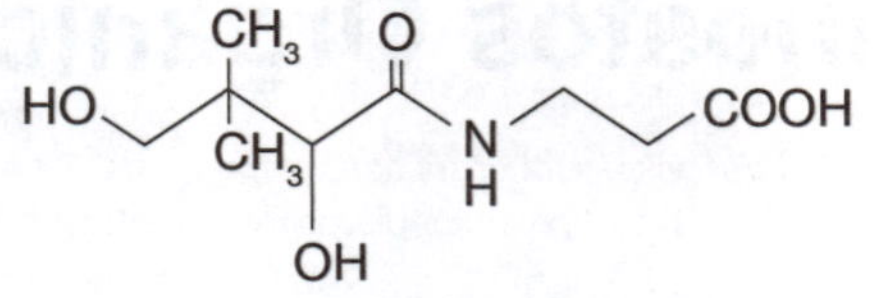

Dentre elas, é adequado adicionar, respectivamente, a sucos de frutas puros e a margarinas, as seguintes:

a) I e IV.
b) II e III.
c) III e IV.
d) III e I.
e) IV e II.

17. (UNIFESP) A "violeta genciana" é empregada, desde 1890, como fármaco para uso tópico, devido a sua ação bactericida, fungicida e secativa. Sua estrutura é representada por:

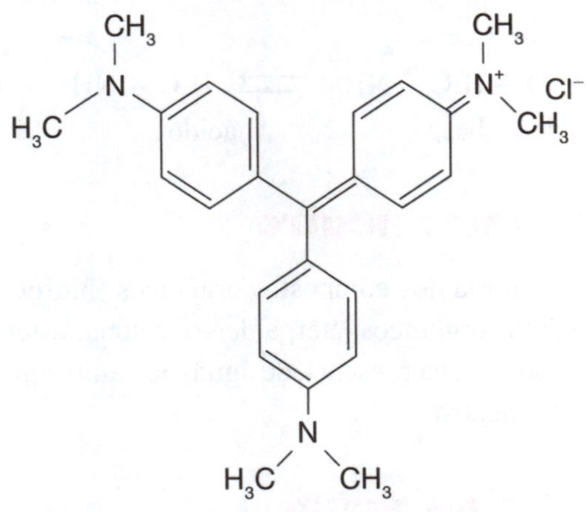

Em relação à violeta genciana, afirma-se:

I. Apresenta grupos funcionais amina e grupos metila.
II. Apresenta carbono quiral.
III. Forma ligação de hidrogênio intermolecular.

É correto apenas o que se afirma em

a) I.
b) I e II.
c) I e III.
d) II e III.
e) III.

Capítulo 15

Caráter Ácido e Básico nos Compostos Orgânicos

1. Teoria de Arrhenius e Brönsted

- **Ácido de Arrhenius:** espécie química que em água libera íons H^+ como único tipo de cátion.

$$HCl \rightleftarrows H^+ + Cl^-$$

- **Base de Arrhenius:** espécie química que em água libera íons OH^- como único tipo de ânion.

$$NaOH \rightleftarrows Na^+ + OH^-$$

- **Ácido de Brönsted-Lowry:** espécie química que doa próton (H^+).
- **Base de Brönsted-Lowry:** espécie química que recebe próton (H^+).

$$\underset{\text{ácido}}{H_2O} + \underset{\text{base}}{H_3C - NH_2} \rightleftarrows \underset{\text{ácido}}{H_3C - NH_3^+} + \underset{\text{base}}{OH^-}$$

2. Caráter neutro

A maioria dos compostos orgânicos (hidrocarbonetos, haletos orgânicos, éter, aldeído, cetona, éster etc.) não se dissociam na presença de água, portanto, apresentam caráter neutro.

3. Caráter ácido

Os principais compostos orgânicos que apresentam caráter ácido são os ácidos carboxílicos e fenóis.

3.1 Ácidos carboxílicos

Os ácidos carboxílicos, ao serem dissolvidos em água, liberam o íon H^+ do grupo carboxila, de acordo com a equação

$$R - COOH \xrightleftharpoons{H_2O} H^+ + R - COO^-$$

Exemplos:

$$H_3C - COOH \xrightleftharpoons{H_2O} H^+ + H_3C - COO^- \quad Ka = 1{,}8 \cdot 10^{-5}$$

ácido acético — ânion acetato

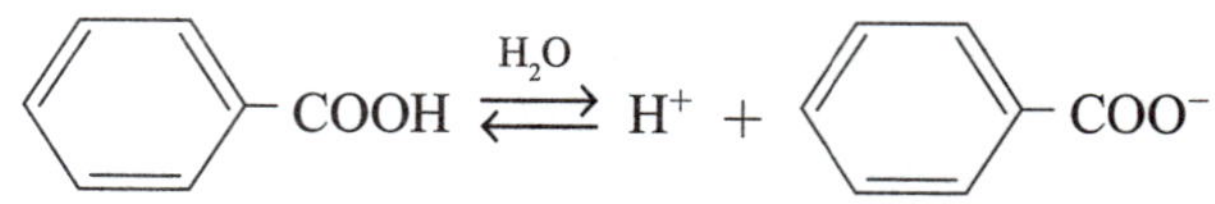

ácido benzoico — ânion benzoato

$Ka = 6{,}3 \cdot 10^{-3}$

Os ácidos carboxílicos são fracos quando comparados com os ácidos inorgânicos; porém, são os compostos orgânicos de maior caráter ácido.

3.2 Fenóis

Os fenóis, ao serem dissolvidos em água, liberam o íon H^+ do grupo hidroxila.

Exemplo:

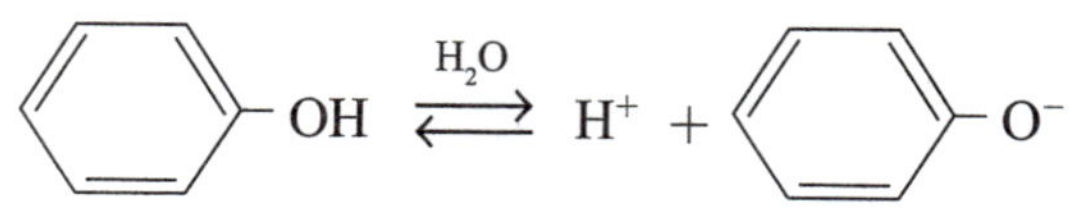

benzenol ou fenol — ânion fenóxido

$Ka = 1{,}3 \cdot 10^{-10}$

Observações:

- A dissociação de um álcool em água é menor que a dissociação de água pura, portanto, podemos considerar que álcool tem caráter neutro.

$$H_2O \rightleftarrows H^+ + OH^- \quad Kw = 1{,}0 \cdot 10^{-14}$$

$$H_3C - CH_2 - OH \rightleftarrows H^+ + H_3C - CH_2 - O^-$$

$Ka = 1{,}0 \cdot 10^{-16}$

- Ácidos carboxílicos e fenóis reagem com base, mas álcoois não.

$$H_3C - COOH + NaOH \longrightarrow H_3CCOO^-Na^+ + HOH$$

ácido etanoico
ácido acético — etanoato de sódio
acetato de sódio

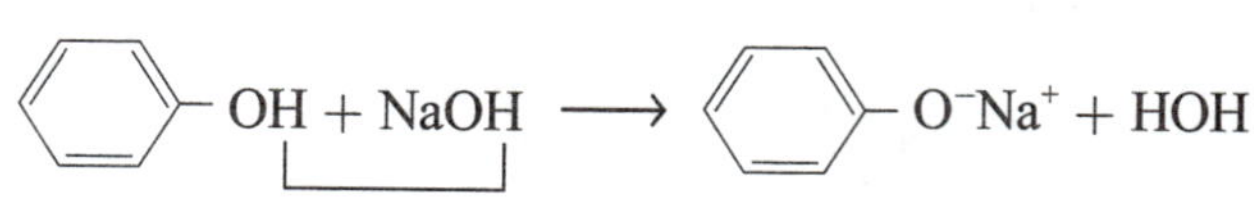

benzenol — fenóxido de sódio

$$H_3C - CH_2 - OH + NaOH \quad X$$

- Ácidos carboxílicos reagem com $NaHCO_3$ (bicarbonato de sódio), mas fenóis não.

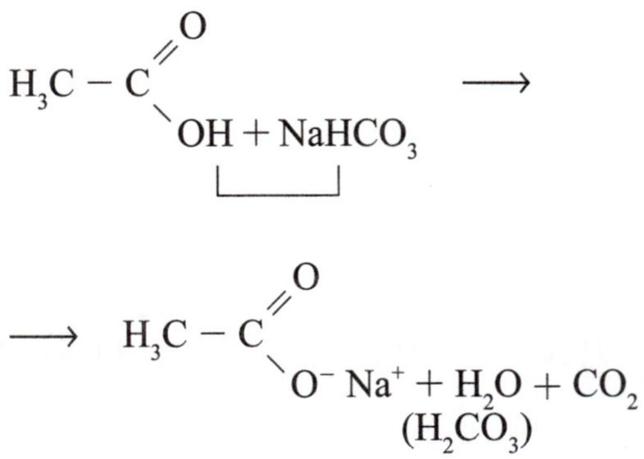

Motivo: o H_2CO_3 é mais fraco que o H_3CCOOH.

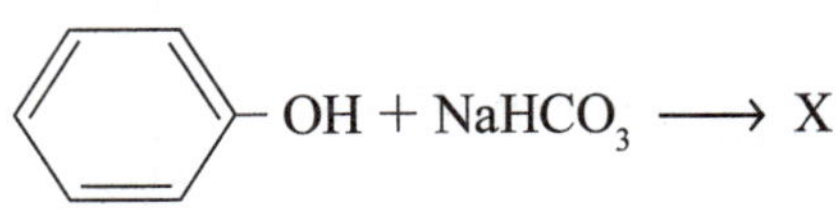

Conclusão:

álcool < água < fenol < ácido carboxílico

acidez crescente ⟶

4. Fatores que alteram a acidez de um ácido carboxílico

As moléculas de água conseguem quebrar a ligação entre o **H** e o **O** do grupo – **OH** presente no ácido carboxílico pelo fato de o par eletrônico dessa ligação estar mais próximo do oxigênio (mais polar que o hidrogênio).

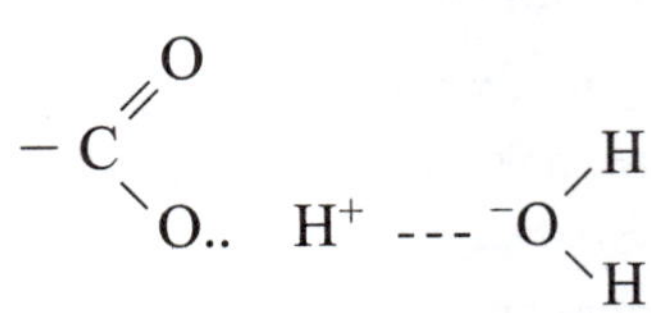

Assim, quanto mais próximo do oxigênio estiver o par de elétrons da ligação O – H, mais fácil será a saída do íon H^+, pois a atração do par de elétrons e o núcleo do hidrogênio diminui.

Concluímos que a força de um ácido carboxílico depende do grupo ligado à carboxila. Esses grupos podem ser de dois tipos:

a. **grupo elétron-atraente:** (F, Cl, Br, I, NO_2, OH).

Atrai os pares de elétrons das ligações, portanto, aumenta a acidez.

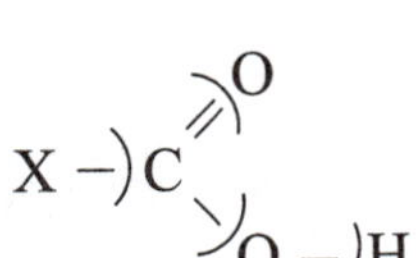

deslocamento dos pares de elétrons na direção de X

Exemplos:

- 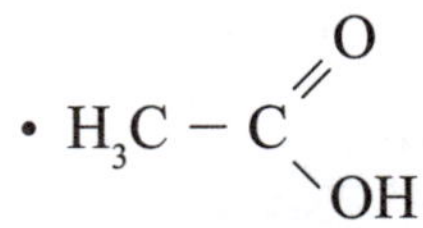

$Ka = 1{,}8 \cdot 10^{-5}$

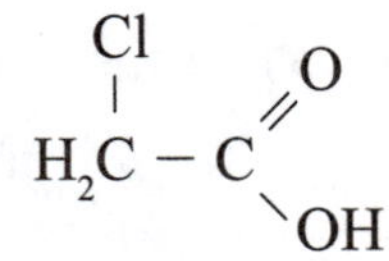

$Ka = 1{,}4 \cdot 10^{-3}$ mais forte

- 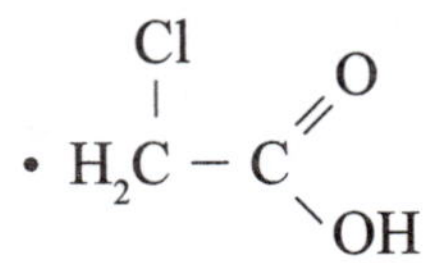

$Ka = 1{,}4 \cdot 10^{-3}$

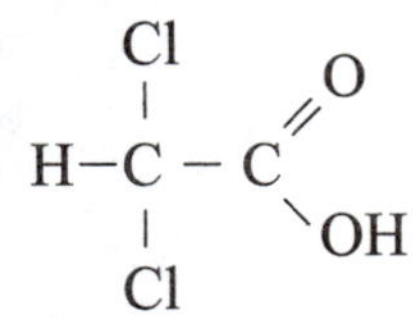

$Ka = 5{,}6 \cdot 10^{-2}$

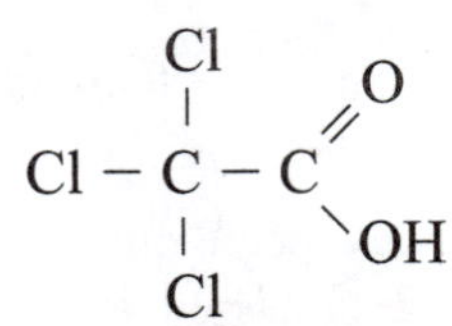

$Ka = 2{,}3 \cdot 10^{-1}$ mais forte

- 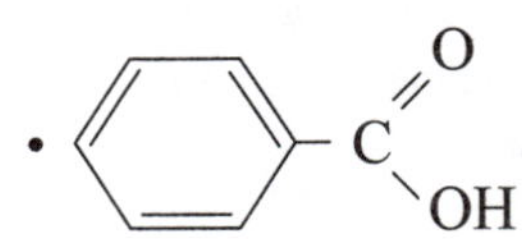

$Ka = 6{,}3 \cdot 10^{-3}$

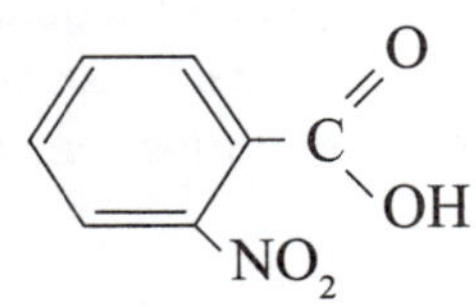

$Ka = 6{,}7 \cdot 10^{-3}$ mais forte

b) **grupo elétron-repelente:** ($-CH_3$, $-CH_2-CH_3$ etc.).

Repele os pares de elétrons das ligações, portanto, diminui a acidez.

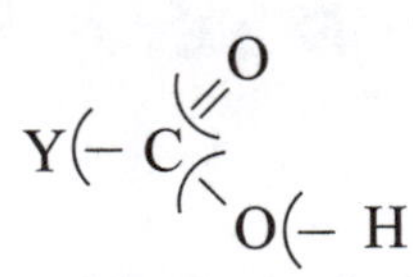

Exemplo:

$H-COOH$	$H_3C-COOH$	H_3C-CH_2-COOH
$Ka = 1{,}8 \cdot 10^{-4}$	$Ka = 1{,}8 \cdot 10^{-5}$	$Ka = 1{,}3 \cdot 10^{-5}$

Observe que, quanto maior a cadeia carbônica, menor a acidez, pois está aumentando o efeito do grupo elétron-repelente.

$$H_3C-CH_2- > H_3C-$$

Nota: a dissociação do álcool em água é praticamente nula devido ao efeito do grupo elétron-repelente

$$H_3C\ (-CH_2\ (-O\ (-H$$

5. Reação de deslocamento nos compostos orgânicos

O metal sódio desloca o hidrogênio de compostos orgânicos contendo o grupo hidroxila (OH).

Exemplos:

$$H_3C-CH_2-OH+Na \longrightarrow H_3C-CH_2-O^-Na^+ + \frac{1}{2}H_2$$

etanol — etóxido de sódio

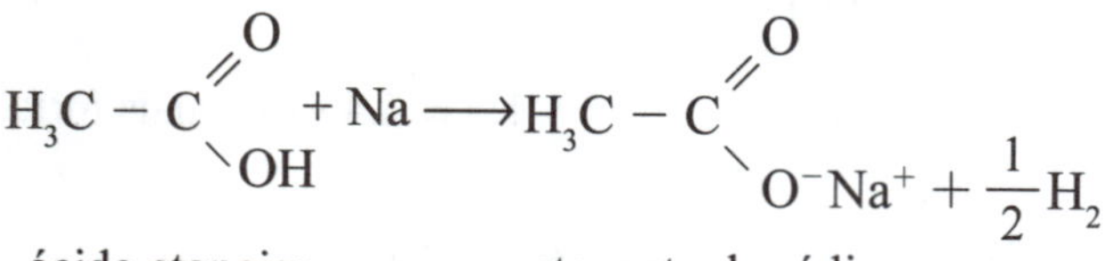

ácido etanoico
ácido acético

etanoato de sódio
acetato de sódio

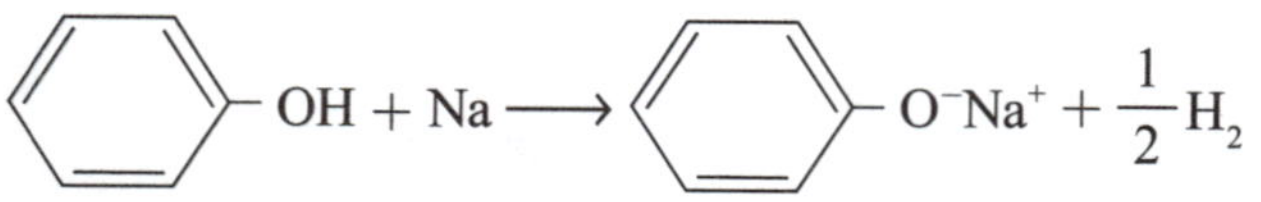

benzenol
ou fenol

fenóxido de sódio

6. Caráter básico das aminas

Uma das principais propriedades das aminas é o seu **caráter básico**. Qualquer tipo de amina (primária, secundária e terciária) e a amônia reagem com a água e com os ácidos de forma semelhante:

$$H_2O + NH_3 \overset{H^+}{\rightleftarrows} NH_4^+ + OH^-$$

amônio

$$H_2O + H_3C-NH_2 \overset{H^+}{\rightleftarrows} H_3C-NH_3^+ + OH^-$$

metilamônio

$$HCl + NH_3 \overset{H^+}{\rightleftarrows} NH_4^+Cl^-$$

cloreto de amônio

$$HCl + H_3C-NH_2 \overset{H^+}{\rightleftarrows} H_3C-NH_3^+Cl^-$$

cloreto de metilamônio

As aminas têm caráter básico, pois o átomo de nitrogênio tem par de elétrons, podendo receber um próton (H^+).

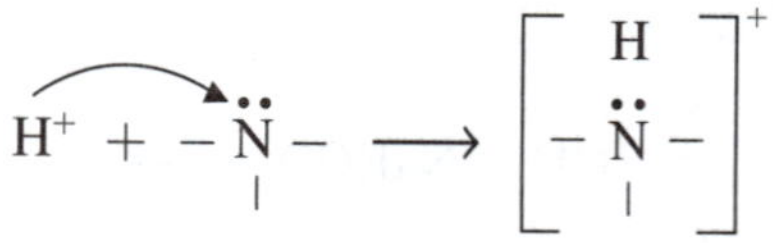

Nota: ss amidas possuem um caráter básico muito fraco, pois o grupo $-\overset{\overset{O}{\|}}{C}-$ é elétron-atraente, dificultando a entrada de H^+ no átomo de nitrogênio (diminui a densidade eletrônica do nitrogênio).

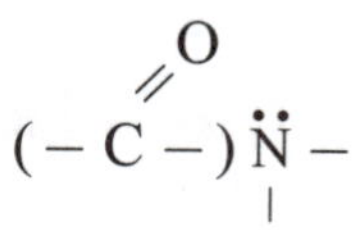

Exercícios Série Prata

1. (FUVEST – SP)

a) Qual o produto de uso doméstico que contém ácido acético?

b) Indique quatro espécies químicas (íons, moléculas) que existem em uma solução aquosa de ácido acético.

2. (UNICAMP – SP) Um dos átomos de hidrogênio do anel benzênico pode ser substituído por CH_3, OH, Cl ou COOH.

a) Escreva as fórmulas e os nomes dos derivados benzênicos obtidos por meio dessas substituições.

b) Quais desses derivados têm propriedades ácidas?

3. (UNIFESP) Ácidos carboxílicos e fenóis originam soluções ácidas quando dissolvidos em água. Dadas as fórmulas moleculares de 5 substâncias:

I. C_2H_6O
II. $C_2H_4O_2$
III. CH_2O
IV. C_6H_6O
V. $C_6H_{12}O_6$

as duas que originam soluções com pH < 7, quando dissolvidas na água, são:

a) I e II.
b) I e IV.
c) II e IV.
d) II e V.
e) III e IV.

4. (UNESP) Os analgésicos acetominofen e aspirina têm as fórmulas estruturais

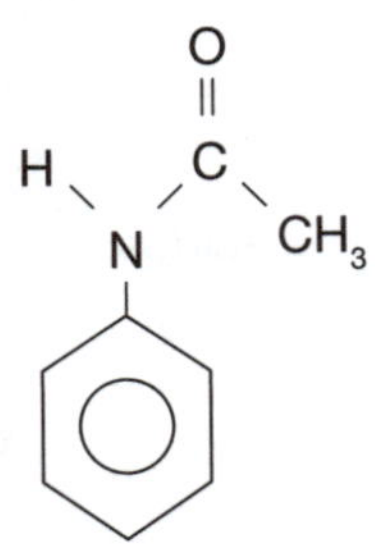

acetaminofen

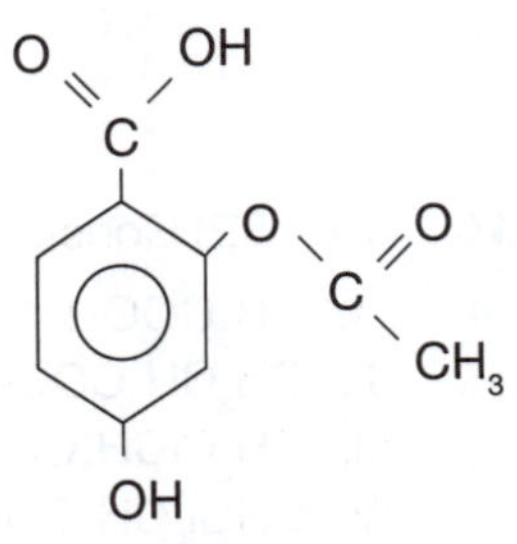

aspirina

As afirmações seguintes referem-se a esses dois analgésicos.

I. Ambos possuem anel aromático.
II. O acetaminofen possui as funções álcool e amida.
III. A aspirina possui a função ácido carboxílico.
IV. Tanto a aspirina como o acetaminofen têm comportamento ácido em solução aquosa.

São verdadeiras as afirmações:

a) I e II, apenas.
b) I e III, apenas.
c) II, III e IV, apenas.
d) I, III e IV, apenas.
e) I, II, III e IV.

5. (MACKENZIE – SP) O etanoato de sódio, encontrado na forma de cristais incolores, inodoros e solúveis em água, é utilizado na fabricação de corantes e sabões.

As fórmulas das substâncias que podem ser usadas para obtê-lo são:

a) 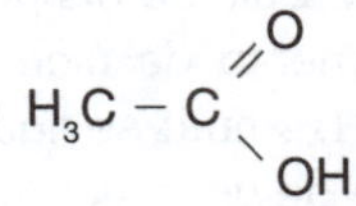 e NaOH

b) 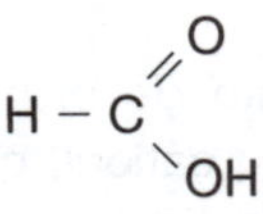 e Na

c) 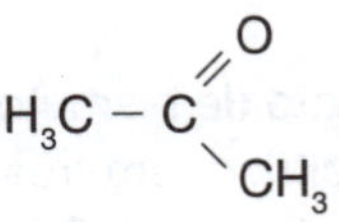 e NaOH

d) 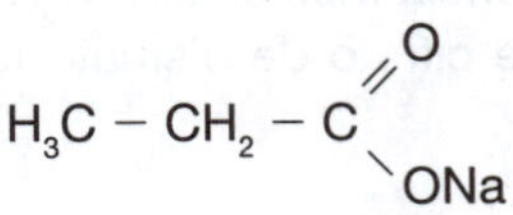 e NaOH

e) 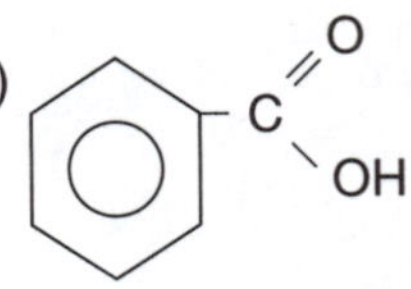 e Na

6. (UNICAMP – SP) Uma das substâncias responsáveis pelo odor característico do suor humano é o ácido caproico ou hexanoico, $C_5H_{11}COOH$. Seu sal de sódio é praticamente inodoro por ser menos volátil. Em consequência dessa propriedade, em algumas formulações de talco adiciona-se "bicarbonato de sódio" (hidrogenocarbonato de sódio, $NaHCO_3$) para combater os odores da transpiração.

a) Dê a equação química representativa da reação do ácido caproico com o $NaHCO_3$.
b) Qual é o gás que se desprende da reação?

7. (UNICAMP – SP) O excesso de acidez gástrica pode levar à formação de feridas na parede do estômago, conhecidas como úlceras. Vários fatores podem desencadear a úlcera gástrica, tais como a bactéria *Heliobacter pylori*, presente no trato gastrointestinal, o descontrole da bomba de prótons das células do estômago etc. Sais de bismuto podem ser utilizados no tratamento da úlcera gástrica. No estômago, os íons bismuto se ligam aos citratos, levando à formação de um muco protetor da parede estomacal.

a) Considerando que no acetato de bismuto há uma relação de 3 : 1 (ânion : cátion), qual é o estado de oxidação de íon bismuto nesse composto? Mostre.
b) Escreva a fórmula do acetato de bismuto.
c) Sabendo-se que o ácido cítrico tem três carboxilas e que sua fórmula molecular é $C_6H_8O_7$, escreva a fórmula de citrato de bismuto formado no estômago.

8. Considere os seguintes dados:

Fórmula estrutural	Ka
HCOOH	$1{,}8 \cdot 10^{-4}$
CH_3COOH	$1{,}8 \cdot 10^{-5}$
CH_3CH_2COOH	$1{,}8 \cdot 10^{-5}$

a) Qual dos ácidos mostrados é o mais forte?
b) Qual dos ácidos mostrados é o mais fraco?
c) Como você explica a variação da força dos ácidos, observada pelos dados da tabela?

9. (FUVEST – SP) Abaixo estão tabeladas as constantes de dissociação (Ka) de uma série de ácidos carboxílicos:

Ácido carboxílico	Ka
CH_3COOH	$1{,}8 \cdot 10^{-5}$
$CH_2ClCOOH$	$1{,}4 \cdot 10^{-3}$
$CHCl_2COOH$	$5{,}6 \cdot 10^{-2}$
CCl_3COOH	$2{,}3 \cdot 10^{-1}$

a) Justifique a ordem relativa dos valores de Ka.
b) Considerando soluções equimolares desses ácidos, qual tem maior pH? Justifique.

10. (ITA – SP) Considere os seguintes ácidos:

I. CH_3COOH
II. CH_3CH_2COOH
III. CH_2ClCH_2COOH
IV. $CHCl_2CH_2COOH$
V. CCl_3CH_2COOH

Identifique a opção que contém a sequência CORRETA para ordem crescente de caráter ácido:

a) I < II < III < IV < V
b) II < I < III < IV < V
c) II < I < V < IV < III
d) III < IV < V < II < I
e) V < IV < III < II < I

11. (PUC – MG) O composto de caráter ácido mais acentuado é:

a) 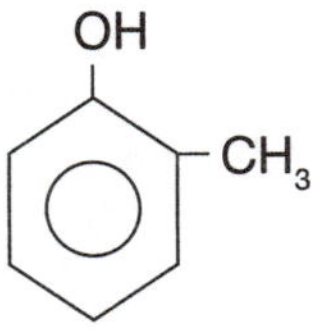

d) 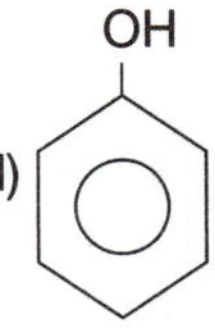

b) 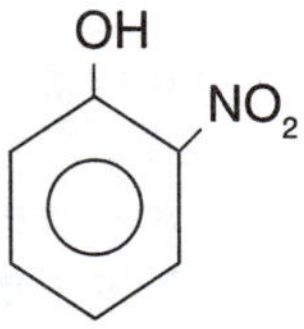

e) 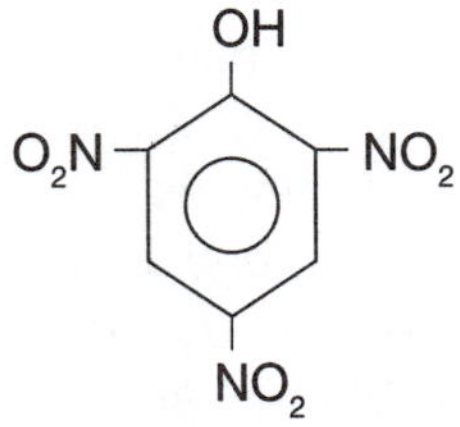

c) 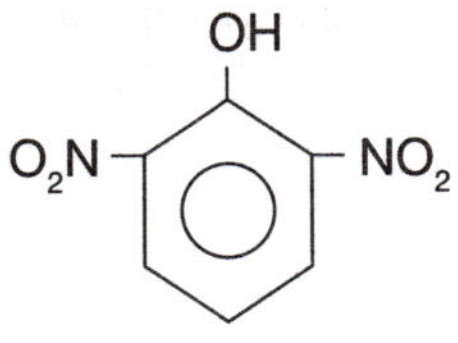

12. (FUVEST – SP) Escreva os nomes dos quatro compostos que se obtêm pela substituição de um átomo de hidrogênio do metano pelos grupos $-CH_3$, $-OH$, $-NH_2$ e $-COOH$. Dentre eles, qual é o composto mais básico?

13. (UNICAMP – SP) A metilamina, $H_3C - NH_2$, proveniente da decomposição de certas proteínas, responsável pelo desagradável cheiro de peixe, é uma substância gasosa, solúvel em água. Em solução aquosa de metilamina ocorre o equilíbrio:

$$H_3C - NH_2(g) + H_2O(l) \rightleftarrows H_3C - NH_3^+(aq) + OH^-(aq)$$

a) O pH de uma solução aquosa de metilamina será maior, menor ou igual a 7? Explique.

b) Por que o limão ou o vinagre (soluções ácidas) diminuem o cheiro de peixe?

14. (PUC) Os frascos **A**, **B**, **C** e **D** apresentam soluções aquosas das seguintes substâncias:

Frasco A

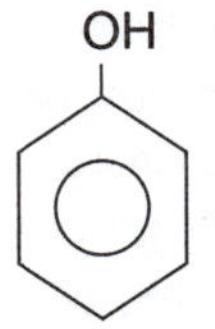

fenol

Frasco B

$H_3C - CH_2 - OH$

etanol

Frasco C

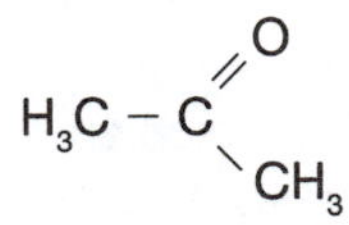

ácido acético

Frasco D

$H_3C - NH_2$

metilamina

Assinale a alternativa que apresenta corretamente o pH dessas soluções.

	Frasco A	Frasco B	Frasco C	Frasco D
a)	pH = 7	pH = 7	pH = 7	pH = 7
b)	pH > 7	pH > 7	pH < 7	pH > 7
c)	pH > 7	pH > 7	pH > 7	pH = 7
d)	pH < 7	pH = 7	pH < 7	pH > 7
e)	pH < 7	pH < 7	pH < 7	pH < 7

15. (UNICAMP – SP) A vitamina C, também conhecida como ácido ascórbico, é um composto orgânico, hidrossolúvel, estável ao aquecimento moderado apenas na ausência de oxigênio ou de outros oxidantes. Pode ser transformada em outros produtos pelo oxigênio do ar, em meio alcalino ou por temperaturas elevadas. Durante processo de cozimento, alimentos que contêm vitamina C apresentam perdas desta vitamina, em grande parte pela solubilização e, também, por alterações químicas. Em função disto, para uso doméstico, deve-se evitar o cozimento prolongado, altas temperaturas e o preparo do alimento com muita antecedência ao consumo.

A análise quantitativa do ácido ascórbico em sucos e alimentos pode ser feita por titulação com solução de iodo, I_2. A seguinte equação representa a transformação que ocorre nesta titulação.

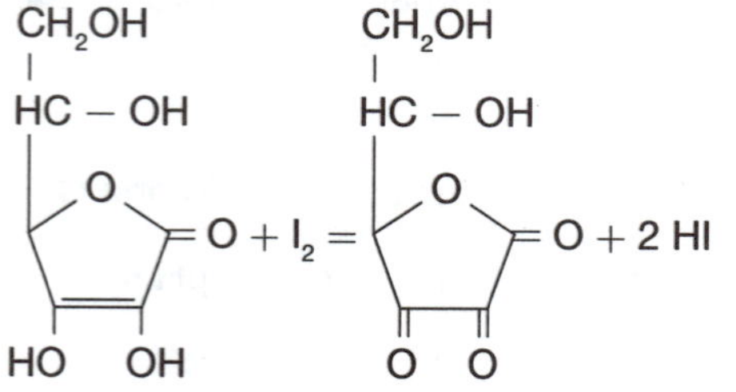

a) Esta reação é de oxirredução? Justifique.
Diferentemente da maioria dos ácidos orgânicos, a vitamina C não apresenta grupo carboxílico em sua molécula.

b) Escreva uma equação química correspondente à dissociação iônica do ácido ascórbico em água, que justifique o seu caráter ácido.

Nota: enol de massa molar elevada tem caráter ácido.

16. (UNICAMP – SP) A comunicação que ocorre entre neurônios merece ser destacada. É através dela que se manifestam as nossas sensações. Dentre as inúmeras substâncias que participam desse processo, está 2-feniletilamina, à qual se atribui "ficar enamorado". Algumas pessoas acreditam que sua ingestão poderia estimular o "processo do amor" mas, de fato, isto não se verifica. A estrutura da molécula dessa substância está abaixo representada.

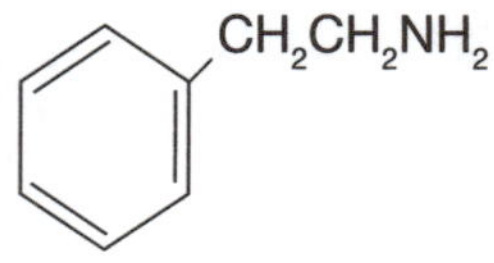

a) Considerando que alguém ingeriu certa quantidade de 2-feniletilamina, com a intenção de cair de amores, escreva a equação que representa o equilíbrio ácido-base dessa substância no estômago. Use fórmulas estruturais.

b) Em que meio (aquoso) a 2-feniletilamina é mais solúvel: básico, neutro ou ácido? Justifique.

17. A produção industrial do ácido acetilsalicílico (aspirina) aparece esquematizada a seguir.

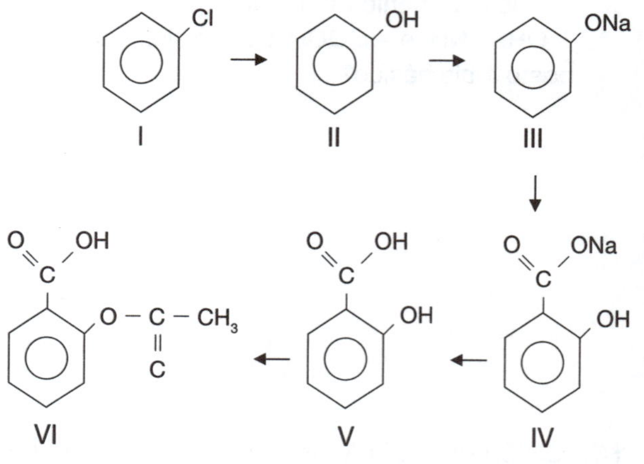

Nesse esquema, I é o composto de partida e VI é a aspirina. Sobre as substâncias envolvidas:

a) Equacione a ionização em água do composto II.

b) Equacione a ionização em água da aspirina.

c) Que substância permite transformar II em III?

18. (UNIFESP) Analgésicos ácidos como aqueles à base de ácido acetilsalicílico provocam em algumas pessoas sintomas desagradáveis associados ao aumento da acidez estomacal. Em substituição a esses medicamentos, podem ser ministrados outros que contenham como princípio ativo o paracetamol (acetaminofen), que é uma base fraca. O meio estomacal é predominantemente ácido, enquanto o meio intestinal é predominantemente básico, o que leva à absorção seletiva nos dois órgãos de medicamentos administrados pela via oral.

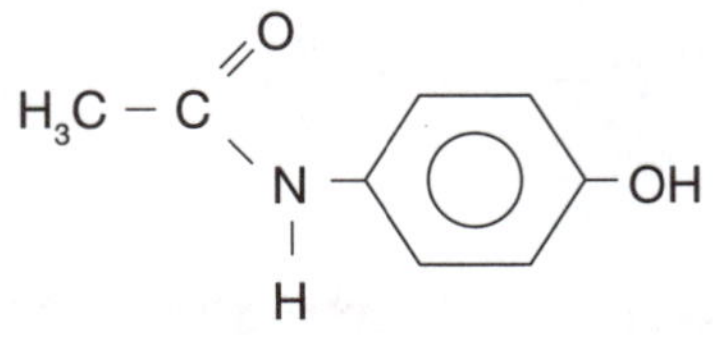

acetaminofen

Considere a figura com a estrutura do acetaminofen e as seguintes afirmações:

I. O acetaminofen apresenta fórmula molecular $C_8H_9NO_2$.
II. O grupo funcional amida é que confere o caráter básico do acetaminofen.
III. A absorção do ácido acetilsalicílico em um indivíduo é maior no estômago do que no intestino, devido ao baixo pH do suco gástrico.
IV. Os fenóis apresentam menor acidez do que os ácidos carboxílicos.

São corretas as afirmações

a) I, II, III e IV.
b) I, II e III, somente.
c) I, II e IV, somente.
d) II, III e IV, somente.
e) III e IV, somente.

19. (UNIFESP) A cocaína foi o primeiro anestésico injetável, empregado desde o século XIX. Após se descobrir que o seu uso causava dependência física, novas substâncias foram sintetizadas para substituí-la, dentre elas a novocaína.

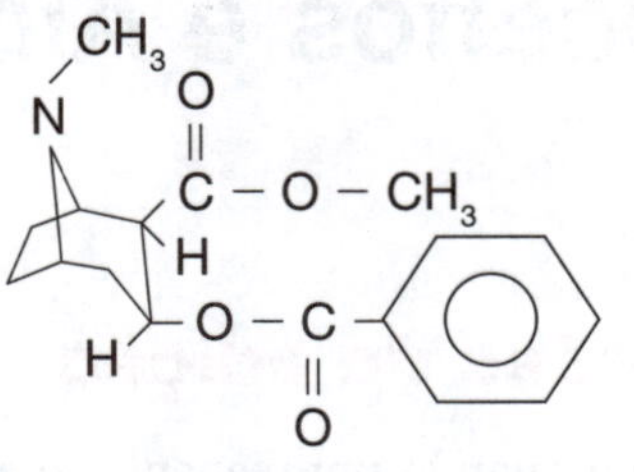

cocaína

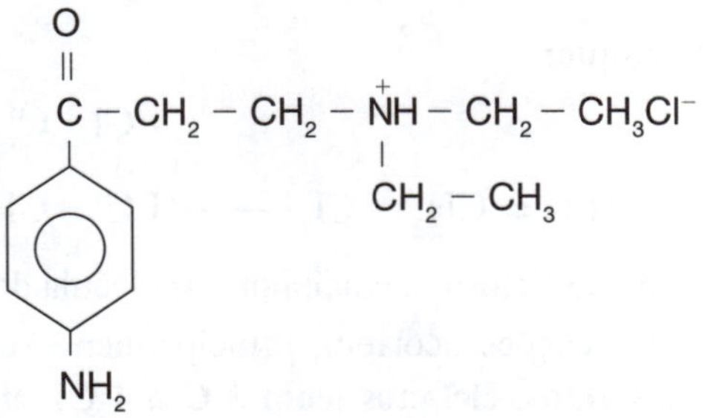

novocaína

A função orgânica oxigenada encontrada na estrutura da cocaína e o reagente químico que pode ser utilizado para converter o grupo amônio da novocaína da forma de sal para a forma de amina são, respectivamente,

a) éster e NaOH.
b) éster e HCl.
c) éster e H_2O.
d) éter e HCl.
e) éter e NaOH.

Capítulo 16

Reação de Adição em Alcenos e Alcinos

1. Reações de adição

Ocorrem quando um reagente se adiciona a uma ligação dupla ou tripla da substância orgânica.

Exemplo:

$$H_2C = CH_2 + Cl_2 \longrightarrow H_2\underset{\displaystyle Cl}{\overset{|}{C}} - \underset{\displaystyle Cl}{\overset{|}{C}}H_2$$

$$H_2C = CH_2 + Cl_2 \longrightarrow H_2C(Cl) - CH_2(Cl)$$

Veja que o cloro se adicionou à molécula do eteno.

Estas reações ocorrem, principalmente, com **alquenos, alquinos, ciclanos (com 3 C a 4 C), ciclenos, aldeídos** e **cetonas**.

Os reagentes mais usados nas reações de adição são: halogênios (Cl_2 ou Br_2), haleto de hidrogênio (HCl ou HBr) e água.

2. Quebra da ligação dupla e da ligação tripla

Nas reações de adição, a ligação dupla é quebrada originando a ligação simples.

No tocante à ligação dupla, é importante frisar que as duas ligações não são equivalentes entre si. De fato, comprova-se experimentalmente que:

- uma das ligações – chamada de ligação σ (sigma) – é mais forte, uma vez que exige 348 kJ/mol para ser quebrada (no caso do eteno).
- a outra ligação – chamada de ligação π (pi) – é mais fraca, pois exige apenas 267 kJ/mol para ser rompida (no caso do eteno). É exatamente essa ligação π que será quebrada nas reações de adição.

$$\rangle C \overset{\pi}{\underset{\sigma}{=}} C \langle$$

Assim, como acontece com as ligações duplas, é importante salientar que, nas ligações triplas, as três ligações não são equivalentes entre si, há **uma ligação σ**, mais forte, e **duas ligações π**, mais fracas; estas serão quebradas nas reações de adição.

$$- C\, \sigma \overset{\pi}{\underset{\pi}{\equiv}} C -$$

Concluímos que:

$$- \overset{|}{\underset{|}{C}} \overset{\sigma}{-} \overset{|}{\underset{|}{C}} - \qquad - \underset{|}{C} \overset{\pi}{\underset{\sigma}{=}} \underset{|}{C} - \qquad - C \overset{\pi}{\underset{\pi}{\equiv}} \sigma\, C -$$

3. Regra de Markovnikov

Nas reações de adição, quando o reagente for HX (HCl, HBr, HI) e H_2O, devemos utilizar a regra de Markovnikov.

O H adiciona-se ao C da dupla ou tripla mais hidrogenado.

Exemplo:

$$H_3C - \overset{2}{C}H = \overset{1}{C}H_2 + HCl \longrightarrow H_3C - \underset{}{\overset{\displaystyle Cl \atop |}{C}H} - CH_3$$

propeno ($\overset{1}{C}H_2$: mais hidrogenado) → 2-cloropropano (haleto orgânico) produto majoritário

Com isso podemos dizer que H se adiciona preferencialmente ao C1, porque C1 está ligado a dois hidrogênios, enquanto C2 está ligado a somente um hidrogênio.

4. Adição em alcenos

4.1 Adição de hidrogênio – hidrogenação catalítica

Na presença de um catalisador metálico como platina, paládio ou níquel, o hidrogênio (H_2) se adiciona à ligação dupla de um alceno para formar um alcano.

$$\text{alceno} + H_2 \xrightarrow{Ni} \text{alcano}$$

$$- \underset{|}{C} = \underset{|}{C} - \; + \; H\;H \longrightarrow - \overset{\displaystyle H \atop |}{\underset{|}{C}} - \overset{\displaystyle H \atop |}{\underset{|}{C}} -$$

Exemplos:

$$\underset{\text{eteno}}{H_2C = CH_2} + H_2 \xrightarrow{Ni} \underset{\text{etano}}{H_3C - CH_3}$$

$$\underset{\text{but-2-eno}}{H_3CCH = CHCH_3} + H_2 \xrightarrow{Ni} \underset{\text{butano}}{H_3CCH_2CH_2CH_3}$$

A adição de hidrogênio é conhecida por hidrogenação. Como as reações anteriores requerem um catalisador, elas são exemplos de **hidrogenação catalítica**.

Explicação teórica como H_2, adiciona no alceno. Mecanismo da reação.

Sem o catalisador, a energia de ativação para a reação seria enorme porque a ligação H – H é muito forte. O catalisador diminui a energia de ativação rompendo a ligação H – H.

As etapas são:

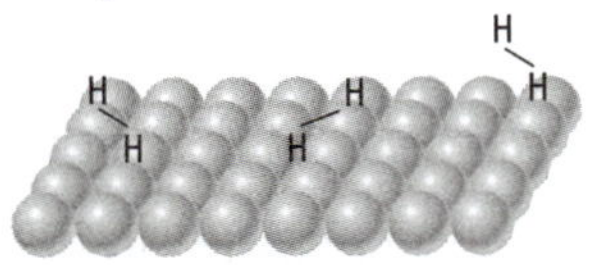

moléculas de H_2 se aderem à superfície do catalisador, ocorrendo a quebra da ligação H – H

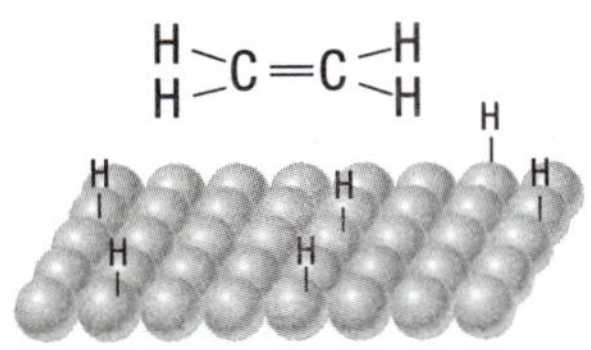

o alceno se aproxima da superfície do catalisador, retirando 2 H (a ligação π é trocada por duas ligações σ C – H)

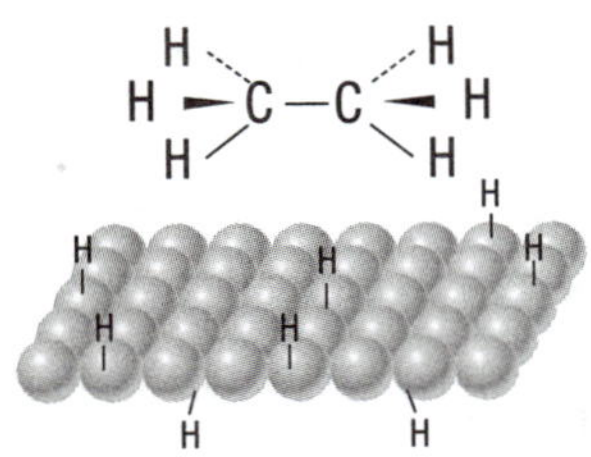

o alcano se desprende da superfície do catalisador

4.2 Adição de halogênios – halogenação

Os halogênios Cl_2 e Br_2 se adicionam a alcenos. As reações de alcenos com Cl_2 e Br_2 são geralmente efetuadas misturando o alceno e o halogênio em um solvente inerte, como o CCl_4, que facilmente dissolve os dois reagentes, mas não participa da reação.

$$\text{alceno} + X_2 \longrightarrow \text{haleto orgânico}$$

$$-\overset{|}{\underset{|}{C}}=\overset{|}{\underset{|}{C}}- + X_2 \longrightarrow -\overset{X}{\underset{|}{\overset{|}{C}}}-\overset{X}{\underset{|}{\overset{|}{C}}}- \qquad X = Cl_2 \text{ ou } Br_2$$

Exemplos:

$$\underset{\text{propeno}}{CH_3CH=CH_2} + Cl_2 \xrightarrow[CCl_4]{} \underset{\text{1,2-dicloropropano}}{CH_3\overset{Cl}{\overset{|}{C}H}-\overset{Cl}{\overset{|}{C}H_2}}$$

Teste do bromo

$$\underset{\text{eteno}}{H_2C=CH_2} + \underset{\text{vermelho}}{\mathbf{Br_2}} \longrightarrow \underset{\substack{\text{1,2-dibromoetano}\\ \text{incolor}}}{H_2\overset{Br}{\overset{|}{C}}-\overset{Br}{\overset{|}{C}H_2}}$$

Quando o teste da solução de bromo é positivo, isto é, ocorre descoloração, isso indica a presença de insaturações (duplas ou triplas) na substância que está sendo testada. Os alcanos não reagem com bromo nas condições ambientes.

4.3 Adição de haletos de hidrogênio

Os haletos de hidrogênio (HCl, HBr, HI) se adicionam a alcenos produzindo um haleto orgânico.

Quando os carbonos da dupla têm hidrogênios diferentes devemos usar a regra de Markovnikov.

$$\text{alceno} + HX \longrightarrow \text{haleto orgânico}$$

$$-\overset{|}{\underset{|}{C}}=\overset{|}{\underset{|}{C}}- + HX \longrightarrow -\overset{H}{\underset{|}{\overset{|}{C}}}-\overset{X}{\underset{|}{\overset{|}{C}}}-$$

Exemplos:

$$\underset{\text{2-metilpropano}}{CH_3-\underset{\underset{CH_3}{|}}{C}=CH_2} + HCl \longrightarrow \underset{\substack{\text{2-cloro-2-metilpropano}\\ \text{produto majoritário}}}{CH_3-\overset{Cl}{\overset{|}{\underset{\underset{CH_3}{|}}{C}}}-CH_3}$$

$$\underset{\text{pent-1-eno}}{H_2C=CH-CH_2-CH_2-CH_3} + HBr \longrightarrow$$

$$\longrightarrow \underset{\substack{\text{2-bromopentano}\\ \text{produto majoritário}}}{H_3C-\overset{Br}{\overset{|}{C}H}-CH_2-CH_2-CH_3}$$

Explicação teórica como HX adiciona no alceno. Mecanismo da reação.

Na primeira etapa da reação, o par de elétrons da ligação π atrai o H^+ (reagente eletrófilo) do HBr produzindo um carbocátion (carbono positivo com três ligações). Essa etapa é lenta.

Na segunda etapa, o carbocátion reage rapidamente com o íon brometo ($:\ddot{\underset{..}{Br}}:^-$).

$$-\overset{|}{\underset{|}{C}}=\overset{|}{\underset{|}{C}}- + H\cdot\cdot\ddot{\underset{..}{Br}}: \xrightarrow{\text{lenta}}$$

$$\xrightarrow{\text{lenta}} \underset{\text{carbocátion}}{-\overset{H}{\underset{|}{\overset{|}{C}}}-\overset{+}{\underset{|}{C}}-} + :\ddot{\underset{..}{Br}}:^- \xrightarrow{\text{rápida}} -\overset{H}{\underset{|}{\overset{|}{C}}}-\overset{Br}{\underset{|}{\overset{|}{C}}}-$$

4.4 Adição anti-Markovnikov de HBr com peróxido

A adição de HBr ao but-1-eno forma 2-bromobutano. E se você quiser sintetizar o 1-bromobutano? A formação de 1-bromobutano requer uma adição anti-Markovnikov de HBr. Se um peróxido de alquila (ROOR) for adicionado ao meio reacional, o produto da reação será o 1-bromobutano desejado. Assim, a presença de um peróxido causa a adição anti-Markovnikov de HBr.

Exemplos:

$$\underset{\text{but-1-eno}}{CH_3CH_2CH=CH_2} + HBr \longrightarrow \underset{\text{2-bromobutano}}{CH_3CH_2\overset{\overset{\displaystyle Br}{|}}{C}H-CH_3} \quad \text{(Markovnikov)}$$

$$CH_3CH_2CH=CH_2 + HBr \xrightarrow{\text{peróxido}} \underset{\text{1-bromobutano}}{CH_3CH_2CH_2-\overset{\overset{\displaystyle Br}{|}}{C}H_2} \quad \text{(anti-Markovnikov)}$$

4.4.1 Regra de Kharash

O hidrogênio do HBr na presença de peróxidos deverá ser adicionado ao carbono **menos hidrogenado da dupla-ligação**.

Na presença de peróxido, a reação irá ocorrer por um mecanismo diferente envolvendo radicais livres (semelhante ao mecanismo de substituição dos alcanos).

4.5 Adição de água – hidratação

A adição de água a uma molécula é chamada hidratação, o que torna possível dizer que um alceno será hidratado na presença de água e ácido (catalisador). O produto de reação é um álcool. Quando os carbonos da dupla têm hidrogênios diferentes devemos usar a regra de Markovnikov.

$$\text{alceno} + H_2O \xrightarrow{H^+} \text{álcool}$$

$$-\underset{|}{C}=\underset{|}{C}- + HOH \xrightarrow{H^+} -\underset{|}{\overset{\overset{\displaystyle H}{|}}{C}}-\underset{|}{\overset{\overset{\displaystyle OH}{|}}{C}}-$$

Exemplos:

$$\underset{\text{propeno}}{CH_3CH=CH_2} + HOH \xrightarrow{H^+} \underset{\text{propan-2-ol}}{CH_3\overset{\overset{\displaystyle OH}{|}}{C}H-CH_3}$$

$$\underset{\text{eteno}}{H_2C=CH_2} + HOH \xrightarrow{H_2SO_4} \underset{\text{etanol (álcool etílico)}}{H_3C-\overset{\overset{\displaystyle OH}{|}}{C}H_2}$$

Por hidratação do eteno ou etileno, obtido do *cracking* do petróleo, é que muitos países, como o Japão e os EUA, produzem etanol.

5. Adição em alcinos

Assim como os alcenos, os alcinos sofrem reações de adição. Veremos que os mesmos reagentes que se adicionam a alcenos também o fazem a alcinos. Se o reagente estiver em excesso teremos uma segunda adição.

$$-C\equiv C- + XX \longrightarrow -\overset{\overset{\displaystyle X}{|}}{C}=\overset{\overset{\displaystyle X}{|}}{C}- + XX \longrightarrow$$

$$\longrightarrow -\underset{\underset{\displaystyle X}{|}}{\overset{\overset{\displaystyle X}{|}}{C}}-\underset{\underset{\displaystyle X}{|}}{\overset{\overset{\displaystyle X}{|}}{C}}-$$

Exemplos:

proporção em mol de 1 : 1 (um mol de alcino para um mol de H_2).

$$\underset{\text{etino}}{HC\equiv CH} + H_2 \xrightarrow{Ni} \underset{\text{eteno}}{H_2C=CH_2}$$

proporção em mol 1 : 2 (um mol de alcino para dois mol de H_2).

$$\underset{\text{etino}}{HC\equiv CH} + 2\,H_2 \xrightarrow{Ni} \underset{\text{etano}}{H_3C-CH_3}$$

Observação: na adição de água em alcino não acontece a segunda adição. Isso se explica em virtude de o produto da primeira adição ser um enol que, tão logo formado, se transforma em um aldeído ou cetona, dependendo do alcino utilizado.

$$\text{etino} + H_2O \longrightarrow \text{enol} \rightleftarrows \text{aldeído}$$

$$\text{demais alcinos} + H_2O \longrightarrow \text{enol} \rightleftarrows \text{cetona}$$

$$\underset{\text{etino / acetileno}}{HC\equiv CH} + HOH \xrightarrow{\text{cat.}} \underset{\text{etenol (enol)}}{H\overset{|}{C}=\overset{\overset{\displaystyle OH}{|}}{C}H} \rightleftarrows \underset{\text{etanal}}{H-\underset{\underset{\displaystyle H}{|}}{\overset{\overset{\displaystyle H}{|}}{C}}-C\overset{\displaystyle O}{\underset{\displaystyle H}{\lessgtr}}}$$

tautomeria

$$\underset{\text{propino}}{H_3C - C \equiv CH} + HOH \xrightarrow{\text{cat.}} \underset{\text{prop-1-en-2-ol (enol)}}{H_3C - \overset{\overset{\large OH}{|}}{C} = \overset{\overset{\large H}{|}}{C}H} \rightleftarrows \underset{\text{propanona acetona}}{H_3C - \overset{\overset{\large O}{\|}}{C} - CH_3}$$

Exercícios Série Prata

Complete as equações.

1. propeno + $H_2 \xrightarrow{Ni}$

2. propeno + $Cl_2 \xrightarrow{CCl_4}$

3. propeno + HCl $\longrightarrow$

4. but-1-eno + $H_2 \xrightarrow{Ni}$

5. but-1-eno + HCl $\longrightarrow$

6. but-1-eno + HBr $\longrightarrow$

7. but-1-eno + HBr $\xrightarrow{\text{peróxido}}$

8. propeno + $H_2O \xrightarrow{H^+}$

9. Qual o composto que dá teste do bromo positivo?

a) metano
b) etano
c) eteno

Complete as equações.

10. $HC \equiv C + H_2 \xrightarrow{Ni}$

11. $HC \equiv CH + 2\ H_2 \xrightarrow{Ni}$

12. $HC \equiv CH + HOH \xrightarrow{H^+}$

13. $H_3C - C \equiv CH + HOH \xrightarrow{H^+}$

14. Complete com **acumulado**, **conjugado** e **isolado**.

a) $H_2C = C = CH - CH_3$ dieno ______________ (ligações duplas vizinhas).

b) $H_2C = CH - CH = CH_2$ dieno ______________ (com duplas separadas por apenas uma ligação).

c) $H_2C = CH - CH_2 - CH_2 - CH = CH_2$ dieno ______________ (com duplas separadas por mais de uma ligação).

Complete as equações.

15. $H_2C = CH - CH_2 - CH_2 - CH = CH_2 + Cl_2 \longrightarrow$
hexa-1,5-dieno

16. $H_2C = CH - CH_2 - CH_2 - CH = CH_2 + 2\ Cl_2 \longrightarrow$

Enunciado para responder às questões **17** e **18**.

Se um dieno conjugado, tal como o buta-1,3-dieno, reage com 1 mol de um reagente de modo que a adição possa ocorrer em apenas uma das ligações duplas, dois produtos de adição são formados. Um é o produto de adição 1,2, o qual é o resultado da adição nas posições 1 e 2. O outro é o produto de adição 1,4, resultado da adição nas posições 1 e 4.

17. $\underset{\text{buta-1,3-dieno}}{CH_2=CH-CH=CH_2} + Cl_2 \longrightarrow$

$\longrightarrow$ produto de adição 1,2 produto de adição 1,4

18. $\underset{\text{buta-1,3-dieno}}{CH_2=CH-CH=CH_2} + HBr \longrightarrow$

$\longrightarrow$ produto de adição 1,2 produto de adição 1,4

19. (PUC – SP) As reações de adição na ausência de peróxidos ocorrem seguindo a regra de Markovnikov, como mostra o exemplo.

$$H_3C-CH=CH_2 + HBr \longrightarrow H_3C-\overset{\overset{Br}{|}}{CH}-CH_3$$

Considere as seguintes reações:

$$H_3C-\overset{\overset{CH_3}{|}}{C}=CH-CH_3 + HCl \longrightarrow X$$

$$H_2C=C-CH_3 + H_2O \xrightarrow{H^+} Y$$

Os produtos principais, **X** e **Y**, são, respectivamente,

a) 3-cloro-2-metilbutano e propan-1-ol.
b) 3-cloro-2-metilbutano e propan-2-ol.
c) 2-cloro-2-metilbutano e propan-1-ol.
d) 2-cloro-2-metilbutano e propan-2-ol.
e) 2-cloro-2-metilbutano e propanal.

Exercícios Série Ouro

1. (FUVEST – SP) Dois hidrocarbonetos insaturados, que são isômeros, foram submetidos, separadamente, à hidrogenação catalítica. Cada um deles reagiu com H_2 na proporção, em mols, de 1 : 1, obtendo-se, em cada caso, um hidrocarboneto de fórmula C_4H_{10}. Os hidrocarbonetos que foram hidrogenados poderiam ser:

a) but-1-ino e but-1-eno.
b) buta-1,3-dieno e ciclobutano.
c) but-2-eno e 2-metilpropeno.
d) but-2-ino e but-1-eno.
e) but-2-eno e 2-metilpropano.

2. (FUVEST - SP)

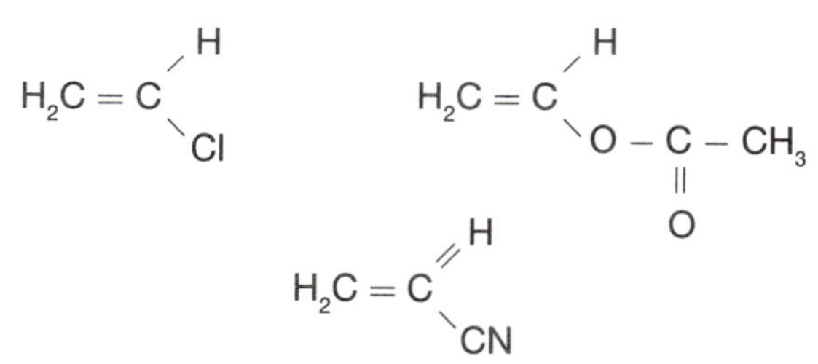

Os compostos representados acima podem ser obtidos por reações de adição de substâncias adequadas ao:

a) metano
b) eteno
c) etino
d) propeno
e) but-2-ino

3. (UNESP) Álcoois podem ser obtidos pela hidratação de alcenos, catalisada por ácido sulfúrico. A reação de adição segue a regra de Markovnikov, que prevê a adição do átomo de hidrogênio da água ao átomo de carbono mais hidrogenado do alceno.

Escreva:

a) a equação química balanceada da reação de hidratação catalisada do but-1-eno.

b) o nome oficial do produto formado na reação indicada no item a.

4. (UNICAMP - SP) A reação que ocorre entre o propino, $HC \equiv C - CH_3$, e o bromo, Br_2, pode produzir dois isômeros cis-trans que contêm uma dupla-ligação e dois átomos de bromo nas respectivas moléculas.

a) Escreva a equação dessa reação química entre propino e bromo.

b) Escreva a fórmula estrutural de cada um dos isômeros cis-trans.

5. (UFRJ) O ácido ascórbico (vitamina C) pode ser obtido de frutas cítricas, do tomate, do morango e de outras fontes naturais e é facilmente oxidado quando exposto ao ar, perdendo as propriedades terapêuticas a ele atribuídas. A estrutura do ácido ascórbico é a seguinte:

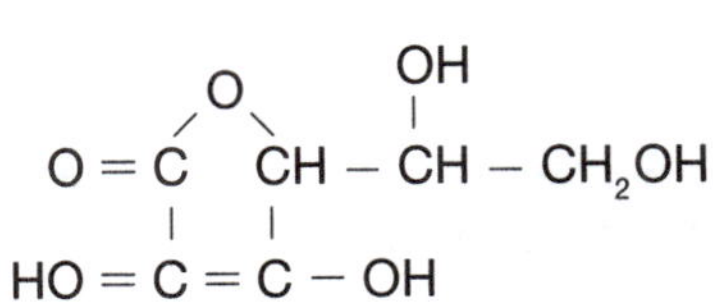

Explique por que uma solução de bromo em água é descorada quando misturada com uma solução de ácido ascórbico.

6. (FUVEST - SP) $>C_1 = C_2<$

	Átomos ou grupos de átomos ligados aos carbonos	
	1	**2**
A	H, H	CH_3, CH_3
B	CH_3, H	CH_3, H
C	Br, Br	H, Br

Os compostos A, B e C são alcenos em que os átomos ou grupos de átomos estão ligados aos carbonos 1 e 2, conforme indicado na tabela acima.

a) A, B e C apresentam isomeria cis-trans? Explique através de fórmulas estruturais.

b) A reação do composto B com HBr leva à formação de isômeros? Justifique.

7. (UNIFESP) Calciferol (vitamina D_2), cuja deficiência na dieta pode causar osteoporose, é uma das vitaminas importantes do grupo D.

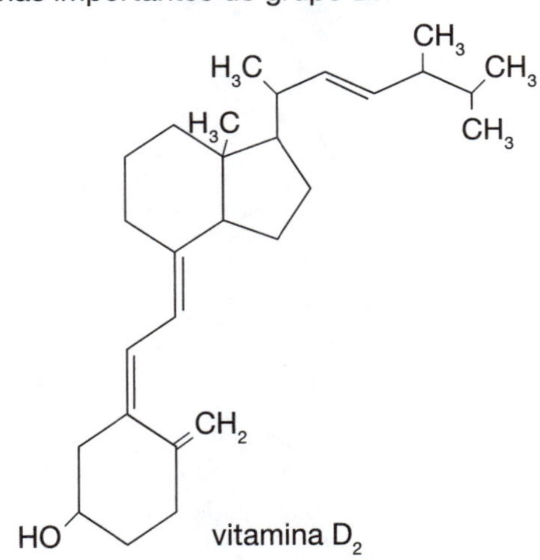

vitamina D_2

A afirmativa correta com relação à vitamina D_2 é

a) deve sofrer reações de adição, pois apresenta duplas-ligações.

b) deve apresentar características básicas, pois possui grupo hidroxila.

c) deve ser solúvel em solventes polares, pois possui cadeia carbônica.

d) não apresenta isômeros ópticos.

e) apresenta caráter aromático, pois apresenta duplas-ligações alternadas.

8. (FUVEST – SP) Uma reação química importante, que deu a seus descobridores (O. Diels e K. Alder) o prêmio Nobel de 1950, consiste na formação de um composto cíclico, a partir de um composto com duplas-ligações alternadas entre átomos de carbono (dieno) e outro com pelo menos uma dupla-ligação, entre átomos de carbono, chamado de dienófilo. Um exemplo dessa transformação é:

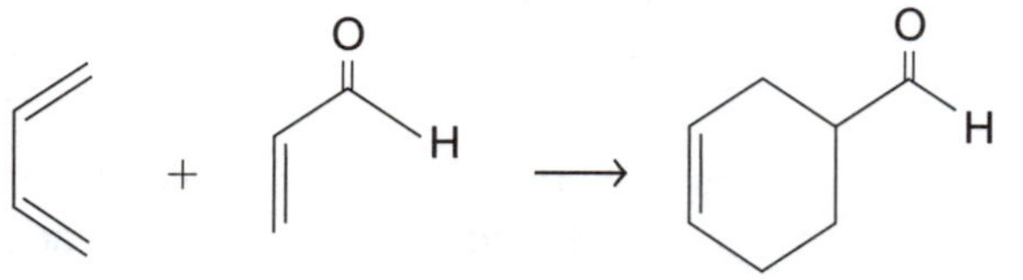

1,3-butadieno propenal (dienófilo)

Compostos com duplas-ligações entre átomos de carbono podem reagir com HBr, sob condições adequadas, como indicado:

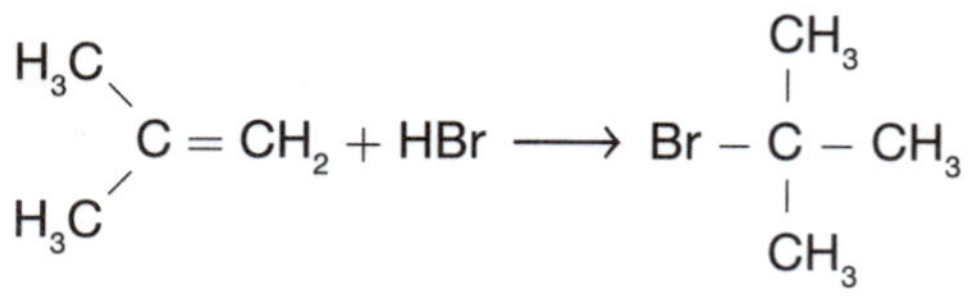

Considere os compostos I e II, presentes no óleo de lavanda:

I

II

III

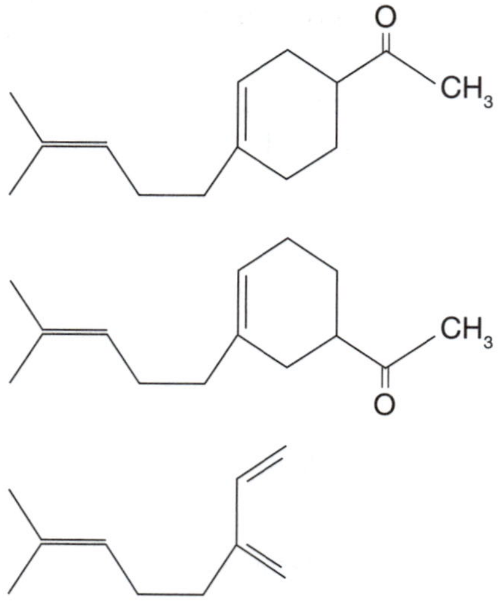

a) O composto III reage com um dienófilo, produzindo os compostos I e II. Mostre a fórmula estrutural desse dienófilo e nela indique, com setas, os átomos de carbono que formaram ligações com os átomos de carbono do dieno, originando o anel.

b) Mostre a fórmula estrutural do composto formado, se 1 mol do composto II reagir com 2 mol de HBr, segundo a equação química:

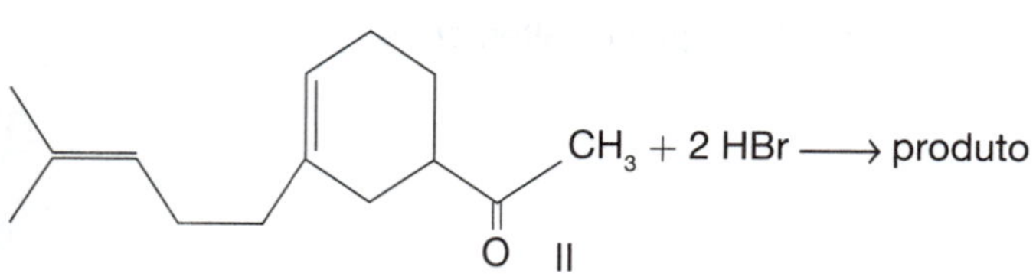

c) Copie a fórmula estrutural do composto II e indique nela, com uma seta, o átomo de carbono que, no produto da reação do item b, será assimétrico. Justifique.

9. (FUVEST – SP) A adição de HCl a alcenos ocorre em duas etapas. Na primeira delas, o íon H^+, proveniente do HCl, liga-se ao átomo de carbono da dupla-ligação que está ligado ao menor número de outros átomos de carbono. Essa nova ligação (C – H) é formada à custa de um par eletrônico da dupla-ligação, sendo gerado um íon com carga positiva, chamado carbocátion, que reage imediatamente com o íon cloreto, dando origem ao produto final. A reação do pent-1-eno com HCl, formando o 2-cloropentano, ilustra o que foi descrito.

$$CH_3CH_2CH_2CH = CH_2 + HCl \xrightarrow[\text{1ª etapa}]{}$$

$$\longrightarrow \left[CH_3CH_2CH_2 - \overset{+}{C}H - \overset{\overset{\textstyle H}{|}}{C}H_2\right] \xrightarrow[\text{2ª etapa}]{Cl^-}$$

carbocátion

$$\longrightarrow CH_3CH_2CH_2 - \overset{\overset{\textstyle Cl}{|}}{C}H - CH_3$$

a) Escreva a fórmula estrutural do carbocátion que, reagindo com o íon cloreto, dá origem ao seguinte haleto de alquila:

$$CH_3CH_2 - \underset{\underset{\textstyle CH_3}{|}}{\overset{\overset{\textstyle Cl}{|}}{C}}H - CH_2CH_2CH_3$$

b) Escreva a fórmula estrutural de três alcenos que não sejam isômeros cis-trans entre si e que, reagindo com HCl, podem dar origem ao haleto de alquila do item anterior.

c) Escreva a fórmula estrutural do alceno do item *b* que **não** apresenta isomeria cis-trans. Justifique.

Capítulo 17
Reação de Adição em Cíclicos

1. Adição em ciclenos

É semelhante à adição em alcenos. Veja os exemplos:

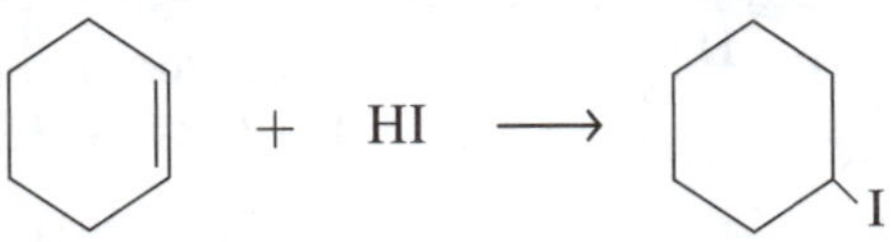

ciclo-hexeno iodo-ciclo-hexano

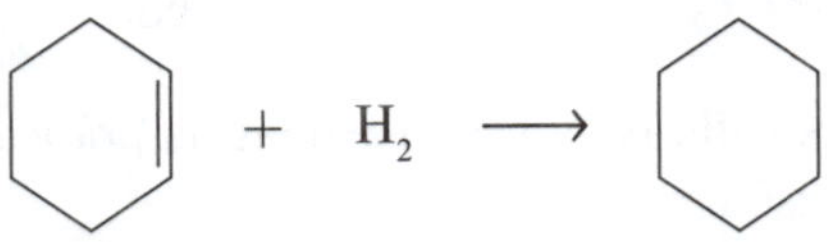

ciclo-hexeno ciclo-hexano

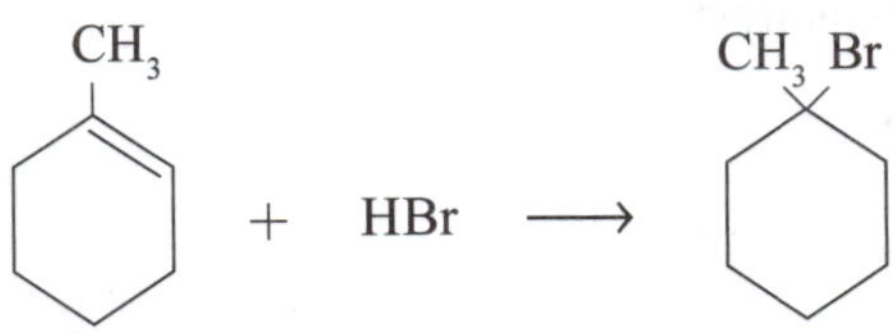

1-metilciclo-hexeno 1-bromo-1-metilciclo-hexano

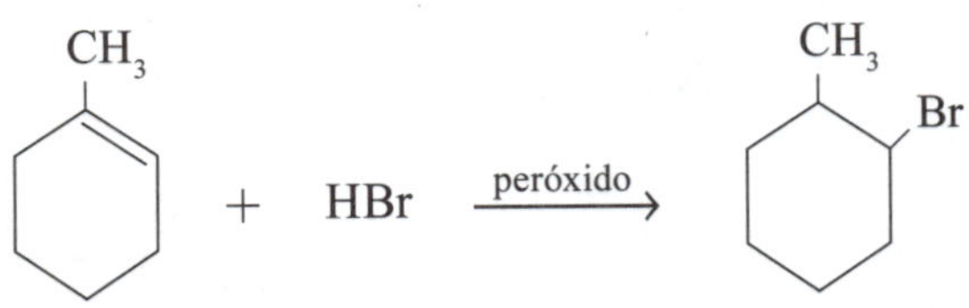

1-metilciclo-hexeno 1-bromo-2-metilciclo-hexano

2. Adição em aromáticos

Devido à ressonância do anel benzênico, os aromáticos sofrem reações de adição somente em condições energéticas (pressão, temperatura e catalisador).

Exemplos:

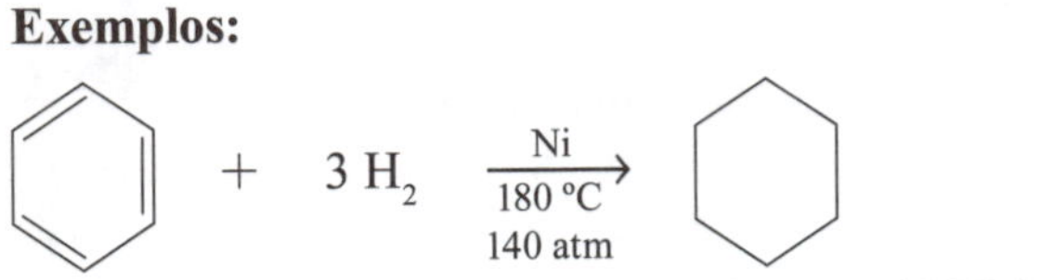

benzeno (C_6H_6) ciclo-hexano (C_6H_{12})

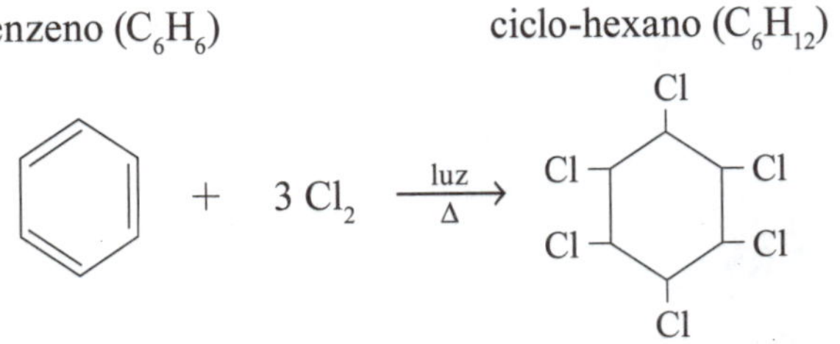

benzeno hexaclorociclo-hexano BHC – inseticida

3. Adição em cicloalcanos com 3 e 4 carbonos no ciclo

3.1 Adição no ciclopropano

Apesar de ser um cicloalcano, o ciclopropano sofre reações de adição como se fosse um alceno.

Exemplos:

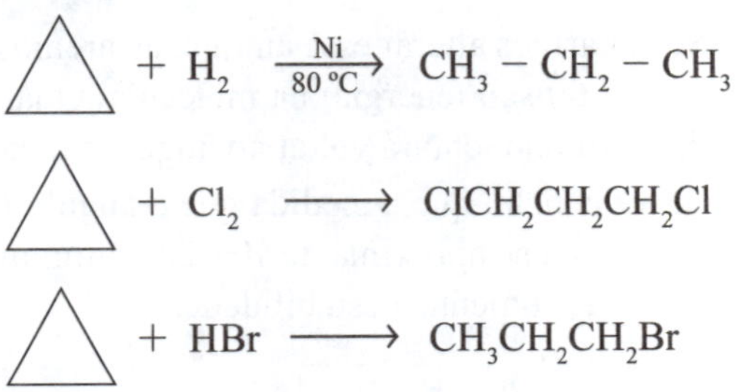

3.2 Adição no ciclobutano

O ciclobutano é menos reativo que o ciclopropano.

Exemplos:

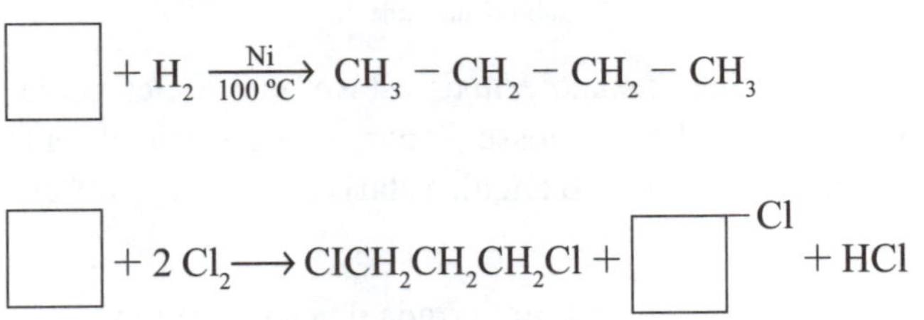

produto da adição produto da substituição

3.3 Reatividade dos cicloalcanos

Usando H_2 podemos experimentalmente deduzir a ordem de reatividade dos cicloalcanos.

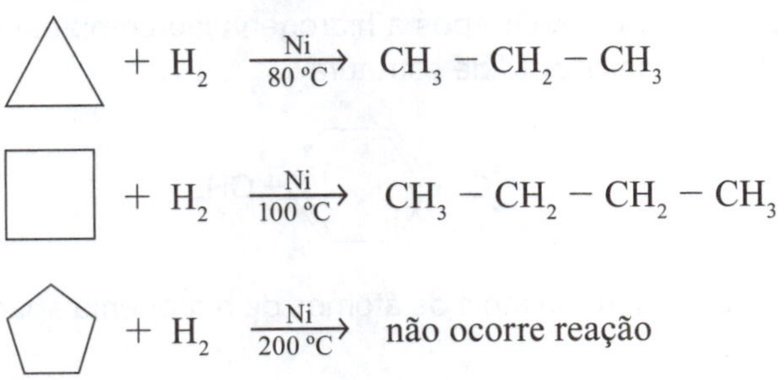

ciclo-hexano + H_2 $\xrightarrow[300\,°C]{Ni}$ não ocorre reação

ciclo-hexano

reatividade diminui →

3.4 Teoria das tensões de Bayer

Essa teoria explicou por que a reatividade diminui até o ciclopentano.

Um carbono saturado tem um ângulo de 109°28'.

Exemplo: CH_4

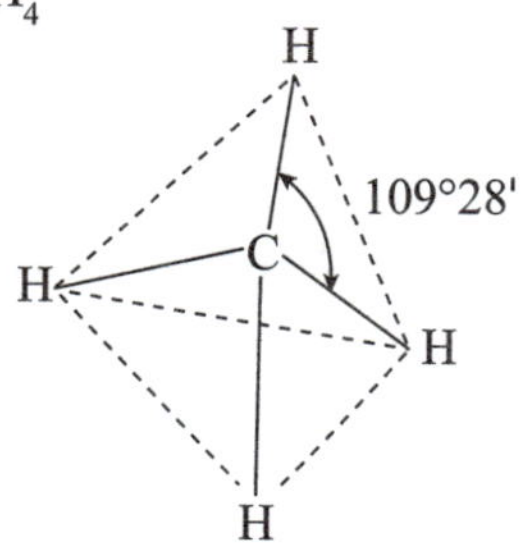

Se tentarmos alterar esse ângulo, estaremos introduzindo uma **tensão** (energia) na molécula. Quando for possível, o carbono tentará voltar ao ângulo inicial.

Bayer conclui que à medida que o ângulo interno de uma molécula se aproxima de 109°28', diminui a reatividade, isto é, aumenta a estabilidade.

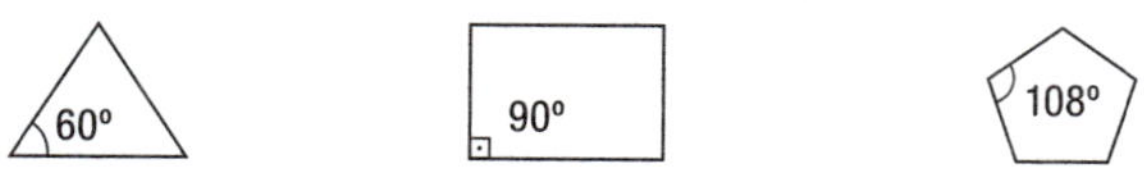

ciclopropano | ciclobutano planar | ciclopentano planar

reatividade diminui →
estabilidade aumenta

O ciclo-hexano é mais estável que o ciclopentano se o ciclo-hexano fosse planar, ele possuiria elevada tensão angular, pois o ângulo estaria distante de 109°28'.

estrutura errada do ciclo-hexano

3.5 Conformações do ciclo-hexano

Conformação é o formato tridimensional de uma molécula em determinado instante que pode modificar-se como resultado da rotação de ligações simples.

No ciclo-hexano, devido às rotações das ligações simples, temos duas conformações: **cadeira** (mais estável) e **bote**.

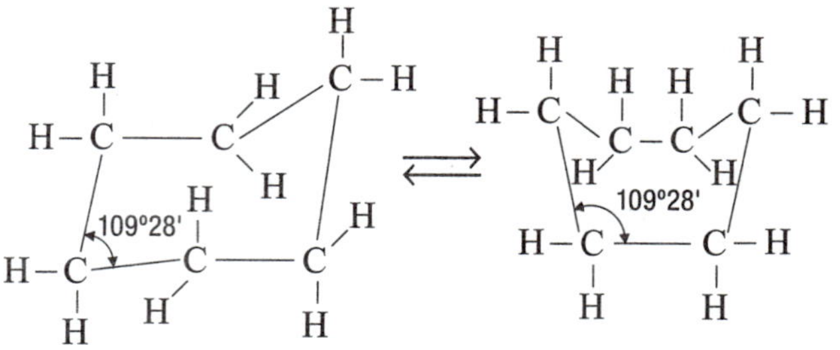

cadeira | bote

Essas estruturas não são isoladas na prática, portanto, não são isômeros.

Essas conformações podem ser representadas das seguintes maneiras:

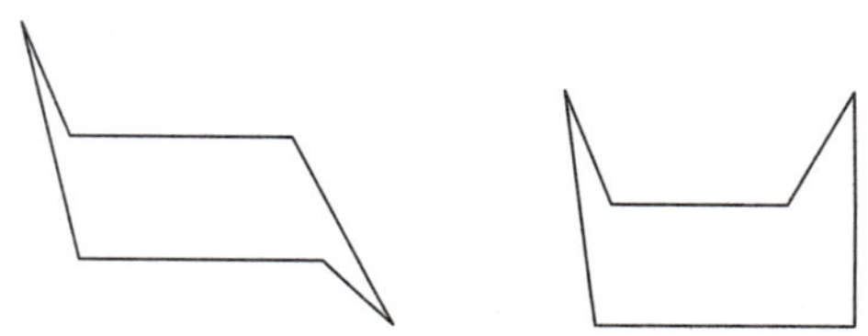

cadeira | bote

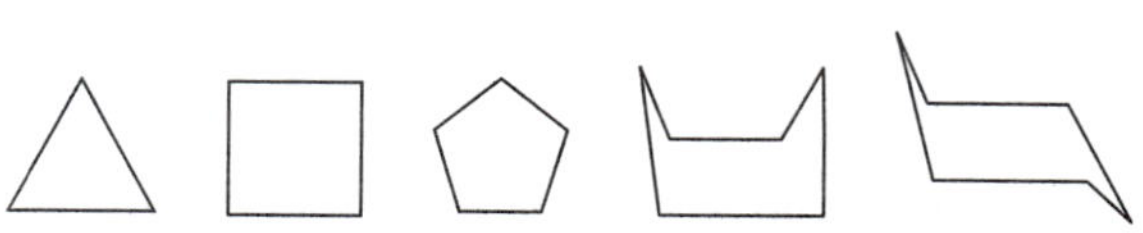

reatividade diminui →
estabilidade aumenta

Exercícios Série Prata

1. (UNIFAL – MG) Após a hidrogenação completa do hidrocarboneto de estrutura.

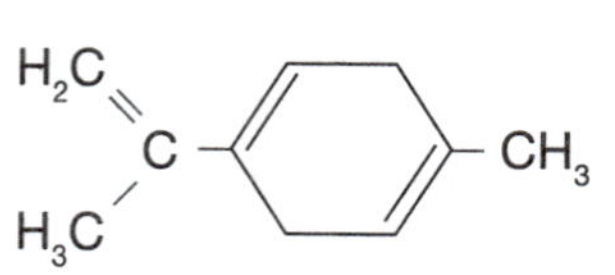

O número de mols de átomos de hidrogênio absorvido é:

a) 4
b) 6
c) 2
d) 8
e) 3

2. (UNESP) O que ocorreu com a seringueira, no final do século XIX e início do XX, quando o látex era retirado das árvores nativas sem preocupação com o seu cultivo, ocorre hoje com o pau-rosa, árvore típica da Amazônia, de cuja casca se extrai um óleo rico em linalol, fixador de perfumes cobiçado pela indústria de cosméticos. Diferente da seringueira, que explorada racionalmente pode produzir látex por décadas, a árvore do pau-rosa precisa ser abatida para a extração do óleo da casca. Para se obter 180 litros de essência de pau-rosa, são necessárias de quinze a vinte toneladas dessa madeira, o que equivale à derrubada de cerca de mil árvores. Além do linalol, outras substâncias constituem o óleo essencial de pau-rosa, entre elas:

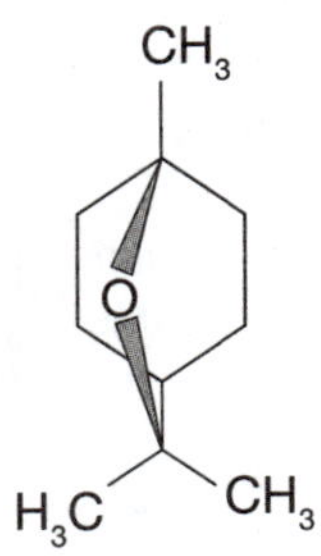

1,8-cineol
I

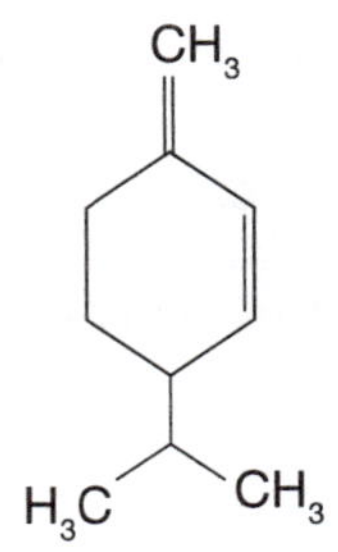

linalol
II

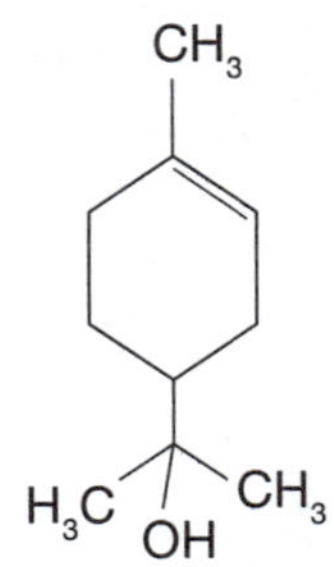

alfa-terpineol
III

Considerando as fórmulas estruturais das substâncias I, II e III, pode-se afirmar que:

a) a substância I é uma cetona.
b) a substância II é um hidrocarboneto aromático.
c) a substância III é um aldeído.
d) o produto da adição de 1 mol de água, em meio ácido, também conhecida como reação de hidratação, à substância III tem a estrutura:

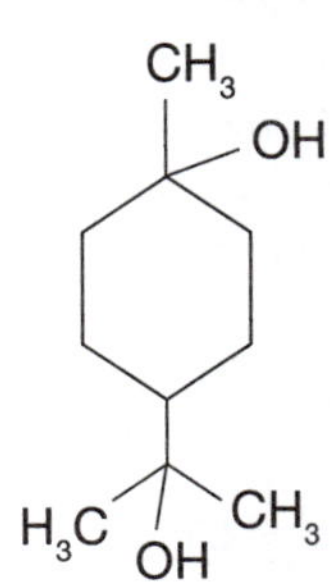

e) a substância II não apresenta reação de adição.

3. (FUVEST - SP) Ciclo-alcanos sofrem reação de bromação conforme mostrado a seguir.

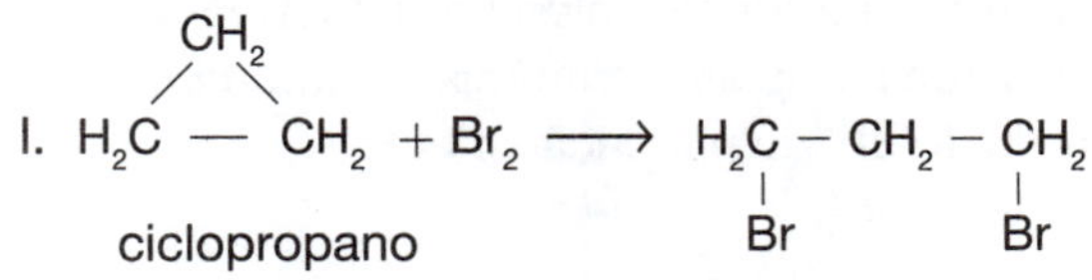

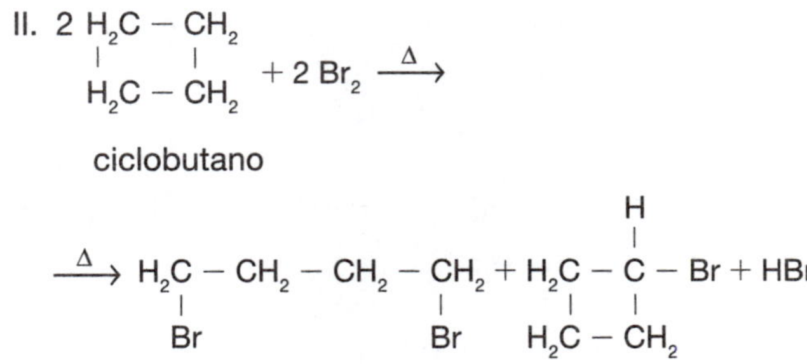

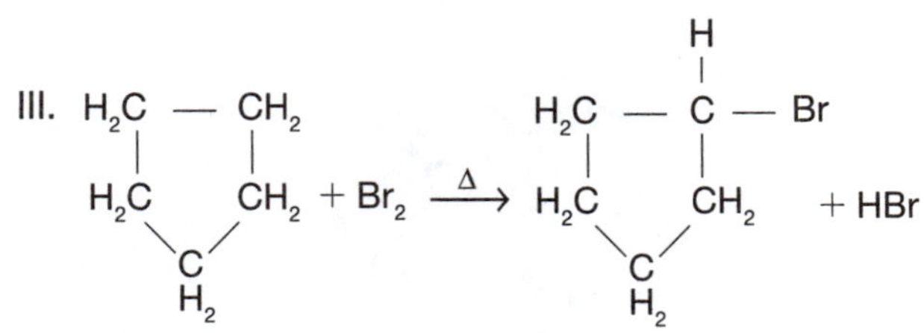

ciclopentano

a) Considere os produtos formados em I, II e III, o que se pode afirmar a respeito da estabilidade relativa dos anéis com três, quatro e cinco átomos de carbono? Justifique.
b) Dê o nome de um dos compostos orgânicos formados nessas reações.

4. (FUVEST - SP) Dois hidrocarbonetos isômeros de fórmula C_6H_{12} se comportam de modo diferente frente ao hidrogênio na presença de catalisador. Um deles sofre adição e o outro, não. Proponha uma explicação para essa diferença de comportamento.

5. (UNICAMP – SP) Um mol de hidrocarboneto cíclico insaturado, de fórmula C_6H_{10}, reage com um mol de bromo (Br_2), dando um único produto. Represente, por meio de fórmulas estruturais, o hidrocarboneto e o produto obtido na reação citada.

6. (FUVEST – SP) Estão representados abaixo quatro esteroides:

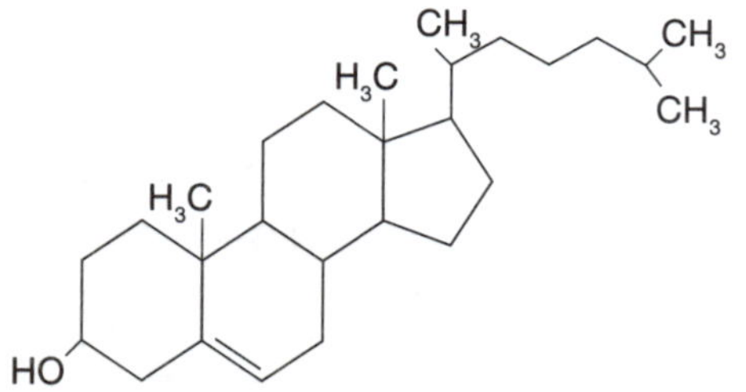

colesterol

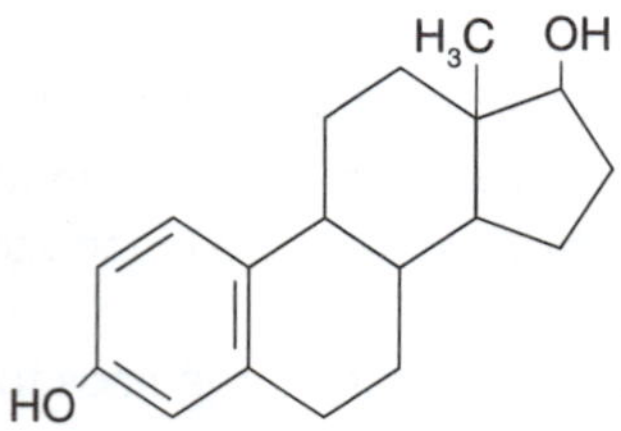

estradiol

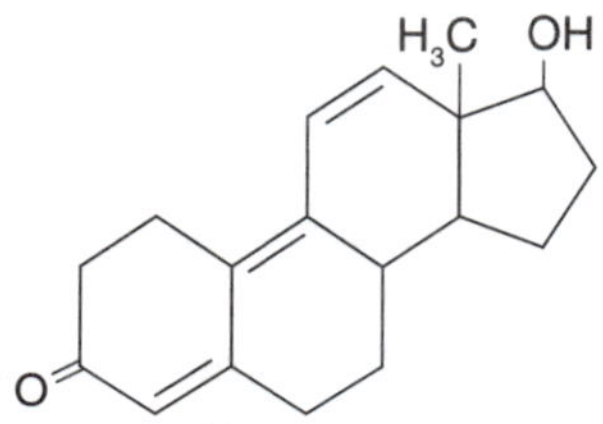

trembolona

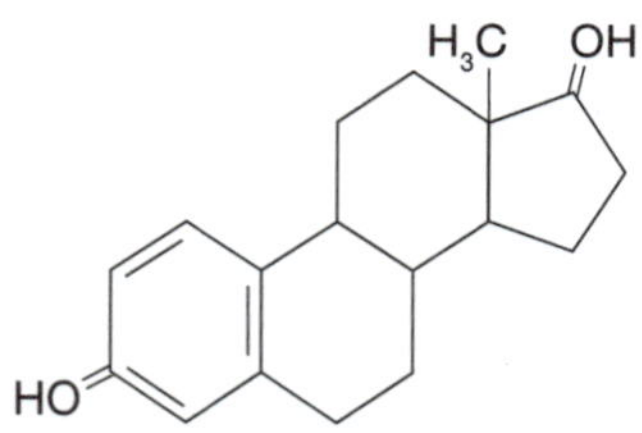

estrona

a) Quais dentre eles são isômeros? Explique.

b) Considerando que o colesterol é um composto insaturado, que reação poderia ocorrer, em condições apropriadas, se este fosse tratado com bromo (Br_2)?

7. (FUVEST – SP) A adição de HBr a um alceno pode conduzir a produtos diferentes caso, nessa reação, seja empregado o alceno puro ou o alceno misturado a uma pequena quantidade de peróxido

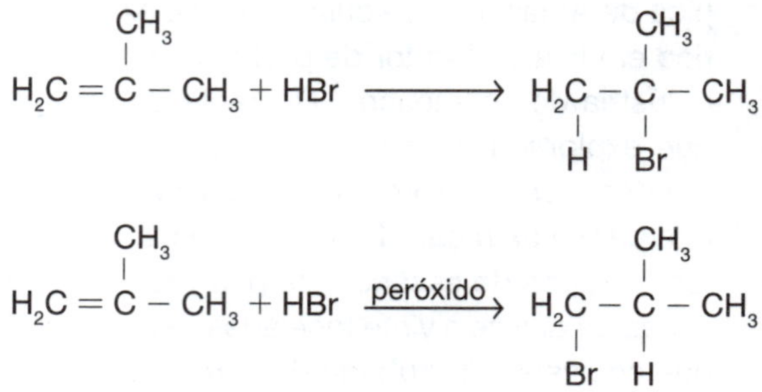

a) O 1-metilciclopenteno reage com HBr de forma análoga. Escreva, empregando fórmulas estruturais, as equações que representam a adição de HBr a esse composto na presença e na ausência de peróxido.

b) Dê as fórmulas estruturais dos metilciclopentenos isoméricos (isômeros de posição).

8. (FUVEST – SP) Hidrocarbonetos que apresentam dupla-ligação podem sofrer reação de adição. Quando a reação é feita com um haleto de hidrogênio, o átomo de halogênio se adiciona ao carbono insaturado que tiver menor número de hidrogênios, conforme observou Markovnikov. Usando esta regra, dê a fórmula e o nome do produto que se forma na adição de:

a) HI a $CH_3CH = CH_2$

b) HCl a 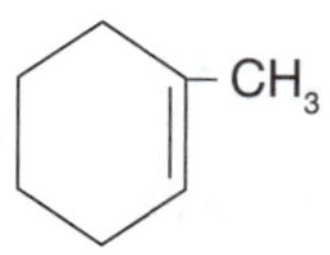

9. (FUVEST – SP) Uma mesma olefina pode ser transformada em álcoois isoméricos por dois métodos alternativos:

método A: hidratação catalisada por ácido:

método B: hidroboração:

No caso da preparação dos álcoois

I. 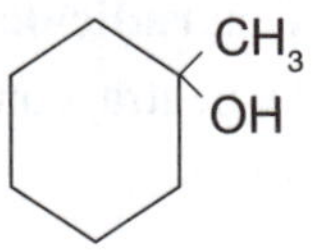

II. 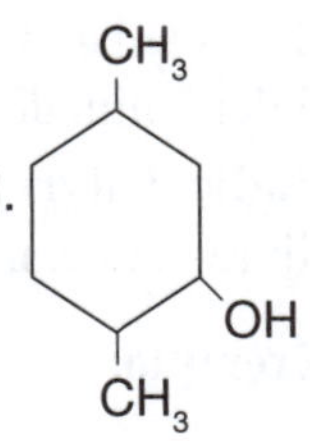

e com base nas informações fornecidas (método A e método B), dê a fórmula estrutural da olefina a ser utilizada e o método que permite preparar

a) o álcool I.

b) o álcool II.

Para os itens *a* e *b*, caso haja mais de uma olefina ou mais de um método, cite-os todos.

c) Copie, em seu caderno, as fórmulas estruturais dos álcoois I e II e, quando for o caso, assinale com asteriscos os carbonos assimétricos.

10. (UNIFESP) Analise as fórmulas estruturais dos corticoides A e B e as afirmações seguintes.

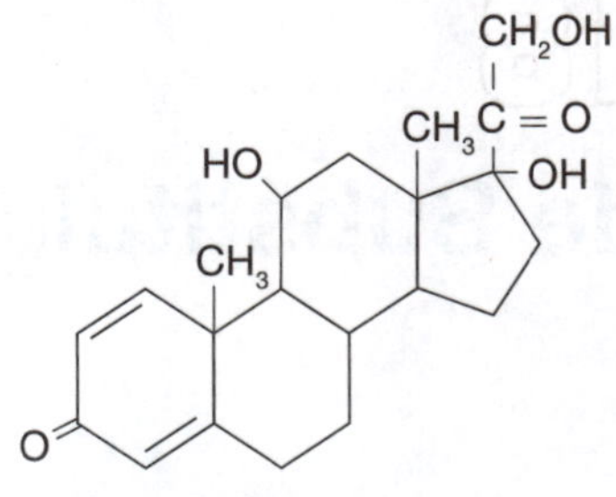

cortisona (A)

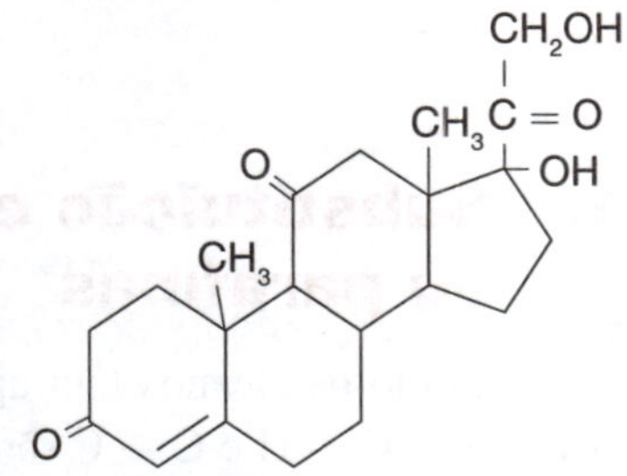

prednisolona (B)

I. A é isômero de B.

II. Ambos apresentam os mesmos grupos funcionais.

III. Ambos devem reagir com Br_2, pois se sabe que este se adiciona às duplas-ligações.

Dessas afirmações:

a) apenas I é correta.

b) apenas II é correta.

c) apenas I e II são corretas.

d) apenas II e III são corretas.

e) I, II e III são corretas.

Capítulo 18

Reação de Substituição em Alcanos

1. Substituição em alcanos ou parafinas

Como os alcanos têm apenas ligações σ fortes e as ligações C – H e C – C são apolares, os alcanos são substâncias orgânicas pouco reativas e, por isso, foram chamadas **parafinas** (*parum* = pouca; *afinis* = reatividade). A reação de substituição em alcanos ocorre em altas temperaturas ou na presença de luz.

2. Cloração e bromação de alcanos

Os alcanos reagem com cloro (Cl_2) ou bromo (Br_2) para formar cloretos de alquila ou brometos de alquila. Essas **reações de halogenação** ocorrem somente em altas temperaturas ou na presença de luz. Elas são as únicas reações que os alcanos sofrem – com exceção da **combustão**, uma reação com oxigênio que ocorre em altas temperaturas e converte alcanos em dióxido de carbono e água.

$$R - H + X_2 \longrightarrow R - X + HX$$

alcano Cl_2 ou Br_2 — haleto de alquila

Um átomo de hidrogênio é substituído por um átomo de halogênio.

Exemplos:

$$CH_4 + Cl_2 \xrightarrow{\Delta \text{ ou luz}} CH_3Cl + HCl$$

clorometano
cloreto de metila

$$CH_3CH_3 + Br_2 \xrightarrow{\Delta \text{ ou luz}} CH_3CH_2Br + HBr$$

bromoetano
brometo de etila

O metano, com excesso de cloro e com o auxílio de calor ou de luz ultravioleta, poderá sofrer a substituição dos demais hidrogênios, de modo a obtermos, sucessivamente:

$$CH_4 \longrightarrow CH_3Cl \longrightarrow CH_2Cl_2 \longrightarrow CHCl_3 \longrightarrow CCl_4$$

$CHCl_3$: triclorometano ou clorofórmio

CCl_4: tetraclorometano ou tetracloreto de carbono

3. Mecanismo de substituição em alcanos

O mecanismo atualmente aceito para esse tipo de reação é denominado de **radical livre** ou **radicalar**.

Radical livre é uma partícula neutra contendo elétron livre, isto é, não ligado ($Cl\bullet$, $H_3C\bullet$).

Exemplo:

$$CH_4 + Cl_2 \xrightarrow{\text{luz}} CH_3Cl + HCl$$

metano — cloreto de metila

1ª etapa $Cl \bullet\bullet Cl \xrightarrow[\text{homolítica}]{\text{luz}} 2\,Cl\bullet$
(iniciação) — radical livre

2ª etapa $H_3C \bullet\bullet H + \bullet Cl \longrightarrow H_3C\bullet + H \bullet\bullet Cl$
(propagação) — radical livre

3ª etapa $H_3C\bullet + Cl \bullet\bullet Cl \longrightarrow H_3C \bullet\bullet Cl + Cl\bullet$
(propagação) — radical livre

O novo radical livre $Cl\bullet$, formado na 3ª etapa, volta na 2ª etapa, de modo que a 2ª e a 3ª se repetem milhares de vezes. Não se deve imaginar, porém, que a reação prossiga indefinidamente – aos poucos, os radicais livres das 2ª e 3ª etapas vão sendo transformados por reações do tipo:

4ª etapa (finalização):
$Cl\bullet + \bullet Cl \longrightarrow Cl \bullet\bullet Cl$
ou
$H_3C\bullet + \bullet CH_3 \longrightarrow H_3C \bullet\bullet CH_3$

Essa finalização não é desejada, mas sempre ocorre e produz, inclusive, produtos não previstos (subprodutos), como é o caso do $H_3C - CH_3$.

4. Substituição em alcanos com 3 ou mais átomos de carbono

Na halogenação de um alcano que tem mais de um tipo de carbono (primário, secundário ou terciário) teremos a formação de mais de um produto halogenado, pois a reatividade de um carbono primário é diferente do secundário e do terciário.

Dois haletos de alquila diferentes são obtidos da monocloração do butano. A substituição de um hidrogênio ligado a um carbono primário produz o 1-clorobutano, enquanto a substituição de um hidrogênio ligado a um dos carbonos secundários forma o 2-clorobutano

$$2\,CH_3CH_2CH_2CH_3 + 2\,Cl_2 \xrightarrow{\text{luz}} CH_3CH_2CH_2CH_2Cl + CH_3CH_2CH(Cl)CH_3 + 2\,HCl$$

butano → 1-clorobutano (29%) + 2-clorobutano (71%)

Depois de determinar experimentalmente a quantidade de cada produto de cloração, os químicos concluíram que à temperatura ambiente é 5,0 vezes mais fácil a substituição ocorrer no carbono terciário do que em um primário, e é 3,8 vezes mais fácil a substituição ocorrer no carbono secundário do que em um carbono primário. A ordem de reatividade é:

terciário	>	secundário	>	primário
5,0		3,8		1,0

quantidade de cada produto = número de hidrogênios × reatividade do C

$$\text{rendimento} = \frac{\text{quantidade do produto}}{\text{total dos produtos}} \cdot 100$$

1-clorobutano

quantidade = $6 \cdot 1 = 6$

rendimento = $\frac{6}{21} \cdot 100 = 29\%$

2-clorobutano

quantidade = $4 \cdot 3{,}8 = 15$

rendimento = $\frac{15}{21} \cdot 100 = 71\%$

total = 21

Vejamos outros exemplos:

- $2\,CH_3 - CH_2 - CH_3 + 2Cl_2 \longrightarrow H_3C - CH_2 - CH_2(Cl) + H_3C - CH(Cl) - CH_3 + 2HCl$
  43% (1-cloropropano), 57% (2-cloropropano)

- $4\,H_3C - CH(CH_3) - CH_2 - CH_3 + 4Cl_2$
  1ª substituição (ambas são equivalentes): H_3C e CH_3 ramificação; 2ª substituição: CH; 3ª substituição: CH_2; 4ª substituição: CH_3 terminal

  ↓ + 4 HCl

$$ClH_2C - \overset{*}{C}H(CH_3) - CH_2 - CH_3 + H_3C - C(Cl)(CH_3) - CH_2 - CH_3 + H_3C - CH(CH_3) - \overset{*}{C}H(Cl) - CH_3 + H_3C - CH(CH_3) - CH_2 - CH_2Cl$$

28% 1 — 23% 2 — 35% 3 — 14% 4

Total de isômeros: 6 (compostos 1 e 3 têm carbonos quirais), portanto, conta dois isômeros: dextrogiro e levogiro.

5. Substituição em cicloalcanos

Os cicloalcanos com 5 C ou mais no ciclo dão reação de substituição, pois esses anéis são estáveis.

Exemplo: 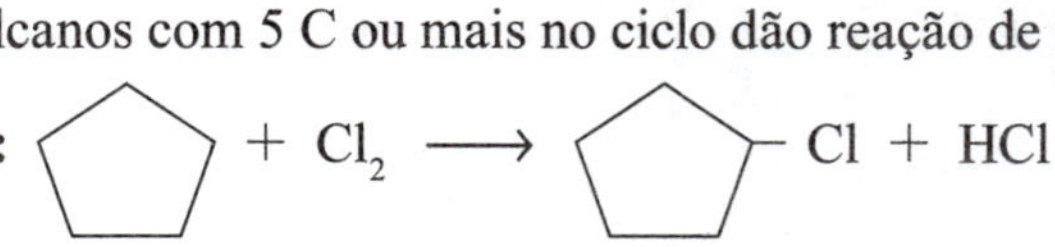

ciclopentano — clorociclopentano

Exercícios Série Prata

Complete as equações.

1. $H_3C - CH_3 + Cl_2 \xrightarrow{\Delta}$

2. $H_3C - CH_3 + Br_2 \xrightarrow{\Delta}$

3. $H_3C - \underset{\underset{\displaystyle CH_3}{|}}{CH} - CH_3 + Cl_2 \xrightarrow{\Delta}$

4. $H_3C - CH_2 - CH_2 - CH_3 + Cl_2 \xrightarrow{\Delta}$

5. $H_3C - Cl + NaOH \longrightarrow$

6. Calcular a porcentagem do 1-cloropropano e 2-cloropropano proveniente da cloração do propano.

Dado: ordem de reatividade

$$\underset{5{,}0}{C\ 3^{\text{ário}}} > \underset{3{,}8}{C\ 2^{\text{ário}}} > \underset{1{,}0}{C\ 1^{\text{ário}}}$$

1- cloropropano

quantidade = número de H × reatividade do C =

2- cloropropano

quantidade = número de H × reatividade do C =

total =

% 1-cloropropano =

% 2-cloropropano =

7. (MACKENZIE – SP) Do butano, gás utilizado para carregar isqueiros, fazem-se as seguintes afirmações:

I. Reage com o cloro por meio da reação de substituição.
II. É isômero de cadeia do metil-propano.
III. Apresenta, no total, treze ligações covalentes simples.

Dessas afirmações:

a) somente I está correta.
b) somente II e III estão corretas.
c) somente I e II estão corretas.
d) somente I e III estão corretas.
e) I, II e III estão corretas.

Exercícios Série Ouro

1. (FUVEST – SP) A reação do propano com cloro gasoso, em presença de luz, produz dois compostos monoclorados.

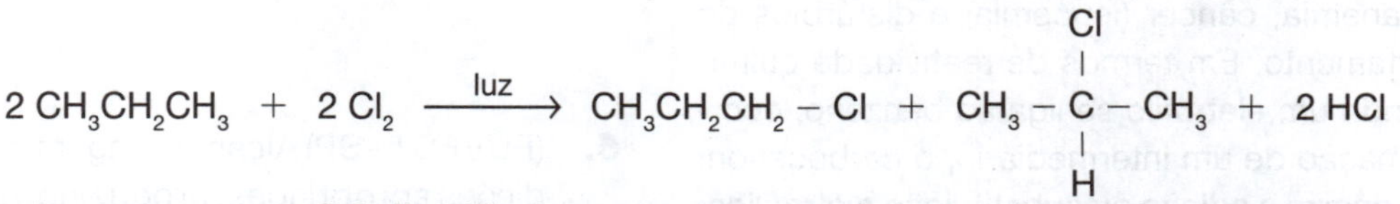

Na reação do cloro gasoso com 2,2-dimetilbutano, em presença de luz, o número de compostos monoclorados que podem ser formados e que não possuem, em sua molécula, carbono assimétrico é

a) 1
b) 2
c) 3
d) 4
e) 5

2. (MACKENZIE – SP) A reação de halogenação de alcanos é uma reação radicalar, sendo utilizado aquecimento ou uma luz de frequência adequada para que a reação ocorra. Essa reação comumente produz uma mistura de compostos isoméricos, quando o alcano possui mais de uma possibilidade de substituição dos átomos de hidrogênio. O exemplo abaixo ilustra uma reação de monocloração de um alcano, em presença de luz, formando compostos isoméricos.

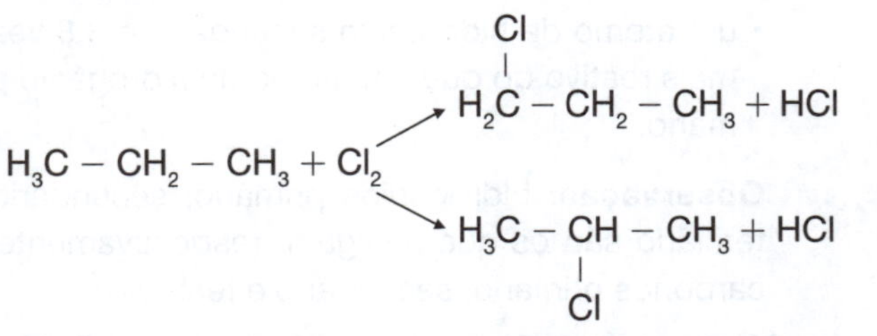

Assim, ao realizar a monocloração do 3,3-dimetil-hexano, em condições adequadas, é correto afirmar que o número de isômeros planos formados nessa reação é

a) 3
b) 4
c) 5
d) 6
e) 7

3. (FUVEST – SP) Um dos hidrocarbonetos de fórmula molecular C_4H_{10} pode originar apenas três isômeros diclorados de fórmula $C_4H_8Cl_2$. Represente a fórmula estrutural desse hidrocarboneto e as fórmulas estruturais dos derivados diclorados.

4. (ENEM) O benzeno é um hidrocarboneto aromático presente no petróleo, no carvão e em condensados de gás natural. Seus metabólitos são altamente tóxicos e se depositam na medula óssea e nos tecidos gordurosos. O limite de exposição pode causar anemia, câncer (leucemia) e distúrbios do comportamento. Em termos de reatividade química, quando um eletrófilo se liga ao benzeno, ocorre a formação de um intermediário, o carbocátion. Por fim, ocorre a adição ou substituição eletrofílica.

Disponível em: <http://www.sindipetro.org.br>.
Acesso em: 1º mar. 2012 (adaptado).

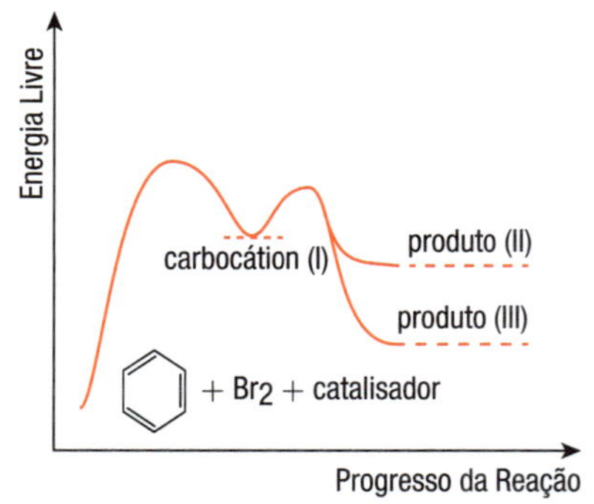

Disponível em: <http://www.qmc.ufsc.br>.
Acesso em: 1º mar. 2012 (adaptado).

Com base no texto e no gráfico do progresso da reação apresentada, as estruturas químicas encontradas em I, II e III são, respectivamente:

a) 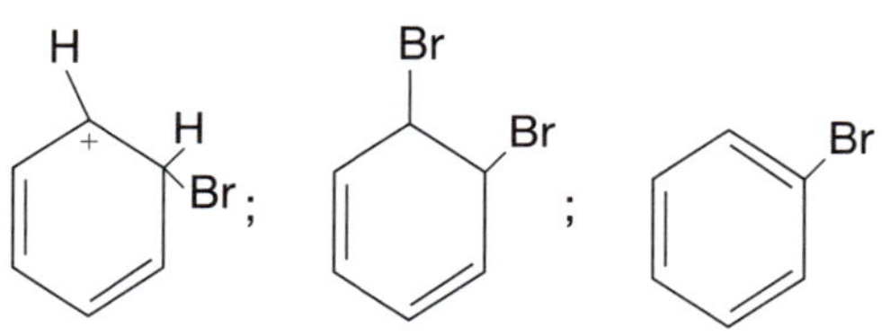

b) 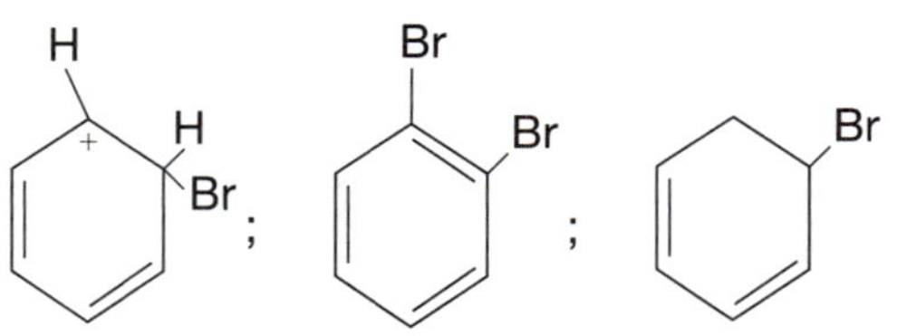

c) 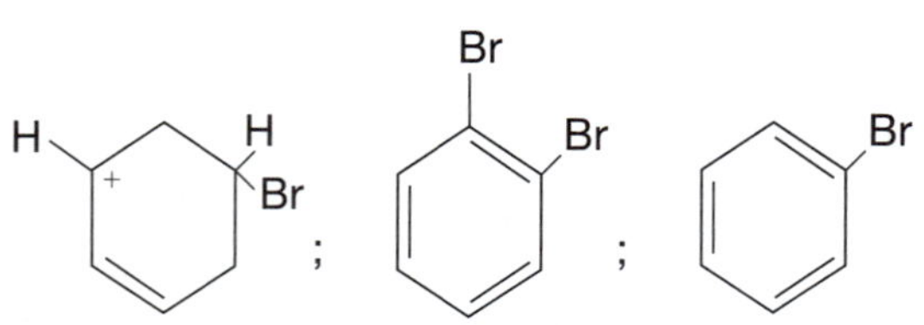

d) 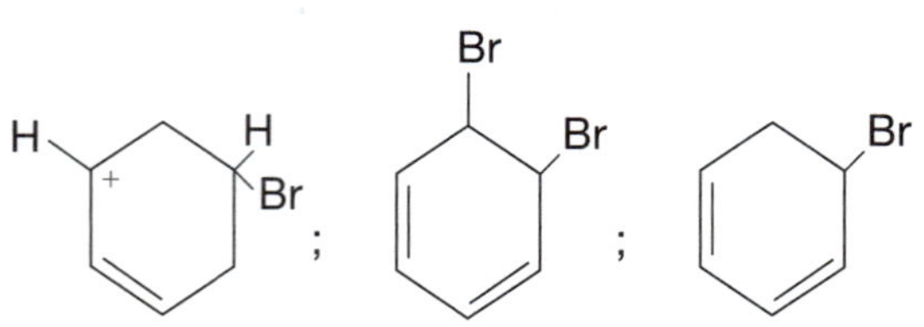

e) 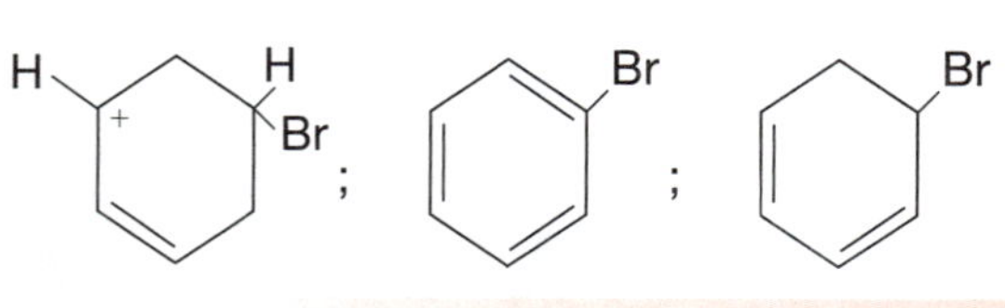

5. (FUVEST-SP) Alcanos reagem com cloro, em condições apropriadas, produzindo alcanos monoclorados, por substituição de átomos de hidrogênio por átomos de cloro, como esquematizado:

$$Cl_2 + CH_3CH_2CH_3 \xrightarrow[25\ °C]{luz} Cl-CH_2CH_2CH_3 + CH_3\underset{\underset{Cl}{|}}{C}HCH_3$$

43% 57%

$$Cl_2 + CH_3-\overset{\overset{CH_3}{|}}{\underset{\underset{CH_3}{|}}{C}}-H \xrightarrow[25\ °C]{luz} Cl-CH_2-\overset{\overset{CH_3}{|}}{\underset{\underset{CH_3}{|}}{C}}-H + CH_3-\overset{\overset{CH_3}{|}}{\underset{\underset{CH_3}{|}}{C}}-Cl$$

64% 36%

Considerando os rendimentos percentuais de cada produto e o número de átomos de hidrogênio de mesmo tipo (primário, secundário ou terciário), presentes nos alcanos acima, pode-se afirmar que, na reação de cloração, efetuada a 25 °C,

- um átomo de hidrogênio terciário é cinco vezes mais reativo do que um átomo de hidrogênio primário.
- um átomo de hidrogênio secundário é 3,8 vezes mais reativo do que um átomo de hidrogênio primário.

Observação: hidrogênios primário, secundário e terciário são os que se ligam, respectivamente, a carbonos primário, secundário e terciário.

A monocloração do 3-metilpentano, a 25 °C, na presença de luz, resulta em quatro produtos, um dos quais é o 3-cloro-3-metilpentano, obtido com 17% de rendimento.

a) Escreva a fórmula estrutural de cada um dos quatro produtos formados.
b) Com base na porcentagem de 3-cloro-3-metilpentano formado, calcule a porcentagem de cada um dos outros três produtos.

Capítulo 19
Reação de Substituição em Aromáticos

1. Substituição em aromáticos

Devido à ressonância do anel benzênico, eles se comportam como compostos saturados; portanto, sua principal reação será a de substituição do átomo de hidrogênio do anel por um outro átomo.

2. Halogenação (Cl_2 ou Br_2)

Um cloro (Cl) ou um bromo (Br) substitui um hidrogênio.

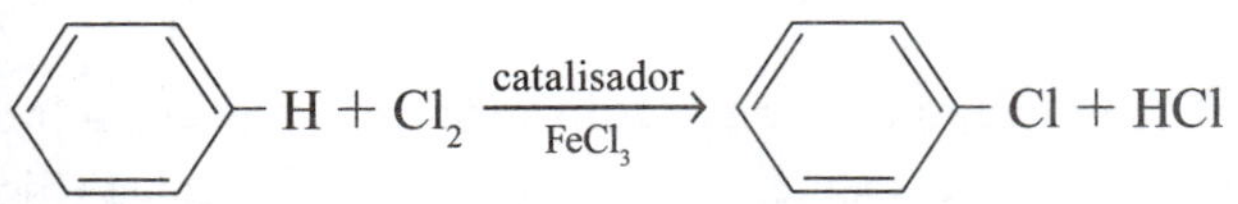

benzeno clorobenzeno

3. Nitração (HNO_3 = $HONO_2$)

Um grupo nitro (NO_2) substitui um hidrogênio.

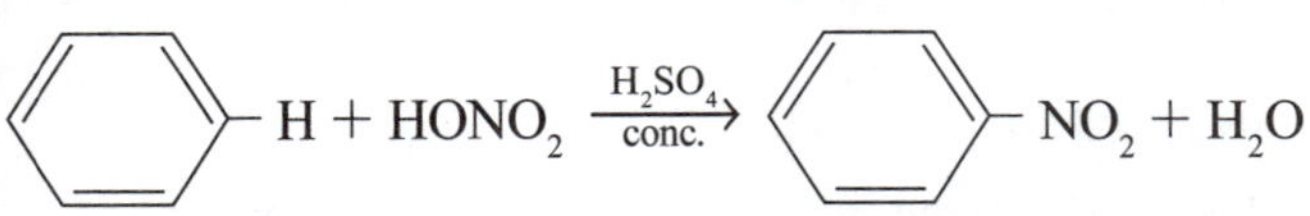

benzeno nitrobenzeno

4. Sulfonação (H_2SO_4 = $HOSO_3H$)

Um grupo sulfônico (SO_3H) substitui um hidrogênio.

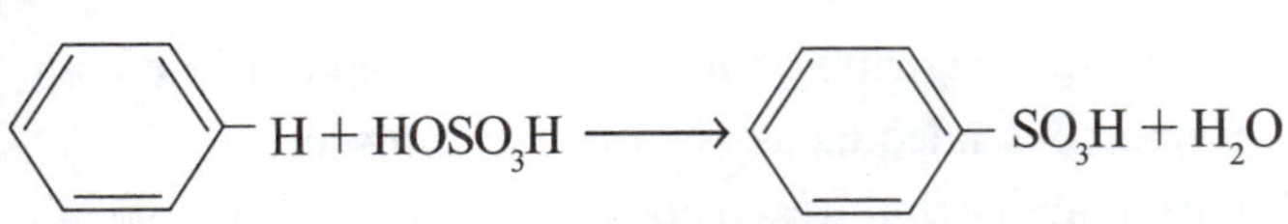

benzeno ácido benzenossulfônico

5. Alquilação de Friedel-Crafts

Um grupo alquila (CH_3, CH_2CH_3) substitui um hidrogênio.

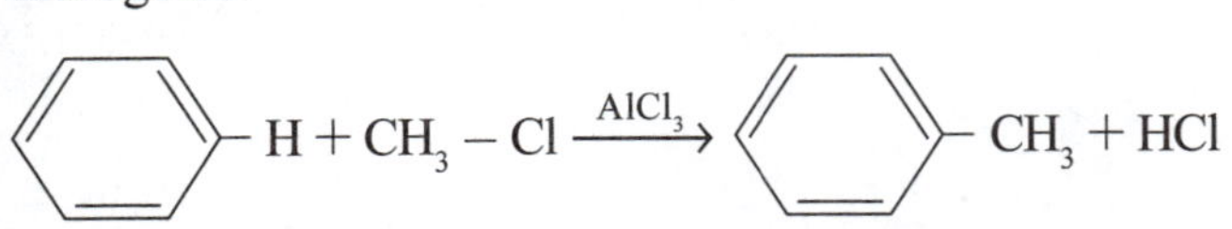

benzeno tolueno ou metilbenzeno

6. Acilação de Friedel-Crafts

Um grupo acila (R – C(=O) –) substitui um hidrogênio.

Grupo acila: proveniente de um ácido carboxílico com retirada do grupo OH.

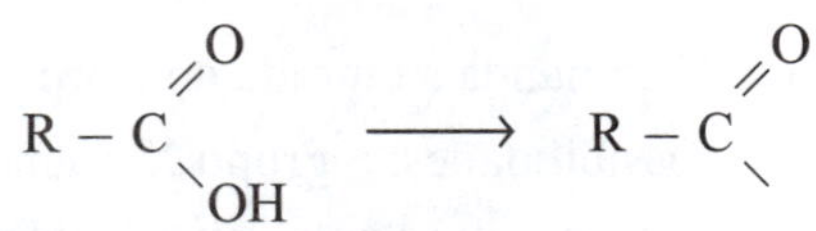

ácido carboxílico grupo acila

Exemplo:

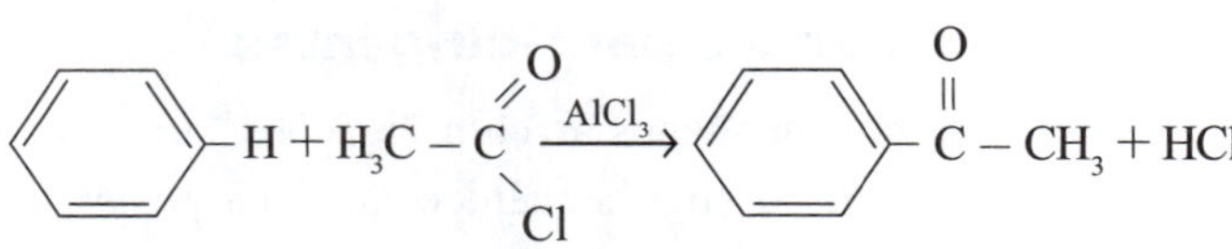

benzeno fenilmetilcetona

7. Mecanismo de substituição em aromáticos

O anel benzênico é um local rico em elétrons (3 duplas), portanto, atrai reagentes eletrófilos (positivos).

Em uma reação de substituição aromática, um eletrófilo (Y^+) é colocado em um anel benzênico e o H^+ é removido do carbono que formou a nova ligação com o eletrófilo.

8. Dirigência em aromáticos

8.1 Introdução

Quando um benzeno substituído sofre uma reação de substituição, onde se liga o novo substituinte? O produto de reação será um isômero *orto*, um isômero *meta* ou um isômero *para*?

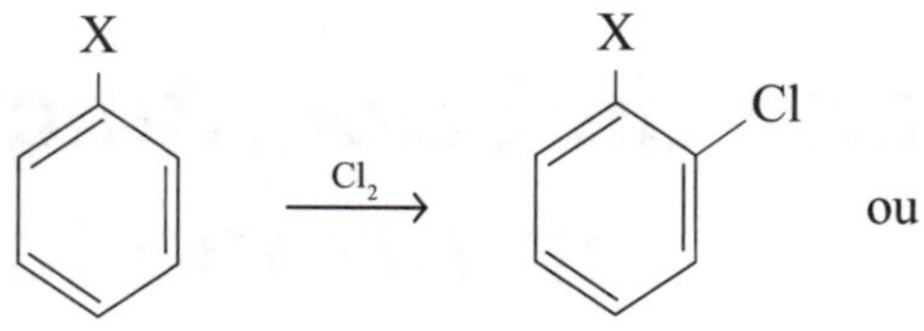

orto

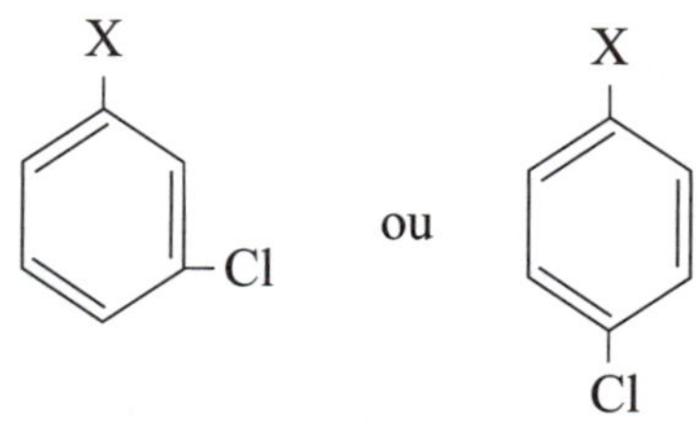

meta para

O grupo X comanda a entrada do cloro

Há duas possibilidades: o grupo X orientará a entrada tanto nas posições *orto* e *para*, ou orientará a entrada do cloro na posição *meta*.

8.2 Grupos *orto* e *para*-dirigentes

São grupos pequenos e com ligações simples. O reagente entrará no anel benzênico tanto na posição *orto* e *para*.

> grupos *orto* e *para*-dirigentes:
> $-Cl$, $-Br$, $-NH_2$, $-OH$, $-CH_3$

Exemplo:

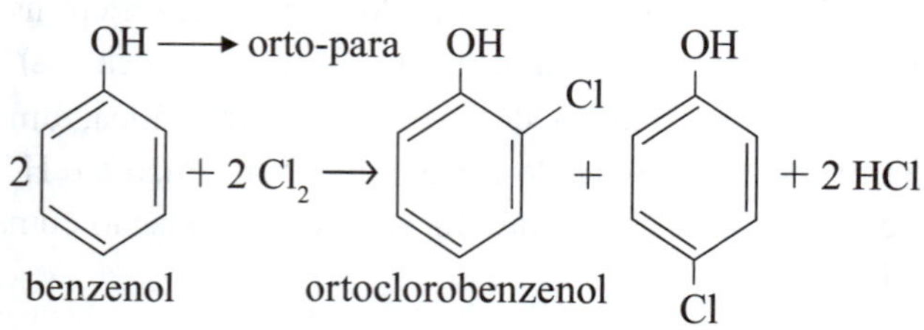

benzenol ortoclorobenzenol paraclorobenzenol

Esses grupos *orto* e *para*-dirigentes tornam a reação mais rápida (exceto halogênios) em relação ao benzeno, por isso, são chamados grupos ativantes.

8.3 Grupos *meta*-dirigentes

São grupos que possuem pelo menos uma ligação dupla ou tripla ou dativa.

> grupos *meta*-dirigentes:
> $-NO_2$, $-COOH$, $-SO_3H$, $-CHO$, $-CN$

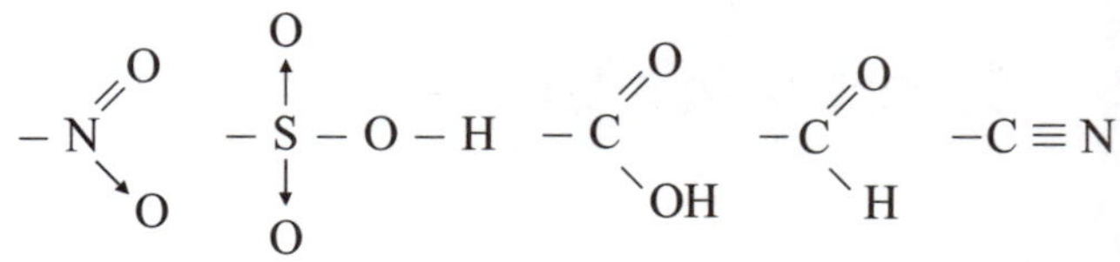

Exemplo:

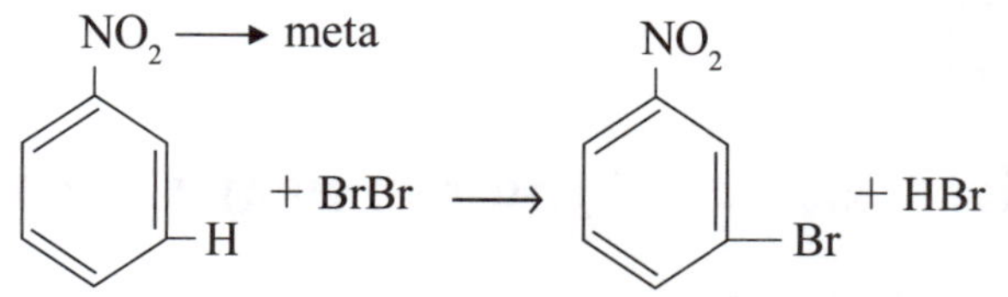

nitrobenzeno metabromonitrobenzeno

Esses grupos *meta*-dirigentes tornam a reação menos rápida em relação ao benzeno, por isso, são chamados grupos desativantes.

9. Grupos *orto* e *para*-dirigente *versus* grupo *meta*-dirigente

O grupo *orto* e *para*-dirigente prevalecem sobre grupo *meta*-dirigente, nas reações de substituição do anel benzênico.

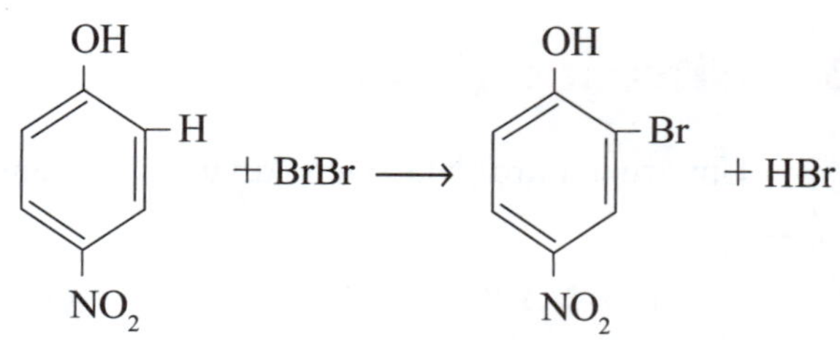

paranitrobenzenol 2-bromo-4-nitrobenzenol

10. Obtenção do TNT — trinitração do tolueno

TNT: 2,4,6-trinitrotolueno (explosivo)

Ao reagirmos o tolueno com o ácido nítrico, em proporções adequadas (1 : 3) e na presença de H_2SO_4 como catalisador, três grupos (NO_2) entram na molécula do tolueno. O grupo CH_3 é um grupo *orto-para*-dirigente. Ele orienta essas entradas para as posições **orto** (vizinhas do CH_3) e **para** (oposta ao CH_3).

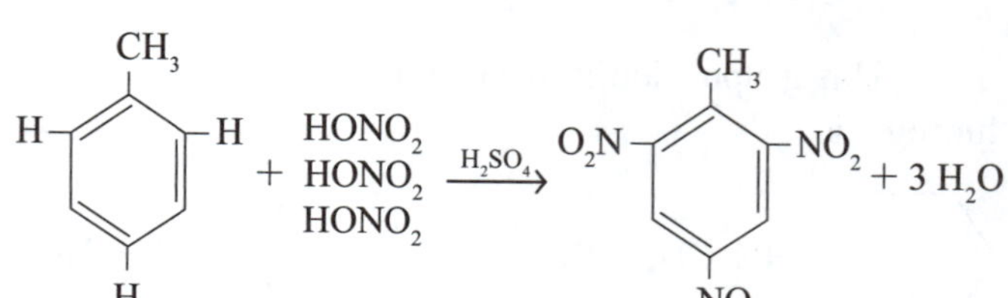

metilbenzeno 2,4,6-trinitrotolueno

Exercícios Série Prata

Complete as equações:

1. 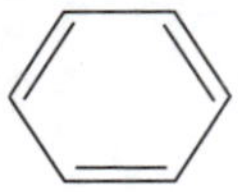 $+ Br_2 \longrightarrow$

2. 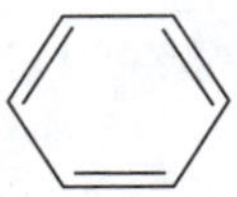 $+ HONO_2 \xrightarrow[HNO_3]{}$

3.  $+ HOSO_3H \xrightarrow[H_2SO_4]{}$

4. 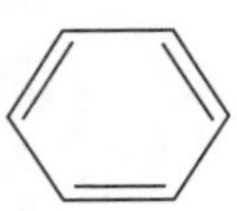 $+ ClCH_2CH_3 \longrightarrow$

5. 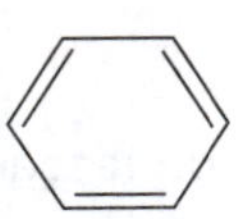 $+ Br-\overset{\overset{\Large O}{||}}{C}-CH_3 \longrightarrow$

6. Complete a equação.
No naftaleno, a reação de substituição pode ocorrer tanto na posição 1 (α) como na 2 (β).

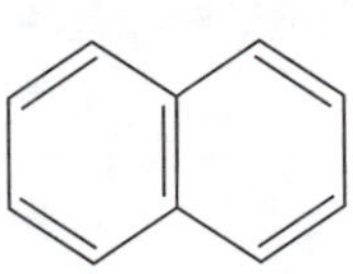 $+ Cl_2 \longrightarrow$

7. Classifique os seguintes grupos em *orto-para* (OP) e *meta*-dirigentes (M).

a) Cl ( )
b) CH_3 ( )
c) NO_2 ( )
d) COOH ( )
e) NH_2 ( )
f) CHO ( )
g) CN ( )
h) OH ( )
i) SO_3H ( )

Complete as equações:

8. 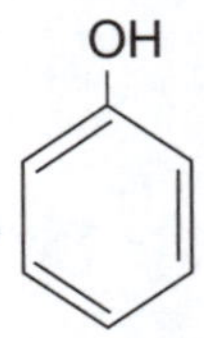 $+ Cl_2 \longrightarrow$

9. 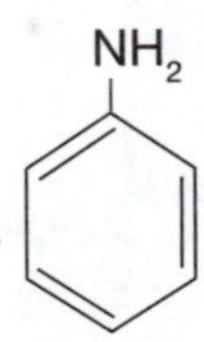 $+ Cl_2 \longrightarrow$

10. 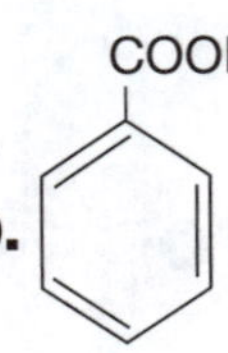 $+ Cl_2 \longrightarrow$

11. 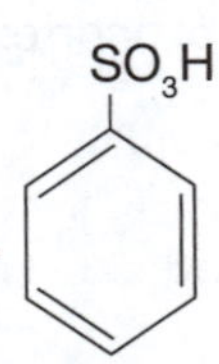 $+ Cl_2 \longrightarrow$

12. 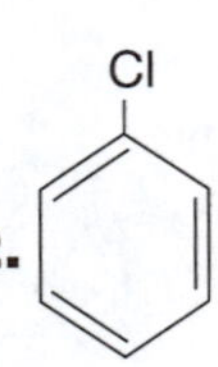 $+ HONO_2 \longrightarrow$

13. 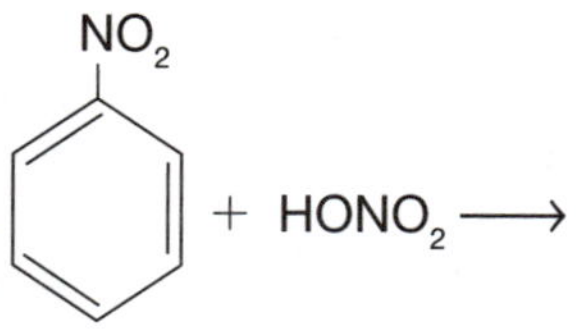

14. 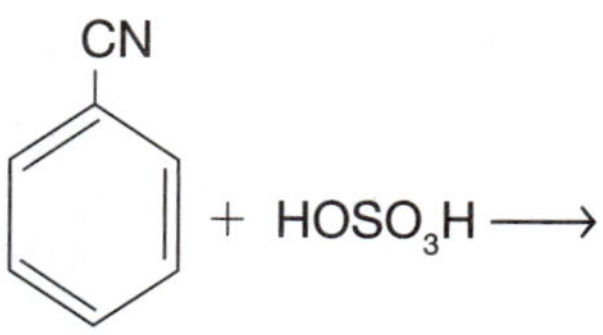

15. 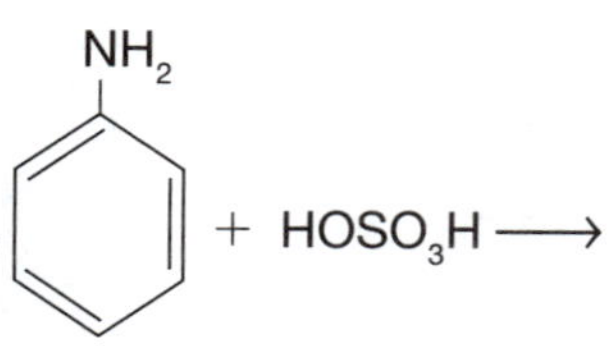

16. Complete a equação.

Na halogenação do tolueno na presença de catalisador e sem necessidade de luz ou aquecimento haverá halogenação no anel benzênico. Regra NNN.

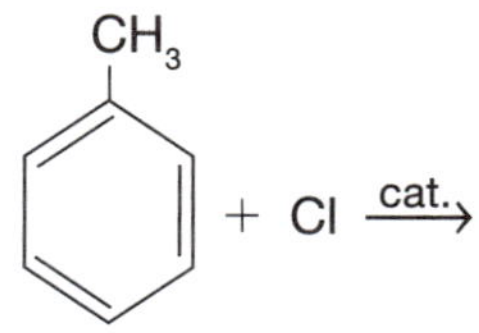

17. Complete a equação.

Na halogenação do tolueno na presença de luz ou calor e sem a necessidade de catalisador haverá halogenação na cadeia lateral (CH_3), como ocorre no caso dos alcanos. Regra CCC.

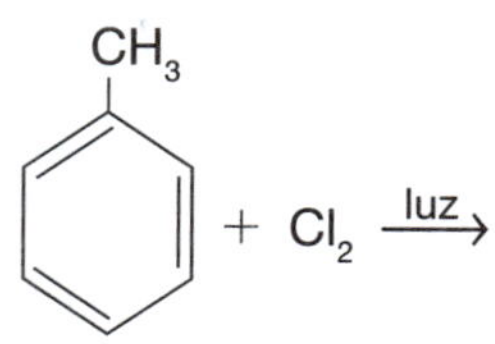

Exercícios Série Ouro

1. (FUVEST – SP) Fenol (C_6H_5OH) é encontrado na urina de pessoas expostas a ambientes poluídos por benzeno (C_6H_6).

Na transformação do benzeno em fenol ocorre:

a) substituição no anel aromático
b) quebra na cadeia carbônica
c) rearranjo no anel aromático
d) formação de cicloalceno
e) polimerização

2. (FUVEST – SP) Escreva a equação de reação de sulfonação do benzeno, dando o nome do produto orgânico formado.

3. (MACKENZIE - SP) Em relação aos grupos $- NO_2$ e $- Cl$, quando ligados ao anel aromático, sabe-se que:

- o grupo cloro é *orto-para*-dirigente
- o grupo nitro é *meta*-dirigente

Assim, no composto 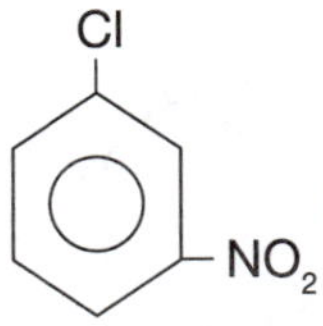

possivelmente ocorreu

a) nitração de clorobenzeno
b) redução de 1-cloro-3-aminobenzeno
c) cloração do nitrobenzeno
d) halogenação do ortonitrobenzeno
e) nitração do cloreto de benzina

4. (FUVEST - SP) Na reação do tolueno com o cloro, obteve-se um composto diclorado. Admitindo-se que tenha ocorrido reação de substituição no núcleo aromático, em quais posições deste núcleo se deram as substituições?

5. (FUVEST - SP) Quando se efetua a reação de nitração do bromobenzeno, são produzidos três compostos isoméricos mononitrados:

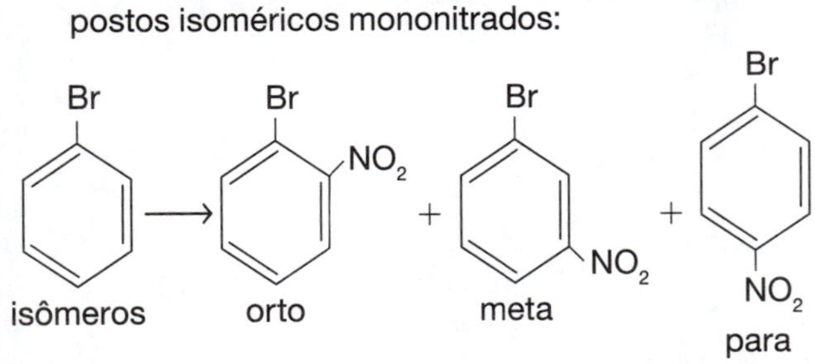

Efetuando-se a nitração do para-dibromobenzeno, em reação análoga, o número de compostos **mononitrados** sintetizados é igual a

a) 1 b) 2 c) 3 d) 4 e) 5

6. (PUC - SP) Grupos ligados ao anel benzênico interferem na sua reatividade. Alguns grupos tornam as posições orto e para mais reativas para reações de substituição e são chamados *orto* e *para*-dirigentes, enquanto outros grupos tornam a posição meta mais reativa, sendo chamados de *meta*-dirigentes.

- Grupos *orto* e *para*-dirigentes: $- Cl$, $- Br$, $- NH_2$, $- OH$, $- CH_3$
- Grupos *meta*-dirigentes: $- NO_2$, $- COOH$, $- SO_3H$

As rotas sintéticas I, II e III foram realizadas com o objetivo de sintetizar as substâncias **X**, **Y** e **Z**, respectivamente.

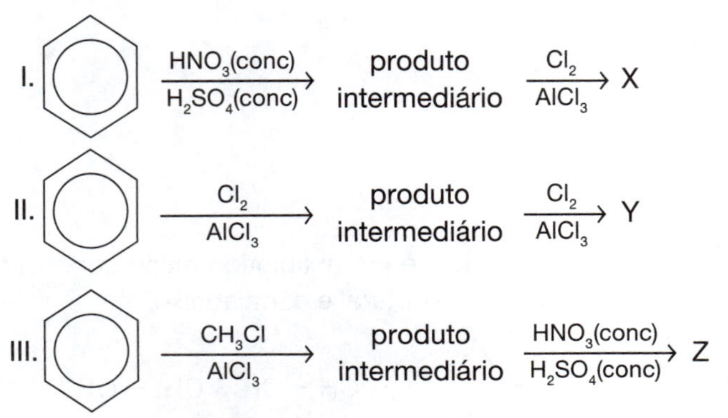

Após o isolamento adequado do meio reacional e de produtos secundários, os benzenos dissubstituídos **X**, **Y** e **Z** obtidos são, respectivamente,

a) orto-cloronitrobenzeno, meta-diclorobenzeno e para-nitrotolueno.
b) meta-cloronitrobenzeno, orto-diclorobenzeno e para-nitrotolueno.
c) meta-cloronitrobenzeno, meta-diclorobenzeno e meta-nitrotolueno.
d) para-cloronitrobenzeno, para-diclorobenzeno e orto-nitrotolueno.
e) orto-cloronitrobenzeno, orto-diclorobenzeno e para-cloronitrotolueno.

7. (UFPB) O composto conhecido como trinitrotolueno (TNT), representado abaixo, é um sólido cristalino amarelo, poderoso explosivo utilizado para fins militares e na exploração de jazidas minerais.

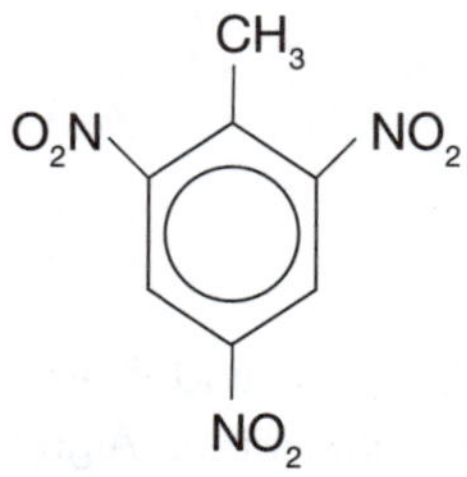

1-metil-2,4,6-trinitrobenzeno (trinitrotolueno)

Este composto pode ser obtido a partir do benzeno, através de reações de substituição (nitração e alquilação).

a) Qual das duas reações de substituição, nitração ou alquilação, deve ser realizada primeiramente para obtenção do trinitrotolueno? Justifique.

b) Formule as equações das etapas de formação do trinitrotolueno.

8. O cloranfenicol é um antibiótico muito conhecido. Sua fórmula estrutural é dada abaixo:

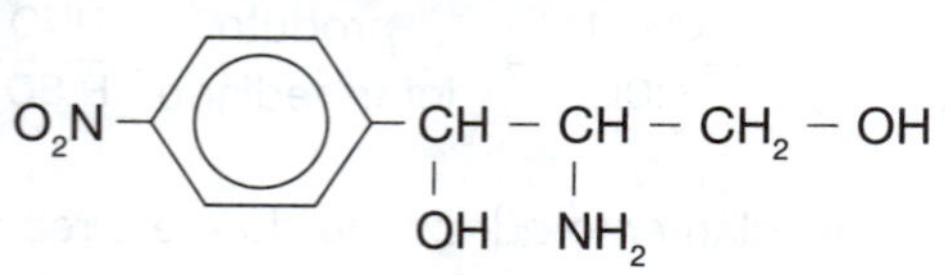

cloranfenicol

a) Quais são as funções químicas presentes nessa substância?

b) Escreva a estrutura do composto que se espera obter na reação de monocloração do anel benzênico dessa substância.

c) Justifique sua resposta ao item anterior.

9. (UNESP) Considere uma molécula com um anel benzênico na qual houve uma reação de substituição, tendo sido adicionado ao anel um grupo R. Em relação a esse grupo, as outras posições do anel são classificadas como orto, meta e para.

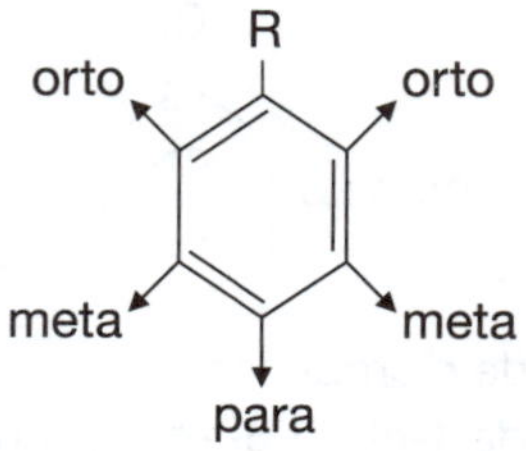

(I)

a) Para R = NO_2, escreva a equação balanceada da molécula (I) com excesso de Br_2.

b) Para R = CH_3, escreva a equação balanceada da molécula (I) com excesso de Cl_2.

Capítulo 20

Reação de Eliminação

1. Reações de eliminação

São aquelas em que ocorre uma diminuição na quantidade de átomos na molécula do reagente orgânico.

Exemplo:

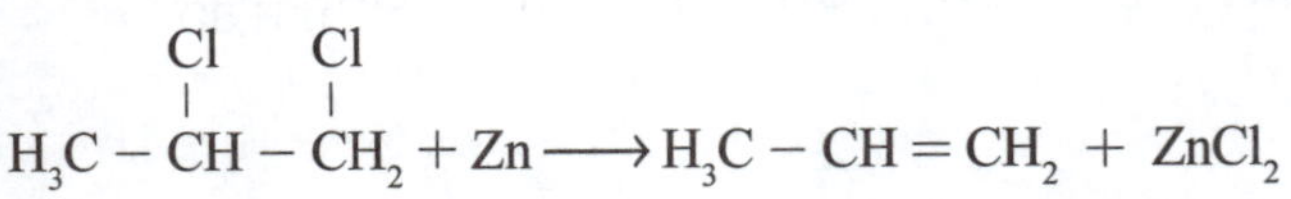

Essas reações ocorrem, principalmente, em **álcoois, ácidos carboxílicos** e **haletos orgânicos**.

2. Desidratação de álcoois

A desidratação consiste na perda de água de um álcool, devido a um aquecimento na presença de um agente desidratante (H_2SO_4 concentrado).

Os álcoois podem sofrer dois tipos de desidratação: **intramolecular** e **intermolecular**.

2.1 Desidratação intramolecular

A água é retirada de uma molécula de álcool.

$$\textbf{álcool} \xrightarrow[\text{desidratante}]{\text{agente}} \textbf{alqueno} + \textbf{água}$$

Exemplo:

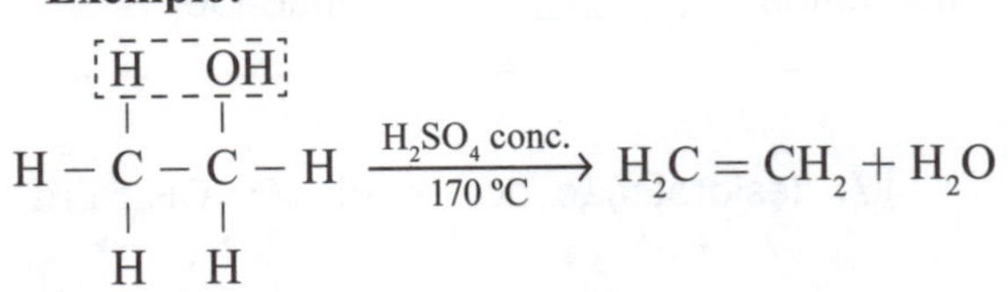

etanol
(álcool etílico)

2.2 Desidratação intermolecular

A água é retirada de 2 moléculas de álcoois.

$$\textbf{2 álcoois} \xrightarrow[\text{desidratante}]{\text{agente}} \textbf{éter} + \textbf{água}$$

Exemplo:

$$H_3C - CH - OH + OH - CH - CH_3 \xrightarrow[140\ °C]{H_2SO_4\ \text{conc.}}$$

etanol (álcool etílico)

$$\xrightarrow[140\ °C]{H_2SO_4\ \text{conc.}} H_3C - CH - O - CH_2 - CH_3 + H_2O$$

etoxietano (éter dietílico)

3. Desidratação de ácidos carboxílicos

Formam os **anidridos**

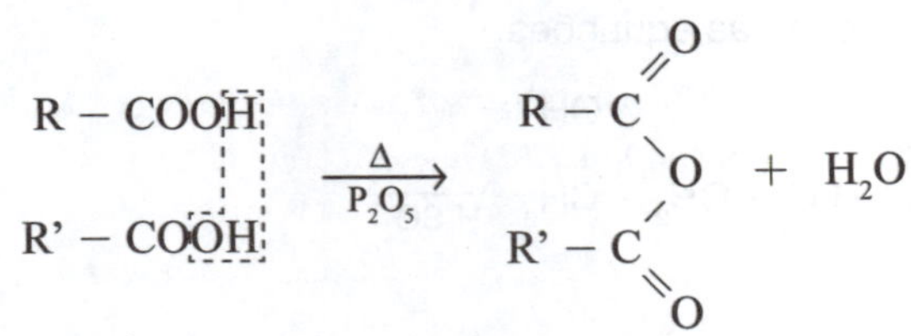

ácido anidrido

P_2O_5 = agente desidratante

Exemplo:

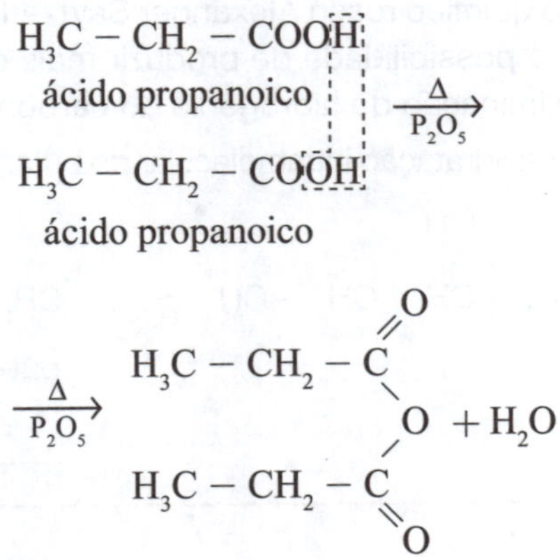

anidrido propanoico

Os ácidos dicarboxílicos ao se desidratarem produzem anidridos cíclicos.

Exemplo:

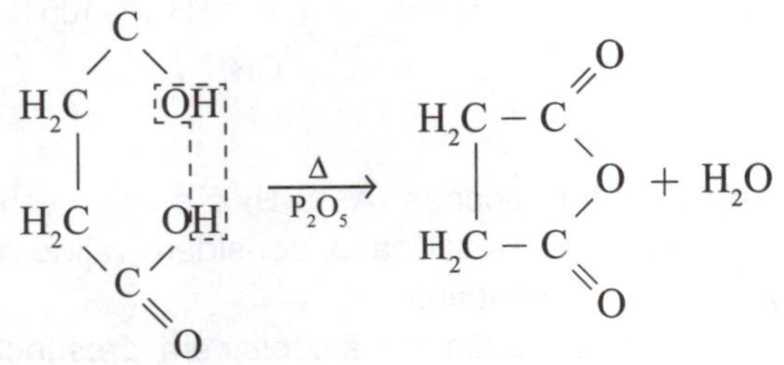

ácido butanodioico anidrido butanodioico

4. Eliminação em haleto orgânico

Haletos orgânicos em presença de KOH (potassa alcoólica) produzem alcenos (reação de eliminação).

Exemplo:

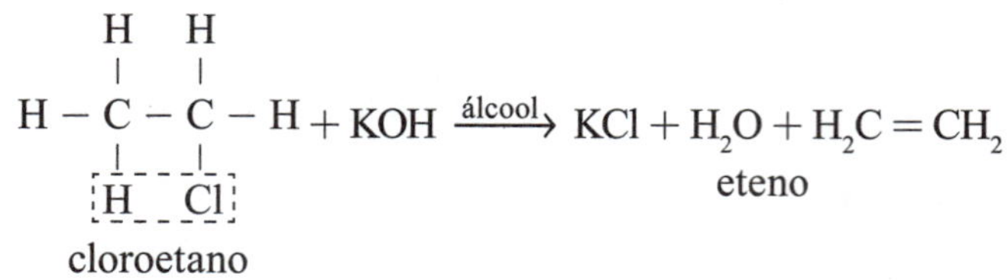

Exercícios Série Prata

Complete as equações.

1. $H_3C - CH_2 - \overset{\overset{\displaystyle OH}{|}}{C}H_2 \xrightarrow[H_2SO_4]{\Delta}$

2. $H_3C - CH_2 - OH + HO - CH_2 - CH_3 \xrightarrow[H_2SO_4]{\Delta}$

3. Complete com **maior** ou **menor**.

Em 1875, o químico russo Alexander Saytzeff percebeu que, na desidratação intramolecular sofrida por álcoois, se houver a possibilidade de produzir mais de um alceno diferente, há uma preferência da natureza para que ocorra a eliminação do hidrogênio do carbono menos hidrogenado. Essa é a chamada *regra de Saytzeff*.

Exemplo: desidratação intramolecular do butan-2-ol.

$$CH_3 - \overset{\overset{\displaystyle OH}{|}}{C}H - CH_2 - CH_3 \xrightarrow[H_2SO_4]{\Delta} \underset{\text{but-1-eno}}{CH_2 = CH - CH_2 - CH_3} + \underset{\text{but-2-eno}}{CH_3 - CH = CH - CH_3} + H_2O$$

_____________ quantidade _____________ quantidade

4. (FUVEST – SP) Considere os seguintes dados:

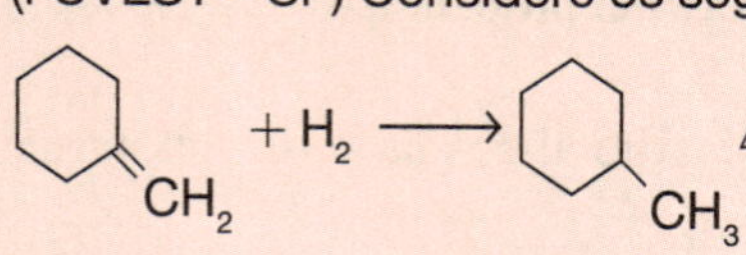

$\Delta H = -117$ kJ/mol

(A)

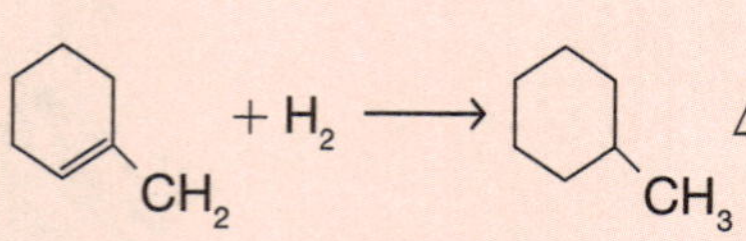

$\Delta H = -105$ kJ/mol

(B)

a) Qual dos alcenos (A ou B) é o mais estável? Justifique. Neste caso, considere válido raciocinar com entalpia.

A desidratação de álcoois, em presença de ácido, pode produzir uma mistura de alcenos, em que predomina o mais estável.

b) A desidratação do álcool 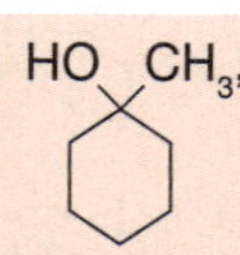

, em presença de ácido, produz cerca de 90% de um determinado alceno. Qual deve ser a fórmula estrutural desse alceno? Justifique.

Resolução:

a) O alceno mais estável é o B, cuja fórmula é 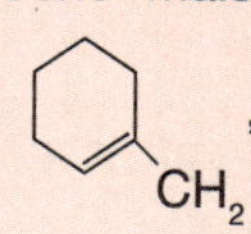

, pois libera menos energia ($\Delta H = -105$ kJ/mol) que o alceno A ($\Delta H = -117$ kJ/mol). O alceno B possui menor conteúdo energético do que o alceno A.

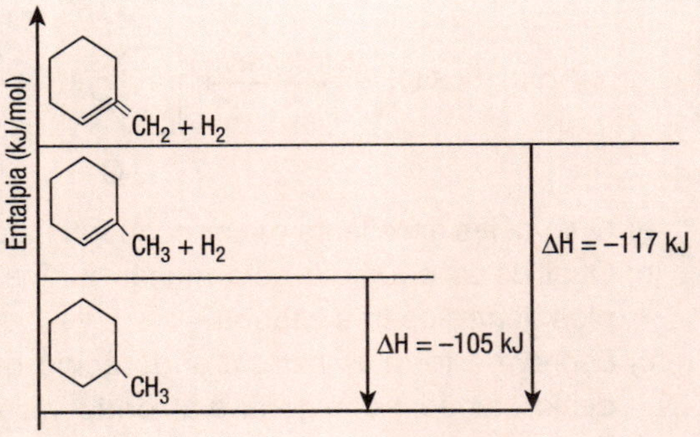

b) O alceno formado em maior proporção é o mais estável, no caso o composto B. De acordo com a equação química a seguir:

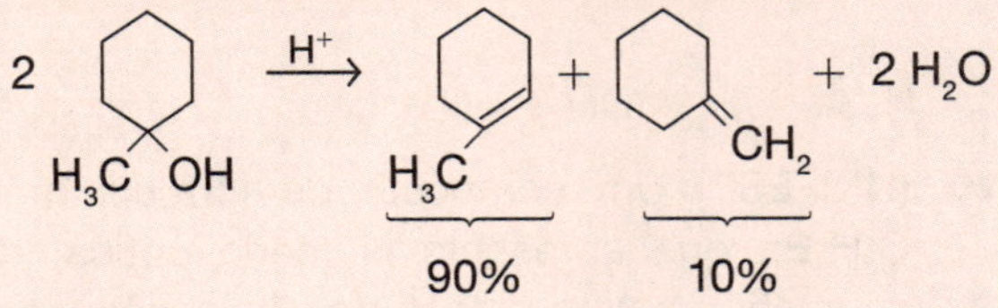

5. (UNICAMP – SP) Quando vapores de etanol passam sobre argila aquecida, que atua como catalisador, há produção de um hidrocarboneto insaturado gasoso e vapor-d'água. Esse hidrocarboneto reage com bromo (Br_2) dando um único produto. Escreva as equações:

a) da reação de formação do hidrocarboneto, indicando o nome deste;

b) da reação do hidrocarboneto com o bromo.

6. (FUVEST – SP) Nos anos de 1970, o uso do inseticida DDT, também chamado de 1,1,1-tricloro-2,2-bis (*para*-clorofenil) etano, foi proibido em vários países.

Essa proibição se deveu à toxicidade desse inseticida, que é solúvel no tecido adiposo dos animais. Para monitorar sua presença em um ambiente marinho do litoral canadense, amostras de ovos de gaivotas, recolhidos nos ninhos, foram analisadas. O gráfico abaixo mostra a variação da concentração de DDE (um dos produtos gerados pela degradação do DDT) nos ovos, ao longo dos anos.

ANA OLÍVIA JUSTO/acervo da editora

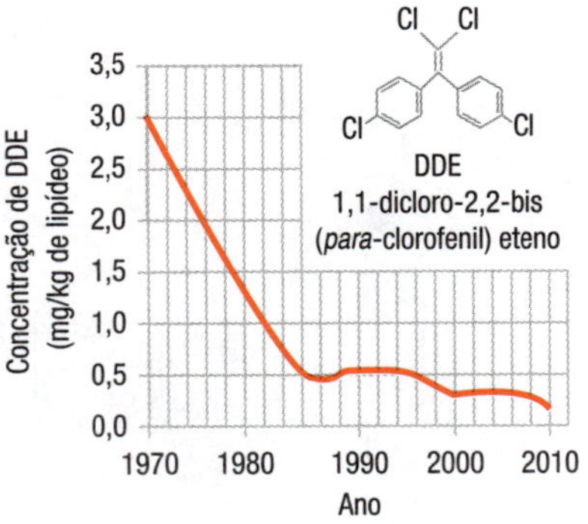

a) No período de 1970 a 1985, foi observada uma diminuição significativa da concentração de DDE nos ovos das gaivotas. A partir de 1970, quanto tempo levou para que houvesse uma redução de 50% na concentração de DDE?

b) O DDE é formado, a partir do DDT, pela eliminação de HCl. Escreva, usando fórmulas estruturais, a equação química que representa a formação do DDE a partir do DDT.

7. (UNIFESP) O fluxograma mostra a obtenção de fenil-eteno (estireno) a partir de benzeno e eteno.

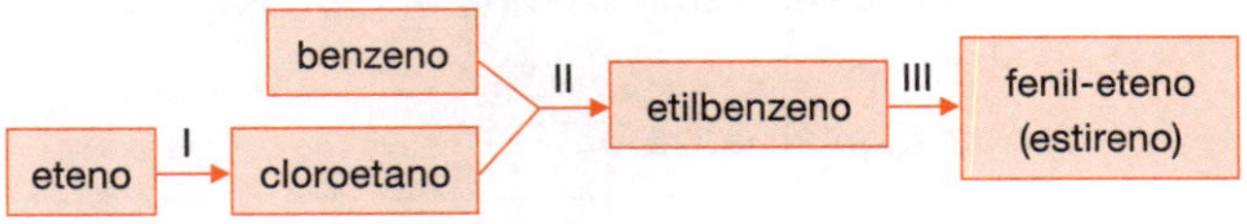

Nesse fluxograma, as etapas I, II e III representam, respectivamente, reações de

a) substituição, eliminação e adição.

b) halogenação, adição e hidrogenação.

c) eliminação, adição e desidrogenação.

d) adição, eliminação e substituição.

e) adição, substituição e desidrogenação.

8. (FUVEST – SP) Do ponto de vista da "Química Verde", as melhores transformações são aquelas em que não são gerados subprodutos. Mas, se forem gerados, os subprodutos não deverão ser agressivos ao ambiente.

Considere as seguintes transformações, representadas por equações químicas, em que, quando houver subprodutos, eles não estão indicados.

I. 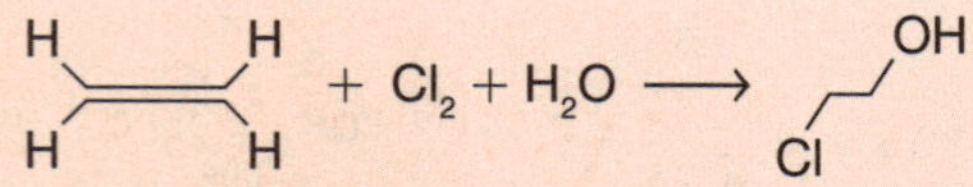

II. 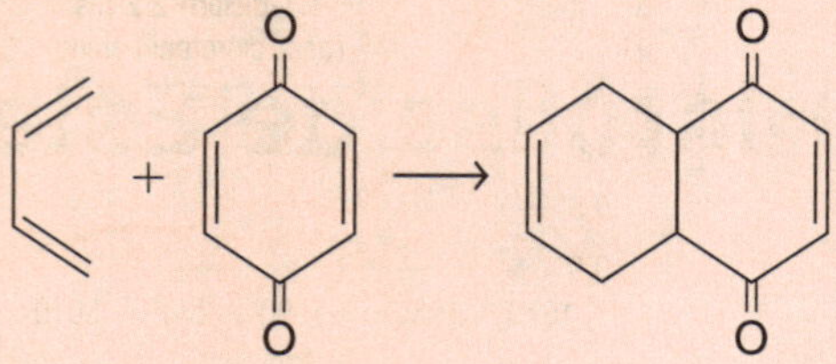

III. 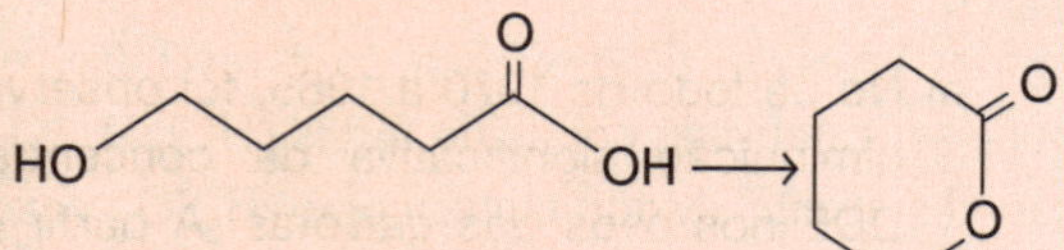

A ordem dessas transformações, da pior para melhor, de acordo com a "Química Verde", é:

a) I, II, III.
b) I, III, II.
c) II, I, III.
d) II, III, I.
e) III, I, II.

Resolução:

I. $C_2H_4 + Cl_2 + H_2O \longrightarrow C_2H_5OCl + HCl$

HCl: subproduto prejudicial ao meio ambiente.

II. $C_4H_6 + C_6H_4O_2 \longrightarrow C_{10}H_{10}O_2$

A reação II forma um único produto adequando-se ao conceito Química Verde.

III. $C_5H_{10}O_3 \longrightarrow C_5H_8O_2 + H_2O$

A sequência das reações é da pior para a melhor: I, III, II.

Resposta: alternativa b.

9. (FUVEST – SP) A "Química Verde", isto é, a química das transformações que ocorrem com o mínimo de impacto ambiental, está baseada em alguns princípios:

1. utilização de matéria-prima renovável,
2. não geração de poluentes,
3. economia atômica, ou seja, processos realizados com a maior porcentagem de átomos dos reagente incorporados ao produto desejado.

Analise os três processos industriais de produção de anidrido maleico, representados pelas seguintes equações químicas:

I. 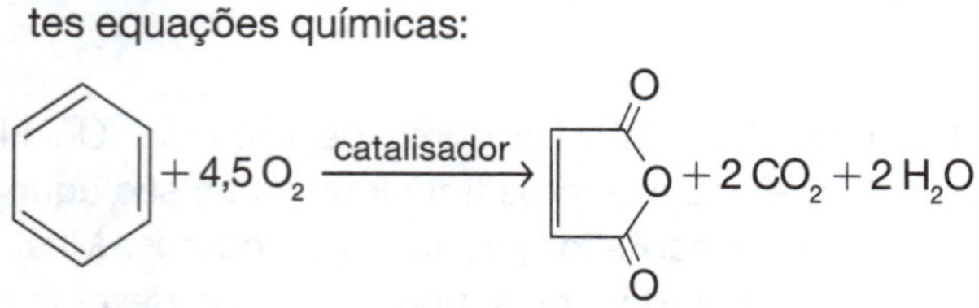

II. 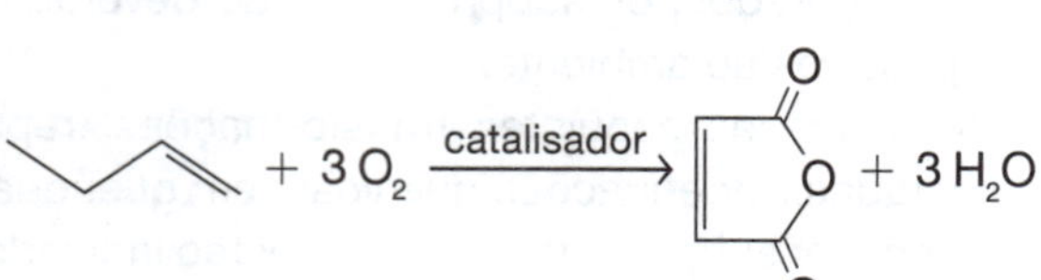

III. 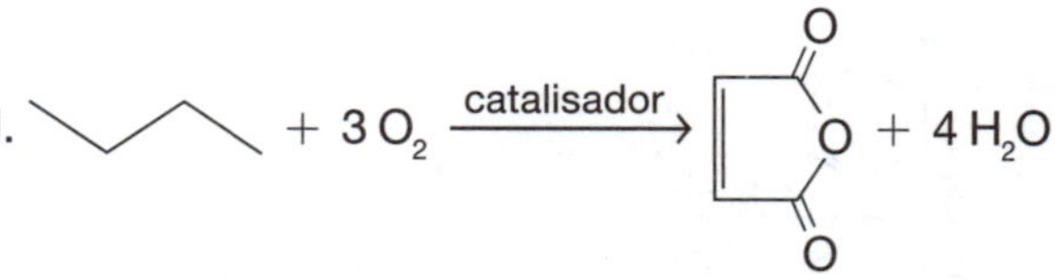

a) Qual deles apresenta maior economia atômica?
b) Qual deles obedece pelo menos a dois princípios dentre os três citados?
c) Escreva a fórmula estrutural do ácido que, por desidratação, pode gerar o anidrido maleico.
d) Escreva a fórmula estrutural do isômero geométrico do ácido do item c.

10. (UNIFESP) Um composto de fórmula molecular C_4H_9Br, que apresenta isomeria óptica, quando submetido a uma reação de eliminação (com KOH alcoólico a quente), forma com produto principal um composto que apresenta isomeria geométrica (cis e trans).

a) Escreva as fórmulas estruturais dos compostos orgânicos envolvidos na reação.
b) Que outros tipos de isomeria pode apresentar o composto de partida C_4H_9Br? Escreva as fórmulas estruturais de dois dos isômeros.

11. (FUVEST – SP) Um químico, pensando sobre quais produtos poderiam ser gerados pela desidratação do ácido 5-hidróxi-pentanoico.

$$\underset{\displaystyle HO}{\overset{}{H_2\underset{|}{C}}} - CH_2 - CH_2 - CH_2 - \underset{\displaystyle OH}{\underset{|}{C}} = O$$

imaginou que

a) a desidratação **intermolecular** desse composto poderia gerar um éter ou um éster, ambos de cadeia aberta. Escreva as fórmulas estruturais desses dois compostos.
b) a desidratação **intramolecular** desse composto poderia gerar um éster cíclico ou um ácido com cadeia carbônica insaturada. Escreva as fórmulas estruturais desses dois compostos.

Capítulo 21

Esterificação – Hidrólise de Ésteres

1. Reação de esterificação

Ocorre entre um ácido orgânico ou inorgânico e álcool, produzindo éster e água. Esta reação é um processo reversível.

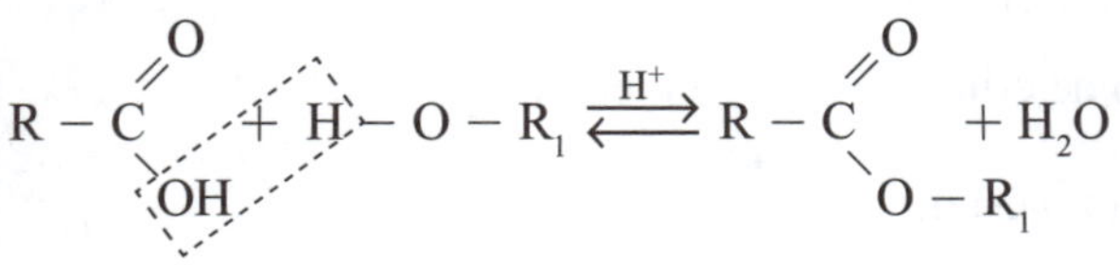

ácido orgânico   álcool   éster + água

Exemplo:

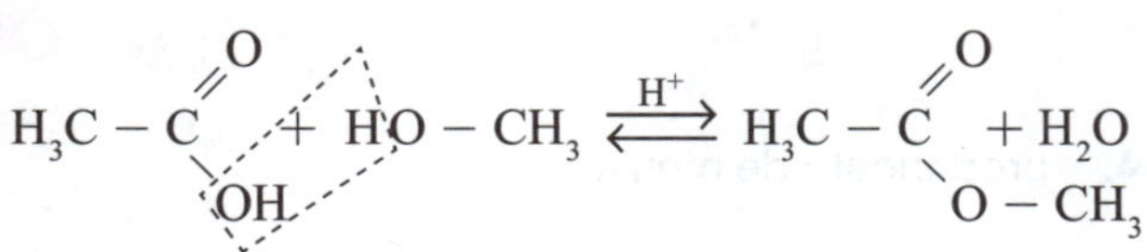

ácido etanoico   metanol   etanoato de metila

Na maioria das esterificações, o grupo OH da carboxila se liga ao H do grupo hidroxila para formar água.

2. Usando oxigênio marcado (^{18}O) para descobrir o mecanismo da esterificação

Usando álcool marcado ($R_1 - {}^{18}OH$) temos duas possibilidades.

I. Formação do éster marcado – mais comum

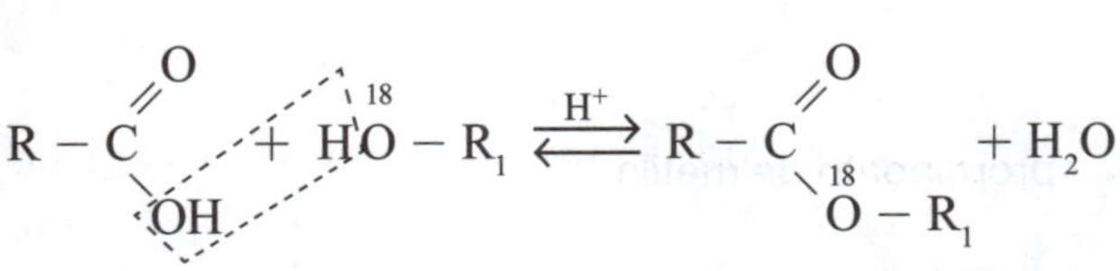

éster marcado

II. Formação de água marcada – menos comum

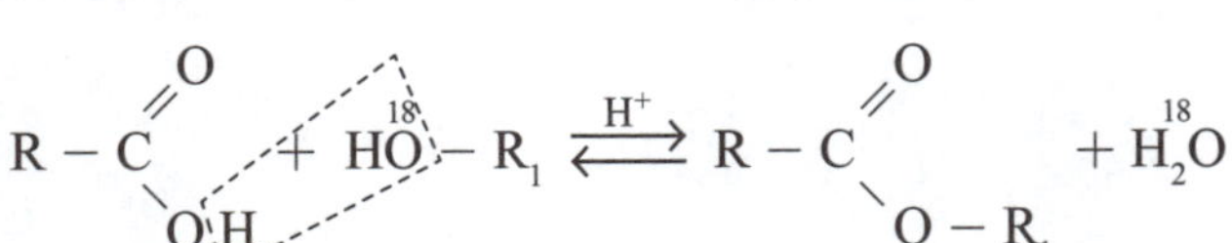

água marcada

A reação de esterificação é reversível e lenta, e pode ser catalisada por ácido fortes (HCl, H_2SO_4). A adição de agente desidratante, como H_2SO_4 concentrado, promove o deslocamento para a direita, pois remove água do equilíbrio.

3. Hidrólise ácida de éster

É a reação inversa da esterificação, produzindo um ácido carboxílico e o álcool. Um ácido forte catalisa as duas reações.

éster + água $\rightleftarrows$ ácido + álcool

Exemplo:

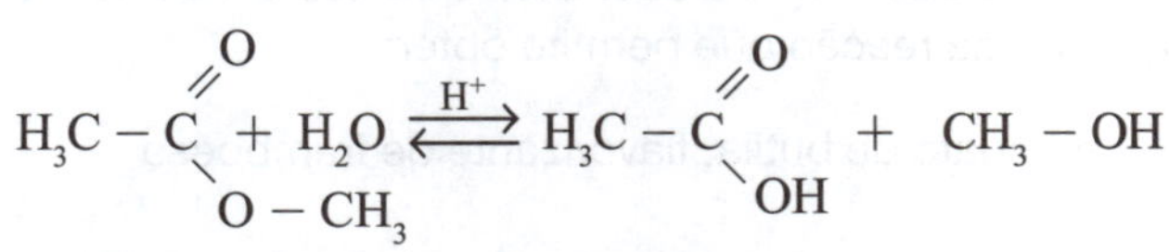

etanoato de metila   ácido etanoico   metanol

4. Hidrólise básica de éster

A reação é feita em meio básico (NaOH, KOH...).

O ácido formado reage com a base produzindo um sal orgânico. As etapas são:

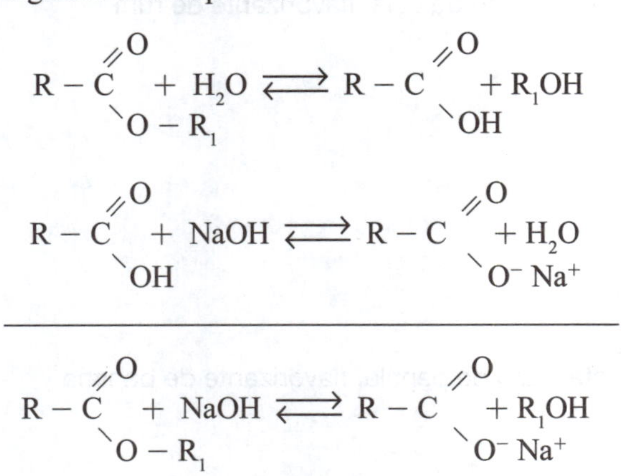

Em vez de ácido forma-se um sal de ácido carboxílico. A equação global da hidrólise básica do éster é:

éster + base $\rightleftarrows$ sal + álcool

Exemplo:

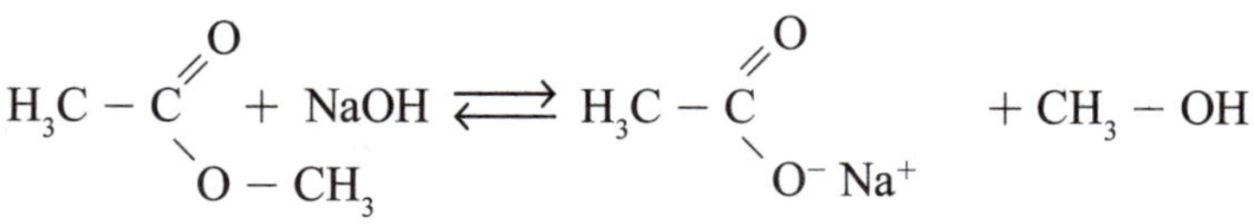

etanoato de metila — etanoato de sódio / acetato de sódio — metanol

5. Transesterificação

É do tipo: éster (1) + álcool (1) $\overset{\text{cat.}}{\rightleftharpoons}$ éster (2) + álcool (2)

Exemplo:

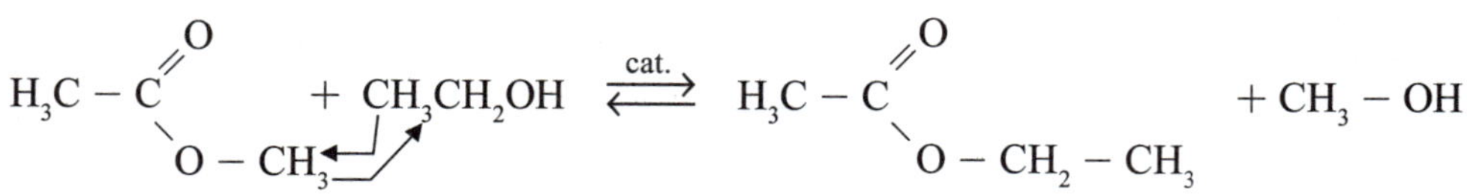

etanoato de metila — etanol — etanoato de etila — metanol

O grupo CH_3 vai para o álcool e o grupo CH_3CH_2 vai para o éster.

Exercícios Série Prata

Escolha o ácido e o álcool convenientes e escreva a equação da reação que permite obter:

1. etanoato de butila, flavorizante de framboesa

2. metanoato de etila, flavorizante de rum

3. etanoato de pentila, flavorizante de banana

4. propanoato de metila

Escreva a equação que representa a hidrólise ácida:

5. etanoato de butila

6. propanoato de metila

Escreva a equação que representa a hidrólise básica:

7. etanoato de butila, usando KOH

8. propanoato de metila, usando NaOH

9. Complete a equação de transesterificação.

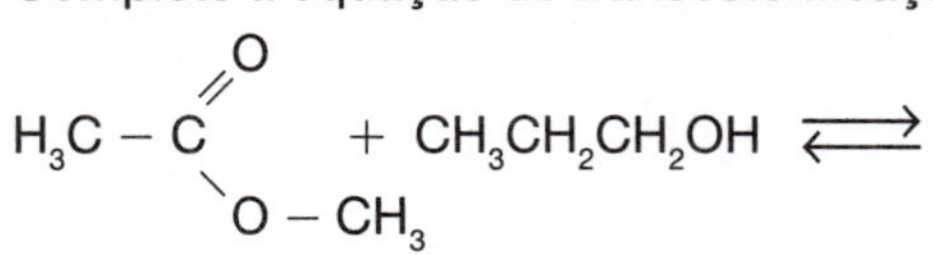

10. (FUVEST – SP) Na reação da saponificação

$$CH_3COOCH_2CH_2CH_3 + NaOH \longrightarrow X + Y$$

os produtos X e Y são:

a) álcool etílico e propionato de sódio.
b) ácido acético e propóxido de sódio.
c) acetato de sódio e álcool propílico.
d) etóxido de sódio e ácido propanoico.
e) ácido acético e álcool propílico.

11. (FUVEST – SP) O cheiro das frutas deve-se, principalmente, à presença de ésteres que podem ser sintetizados no laboratório, pela reação entre álcool e um ácido carboxílico, gerando essências artificiais utilizadas em sorvetes e bolos. Abaixo estão as fórmulas estruturais de alguns ésteres e a indicação de suas respectivas fontes.

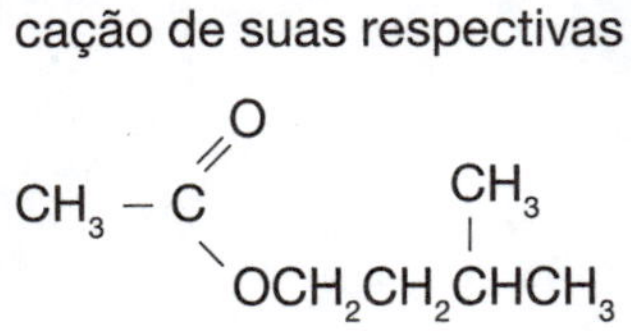

banana

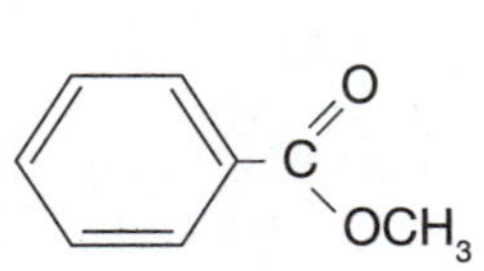

kiwi

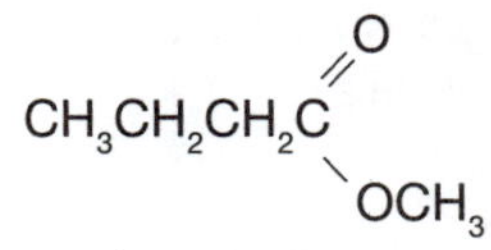

maçã

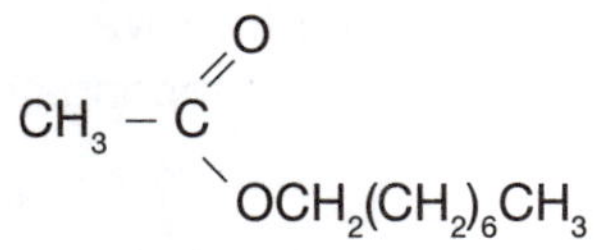

laranja

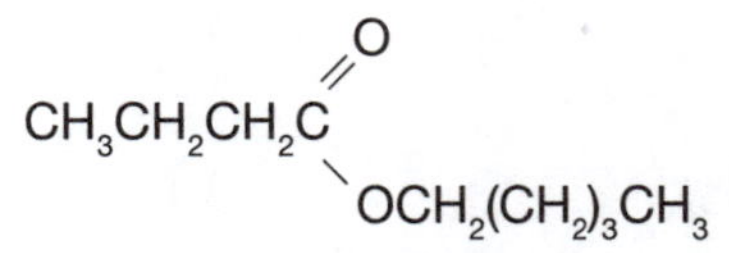

morango

A essência, sintetizada a partir do ácido butanoico e do metanol, terá cheiro de

a) banana.
b) kiwi.
c) maçã.
d) laranja.
e) morango.

12. (UNICAMP – SP) O éster responsável pelo aroma do rum tem a seguinte fórmula estrutural:

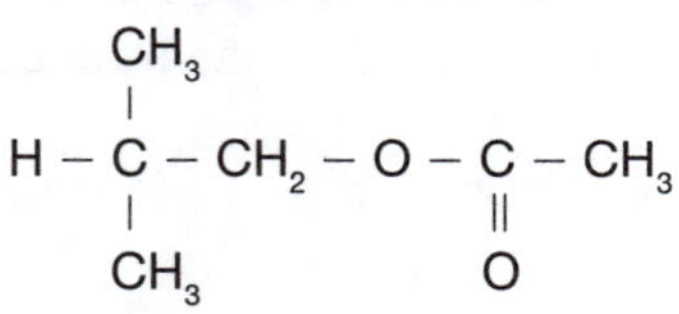

Escreva as fórmulas estruturais do ácido e do álcool a partir dos quais o éster poderia ser formado.

13. (ITA – SP) Escreva a equação química de obtenção do propanoato de metila. Também mencione como a reação pode ser acelerada e como o seu rendimento pode ser aumentado.

14. (UNESP) Escreva a equação química de hidrólise básica do propanoato de t-butila.

15. (FUVEST - SP) O sabor artificial de laranja é conseguindo usando acetato de octila.

a) Equacione a reação de esterificação que permite obter esse composto.
b) Dê o nome dos reagentes empregados.

16. (FGV) Na sequência de reações químicas representadas pelas equações não balanceadas

$$H_2C = CH_2 + HBr \longrightarrow X \qquad X + NaOH \xrightarrow{\Delta} Y$$

$$Y \xrightarrow[H_2SO_4]{\Delta} Z \qquad Y + CH_3COOH \xrightarrow{H^+} W$$

X, Y, Z e W são compostos orgânicos; Z é um líquido de baixo ponto de ebulição e bastante inflamável; W é um líquido de odor agradável.

Os compostos orgânicos X, Y, Z e W são, respectivamente:

a) 1,2-dibromoetano; éter dimetílico; etanal; ácido etanoico.
b) 1,1-dibromoetano; etanodiol; propanona; propanoato de propila.
c) etano; 1-propanol; etilmetil éter; propanona.
d) bromoetano; etanol; eteno; propanoato de etila.
e) bromoetano; etanol; éter dietílico; etanoato de etila.

17. (UNESP) Um composto orgânico tem as seguintes características:

- fórmula mínima CH_2O;
- pode formar-se pela ação de bactérias no leite;
- apresenta isomeria óptica;
- reage com álcoois para formar ésteres.

Esse composto é:

a) glicose, $C_6H_{12}O_6$
b) sacarose, $C_{12}H_{22}O_{11}$
c) ácido acético, 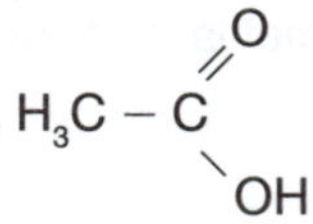
d) ácido láctico, 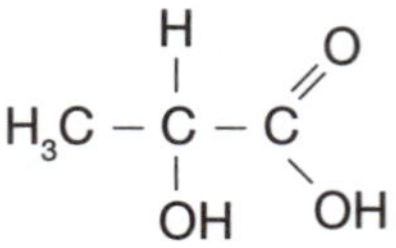
e) ácido oxálico, 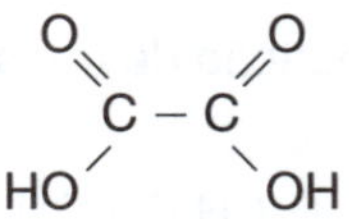

18. (FUVEST - SP) Deseja-se obter a partir do geraniol (estrutura A) o aromatizante que tem o odor de rosas (estrutura B).

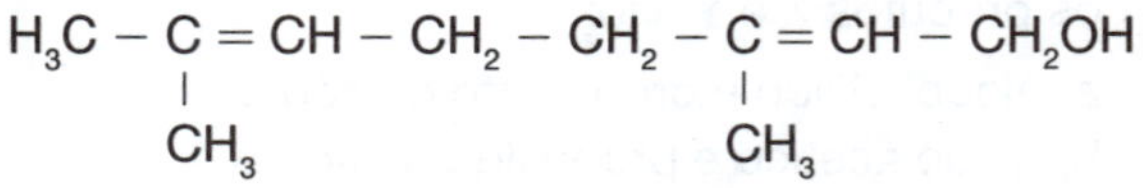

A (geraniol)

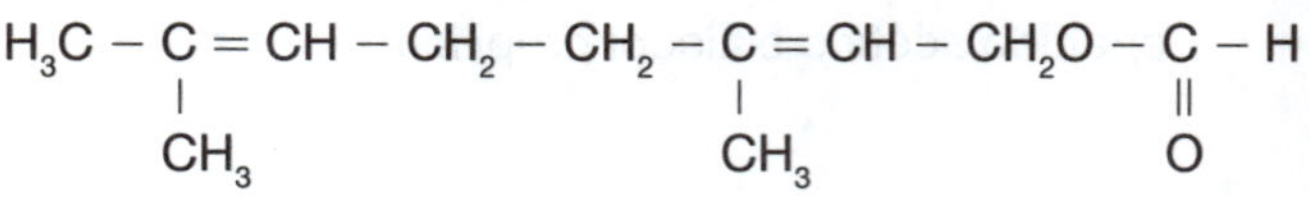

B (aromatizante com odor de rosas)

Para isso, faz-se reagir o geraniol com:

a) álcool metílico (metanol).
b) aldeído fórmico (metanal).
c) ácido fórmico (ácido metanoico).
d) formiato de metila (metanoato de metila).
e) dióxido de carbono.

19. (UNESP) O ácido 2-metilpropanoico reage com butan-1-ol, formando água e um produto orgânico.

a) Escreva a equação balanceada da reação utilizando fórmulas estruturais para os compostos orgânicos.

b) Dê o nome do produto orgânico formado na reação e a função a que pertence.

20. (FUVEST - SP) Considere a reação representada abaixo:

$$CH_3-C(=O)OH + CH_3OH \longrightarrow CH_3-C(=O)OCH_3 + H_2O$$

Se, em outra reação, semelhante à primeira, a mistura de ácido acético e metanol for substituída pelo ácido 4-hidroxibutanoico, os produtos da reação serão água e um:

a) ácido carboxílico insaturado com 4 átomos de carbono por molécula.

b) éster cíclico com 4 átomos de carbono por molécula.

c) álcool com 4 átomos de carbono por molécula.

d) éster cíclico com 5 átomos de carbono por molécula.

e) álcool com 3 átomos de carbono por molécula.

21. (ENEM) A própolis é um produto natural conhecido por suas propriedades anti-inflamatórias e cicatrizantes. Esse material contém mais de 200 compostos identificados até o momento. Dentre eles, alguns são de estrutura simples, como é o caso do $C_6H_5CO_2CH_2CH_3$, cuja estrutura está mostrada a seguir.

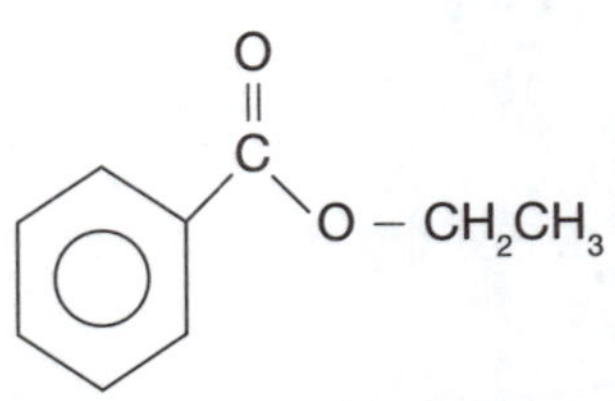

O ácido carboxílico e o álcool capazes de produzir o éster em apreço por meio da reação de esterificação são, respectivamente,

a) ácido benzoico e etanol.

b) ácido propanoico e hexanol.

c) ácido fenilacético e metanol.

d) ácido propiônico e cicloexanol.

e) ácido acético e álcool benzílico.

22. (UNESP) O ácido enalaprílico apresenta uma importante atividade como anti-hipertensivo. No entanto, quando ministrado por via oral, sua absorção pelo organismo é de aproximadamente 10%, ou seja, muito baixa, o que se deve à presença dos dois grupos carboxílicos na molécula.

Pesquisadores descobriram que a conversão de um destes grupos carboxílicos em seu derivado éster de etila, mais lipofílico, resultava em absorções pelo organismo da ordem de 70%. O éster enalapril, uma vez absorvido, é convertido no ácido enalaprílico, o que garante o efeito farmacológico esperado.

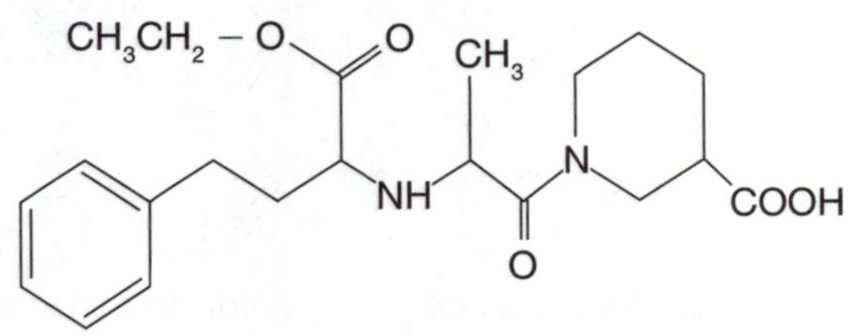

enalapril

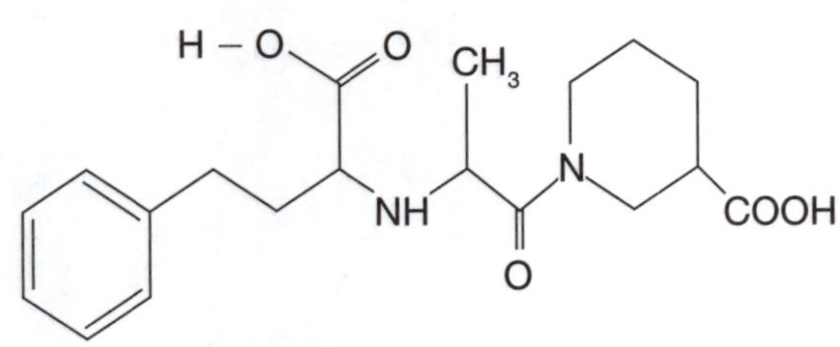

ácido enalaprílico

Com base na estrutura das duas substâncias, indique qual deve ser a substância utilizada na reação de esterificação do ácido enalaprílico.

23. (FUVEST – SP) Em determinadas condições, ésteres sofrem reação de hidrólise formando ácido e álcool:

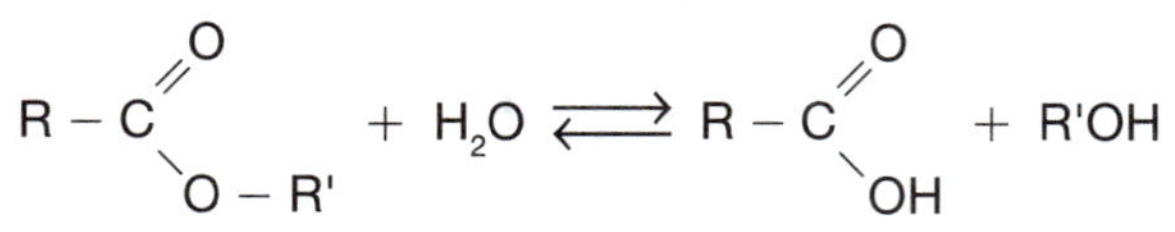

R, R' = grupos alquila ou arila

Hipoteticamente, tanto a ligação C – O do grupo carboxila quanto a ligação C – O do grupo O – R' poderiam ser quebradas para dar origem aos produtos. Sabe-se, no entanto, que uma delas é preferencialmente quebrada.

a) Usando como exemplo a reação de hidrólise do benzoato de etila ($C_6H_5COOC_2H_5$), explique por que fazendo a reação com água marcada H_2O^* (água com isótopo oxigênio-18) poder-se-ia identificar qual das duas ligações C – O é quebrada.

b) Os ésteres podem ser obtidos a partir da reação de anidrido do ácido com álcool apropriado. Para se obter o benzoato de etila pode-se partir do anidrido acético ou do anidrido benzoico. Explique, dando a equação da reação correspondente.

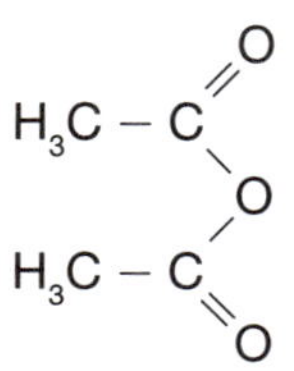

anidrido acético

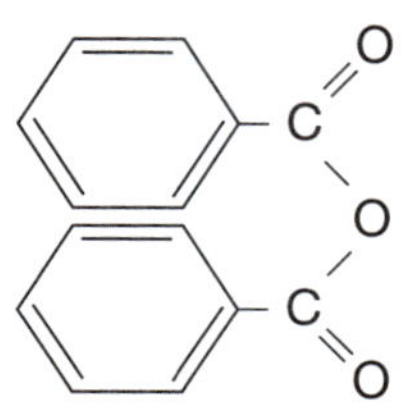

anidrido benzoico

24. (VUNESP) Os ésteres podem ser obtidos por reação entre ácidos carboxílicos com álcoois, reação esta denominada de esterificação (Equação 1). Uma outra maneira de se obterem esses compostos é através da reação entre cloreto ácidos e álcoois (Equação 2).

Equação 1:

$R - COOH(aq) + R' - OH(l) \longrightarrow$

$\longrightarrow R - COO - R' + H_2O(l)$

Equação 2:

$R - COCl(aq) + H - OR'(l) \longrightarrow$

$\longrightarrow R - COO - R' + HCl(aq)$

a) Com base nas informações do texto, escreva a equação da reação entre o cloreto de etanoíla ($H_3C - COCl$) e o álcool etílico ($CH_3 - CH_2 - OH$).

b) Considerando-se que os ésteres podem reagir com água, formando ácidos carboxílicos e álcoois, escreva a equação química da reação de hidrólise em meio ácido do etanoato de etila ($H_3C - COO - CH_2 - CH_3$).

25. (UNIFESP) Medicamentos obtidos da natureza são utilizados pelo homem há muito tempo. Produtos naturais e seus derivados são muito empregados na fabricação de medicamentos pelas indústrias farmacêuticas modernas. A maioria das pessoas, em algum momento, já fez uso de alguns desses compostos. O ácido acetilsalicílico, estrutura representada na figura, que compõe o conhecido medicamento de nome comercial aspirina, é obtido a partir do ácido salicílico que ocorre na casca da árvore do salgueiro branco, *Salix alba*.

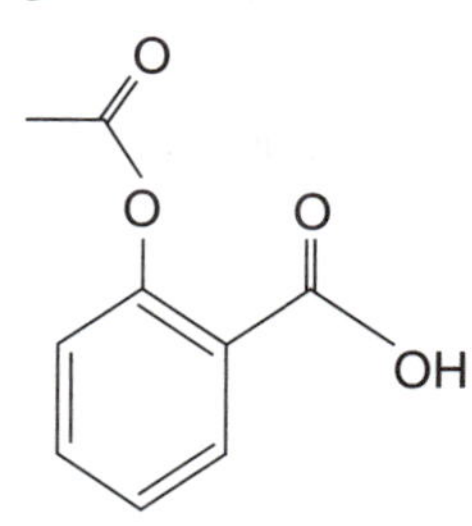

Na hidrólise da aspirina é formada uma substância que está presente no vinagre e também o ácido salicílico, que tem fórmula molecular

a) $C_7H_2O_3$.
b) $C_7H_4O_2$.
c) $C_7H_6O_3$.
d) $C_8H_8O_3$.
e) $C_9H_8O_4$.

26. (UNIFESP) A morfina é um potente narcótico e analgésico extraído do ópio. A heroína é obtida sinteticamente a partir da morfina e é mais potente que a morfina, pois penetra mais facilmente no cérebro, onde se transforma na morfina.

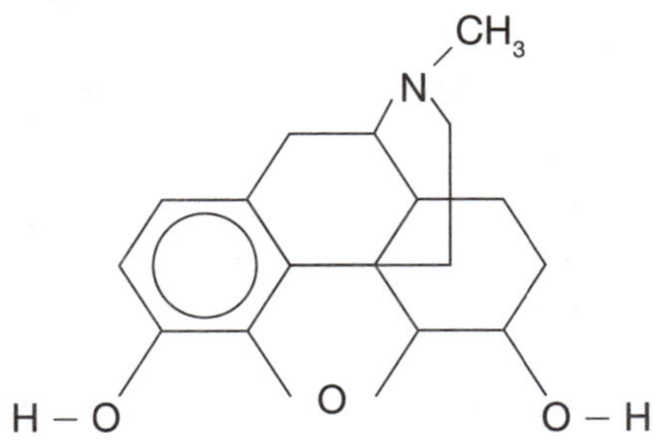

morfina

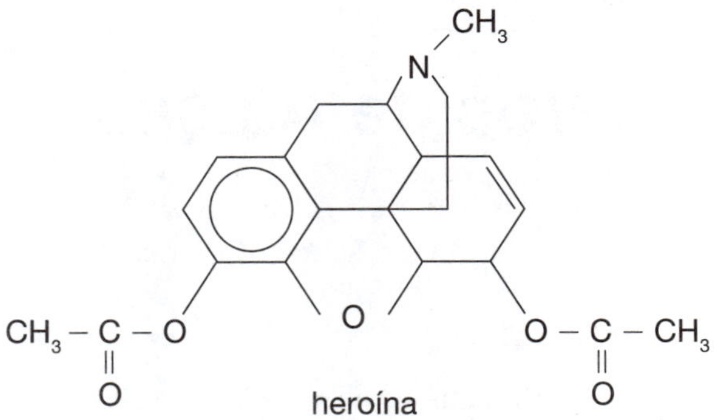

heroína

As afirmações seguintes foram feitas com relação a esses dois opioides.

I. A conversão da morfina em heroína pode ser conseguida por uma reação de esterificação e a conversão inversa por uma reação de hidrólise.
II. As funções éter e amina são preservadas na conversão.
III. Ambos devem produzir sais na reação com ácidos, pois apresentam grupo básicos.

Está correto o que se afirma em

a) I, apenas.
b) II, apenas.
c) I e II, apenas.
d) I e III, apenas.
e) I, II e III.

Capítulo 22
Polímeros de Adição

1. Polímeros

São compostos naturais ou sintéticos de alta massa molecular, isto é, são macromoléculas.

[M]: unidade monomérica (parte que repete)

—[M]—[M]—[M]—[M]— polímero

Exemplos de polímeros naturais:

- celulose $(C_6H_{10}O_5)_n$ n varia de 1.500 a 3.000
- proteínas
- borracha natural: $(C_5H_8)_n$

2. Reação de polimerização

Os químicos começaram a fabricar os **polímeros sintéticos**, que atualmente são extensamente usados na forma de **plásticos** (folhas, chapas, brinquedos, tubos para encanamentos etc.), de **fibras para tecidos** (náilon, poliéster etc.) e de **borrachas sintéticas**.

Reação de polimerização é a reação que forma um polímero, o reagente é chamado de **monômero** e o produto recebe o nome de **polímero**.

Exemplo:

$$n\,CH_2 = CH_2 \xrightarrow[\text{catalisador}]{\text{P. T.}} (-\,CH_2 - CH_2 -\,)_n$$

etileno — polietileno

monômero — polímero

O valor de n vai depender das condições em que é feita a reação.

3. Como começa uma reação de polimerização?

A reação necessita de uma substância chamada de iniciador. Temos 3 tipos de iniciadores:

3.1 Polimerização de radical livre

Os mais utilizados são os peróxidos orgânicos (R – O – O – R) que formam radicais livres devido a uma cisão homolítica

Mecanismo:

Polimerização do etileno

$$R - O - O - R \longrightarrow 2\,R - O\bullet$$

$$R - O\bullet + CH_2 = CH_2 \longrightarrow R - O - CH_2 - \dot{C}H_2 \text{ etc.}$$

Observação: o produto reage com outra molécula de etileno, produzindo um radical maior. Esses radicais produzidos irão reagir com as moléculas de etilenos, produzindo radicais ainda maiores.

3.2 Polimerização usando ácido de Lewis

Ácidos de Lewis: espécie química que **recebe** par eletrônico através de uma ligação dativa.

O ácido de Lewis ataca a molécula do monômero formando o íon carbônio (carbocátion). Esse íon reage com outra molécula do monômero e assim sucessivamente.

$$H^+ + CH_2 = CH_2 \longrightarrow H - CH_2 - \overset{+}{C}H_2$$

$$H_3C - \overset{+}{C}H_2 + CH_2 = CH_2 \longrightarrow H_3C - CH_2 - CH_2 - \overset{+}{C}H_2$$

etc.

3.3 Polimerização utilizando uma base de Lewis

Base de Lewis: espécie química que **fornece** par eletrônico através de uma ligação dativa.

A base de Lewis ataca a molécula do monômero formando o íon carbânio (carboânion). Esse íon reage com outra molécula do monômero e assim sucessivamente.

$$H_3N{:} + CH_2 = CH_2 \rightarrow H_3N - CH_2 - \ddot{C}H_2$$

$$H_3N - CH_2 - \ddot{C}H_2 + CH_2 = CH_2 \longrightarrow$$

$$\longrightarrow H_3N - CH_2 - CH_2 - CH_2 - \ddot{C}H_2$$

A indústria adiciona outras substâncias para melhorar as propriedades do polímero, tais como:

- plastificantes (melhoram sua resistência e flexibilidade).
- estabilizadores (melhoram sua resistência à luz e às oxidações).
- corantes (cores ao polímero).
- retardadores de chama (resistência ao fogo) e assim por diante.

4. Polímeros de adição

São polímeros formados por sucessivas adições de monômeros. Os monômeros apresentam dupla ou tripla ligação entre carbonos. Durante a polimerização, ocorre a ruptura da ligação π e a formação de duas novas ligações simples, como mostra o esquema:

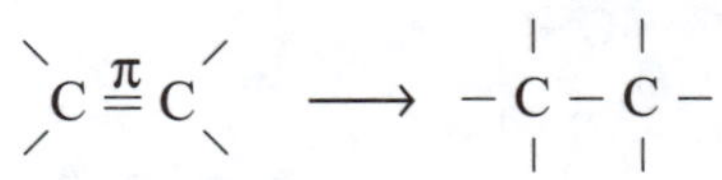

Todos os átomos das moléculas do monômero estão na macromolécula do polímero, portanto, monômero e polímero têm as mesmas fórmulas centesimal e mínima, e a massa molecular do polímero é múltiplo inteiro da massa molecular do monômero.

4.1 Polietileno = PE

Esse polímero é obtido a partir de sucessivas adições do eteno ou etileno.

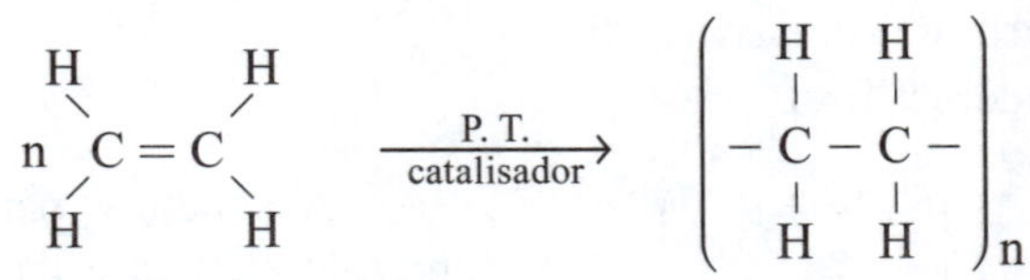

etileno

polietileno = PE
plástico mais usado
(saco de lixo, brinquedos,
sacolas etc.)

O polietileno apresenta-se de dois tipos diferentes:

- **polietileno de alta densidade (PEAD):** é formado por cadeias normais que facilitam as interações intermoleculares formando um plástico mais denso e mais rígido do que o polietileno de baixa densidade; por isso é usado na fabricação de copos, canecas, brinquedos etc.

$$-CH_2-CH_2-CH_2-CH_2-CH_2-CH_2-CH_2-$$

- **polietileno de baixa densidade (PEBD):** é formado por cadeias ramificadas que dificultam as interações intermoleculares formando o plástico mais flexível que é usado na produção de sacolas, de filmes para embalagens etc.

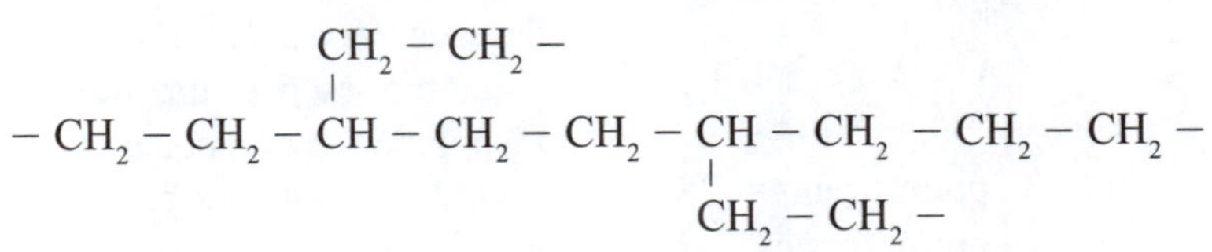

4.2 Polipropileno = PP

Esse polímero é obtido a partir de sucessivas adições do propeno ou propileno.

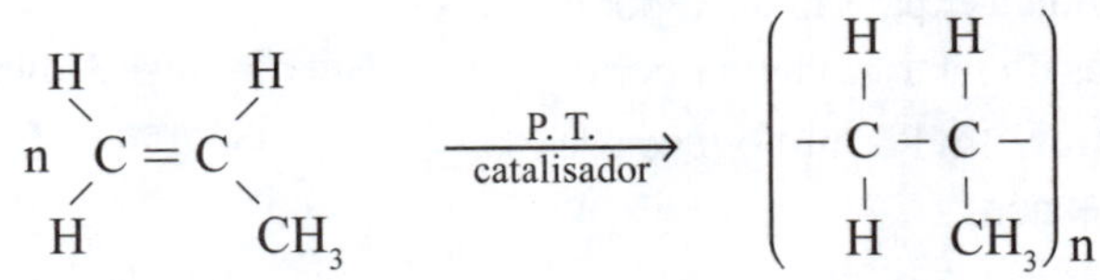

propileno

polipropileno = PP
para-choques de automóveis,
cordas, tapetes etc.

4.3 Policloreto de vinila (PVC)

Esse polímero é obtido a partir de sucessivas adições do cloroeteno ou cloreto de vinila.

cloreto de vinila

policloreto de vinila = = PVC
tubulação, toalhas de mesa, cortinas para banheiro

4.4 Teflon ou politetrafluoroetileno (PTFE)

Esse polímero é obtido a partir de sucessivas adições do tetrafluoroeteno ou tetrafluoroetileno.

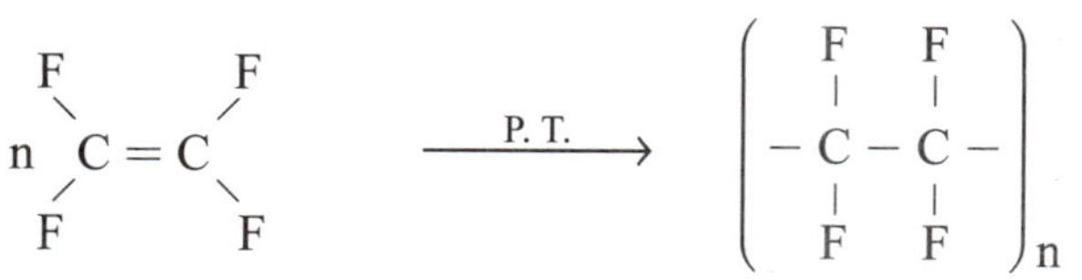

tetrafluoroetileno

teflon = PTFE
fitas de vedação, revestimento de panelas e frigideiras etc.

4.5 Poliestireno (PS)

Esse polímero é obtido a partir de sucessivas adições do vinilbenzeno ou estireno.

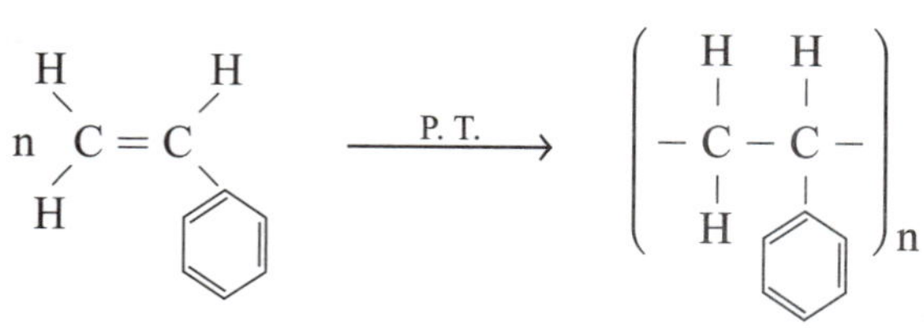

estireno

poliestireno = PS
pratos, copos, xícaras etc.

Se a preparação do PS for feita juntamente com uma substância volátil, por exemplo, o pentano (PE = 36 °C), obtém-se uma espuma fofa devido à expansão do vapor de pentano que deixa muitas bolhas no interior do polímero.

Obtém-se, assim, o **isopor**, um PS muito leve usado como isolante térmico e elétrico.

4.6 Poliacrilonitrila (PAN)

Esse polímero é obtido a partir de sucessivas adições do cianeto de vinila ou acrilonitrila.

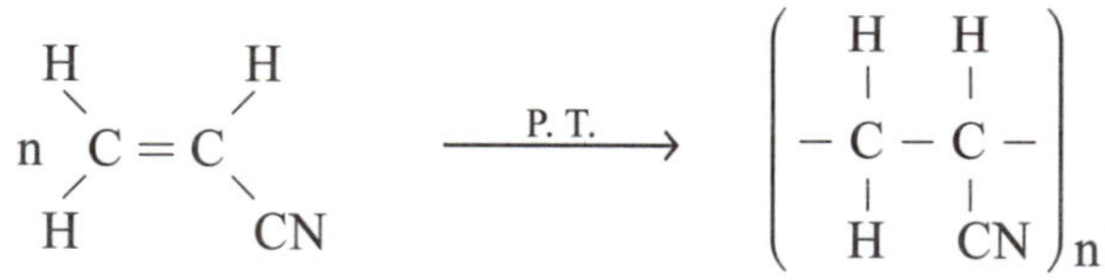

acrilonitrila

poliacrilonitrila = = PAN
fibras (orlon)

4.7 Poliacetileno

Esse polímero é obtido a partir de sucessivas adições do etino ou acetileno.

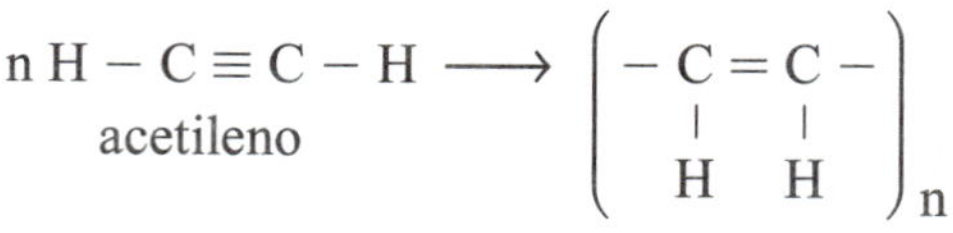

acetileno

poliacetileno
primeiro polímero condutor de corrente elétrica

A condição para um polímero ser condutor de corrente elétrica é ter duplas-ligações alternadas, para que certas substâncias adicionadas no polímero possam ceder ou retirar elétrons, tornando-o condutor.

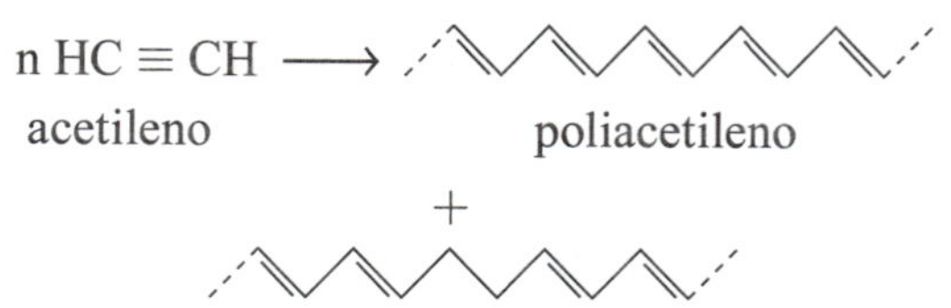

acetileno   poliacetileno

A existência de um (ou mais) ponto positivo (ou negativo), que aparece devido ao agente dopante (iodo, por exemplo), faz com que os elétrons das ligações duplas restantes se desloquem, sob a ação de um campo elétrico, resultando então na condutividade elétrica.

4.8 Borracha natural

A borracha natural é proveniente da seringueira, chamada *Hevea brasiliensios*. Ao fazer o corte na seringueiras, escorre um líquido branco, chamado látex. O isopreno é o componente do látex que vai ser polimerizado, produzindo a borracha natural. O látex, quando endurece por ação do calor, fornece a borracha natural.

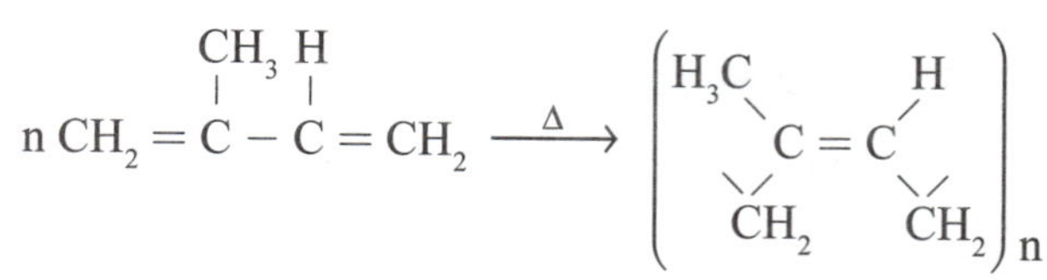

2-metibuta-1,3-dieno
isopreno

poli-isopreno (borracha natural)
isopreno sempre isômero cis

No entanto, a borracha natural apresenta certas propriedades indesejáveis: é pegajosa no verão e dura e quebradiça no inverno.

5. Vulcanização da borracha

Para melhorar suas qualidades, a borracha é submetida ao processo de vulcanização, que consiste num aquecimento da borracha com 5 a 8% de enxofre. O enxofre quebra as duplas-ligações e liga a molécula do poli-isopreno às suas vizinhas, o que torna o conjunto mais resistente.

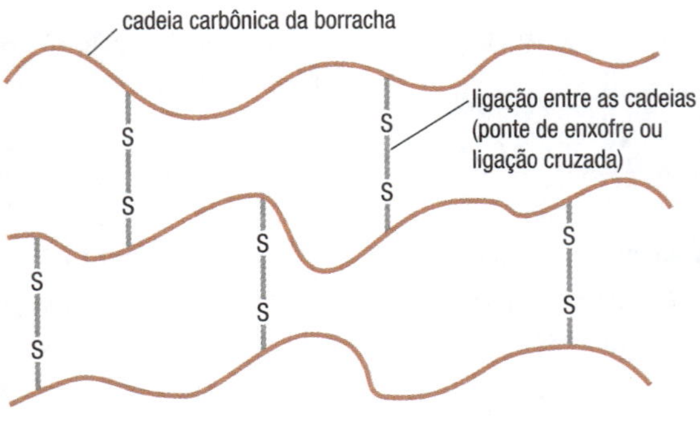

ANA OLÍVIA JUSTO/acervo da editora

As cadeias de enxofre ajudam a alinhar as cadeias poliméricas e o material não sofre modificação permanente ao ser esticado, mas retorna elasticamente à forma e tamanho iniciais quando se remove a tensão (elastômero).

Uma borracha não vulcanizada é mole e se rompe facilmente quando esticada. Já a borracha vulcanizada torna-se bem mais resistente e volta ao normal quando cessa a força que a estica.

Polímeros que possuem alta elasticidade são conhecidos como elastômeros.

6. Copolímeros de adição

Copolímeros são polímeros formados por mais de um tipo de monômero.

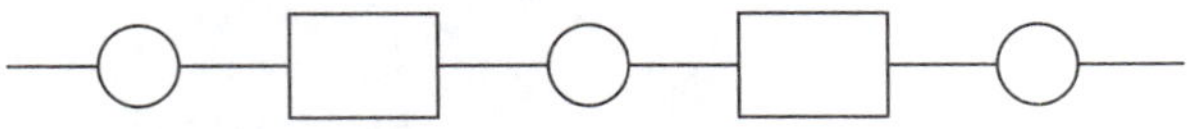

Exemplo:

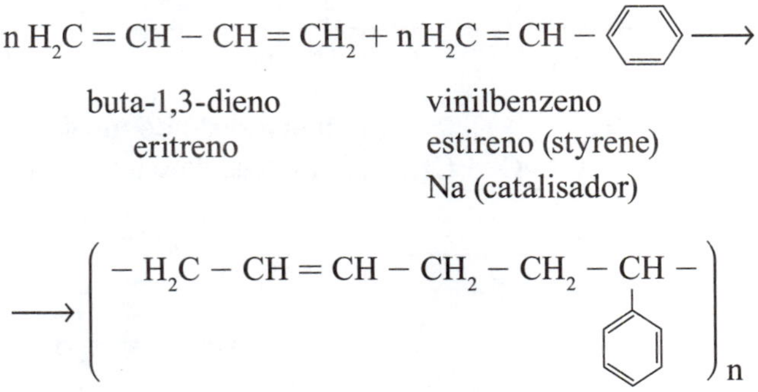

BUNA-S (borracha sintética)

As borrachas sintéticas, quando comparadas às naturais, são mais resistentes às variações de temperatura e ao ataque de produtos químicos, sendo utilizadas para a produção de mangueiras, correias e artigos para vedação.

7. Principais polímeros de adição

Fórmula	Nome comum do monômero	Nome do polímero (nome comercial)	Usos
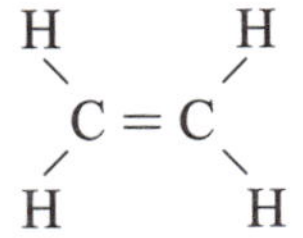	etileno	polietileno (politeno) (PE)	garrafas flexíveis, sacos, películas, brinquedos e objetos moldados, isolamento elétrico
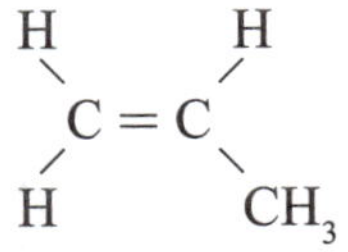	propileno	polipropileno (Vectra, Herculon) (PP)	garrafas, películas, tapetes internos e externos
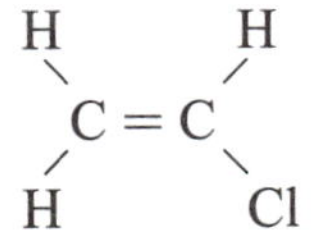	cloreto de vinila	poli(cloreto de vinila) (PVC)	pisos de assoalhos, capas de chuva, tubos hidráulicos
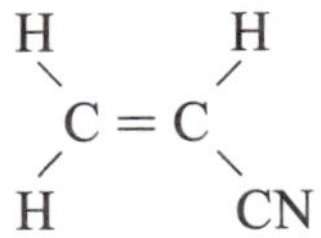	acrilonitila	poli(acrilonitrila) (Orlon, Acrilan) (PAN)	tapetes, tecidos

Fórmula	Nome comum do monômero	Nome do polímero (nome comercial)	Usos
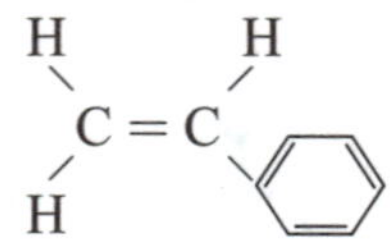	estireno	poliestireno (PS)	resfriadores de alimentos e bebidas, isolamento térmico de edificações
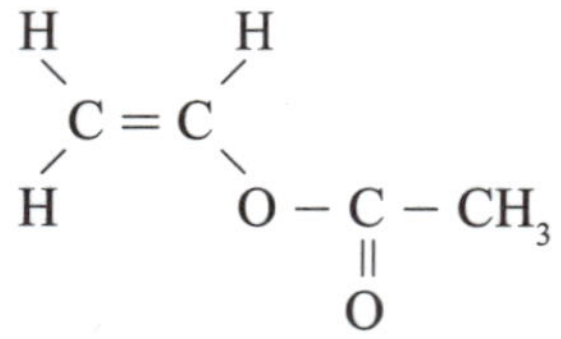	acetato de vinila	poli(acetato de vinila) (PVA)	tintas de látex, adesivos, revestimentos têxteis
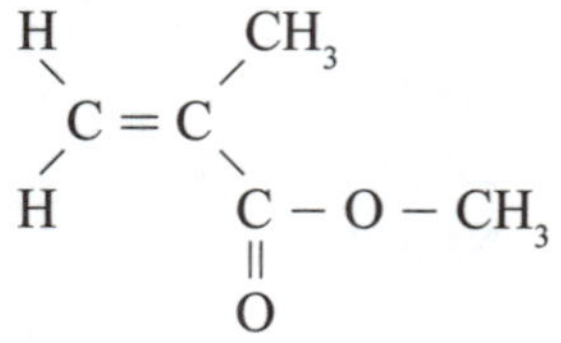	metacrilato de metila ou metilacrilato de metila	poli(metacrilato de metila) (Plexiglas, Lucite)	objetos de alta transparência, tintas látex, lentes de contato
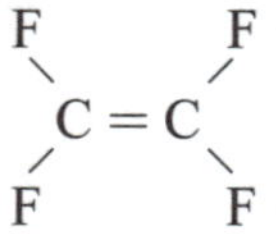	tetrafluoroetileno	politetrafluoroetileno (Teflon) (PTFE)	gaxetas, isolamento, mancais, revestimento de frigideiras

Exercícios Série Prata

1. Complete com **adição** ou **substituição**.

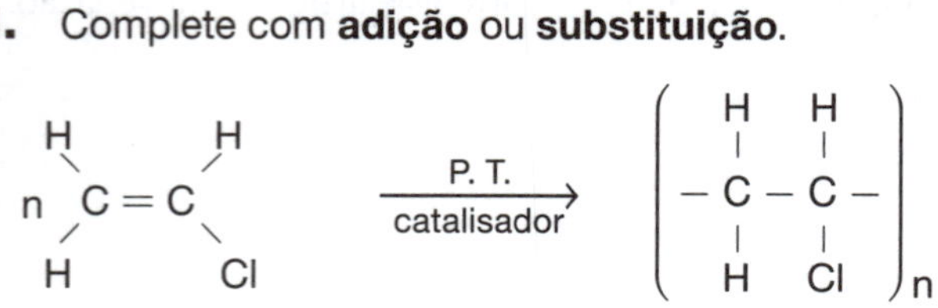

polímero de ______________________

Dê o nome do monômero e do polímero:

2. 

______________ ______________

3. 

______________ ______________

4. 

______________ ______________

5. 

______________ ______________

6. 

______________ ______________

7. 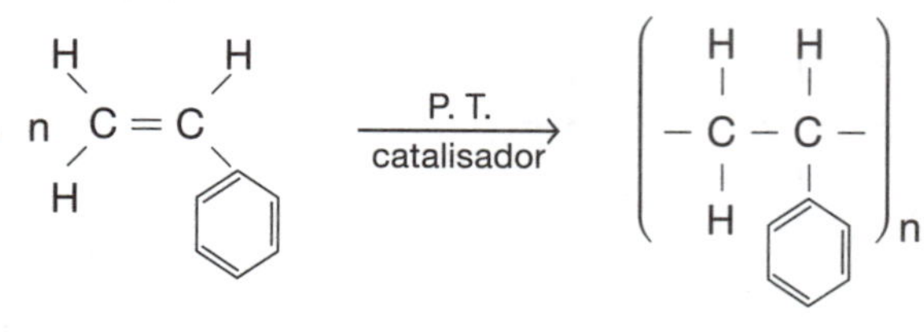

______________ ______________

8. Complete.

O poliestireno expandido origina o ______________

9. (PUC – PR) A borracha natural é um polímero do:

a) eritreno
b) isopreno
c) cloropreno
d) cloreto de vinila
e) acetato de vinila

10. Dê o nome do monômero e do polímero.

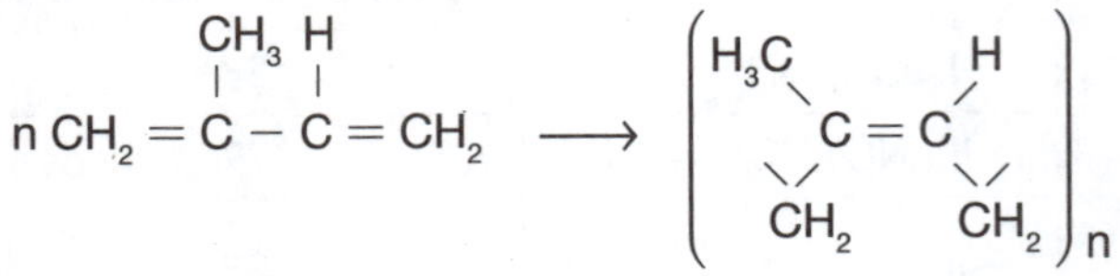

______________ ______________

11. (FUND. CARLOS CHAGAS) A vulcanização da borracha baseia-se na reação do látex natural com quantidades controladas de:

a) chumbo
b) enxofre
c) ozônio
d) magnésio
e) parafina

12. Complete a **equação de polimerização.**

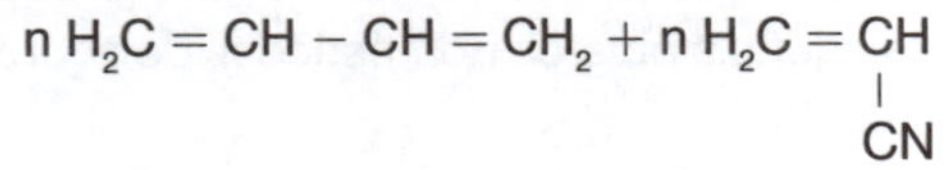

13. Complete com **natural** ou **artificial.**

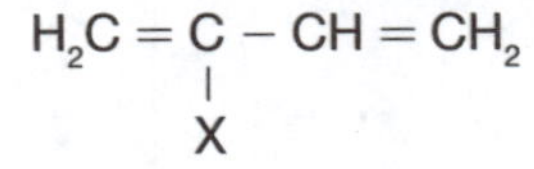

a) X = CH_3 borracha ______________

b) X ≠ CH_3 borracha ______________

Exercícios Série Ouro

1. (FUVEST – SP) Qual das moléculas representadas abaixo tem estrutura adequada à polimerização, formando macromoléculas?

a) 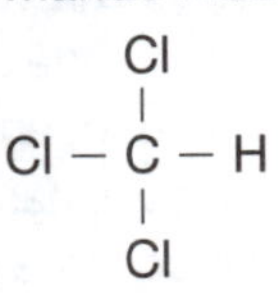

b) 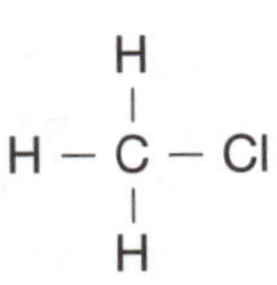

c) 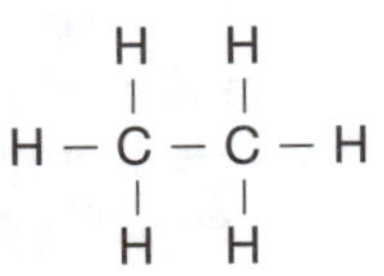

d) 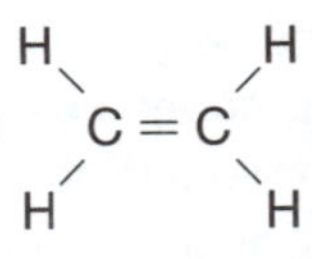

e) 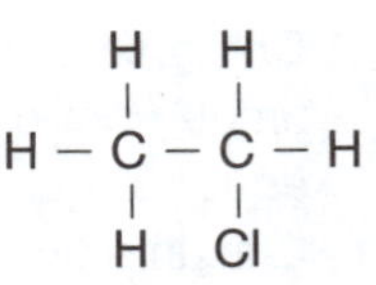

2. (UNESP) Acetileno pode sofrer reações de adição do tipo:

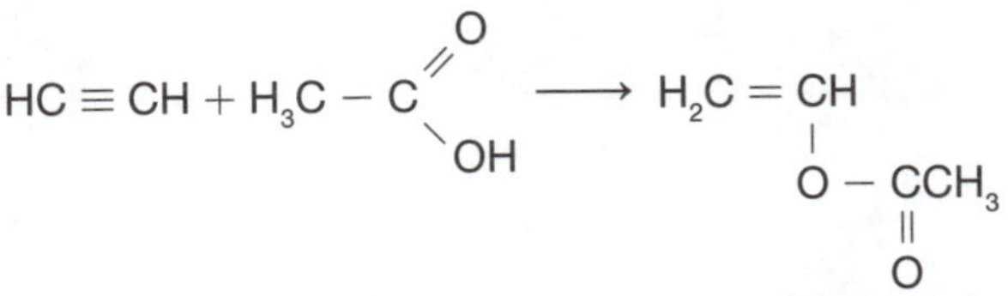

acetato de vinila

A polimerização do acetato de vinila forma o PVA, de fórmula estrutural:

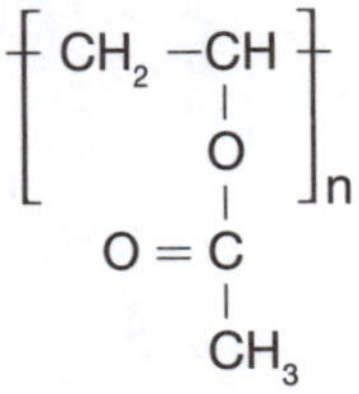

PVA

a) Escreva a fórmula estrutural do produto de adição do HCl ao acetileno.
b) Escreva a fórmula estrutural da unidade básica do polímero formado pelo cloreto de vinila (PVC).

3. (UNICAMP – SP) O estireno é polimerizado formando o poliestireno (um plástico muito utilizado em embalagens e objetos domésticos), de acordo com a equação:

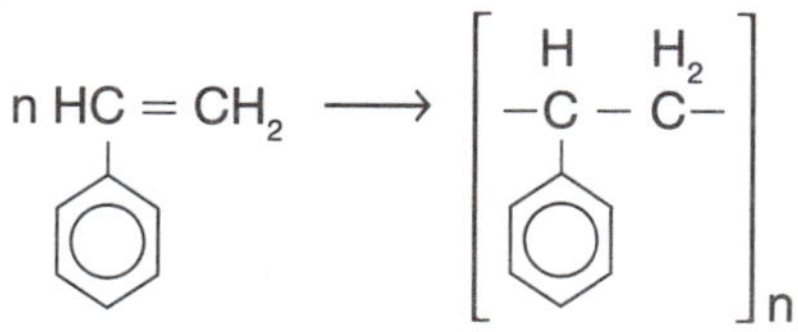

Dos compostos orgânicos abaixo, qual deles poderia se polimerizar numa reação semelhante? Faça a equação correspondente e dê o nome do polímero formado.

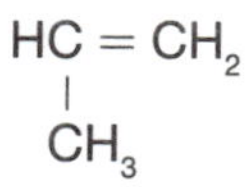

propileno

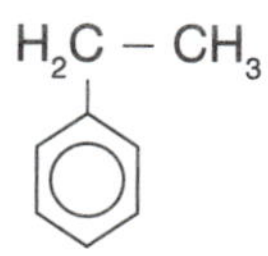

etilbenzeno

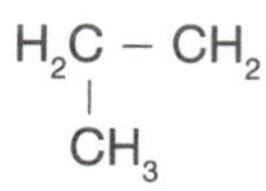

propano

tolueno

4. (FUVEST – SP) Dê as fórmulas estruturais dos polímeros seguintes e de seus respectivos monômeros:

a) polietileno
b) policloreto de vinila
c) poli-isopreno ou borracha natural
d) politetrafluoroetileno (teflon)

5. (FUVEST – SP) O monômero utilizado na preparação do poliestireno é o estireno:

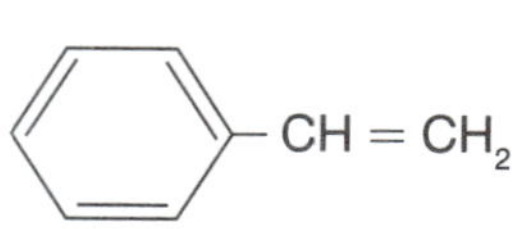

O poliestireno expandido, conhecido como isopor, é fabricado polimerizando-se o monômero misturado com pequena quantidade de um outro líquido. Formam-se pequenas esferas de poliestireno que aprisionam esse outro líquido. O posterior aquecimento das esferas a 90 °C, sob pressão ambiente, provoca o amolecimento do poliestireno e a vaporização total do líquido aprisionado, formando-se, então, uma espuma de poliestireno (isopor).

Considerando que o líquido de expansão não deve ser polimerizável e deve ter ponto de ebulição adequado, dentre as substâncias abaixo,

Substância	Temperatura de ebulição (°C), à pressão ambiente
I. $CH_3(CH_2)_3CH_3$	36
II. $NC - CH = CH_2$	77
III. 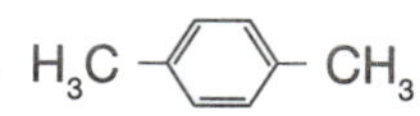	138

é correto utilizar, como líquido de expansão, apenas

a) I.
b) II.
c) III.
d) I ou II.
e) I ou III.

6. (UNICAMP – SP) Estou com fome – reclama Chuá. – Vou fritar um ovo.

Ao ver Chuá pegar uma frigideira, Naná diz: – Esta não! Pegue a outra que não precisa usar óleo. Se quiser usar um pouco para dar um gostinho, tudo bem, mas nesta frigideira o ovo não gruda. Essa história começou em 1938, quando um pesquisador de uma grande empresa química estava estudando uso de gases para refrigeração. Ao pegar um cilindro contendo o gás tetrafluoroeteno, verificou que o manômetro dele indicava-o vazio. No entanto, o "peso" do cilindro dizia que o gás continuava lá. Abriu toda a válvula e nada de gás. O sujeito poderia ter dito: "Que droga!", descartando o cilindro. Resolveu, contudo, abrir o cilindro e verificou que continha um pó cuja massa correspondia à do gás que havia sido colocado lá dentro.

a) Como se chama esse tipo de reação que aconteceu com o gás dentro do cilindro? Escreva a equação química que representa essa reação.
b) Cite uma propriedade da substância formada no cilindro que permite o seu uso em frigideiras.
c) Se os átomos de flúor do tetrafluoroeteno fossem substituídos por átomos de hidrogênio e essa nova substância reagisse semelhantemente à considerada no item a, que composto seria formado? Escreva apenas o nome.

7. (UNIFESP) Foram feitas as seguintes afirmações com relação à reação representada por:

$$C_{11}H_{24} \longrightarrow C_8H_{18} + C_3H_6$$

I. É uma reação que pode ser classificada como craqueamento.
II. Na reação forma-se um dos principais constituintes da gasolina.
III. Um dos produtos da reação pode ser utilizado na produção de um plástico.

Quais das afirmações são verdadeiras?

a) I, apenas.
b) I e II, apenas.
c) I e III, apenas.
d) II e III, apenas.
e) I, II e III.

8. (FUVEST – SP) Uma indústria utiliza etileno e benzeno como matérias-primas e sintetiza estireno (fenileteno) como produto, segundo a rota esquematizada abaixo:

I. etileno + HCl $\longrightarrow$ cloroetano
II. cloroetano + benzeno $\xrightarrow{AlCl_3}$ etilbenzeno + + HCl
III. etilbenzeno $\xrightarrow{\text{catalisador}}$ estireno + H_2

a) Escreva as equações químicas que representam duas das transformações acima usando fórmulas estruturais.
b) No fluxograma abaixo, qual a matéria-prima X mais provável da indústria A e qual pode ser o produto Y da indústria C?

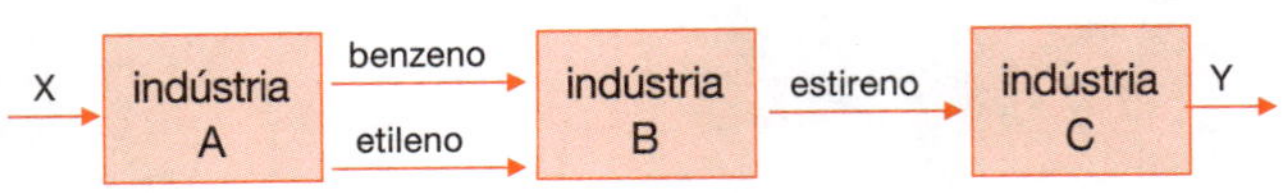

9. (FUVEST – SP) Constituindo fraldas descartáveis, há um polímero capaz de absorver grande quantidade de água por um fenômeno de osmose, em que a membrana semipermeável é o próprio polímero. Dentre as estruturas

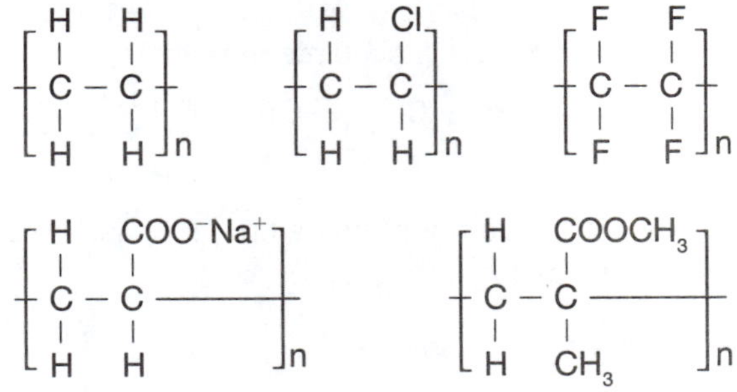

aquela que corresponde ao polímero adequado para essa finalidade é a do

a) polietileno.
b) poliacrilato de sódio.
c) polimetacrilato de metila.
d) policloreto de vinila.
e) polietrafluoroetileno.

10. (MACKENZIE – SP) A borracha natural, que é obtida a partir do látex extraído da seringueira, apresenta baixa elasticidade, tornando-se quebradiça ou mole conforme a temperatura. Entretanto, torna-se mais resistente e elástica quando é aquecida juntamente com compostos de enxofre.

Esse processo é chamado de

a) polimerização.
b) eliminação.
c) vulcanização.
d) oxidação.
e) esterificação.

11. (FUVEST – SP) Para aumentar a vida útil de alimentos que se deterioram em contacto com o oxigênio do ar, foram criadas embalagens compostas de várias camadas de materiais poliméricos, um dos quais é pouco resistente à umidade, mas não permite a passagem de gases. Este material, um copolímero, tem a seguinte fórmula

$$\left(CH_2 - CH_2 \right)_m \left(CH_2 - \underset{\underset{OH}{|}}{CH} \right)_n$$

e é produzido por meio de um processo de quatro etapas, esquematizado abaixo.

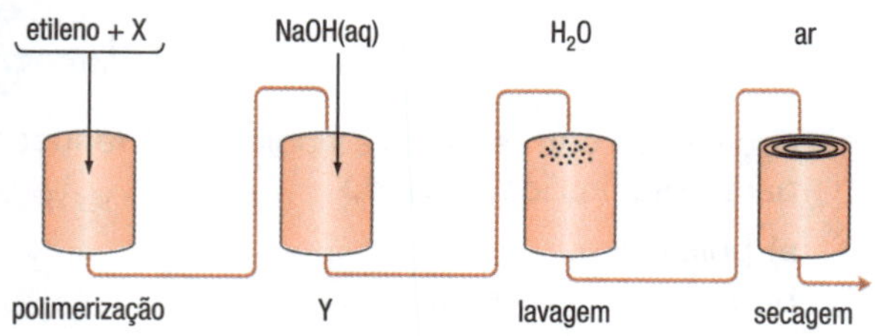

ANA OLÍVIA JUSTO/acervo da editora

a) Dentre os compostos vinilbenzeno (estireno), acetato de vinila, propeno, propenoato de metila, qual pode ser o monômero X? Dê sua fórmula estrutural.

grupo vinila	$H_2C = \underset{\vert}{CH}$

b) Escreva a equação química que representa a transformação que ocorre na etapa Y do processo.

12. (ITA – SP) Indique a opção que contém o polímero que melhor conduz corrente elétrica quando dopado.

a) Polietileno.
b) Polipropileno.
c) Poliestirenol
d) Poliacetileno.
e) Politetrafluoretileno.

13. (UNIFESP) Os cientistas que prepararam o terreno para o desenvolvimento dos polímeros orgânicos condutores foram laureados com o prêmio Nobel de Química do ano 2000. Alguns desses polímeros podem apresentar condutibilidade elétrica comparável à dos metais. O primeiro desses polímeros foi obtido oxidando-se um filme de trans-poliacetileno com vapores de iodo.

a) Desenhe em seu caderno um pedaço de estrutura do trans-poliacetileno. Assinale, com um círculo, no próprio desenho, a unidade de repetição do polímero.

b) É correto afirmar que a oxidação do trans-poliacetileno pelo lado provoca a inserção de elétrons no polímero, tornando-o condutor? Justifique sua resposta.

Capítulo 23

Polímeros de Condensação

1. O que são polímeros de condensação

Esses polímeros são obtidos quando ocorre a reação entre os grupos funcionais dos monômeros com liberação de uma molécula pequena, geralmente água.

Para a polimerização prosseguir, cada monômero tem de possuir dois grupos funcionais, por exemplo, diálcool, diácido, diamina etc.

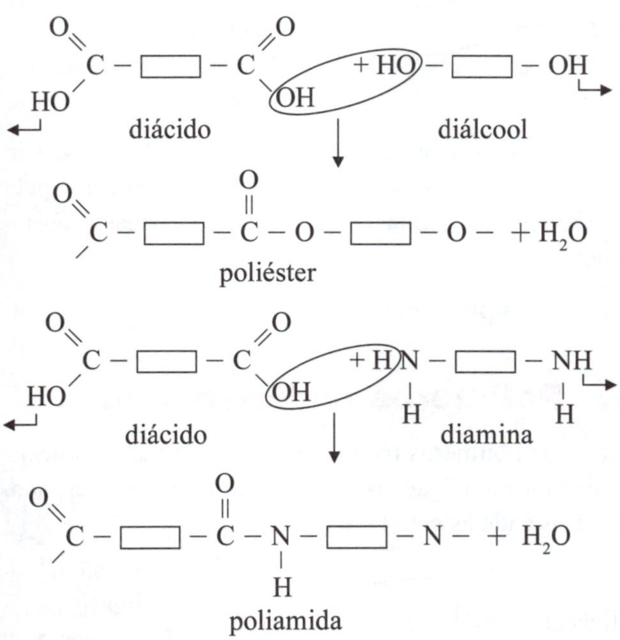

Os principais polímeros de condensação são poliésteres e poliamidas.

2. Poliésteres

O poliéster mais comum é obtido pela reação entre o ácido tereftálico (diácido) e o etilenoglicol (diálcool)

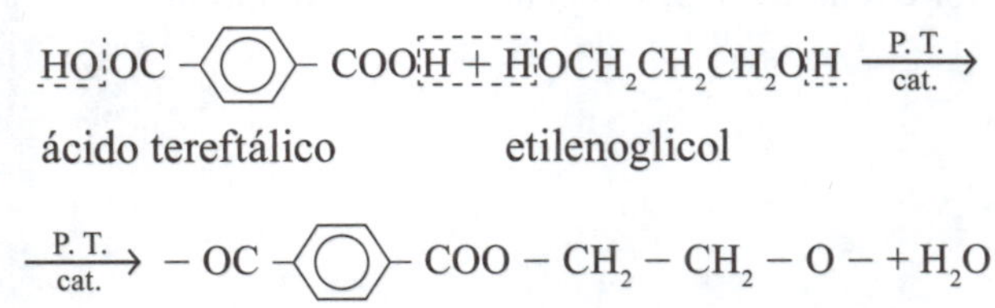

poliéster poli (tereftalato de etileno)
PET, dacron ou terilene

3. Poliamidas

A poliamida mais comum é o náilon-66, que é obtido da reação entre 1,6-diamino-hexano (diamina) e o ácido hexanodioico (diácido).

$$\underset{\text{diamina}}{H-\underset{|\atop H}{N}-(CH_2)_6-\underset{|\atop H}{N}-H} + \underset{\text{diácido}}{HOOC-(CH_2)_4-COOH} \xrightarrow[\text{cat.}]{\text{P. T.}}$$

$$\xrightarrow[\text{cat.}]{\text{P. T.}} -\underset{H}{N}-(CH_2)_6-\underset{H}{N}-OC-(CH_2)_4-CO- + H_2O$$

náilon-66 (poliamida)

O náilon é usado na confecção de fibras têxteis, engrenagens, linhas de pescar, pulseiras de relógio, paraquedas e escovas de dentes.

O náilon é bastante resistente à tração, porque suas cadeias poliméricas se ligam por pontes de hidrogênio.

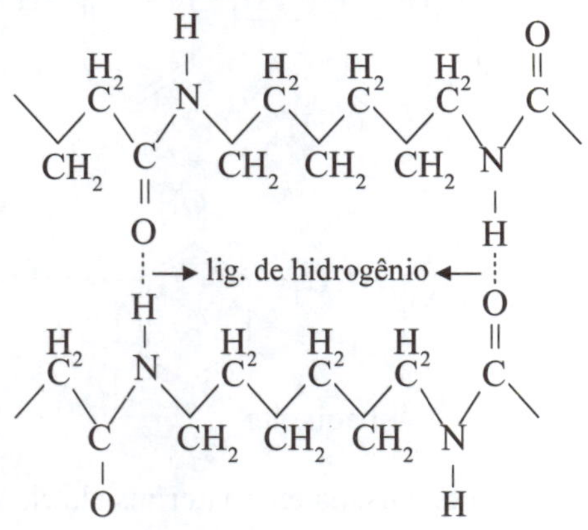

Nota: kevlar é uma poliamida aromática, cuja equação química é mostrada.

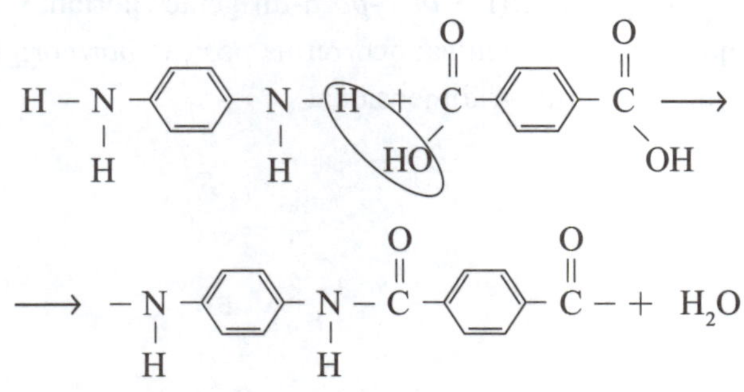

kevlar

Kevlar é um polímero de alta resistência mecânica e térmica, sendo por isso usado em coletes à prova de balas e em vestimentas de bombeiros.

As cadeias poliméricas do Kevlar estão fortemente unidas por ligações de hidrogênio (····) e interações dipolo instantâneo-dipolo induzido.

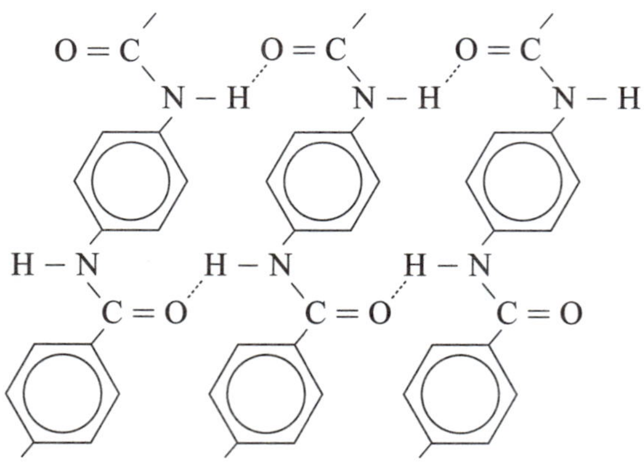

4. Polifenóis

A baquelite é um exemplo dessa classe, pois resulta da condensação de moléculas de benzenol (fenol) e de metanal (formol), segundo a equação:

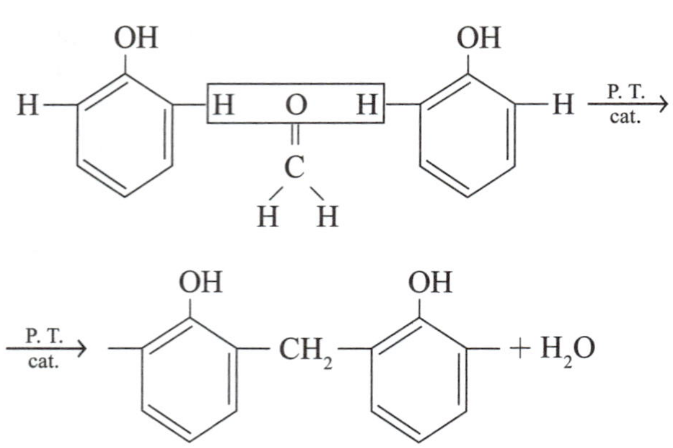

baquelite

A baquelite é usada em materiais elétricos (tomadas e interruptores), cabos de panela, revestimentos de freios e fórmica.

O grupo OH é *orto-para*-dirigente, portanto, a condensação também vai ocorrer na posição *para* originar uma estrutura tridimensional.

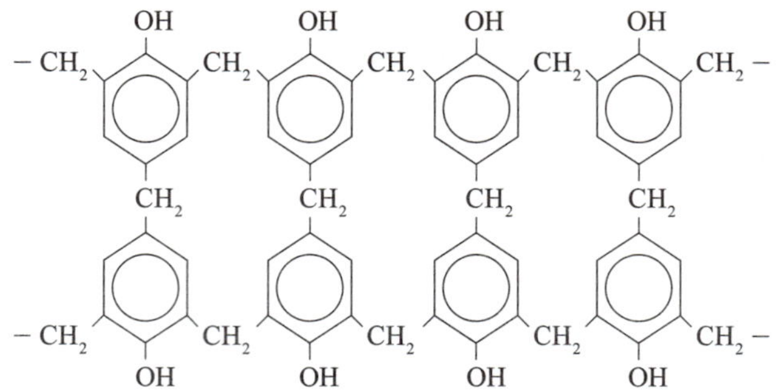

baquelite (fragmento da estrutura dimensional)

5. Polímeros lineares

Nos polímeros lineares, as macromoléculas são formadas de cadeias abertas (normais ou ramificadas) de átomos. Nesse caso, o polímero forma **fios** (macarrão) que se mantêm isolados um dos outros.

As cadeias poliméricas se mantêm isoladas umas das outras, havendo entre elas apenas forças intermoleculares.

Os polímeros lineares são **termoplásticos**, isto é, podem ser amolecidos pelo calor e endurecidos pelo resfriamento, repetidas vezes, sem perder suas propriedades.

Exemplo: polietileno.

6. Polímeros tridimensionais

Os polímeros tridimensionais têm macromoléculas que formam ligações em todas as direções no espaço, isto é, as cadeias com ligações entre si.

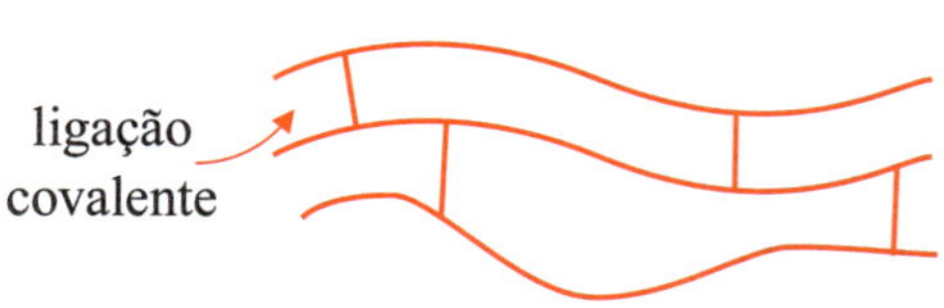

Existem ligações covalentes entre as cadeias poliméricas.

Exemplo: baquelite.

Polímeros tridimensionais são **termofixos**, isto é, uma vez preparados, eles não podem ser amolecidos pelo calor e remoldados, sob pena de se decomporem.

Exercícios Série Prata

1. (PUC – SP) Polímeros são macromoléculas formadas por repetição de unidades iguais, os monômeros. A grande evolução da manufatura dos polímeros, bem como a diversificação das suas aplicações, caracterizam o século XX como o século do plástico. A seguir estão representados alguns polímeros conhecidos:

I. 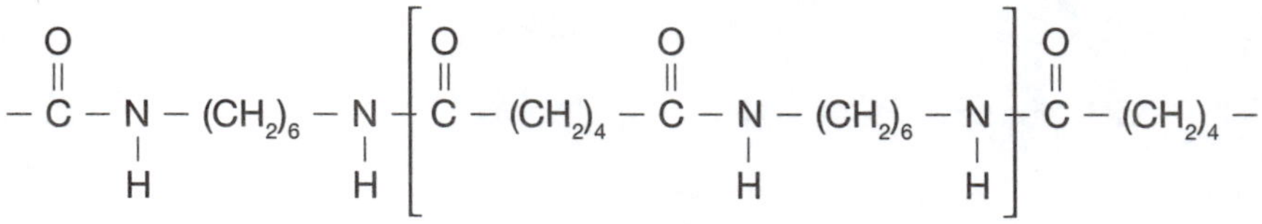

II. $-CF_2-CF_2\left[CF_2-CF_2\right]CF_2-CF_2-$

III. $-CH_2-CH_2\left[CH_2-CH_2\right]CH_2-CH_2-$

IV. 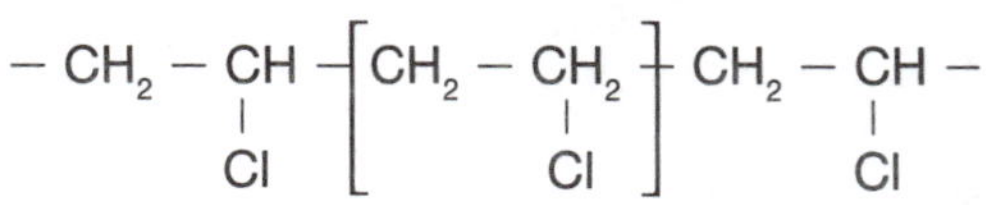

V. 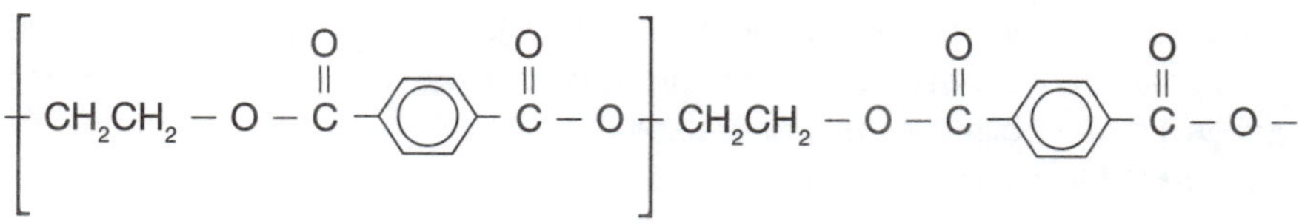

Assinale a alternativa que relaciona as estruturas e seus respectivos nomes.

	I	II	III	IV	V
a)	polietileno	poliéster	policloreto de vinila (PVC)	poliamida (náilon)	politetrafluoretileno (teflon)
b)	poliéster	polietileno	poliamida (náilon)	politetrafluoretileno (teflon)	policloreto de vinila (PVC)
c)	poliamida (náilon)	politetrafluoretileno (teflon)	polietileno	policloreto de vinila (PVC)	poliéster
d)	poliéster	politetrafluoretileno (teflon)	polietileno	policloreto de vinila (PVC)	poliamida (náilon)
e)	poliamida (náilon)	policloreto de vinila (PVC)	poliéster	polietileno	politetrafluoretileno (teflon)

2. (UFPI) Se a humanidade já passou pela "idade da pedra", "idade do bronze" e "idade do ferro", a nossa era poderia ser classificada como "idade do plástico", isto em virtude do uso dos polímeros sintéticos como: PVC, náilon, PVA, lucite etc. Dadas abaixo as estruturas parciais do teflon (1), do terylene (2) e náilon-66 (3), pode-se afirmar que:

1. 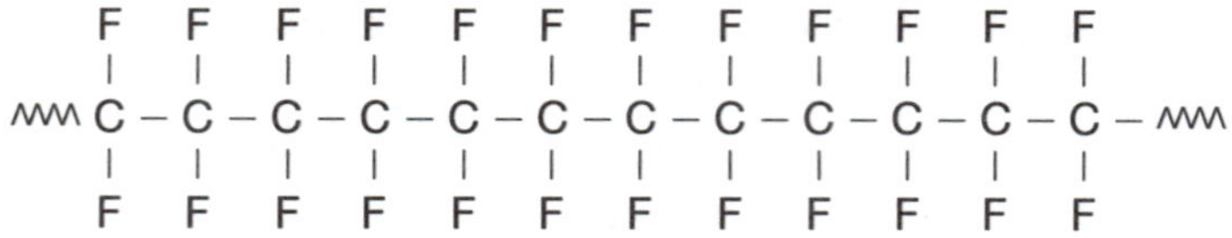 teflon

2. 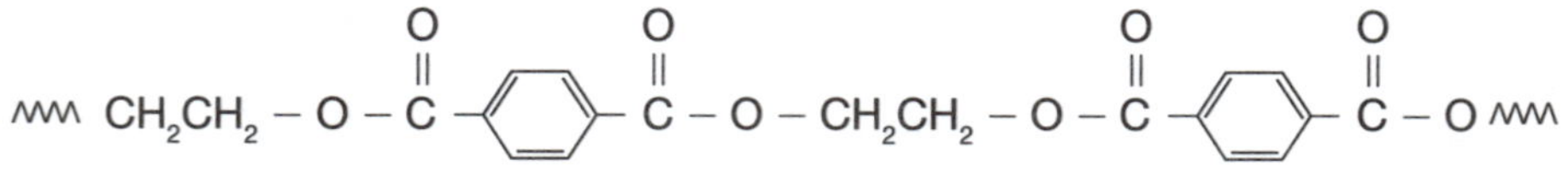 terylene

3. 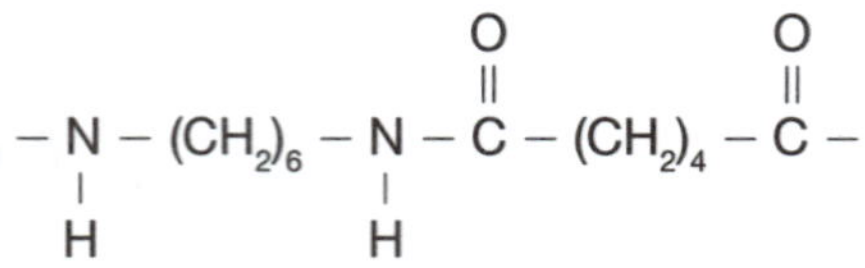 náilon-66

a) o teflon e o náilon-66 são polímeros de condensação, enquanto o terylene é um polímero de adição.
b) o náilon-66 e o terylene são polímeros de condensação, enquanto o teflon é um polímero de adição.
c) o terylene e o teflon são polímeros de condensação, enquanto o náilon-66 é um polímero de adição.
d) o teflon, o terylene e o náilon-66 são polímeros de condensação.
e) o teflon, o terylene e o náilon-66 são polímeros de adição.

3. (UESPI) O náilon-6,6 é um polímero sintético formado pela união entre um ácido carboxílico e uma amina. Qual dos polímeros abaixo representa o náilon-6,6?

a) $(\cdots - CH_2 - CH_2 - CH_2 - \cdots)n$

b) $(\cdots - CH_2 - CH = CH_2 - CH - \cdots)n$

c) 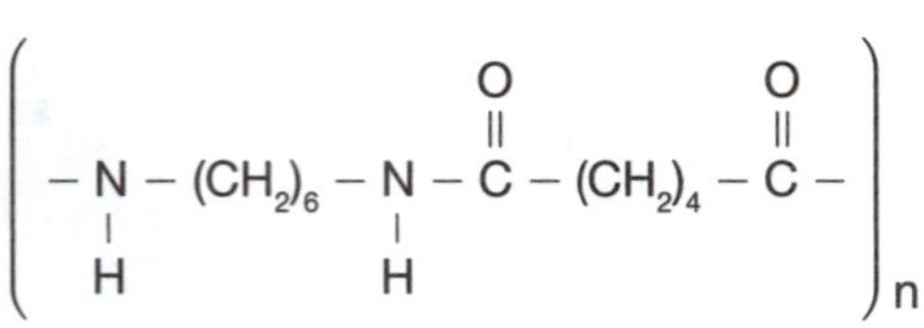

d) 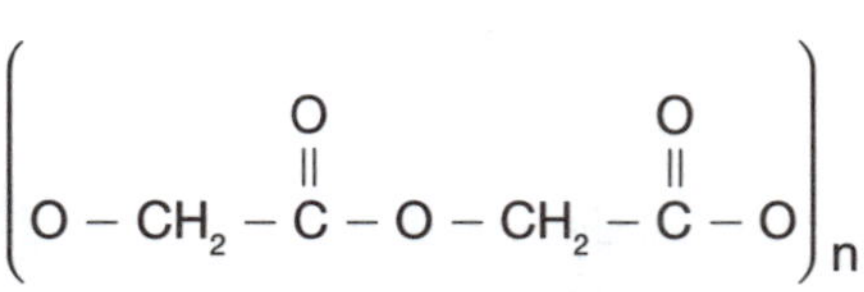

e) 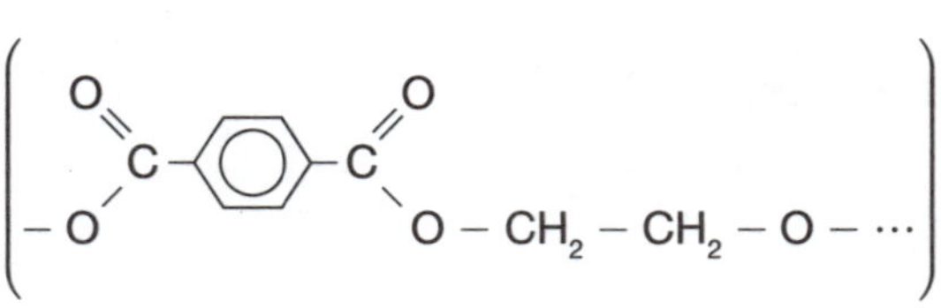

4. (PUC – SP) Os polímeros fazem, cada vez mais, parte do nosso cotidiano, estando presente nos mais diversos materiais. Dentre os polímeros mais comuns podem-se citar

- Teflon: polímero de adição, extremamente inerte, praticamente insolúvel em todos os solventes. Usado em revestimento de panelas e roupas de astronautas.
- Náilon: forma uma fibra muito resistente à tração, devido às ligações de hidrogênio que ocorrem entre suas moléculas. É usado como fibras têxtil.
- Polietileno: polímero formado por reação de adição. Principal componente de sacos e sacolas plásticas. Pode ser reciclado ou usado como combustível.
- PET: é um poliéster. Material das garrafas plásticas de refrigerante, está presente em muitas outras aplicações, como filmes fotográficos.

As fórmulas estruturais desses quatros polímeros estão, não respectivamente, representadas abaixo.

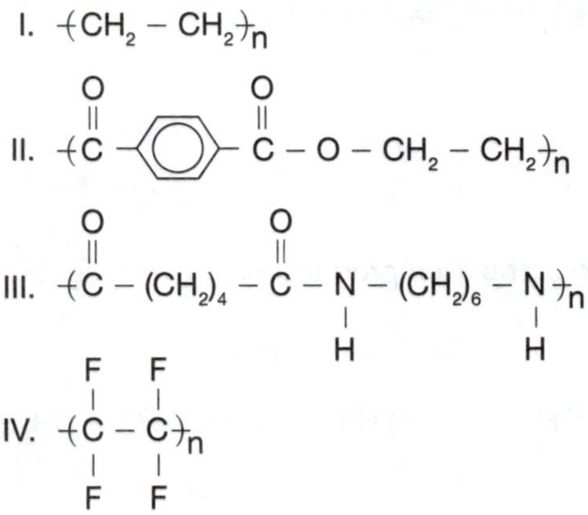

A alternativa que relaciona corretamente os polímeros descritos com as fórmulas estruturais representadas é:

	I	II	III	IV
a)	polietileno	PET	náilon	teflon
b)	teflon	polietileno	PET	náilon
c)	PET	náilon	polietileno	teflon
d)	PET	teflon	náilon	polietileno
e)	polietileno	PET	teflon	náilon

5. (FUVEST – SP) Os poliésteres são polímeros fabricados por condensação de dois monômeros diferentes, em sucessivas reações de esterificação. Dentre os pares de monômeros abaixo,

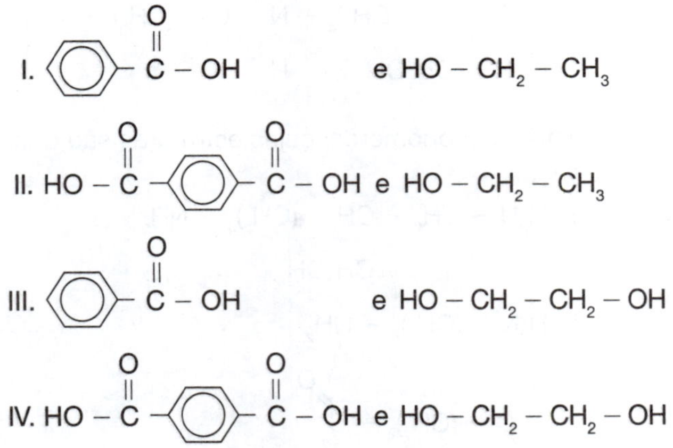

poliésteres podem ser formados

a) por todos os pares.
b) apenas pelos pares II, III e IV.
c) apenas pelos pares II, III.
d) apenas pelos pares I e IV.
e) apenas pelo par IV.

6. (PUC – SP) Um polímero de grande importância, usado em fitas magnéticas para gravação e em balões meteorológicos, é obtido pela reação:

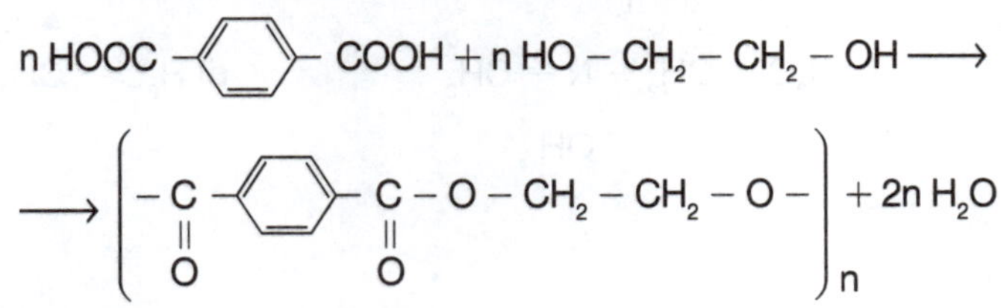

A proposição correta é:

a) Um dos monômeros é o ácido benzoico.
b) Um dos monômeros é um dialdeído.
c) O polímero é obtido por uma reação de polimerização por adição.
d) O polímero é um poliéster.
e) O polímero é um poliéter.

7. (FATEC – SP) A unidade de repetição de um polímero de condensação é assim representada.

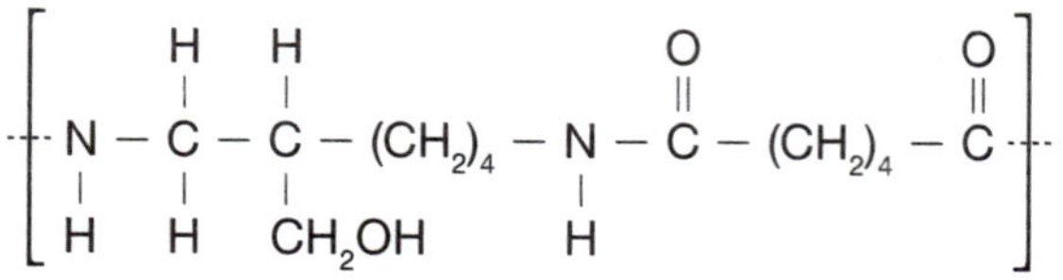

Dentre os monômeros, cujas estruturas são dadas a seguir

I. 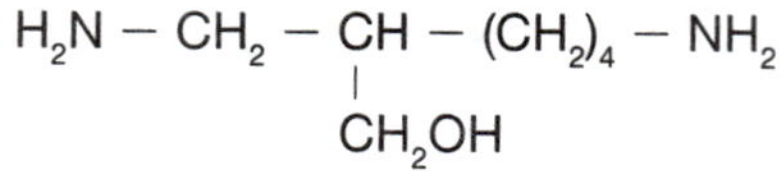

II. $H_2N - (CH_2)_6 - NH_2$

III. 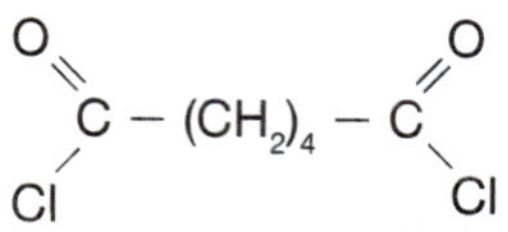

IV. 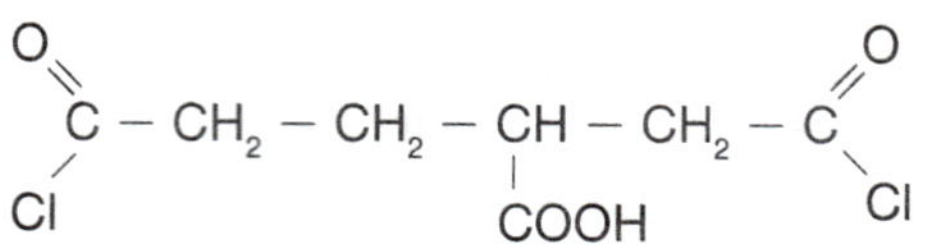

pode-se afirmar que originaram o polímero, os monômeros representados como

a) I e II.
b) I e III.
c) I e IV.
d) II e III.
e) IV.

8. Complete com **termoplásticos** ou **termofixos**.

____________________ : são polímeros de cadeias lineares que, quando aquecidos, amolecem, permitindo a sua moldagem, e quando resfriados, endurecem.

9. Complete com **termoplásticos** ou **termofixos**.

____________________ são polímeros com uma grande cadeia cruzada (tridimensional). Durante o aquecimento, não amolecem e, com aquecimento mais intenso, se decompõem.

Exercícios Série Ouro

1. (UNESP) A reação de condensação de uma amina com um ácido carboxílico produz uma amida e água. A condensação de metil-amina com ácido propanoico produz:

a) 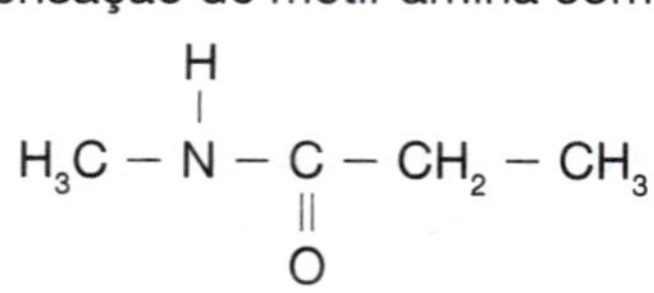

b) 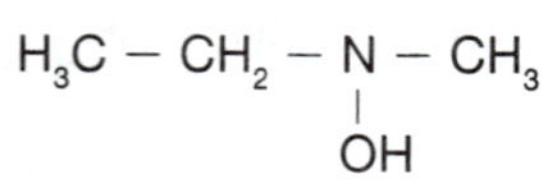

c) 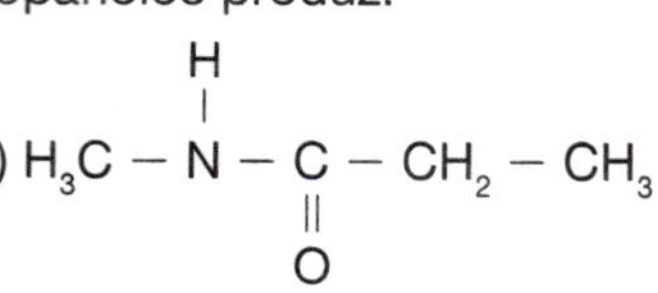

d) 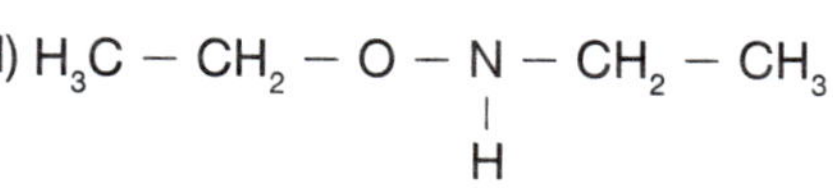

e) 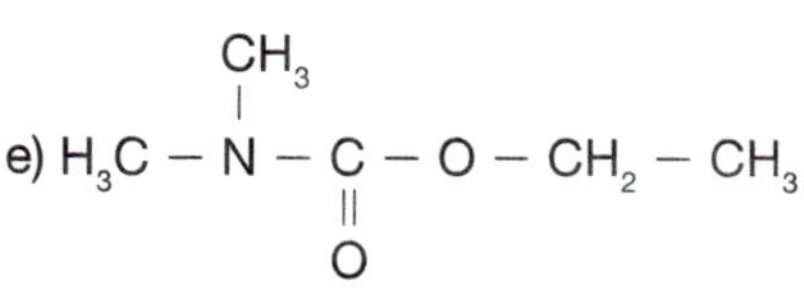

2. (FUVEST – SP) Alguns polímeros biodegradáveis são utilizados em fios de sutura cirúrgica, para regiões internas do corpo, pois não são tóxicos e são reabsorvidos pelo organismo. Um desses materiais é um copolímero de condensação que pode ser representado por

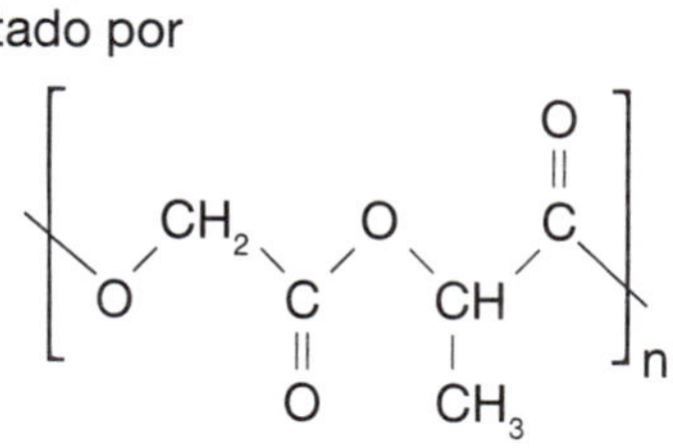

Dentre os seguintes compostos,

I. 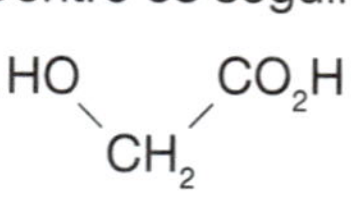

II. 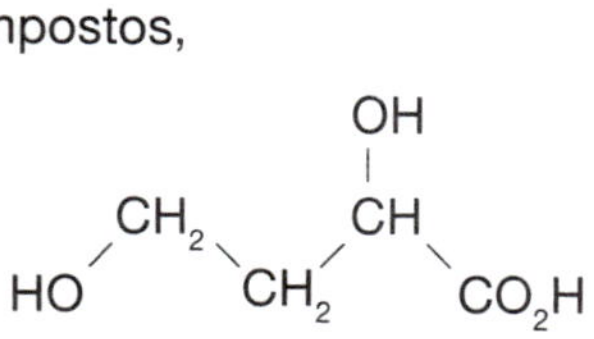

III. 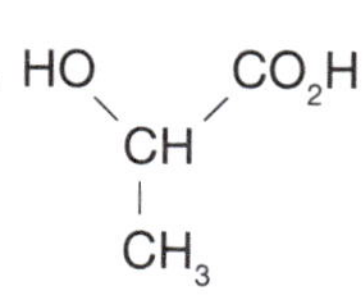

IV. 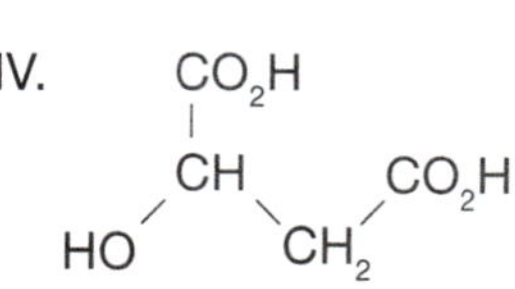

os que dão origem ao copolímero citado são

a) I e III
b) II e III
c) III e IV
d) I e II
e) IV

3. (UNICAMP – SP) Para se ter uma ideia do que significa a presença de polímeros sintéticos na nossa vida, não é preciso muito esforço: imagine o interior de um automóvel sem polímeros, olhe para sua roupa, para seus sapatos, para o armário do banheiro. A demanda por polímeros é tão alta que, em países mais desenvolvidos, o seu consumo chega a 150 kg por ano por habitante.

Em alguns polímeros sintéticos, uma propriedade bastante desejável é a sua resistência à tração. Essa resistência ocorre, principalmente, quando átomos de cadeias poliméricas distintas se atraem. O náilon, que é uma poliamida, e o polietileno, representados a seguir, são exemplos de polímeros.

$$[- NH - (CH_2)_6 - NH - CO - (CH_2)_4 - CO -]_n$$

náilon

$$[- CH_2 - CH_7 -]_n$$

polietileno

a) Admitindo-se que as cadeias destes polímeros são lineares, qual dos dois é mais resistente à tração? Justifique.
b) Desenhe os fragmentos de duas cadeias poliméricas do polímero que você escolheu no item a, identificando o principal tipo de interação existente entre elas que implica na alta resistência à tração.

4. (UNESP) Garrafas plásticas descartáveis são fabricadas com o polímero PET (polietilenotereftalato), obtida pela reação entre o ácido tereftálico e o etilenoglicol, de fórmulas estruturais:

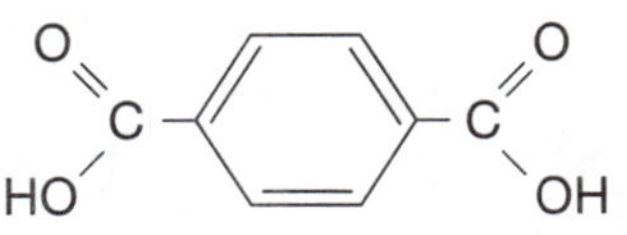
ácido tereftálico

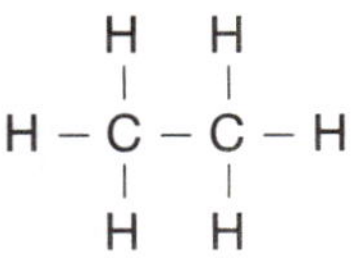
etilenoglicol

a) Equacione a equação de esterificação entre uma molécula de ácido tereftálico e duas moléculas de etilenoglicol.
b) Identifique a função orgânica presente no composto formado.

5. (ENEM) O uso de embalagens plásticas descartáveis vem crescendo em todo o mundo, juntamente com o problema ambiental gerado por seu descarte inapropriado. O politereftalato de etileno (PET), cuja estrutura é mostrada tem sido muito utilizado na indústria de refrigerantes e pode ser reciclado e reutilizado. Uma das opções possíveis envolve a produção de matérias-primas, como o etilenoglicol (1,2-etanodiol), a partir de objetos compostos de PET pós-consumo.

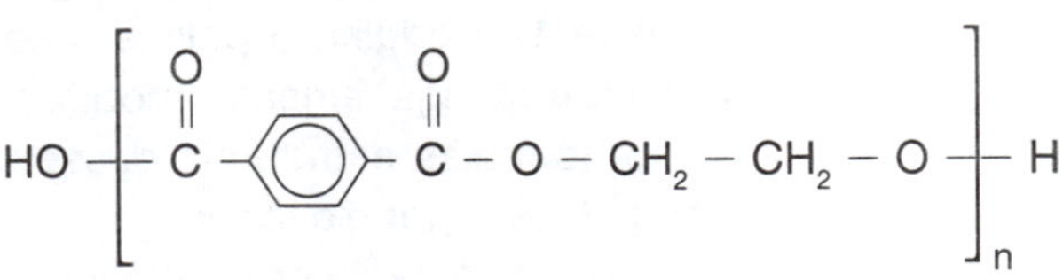

Disponível em: <www.abipet.org.br.>
Acesso em: 27 fev. 2012 (adaptado).

Com base nas informações do texto, uma alternativa para a obtenção de etilenoglicol a partir do PET é a

a) solubilização dos objetos.
b) combustão dos objetos.
c) trituração dos objetos.
d) hidrólise dos objetos.
e) fusão dos objetos.

6. (VUNESP) Estão representados a seguir fragmentos dos polímeros náilon e dexon, ambos usados como fios de suturas cirúrgicas.

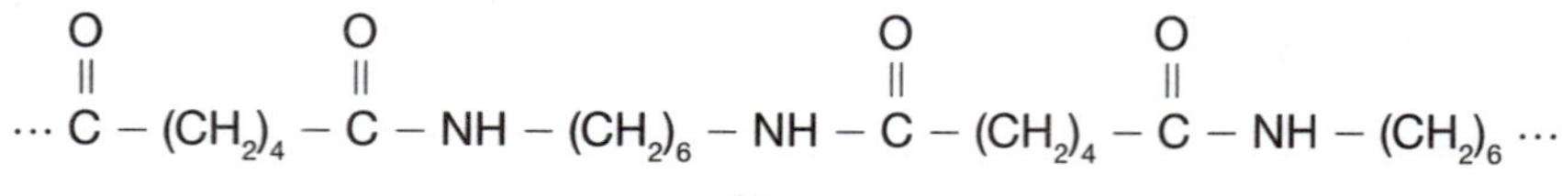

náilon

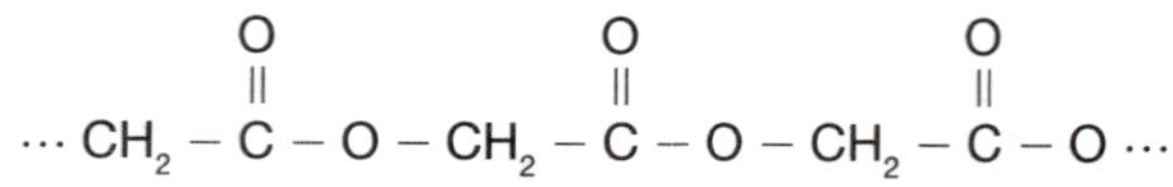

dexon

a) Identifique os grupos funcionais dos dois polímeros.

b) O dexon sofre hidrólise no corpo humano, sendo integralmente absorvido no período de algumas semanas. Nesse processo, a cadeia polimérica é rompida, gerando um único produto, que apresenta duas funções orgânicas. Represente a fórmula estrutural do produto e identifique estas funções.

---

7. (FUVEST – SP) Kevlar é um polímero de alta resistência mecânica e térmica, sendo por isso usado em coletes à prova de balas e em vestimentas de bombeiros.

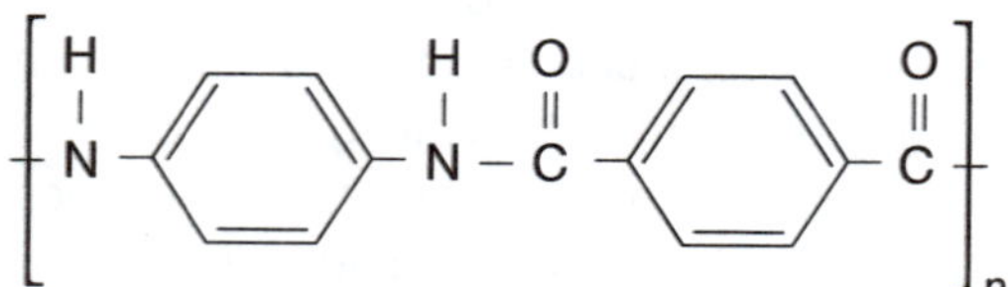

kevlar

a) Quais as fórmulas estruturais dos dois monômeros que dão origem ao kevlar por reação de condensação? Escreva-as.

b) Qual o monômero que, contendo dois grupos funcionais diferentes, origina o polímero kevlar com uma estrutura ligeiramente modificada? Represente as fórmulas estruturais desse monômero e do polímero por ele formado.

c) Como é conhecido o polímero sintético, não aromático, correspondente ao kevlar?

8. (FUVEST – SP) Aqueles polímeros, cujas moléculas se ordenam paralelamente umas às outras, são cristalinos, fundindo em uma temperatura definida, sem decomposição. A temperatura de fusão de polímeros depende, dentre outros fatores, de interações moleculares, devidas a forças de dispersão, ligações de hidrogênio etc., geradas por dipolos induzidos ou dipolos permanentes.

A seguir são dadas as estruturas moleculares de alguns polímeros.

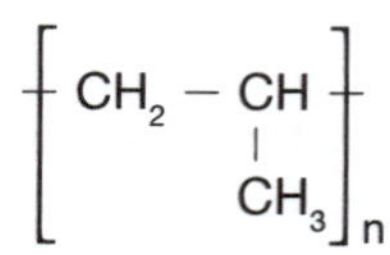

polipropileno

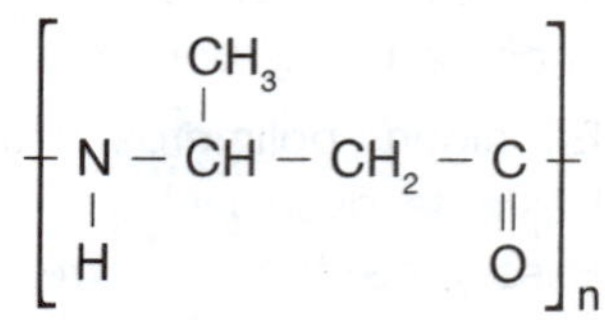

poliácido 3-aminobutanoico

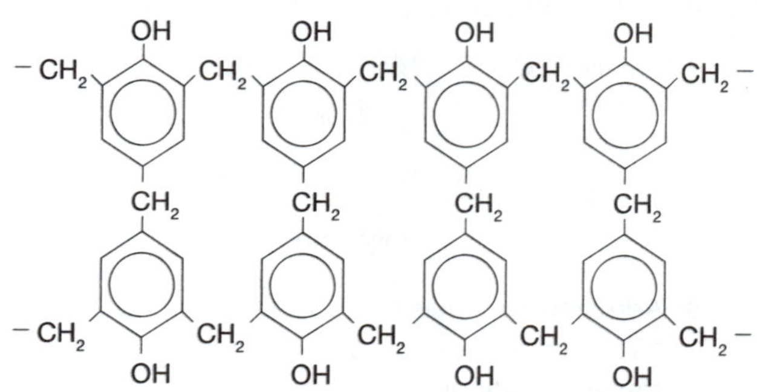

baquelite (fragmento da estrutura dimensional)

Cada um desses polímeros foi submetido, separadamente, a aquecimento progressivo. Um deles fundiu-se a 160 °C, outro a 330 °C e o terceiro não se fundiu, mas se decompôs.

Considerando as interações moleculares, dentre os três polímeros citados,

a) qual deles se fundiu a 160 °C? Justifique.

b) qual deles se fundiu a 330 °C? Justifique.

c) qual deles não se fundiu? Justifique.

9. (UFRJ) Muitas peças de plataformas marítimas para exploração de petróleo são fabricadas com compósitos poliméricos à base de poliésteres insaturados; esses poliésteres são misturados com microesferas ocas de vidro, formando estruturas rígidas, leves e resistentes.

a) A principal matéria-prima utilizada na fabricação das microesferas ocas de vidro é o SiO_2. Dê o nome dessa substância.

b) A figura a seguir representa um poliéster insaturado.

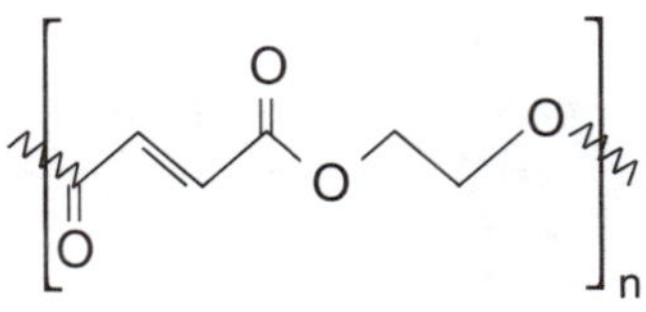

Escreva a estrutura em bastão dos dois monômeros que reagem entre si para formar essa resina poliéster.

10. (UNICAMP – SP) O uso de substâncias poliméricas para a liberação controlada de medicamentos vem sendo investigado, também, em tratamentos oftalmológicos. Os polímeros derivados dos ácidos glicólico e lático têm-se revelado muito promissores para essa finalidade. A estrutura abaixo representa um polímero desse tipo. Se R for um H, trata-se de um polímero derivado do ácido glicólico e, se R for um CH_3, trata-se do ácido lático. Na formação de qualquer um desses polímeros, a partir dos correspondentes ácidos, ocorre a eliminação de água.

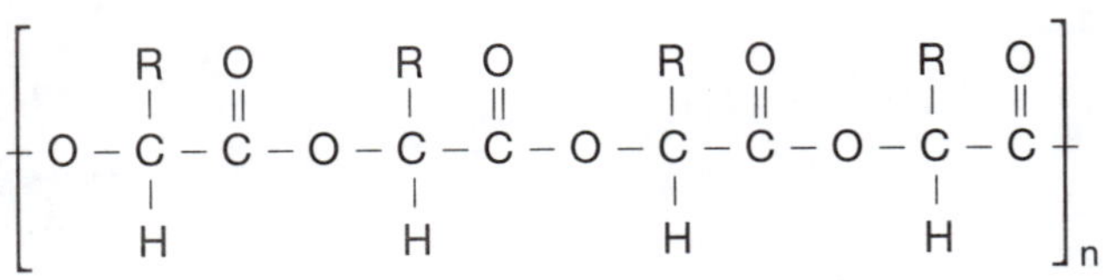

a) Um determinado polímero apresenta, alternadamente, fragmentos dos ácidos lático e glicólico. Desenhe a fórmula estrutural desse polímero, usando como modelo a estrutura acima.

No processo de biodegradação desse tipo de polímero mostrado na figura, inicialmente ocorre a hidrólise. O produto resultante desse processo é decomposto (no ciclo de Krebs), formando os mesmos produtos que seriam resultantes de sua combustão. Considerando que o fragmento polimérico da figura apresentada seja formado, apenas, a partir do ácido lático:

b) Escreva a equação química da hidrólise do polímero.

c) Escreva a equação química da oxidação da substância produzida na reação do item *b*.

11. (FUVEST – SP) Náilon-66 é uma poliamida, obtida através da polimerização por condensação dos monômeros 1,6-diamino-hexano e ácido hexanodioico (ácido adípico), em mistura equimolar.

$H_2N-(CH_2)_6NH_2$ 1,6-diamino-hexano

$HOOC-(CH_2)_4-COOH$ ácido adípico

O ácido adípico pode ser obtido a partir do fenol e o 1,6-diamino-hexano, a partir do ácido adípico, conforme esquema abaixo:

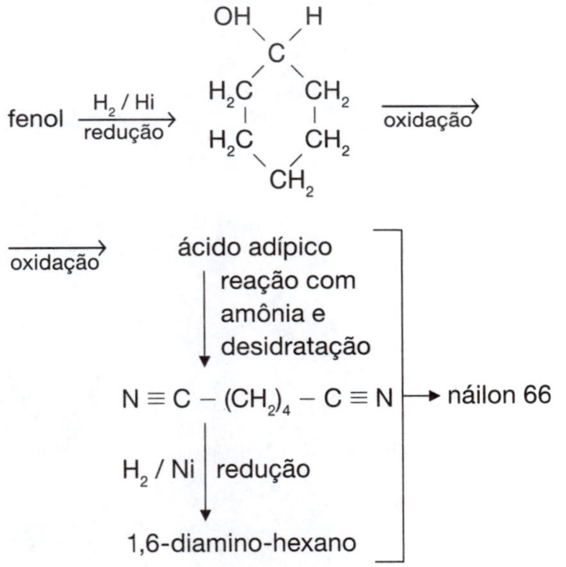

a) Reagindo $2 \cdot 10^3$ mol de fenol, quantos mols de H_2 são necessários para produzir $1 \cdot 10^3$ mol de cada um desses monômeros? Justifique. Admita 100% de rendimento em cada etapa.

b) Escreva a equação que representa a condensação de 1,6-diamino-hexano com o ácido adípico.

12. (ITA – SP) Considere as seguintes afirmações:

I. A reação da borracha natural com enxofre é denominada vulcanização.
II. Polímeros termoplásticos amolecem quando são aquecidos.
III. Polímeros termofixos apresentam alto ponto de fusão.
IV. Os homopolímeros polipropileno e polietrafluoretileno são sintetizados por meio de reações de adição.
V. Mesas de madeira, camisetas de algodão e folhas de papel contêm materiais poliméricos.

Das afirmações feitas, estão corretas

a) apenas I, II, IV e V
b) apenas I, II e V
c) apenas III, IV e V
d) apenas IV e V
e) todas

13. (FUVEST – SP) Ésteres podem ser preparados pela reação de ácidos carboxílicos ou cloretos de ácidos com álcoois, conforme exemplificado:

$$H_3C-C(=O)OH + CH_3CH_2OH \longrightarrow H_3C-C(=O)OCH_2CH_3 + H_2O$$

$$H_3C-C(=O)Cl + CH_3CH_2OH \longrightarrow H_3C-C(=O)OCH_2CH_3 + HCl$$

um cloreto de ácido

Recentemente, dois poliésteres biodegradáveis (I e II) foram preparados, utilizando, em cada caso, um dos métodos citados.

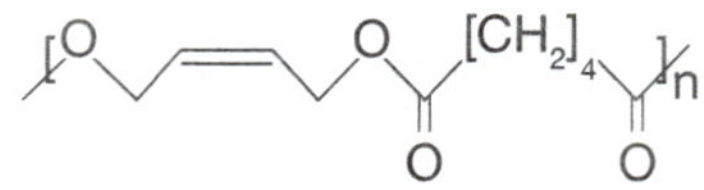
(I)

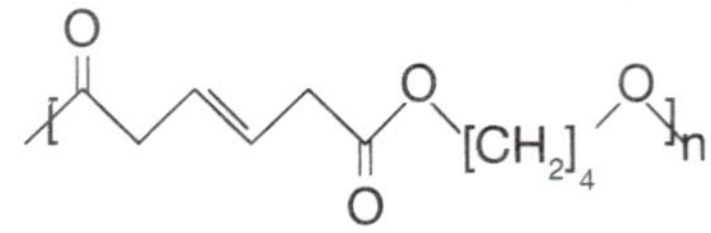
(II)

a) Escreva a fórmula mínima da unidade estrutural que se repete n vezes no polímero I.

Dentre os seguintes compostos,

$HOCH_2CH = CHCH_2OH$ (cis)

$HOCH_2CH_2CH_2CH_2OH$

$Cl\overset{\overset{O}{\|}}{C}CH_2CH_2CH_2CH_2\overset{\overset{O}{\|}}{C}Cl$

$HO_2CCH_2CH = CHCH_2CO_2H$ (trans)

$HO_2CCH_2CH = CHCH_2CO_2H$ (cis)

quais são os reagentes apropriados para a preparação de

b) (I)?　　　　c. (II)?

Capítulo 24

Oxidação de Hidrocarbonetos

1. Conceito de reação de oxidação

Em Química Orgânica, oxidação significa introdução de átomos de oxigênio na molécula orgânica. As, principais substâncias (agentes oxidantes) que colocam oxigênio são: $\mathbf{O_2}$, $\mathbf{O_3}$, $\mathbf{KMnO_4}$, $\mathbf{K_2Cr_2O_7}$.

Esses oxidantes, na sua decomposição, liberam [O] (oxigênio atômico ou nascente), que vai reagir com a molécula orgânica.

$2\,KMnO_4 + 3\,H_2SO_4 \longrightarrow$

$\longrightarrow K_2SO_4 + MnSO_4 + 3\,H_2O + 5\,[O]$ meio ácido

$2\,KMnO_4 + H_2O \longrightarrow$

$\longrightarrow 2\,KOH + 2\,MnO_2 + 3\,[O]$ meio levemente básico

Oxigênio atômico é muito reativo, pois o oxigênio está com seis elétrons.

As reações de oxidação na Química Orgânica são escritas de maneira simplificada, a representação [O] indica que o composto orgânico está sofrendo um processo de oxidação.

2. Oxidação de alqueno

Temos três tipos de oxidação para os alquenos: **oxidação branda**, **oxidação enérgica** e **ozonólise**.

2.1 Oxidação branda

Agente oxidante em meio levemente básico, produzindo um diálcool vicinal (entrada de uma hidroxila (OH) em cada carbono da dupla).

Exemplo:

eteno — etano-1,2-diol / etileno glicol

↓

produção de polímeros; anticongelante

2.2 Teste de Bayer

Alqueno e ciclano têm a mesma fórmula geral: C_nH_{2n}.

Adicionando um agente oxidante ($KMnO_4$ / OH^-, violeta), se ocorrer um descoramento, significa que ocorreu a reação.

Alquenos reagem, pois possuem ligação dupla, e ciclanos, não. Assim, a cor violeta do $KMnO_4$ desaparecerá quando a substância for alqueno, mas não quando for ciclano. Esse é o **teste de Bayer**.

$$\text{alqueno} \xrightarrow{[O]} \text{reage}$$

$$\text{ciclano} \xrightarrow{[O]} \text{não reage}$$

Utilizando o conceito de número de oxidação, observamos que os carbonos do alqueno sofreram oxidação.

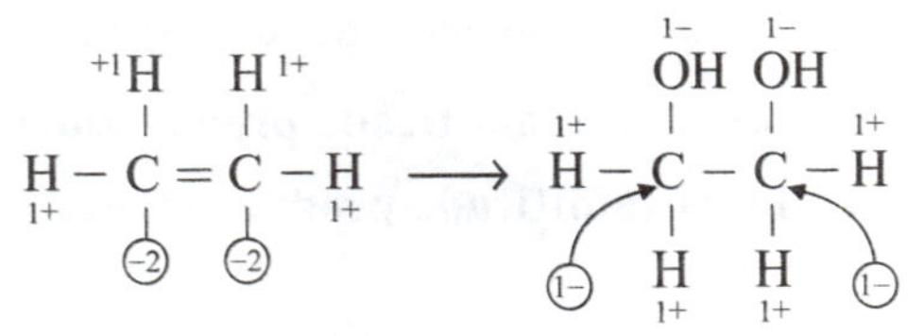

2.3 Oxidação enérgica

Agente oxidante em meio ácido, ocorrendo a quebra da dupla-ligação. Os produtos formados vão depender da estrutura do alqueno.

C da dupla não ramificado produz ácido carboxílico.

C da dupla ramificado produz cetona.

C da dupla na extremidade produz $\mathbf{CO_2}$ e $\mathbf{H_2O}$.

Exemplo:

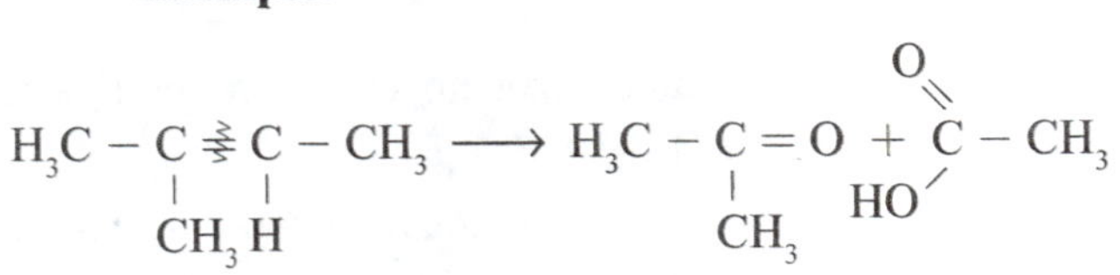

2-metilbut-2-eno — propanona / acetona — ácido etanoico / ácido acético

Utilizando o conceito de número de oxidação, observamos que os carbonos do alqueno sofreram oxidação.

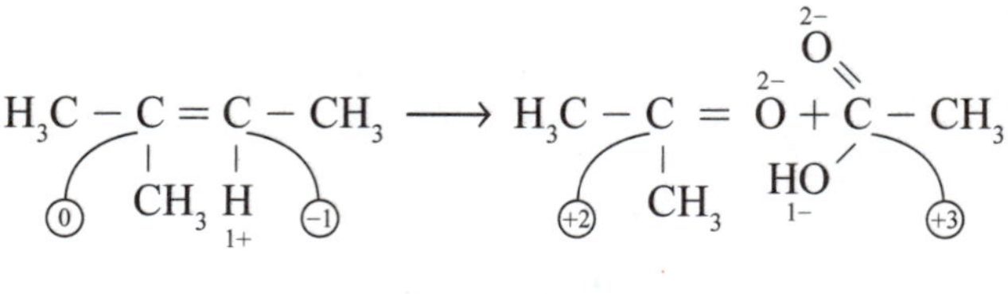

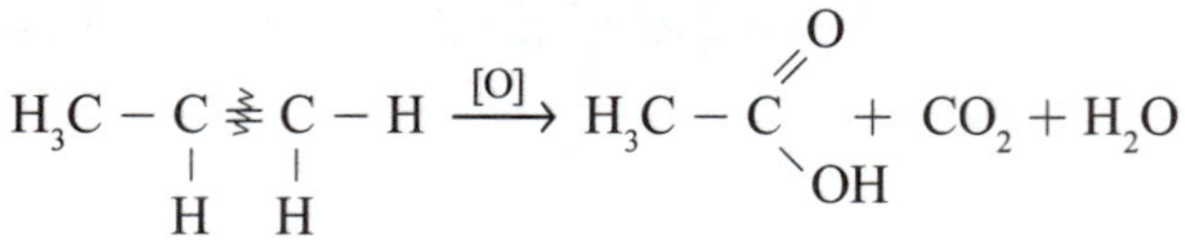

propeno ácido etanoico

2.3.1 Aplicação da oxidação enérgica

Determinação da posição da dupla-ligação na cadeia.

Exemplo:

Por oxidação enérgica de um alceno, notou-se a formação de acetona como único produto carbonado. Qual é o alceno?

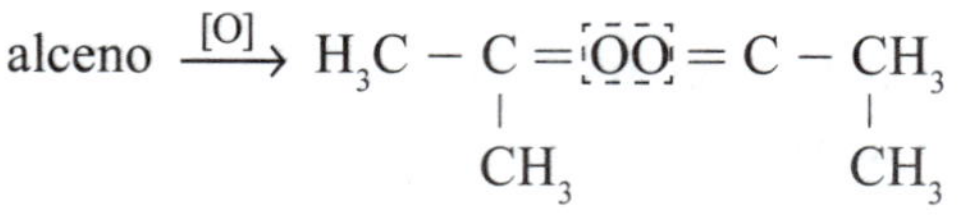

O alceno é, portanto:

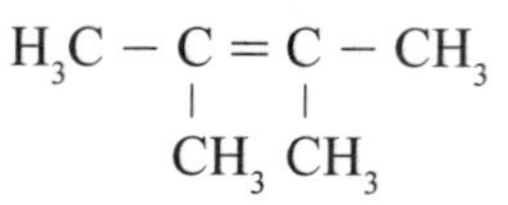

2,3-dimetilbut-2-eno

2.4 Ozonólise

O agente oxidante é o O_3 em meio aquoso e na presença de pó de zinco, ocorrendo a quebra da dupla-ligação. Os produtos formados vão depender da estrutura do alqueno.

C da dupla não ramificado produz aldeído.

C da dupla ramificado produz cetona.

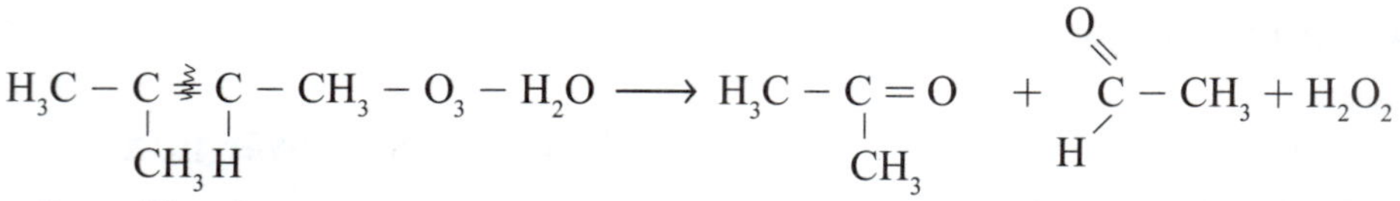

2-metilbut-2-eno propanona etanal

A quebra da dupla-ligação é explicada pela formação de um composto intermediário e instável chamado ozoneto ou ozonídeo.

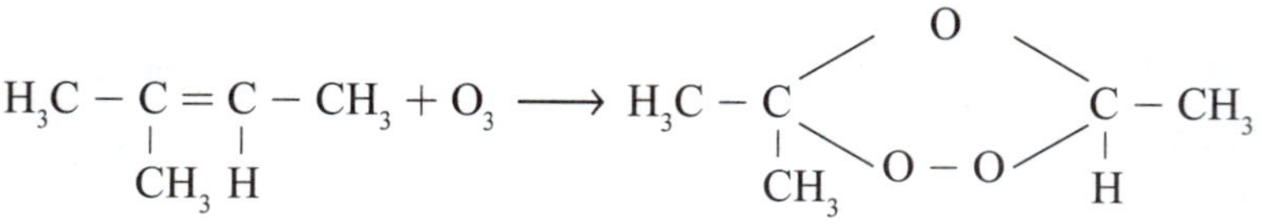

ozoneto

Na decomposição do ozoneto, cada carbono fica com 1 átomo de oxigênio e o terceiro átomo de oxigênio se liga na água formando H_2O_2.

H_2O_2 é destruído pelo pó de zinco para que não reaja com o aldeído, formando ácido carboxílico.

$$Zn + H_2O_2 \longrightarrow ZnO + H_2O$$

2.4.1 Aplicações da ozonólise

1. Método de obtenção de aldeídos e cetonas.
2. Determinação da posição dupla-ligação na cadeia.

Exemplo:

Um alceno forneceu por ozonólise etanal e propanona. Qual é o alceno?

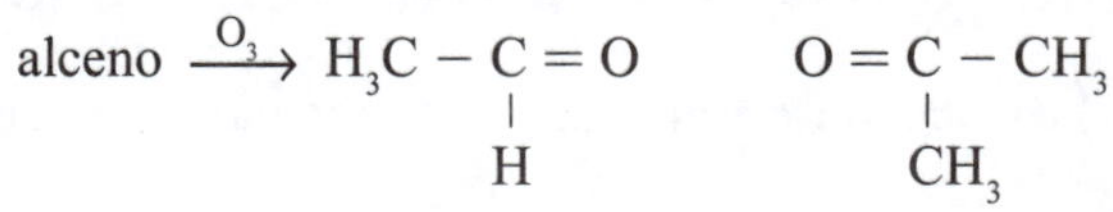

O alceno é, portanto:

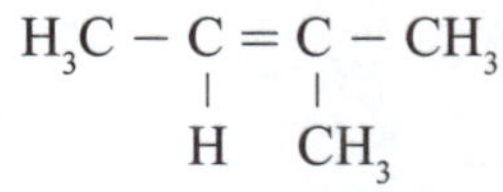

2-metilbut-2-eno

3. Ozonólise de dienos

É uma reação semelhante à que ocorre com os alquenos, ocorrendo a quebra das duas duplas-ligações.

Exemplo:

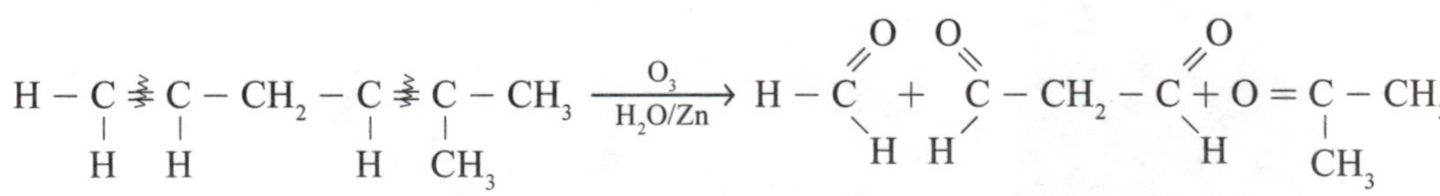

5-metil-hexa-1,4-dieno　　metanal　　propanodial　　propanona

4. Oxidação de ciclano

Oxidante em meio ácido ($KMnO_4/H_2SO_4$) produzindo ácido dicarboxílico, isto é, o ciclo é rompido.

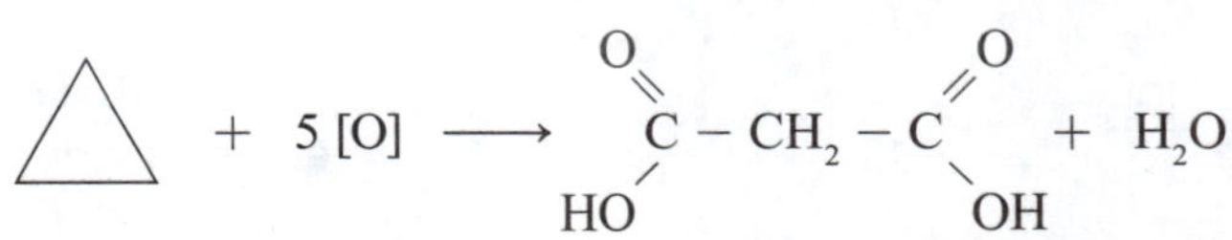

ciclopropano　　ácido propanodioico

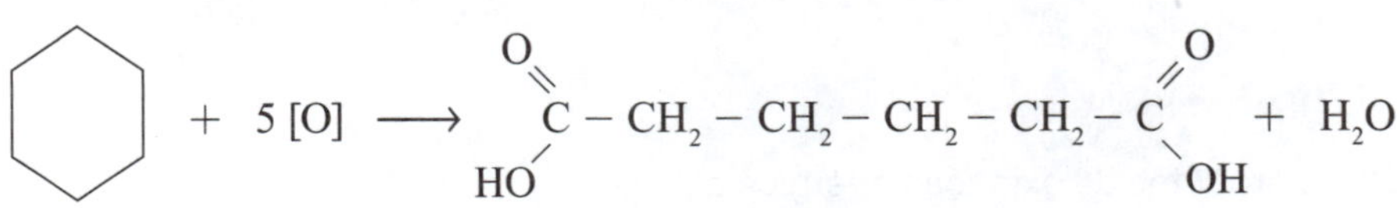

ciclo-hexano　　ácido hexanodioico

ácido adípico (fabricação do náilon)

5. Oxidação de hidrocarboneto aromático

a) **Oxidação enérgica**

O anel benzênico resiste à ação de oxidantes como $KMnO_4/H^+$ ou $K_2Cr_2O_7/H^+$. Partindo-se de hidrocarboneto aromático com uma ramificação, obtém-se sempre ácido benzoico.

Exemplos:

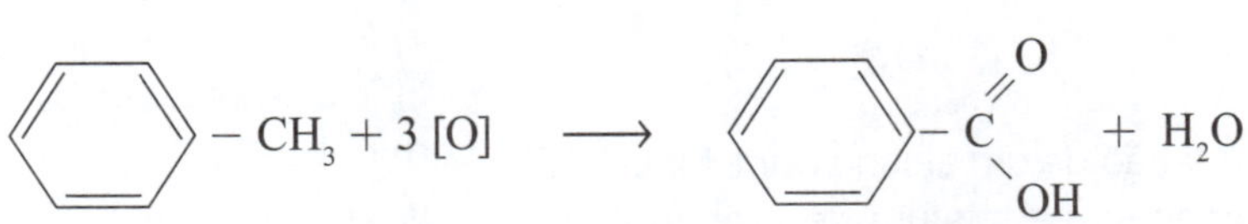

metilbenzeno (tolueno)　　ácido benzoico

b) **Ozonólise**

Apenas o ozônio consegue quebrar o anel benzênico, dando uma reação de ozonólise semelhante aos alquenos:

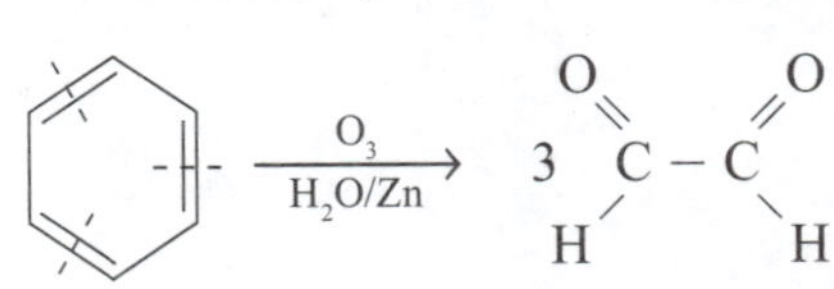

benzeno　　etanodial

Exercícios Série Prata

1. Complete com **ácido carboxílico** ou **cetona** ou **CO_2 e H_2O**.

Na oxidação enérgica:

a) C da dupla não ramificado produz ____________

b) C da dupla ramificado produz ______________

c) C da dupla na extremidade produz ____________

Complete as equações químicas:

2. 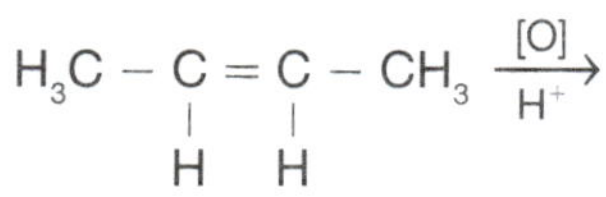

3. 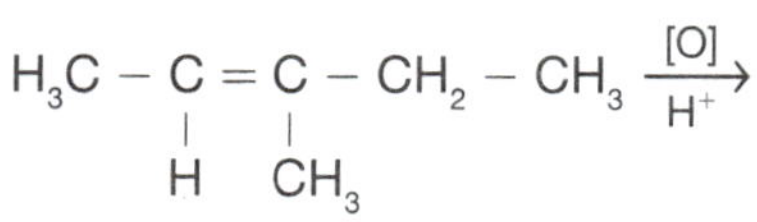

4. 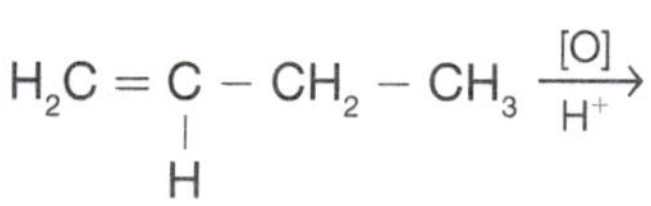

5. (FMPA – MG) Os produtos da oxidação enérgica do 2-metilpent-2-eno com permanganato de potássio são:

a) propanona.
b) ácido propanoico.
c) propanona e ácido acético.
d) propanona e ácido propanoico.
e) ácido propanoico.

6. (FMTM – MG) A oxidação de um alceno por $KMnO_4$ em meio ácido fornece uma mistura de propanona e ácido acético. Com base nessa informação, identifique o alceno em questão, escrevendo sua fórmula estrutural e seu nome oficial.

Complete as equações químicas.

7. 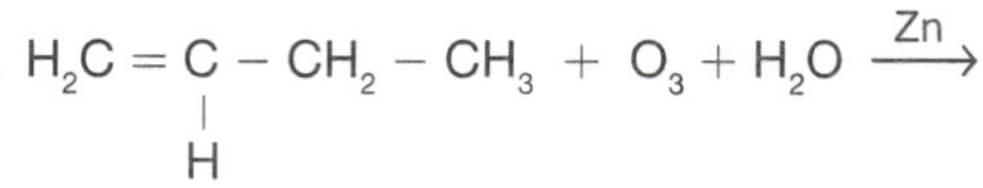

8. 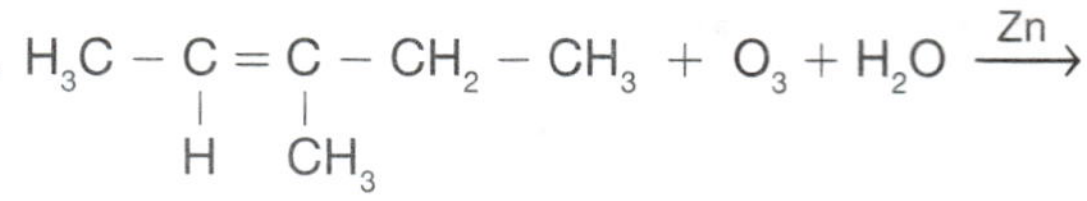

9. (MACKENZIE – SP) Na equação a seguir, as funções orgânicas a que pertencem os compostos A e B são

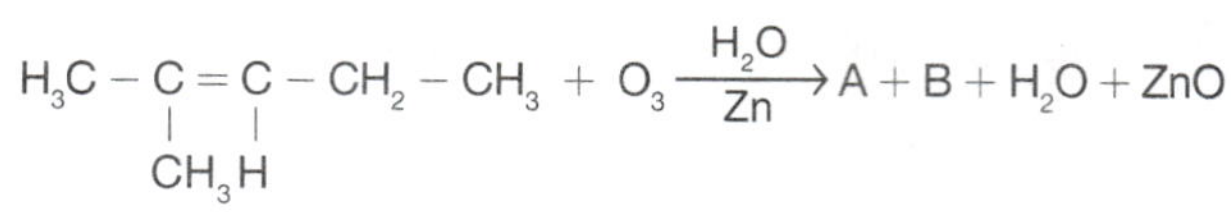

a) ácido carboxílico e aldeído.
b) éter e aldeído.
c) cetona e álcool.
d) hidrocarboneto e ácido carboxílico.
e) cetona e aldeído.

10. (UFPF – RS) A ozonólise de um alceno levou à formação de dois compostos: a butanona e o propanal. O alceno de partida deve ter sido o

a) hept-3-eno.
b) 3-metil-hex-3-eno.
c) 2-etil-hept-2-eno.
d) but-2-eno.
e) ciclo-hexeno.

11. (PUC – Campinas – SP) Na reação representada pela equação

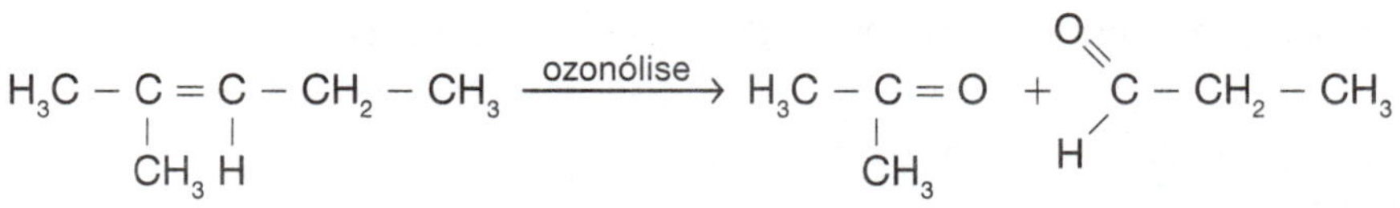

os produtos formados são:

a) compostos homólogos.
b) compostos isólogos.
c) isômeros funcionais.
d) isômeros de compensação.
e) isômeros ópticos.

---

12. (FEI – SP) Um alceno de fórmula molecular C_5H_{10} ao ser oxidado com solução ácida de permanganato de potássio deu origem a acetona e ácido etanoico em proporção equimolar. O nome do alceno é:

a) pent-1-eno
b) pent-2-eno
c) 2-metilbut-1-eno
d) 2-metilbut-2-eno
e) 2-etilpropeno

13. (MACKENZIE – SP) O alceno que por ozonólise produz etanal e propanona é:

a) 2-metilbut-1-eno
b) 2-metilbut-2-eno
c) pent-1-eno
d) pent-2-eno
e) 3-metilbut-1-eno

14. Complete a equação química.

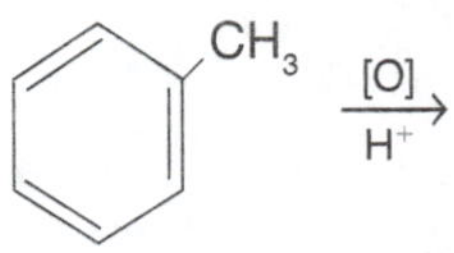

Exercícios Série Ouro

1. (UNIRIO – RJ) O colesterol é o esteroide animal mais abundante, formando cerca de um sexto do peso seco do tecido nervoso e central. O excesso de colesterol que se deposita nos vasos sanguíneos é a causa mais comum de enfartes do miocárdio e da arteriosclerose.

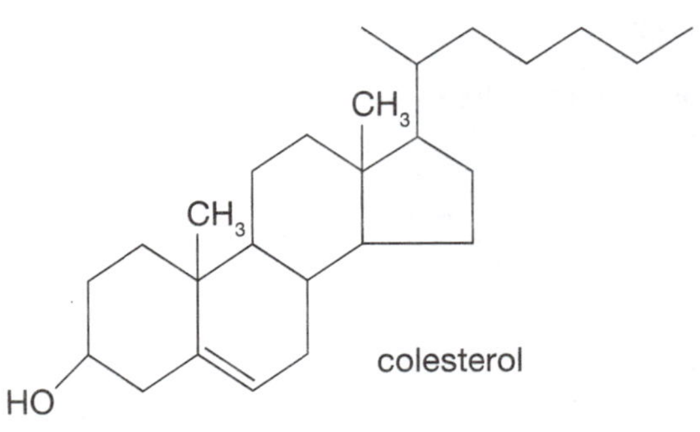

colesterol

Indique a afirmativa **incorreta**, referente a algumas das propriedades químicas do colesterol.

a) Sofre oxidação com solução ácida de $KMnO_4$.
b) Reage com ozônio.
c) Reage com bromo a temperatura ambiente.
d) Reage com Cl_2 em presença de radiação ultravioleta.
e) Não reage com H_2 em presença de catalisador metálico.

2. (PUC – PR) Um hidrocarboneto de fórmula molecular C_4H_8 apresenta as seguintes propriedades químicas:

I. Descora a solução de bromo em tetracloreto de carbono.
II. Absorve 1 mol de hidrogênio por mol de composto, quando submetido a hidrogenação.
III. Quando oxidado energicamente, fornece ácido propiônico e dióxido de carbono.

Esse hidrocarboneto é o:

a) ciclobutano.
b) but-1-eno.
c) but-2-eno.
d) metilpropeno.
e) meticiclopropano.

3. (UFMG) Determine o nome e as fórmulas estruturais das substâncias que completam corretamente as reações indicadas a seguir:

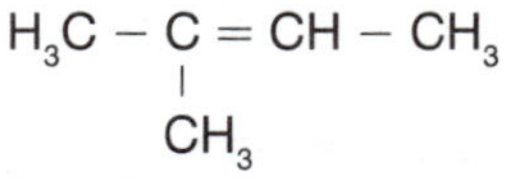

a) $\xrightarrow{\text{oxidação branda}}$

b) $\xrightarrow[\text{hidrólise}]{\text{ozonólise}}$

c) $\xrightarrow{\text{oxidação enérgica}}$

d) $\xrightarrow{\text{combustão completa}}$

4. (FUVEST – SP) Na ozonólise do alqueno de menor massa molecular que apresenta isomeria cis-trans, qual é o único produto orgânico formado?

5. (PUC – SP) A ozonólise é uma reação de oxidação de alcenos, em que o agente oxidante é o gás ozônio. Essa reação ocorre na presença de água e zinco metálico, como indica o exemplo:

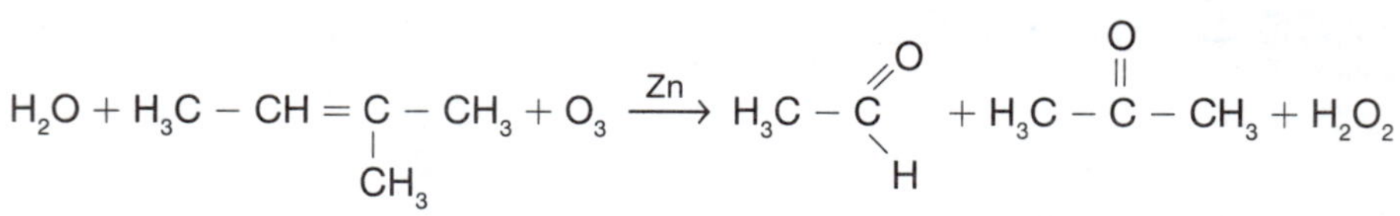

Considere a ozonólise, em presença de zinco e água, do dieno representado a seguir:

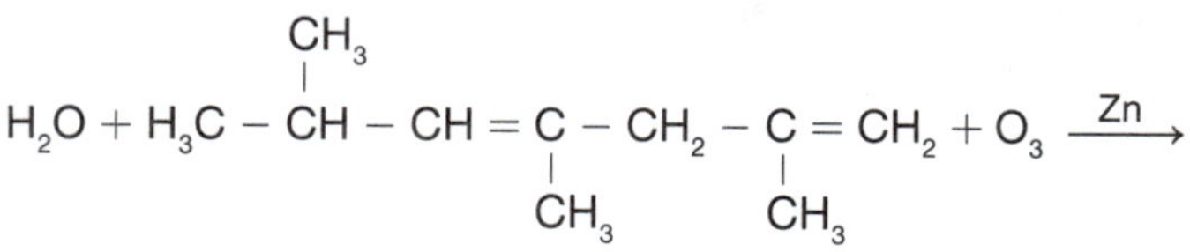

Assinale a alternativa que apresenta os compostos orgânicos formados durante essa reação:

a) metilpropanal, metanal, propanona e etanal
b) metilpropanona, metano e pentano-2,4-diona
c) metilpropanol, metanol e ácido 2,4-pentanodioico
d) metilpropanal, ácido metanoico e pentano-2,4-diol
e) metilpropanal, metanal e pentano-2,4-diona

6. (FUVEST – SP) A reação de um alceno com ozônio, seguida da reação do produto formado com água, produz aldeídos ou cetonas ou misturas desses compostos. Porém, na presença de excesso de peróxido de hidrogênio, os aldeídos são oxidados a ácidos carboxílicos ou a CO_2, dependendo da posição da dupla-ligação na molécula do alceno.

$$CH_3CH = CH_2 \longrightarrow CH_3COOH + CO_2$$

$$CH_3CH = CHCH_3 \longrightarrow 2\ CH_3COOH$$

Determinado hidrocarboneto insaturado foi submetido ao tratamento acima descrito, formando-se os produtos abaixo, na proporção, em mols, de 1 para 1 para 1:

$HOOCCH_2CH_2CH_2COOH$; CO_2; ácido propanoico.

a) Escreva a fórmula estrutural do hidrocarboneto insaturado que originou os três produtos acima.

b) Dentre os isômeros de cadeia aberta de fórmula molecular C_4H_8, mostre os que não podem ser distinguidos, um do outro, pelo tratamento acima descrito. Justifique.

7. (UNICAMP – SP) Um mol de um hidrocarboneto cíclico de fórmula C_6H_{10} reage com um mol de bromo, Br_2, produzindo um mol de um composto com dois átomos bromo em sua molécula. Esse mesmo hidrocarboneto, C_6H_{10}, em determinadas condições, pode ser oxidado a ácido adípico, $HOOC – (CH_2)_4 – COOH$.

a) Qual a fórmula estrutural do hidrocarboneto C_6H_{10}?

b) Escreva a equação química da reação desse hidrocarboneto com bromo.

8. (FUVEST – SP) Em solvente apropriado, hidrocarbonetos com ligação dupla reagem com Br_2, produzindo compostos bromados; tratados com ozônio (O_3) e, em seguida, com peróxido de hidrogênio (H_2O_2), produzem compostos oxidados. As equações químicas abaixo exemplificam essas transformações.

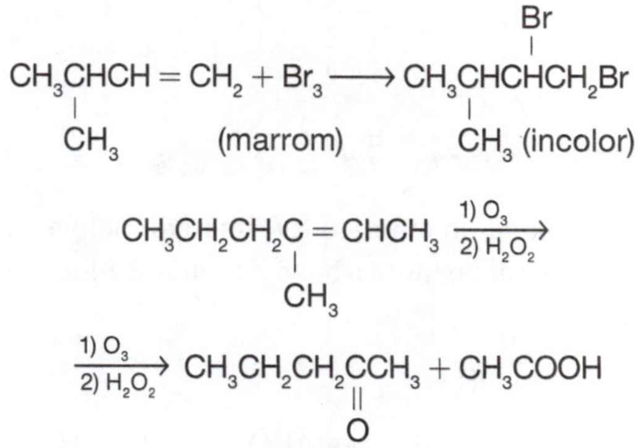

Três frascos, rotulados X, Y e Z, contêm, cada um, apenas um dos compostos isoméricos abaixo, não necessariamente na ordem em que estão apresentados:

I.  III. 

II. 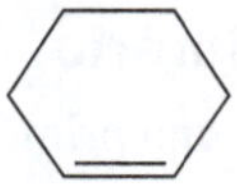

- Seis amostras de mesma massa, duas de cada frasco, foram usadas nas seguintes experiências:
  A três amostras, adicionou-se, gradativamente, solução de Br_2, até perdurar tênue coloração marrom.
  Os volumes, em mL, da solução de bromo adicionada foram: 42,0; 42,0 e 21,0, respectivamente, para as amostras dos frascos X, Y e Z.
- As três amostras restantes foram tratadas com O_3 e, em seguida, com H_2O_2. Sentiu-se cheiro de vinagre apenas na amostra do frasco X.

O conteúdo de cada frasco é

	Frasco X	Frasco Y	Frasco Z
a)	I	II	III
b)	I	III	II
c)	II	I	III
d)	III	I	II
e)	III	II	I

Capítulo 25

Oxirredução de Compostos Oxigenados

1. Oxidação de álcoois

O oxigênio atômico [O] liberado pelo agente oxidante vai se ligar no carbono ao qual a hidroxila (OH) está ligada.

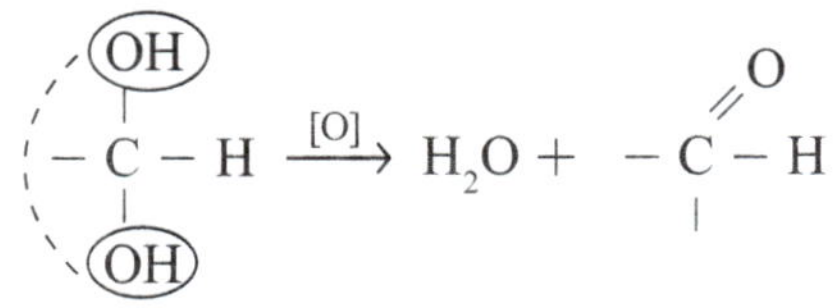

Álcoois primários, secundários e terciários, quando tratados com agentes oxidantes, comportam-se de maneiras diferentes.

1.1 Oxidação de álcool primário

a) **Álcool primário:** OH ligado a carbono primário.

$$\text{álcool primário} \xrightarrow{[O]} \text{aldeído} \xrightarrow{[O]} \text{ácido carboxílico}$$

Exemplo:

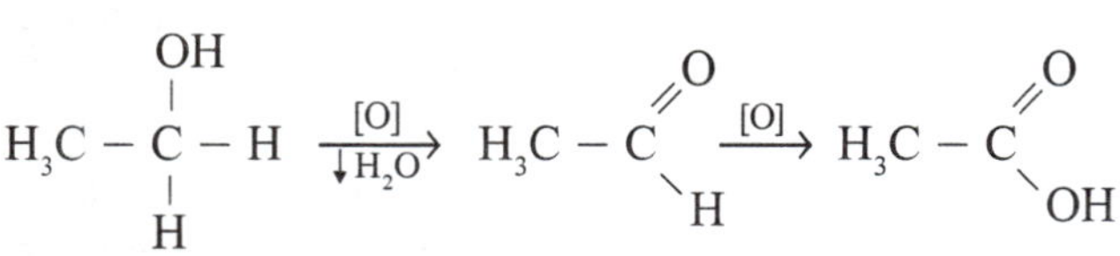

etanol — etanal — ácido etanoico / ácido acético

Usando número oxidação percebemos que o carbono sofreu oxidação.

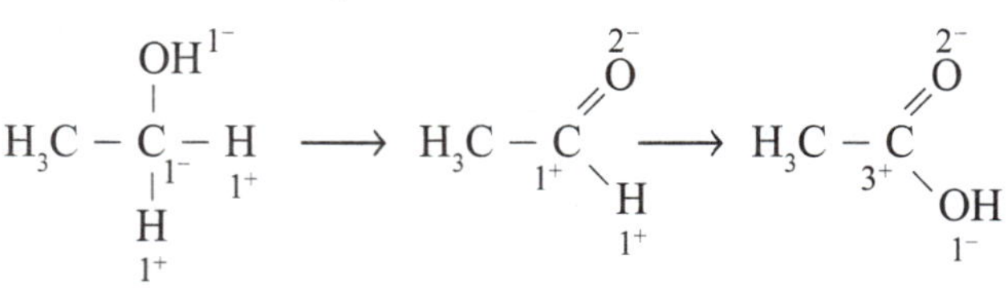

Alguns autores consideram a oxidação do álcool primário para aldeído como uma **oxidação branda** e a oxidação de álcool a ácido carboxílico como **oxidação enérgica**.

b) **Bafômetro**

Para avaliar o nível de embriaguez dos motoristas, a polícia utiliza um aparelho – o bafômetro – que mede a concentração de etanol no ar expirado pelo motorista.

O teste é realizado com um tubo selado que contém o agente oxidante ($Na_2Cr_2O_7$) impregnado em um material inerte (sílica-gel). A extremidade do tubo é perfurada e acoplada a um bocal; a outra extremidade é conectada a um balão semelhante a um saco. O indivíduo testado deve soprar no bocal até que o balão fique cheio de ar.

A intensidade da cor verde indica o teor alcoólico.

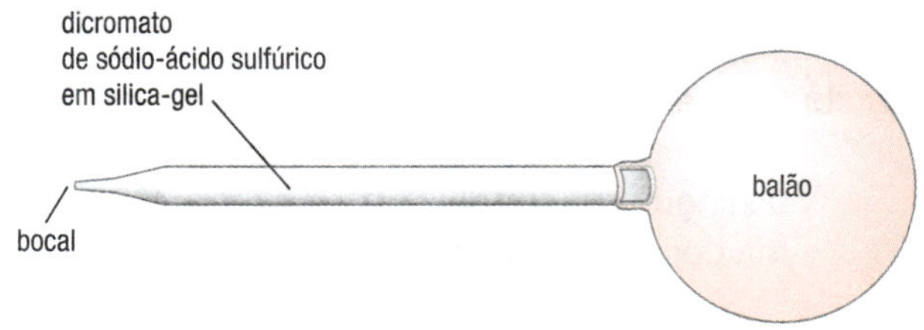

$$\underset{\text{alaranjado}}{K_2Cr_2O_7} + 3\ \underset{\text{etanol}}{CH_3CH_2OH} + 4\ H_2SO_4 \longrightarrow$$

$$\longrightarrow 3\ \underset{\text{etanal}}{CH_3CHO} + K_2SO_4 + \underset{\text{verde}}{Cr_2(SO_4)_3} + 7\ H_2O$$

$$\underset{\text{etanal}}{CH_3CHO} \xrightarrow{[O]} \underset{\text{ácido etanoico}}{CH_3COOH}$$

c) **Fermentação acética – Vinho virando vinagre**

Fermentação é a reação entre compostos orgânicos catalisada por substâncias (enzimas ou fermentos) elaboradas por microrganismos.

O etanol (do vinho) é transformado em ácido acético (vinagre) na presença de O_2 (oxidante) e enzima (catalisador proveniente do microrganismo *Mycoderma aceti*).

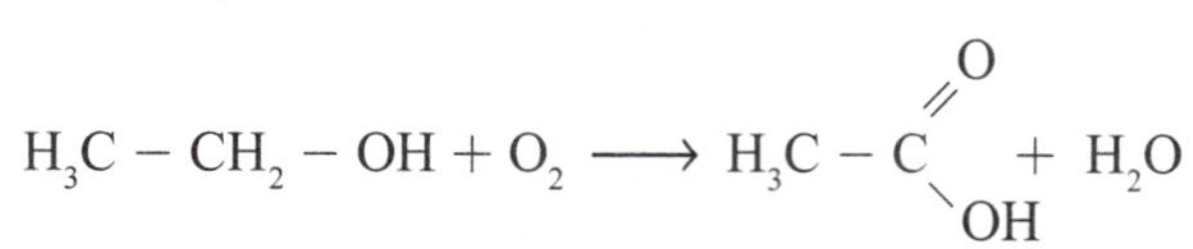

etanol (vinho) — ácido acético (vinagre)

Para retardar a oxidação do vinho, uma garrafa de vinho deve ser guardada em ambiente pouco iluminado, com temperatura ao redor de 16 °C e na posição horizontal ou ligeiramente inclinada.

1.2 Oxidação de álcool secundário

- **Álcool secundário:** OH ligado a carbono secundário.

$$\text{álcool secundário} \xrightarrow{[O]} \text{cetona}$$

Exemplo:

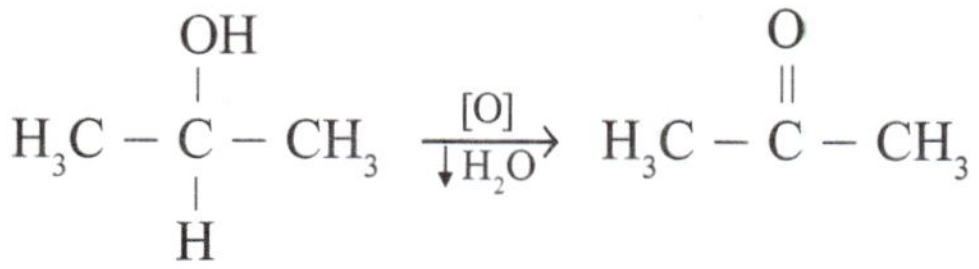

propan-2-ol → propanona (acetona)

Usando número de oxidação percebemos que o carbono sofreu oxidação.

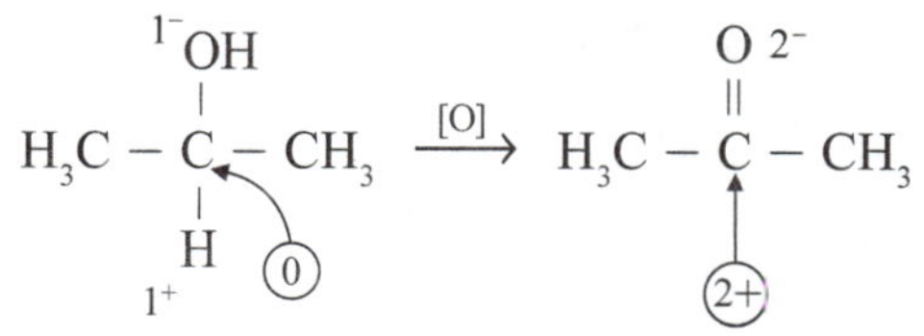

Observação:

- **Álcool terciário:** OH ligado a carbono terciário.

$$\text{álcool terciário} \xrightarrow{[O]} \text{não reage}$$

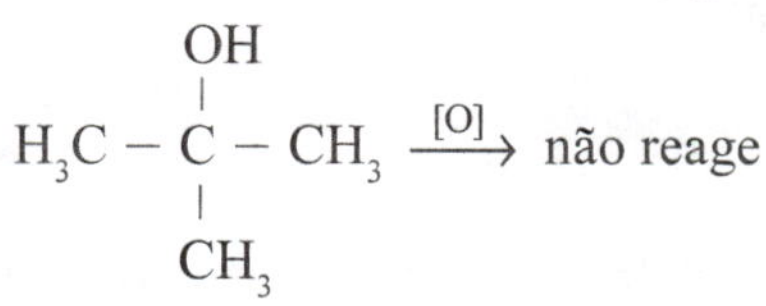

2-metilpropan-2-ol

A reação não ocorre, pois o carbono da hidroxila não possui átomo de hidrogênio ligado diretamente.

2. Agentes oxidantes usados para diferenciar aldeídos de cetonas

Os aldeídos se oxidam, o que não ocorre com as cetonas. Por esse motivo, a reação de oxidação é utilizada para diferenciar os dois compostos.

$$\textbf{aldeído} \xrightarrow{[O]} \textbf{ácido carboxílico (teste positivo)}$$

$$\textbf{cetona} \xrightarrow{[O]} \textbf{não ocorre reação (teste negativo)}$$

Em laboratório, para diferenciar aldeídos de cetonas por meio de reações de oxidação, usam-se alguns agentes oxidantes.

2.1 Reativo de Tollens

Solução amoniacal de nitrato de prata.

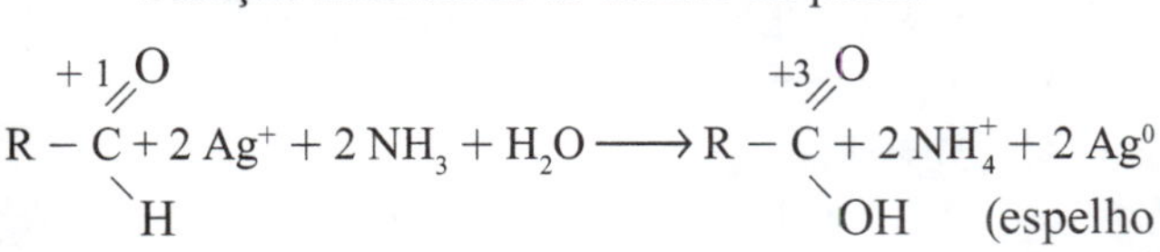

(espelho de prata)

O aldeído é oxidado a ácido carboxílico, enquanto os íons Ag^+ são reduzidos a Ag (prata metálica). Ao realizar a reação em um tubo de ensaio, observa-se a formação de um **espelho de prata**, que corresponde à deposição da prata metálica (Ag) nas paredes do tubo.

A reação com o reativo de Tollens pode ser representada por semirreações.

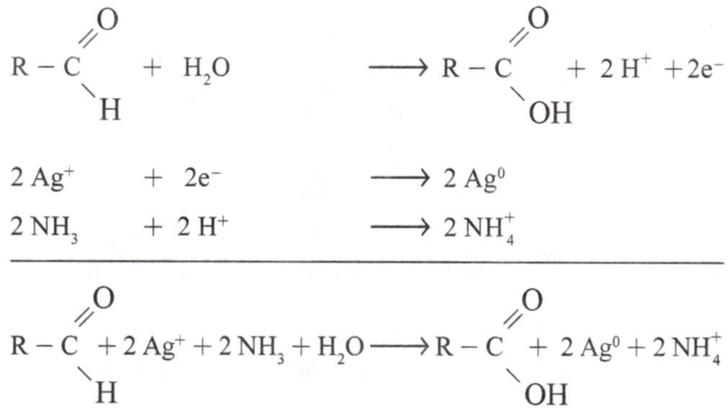

$$\text{cetona} \xrightarrow{\textbf{Tollens}} \text{teste negativo}$$

2.2 Reativo de Fehling

Solução aquosa de sulfato de cobre em meio básico e tartarato duplo de sódio e potássio.

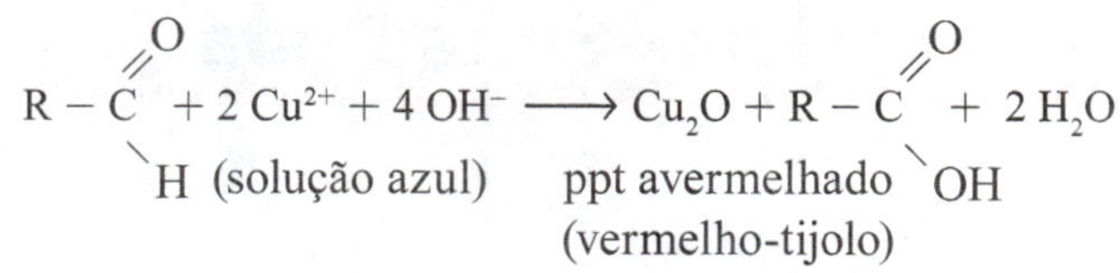

O aldeído é oxidado a ácido carboxílico, enquanto os íons Cu^{2+} são reduzidos formando Cu_2O, que é sólido vermelho-tijolo. A reação com o reativo de Fehling pode ser representada por semirreações.

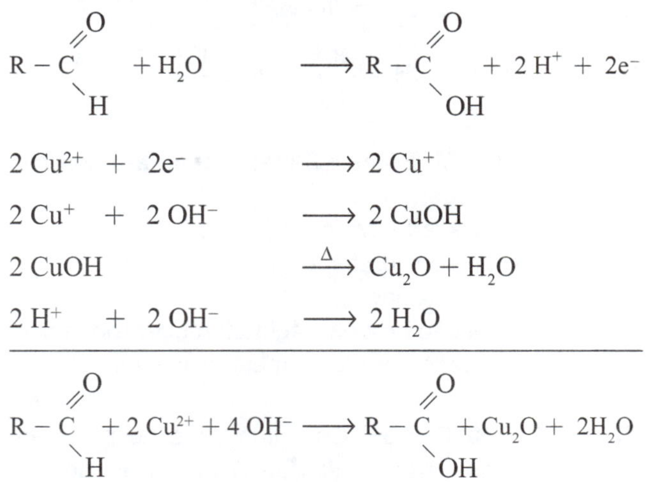

$$\text{cetona} \xrightarrow{\textbf{Fehling}} \text{teste negativo}$$

3. Redução de aldeído a cetona

A redução é feita com gás hidrogênio (H_2) e catalisador ou hidrogênio nascente ou atômico proveniente de reação de um metal reativo com ácido.

$$Zn + 2\,HCl \longrightarrow ZnCl_2 + 2\,[H]$$

hidrogênio nascente ou atômico

Os átomos do hidrogênio se ligam no grupo $-\overset{\displaystyle O}{\overset{\|}{C}}-$

• aldeído $\xrightarrow{[O]}$ álcool primário

Exemplo:

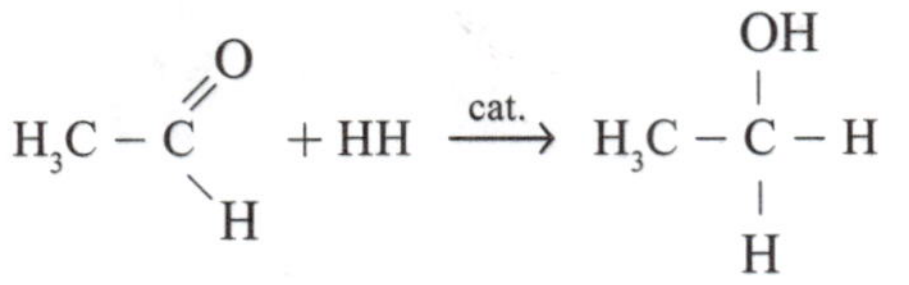

etanal etanol

• cetona $\xrightarrow{[O]}$ álcool secundário

Exemplo:

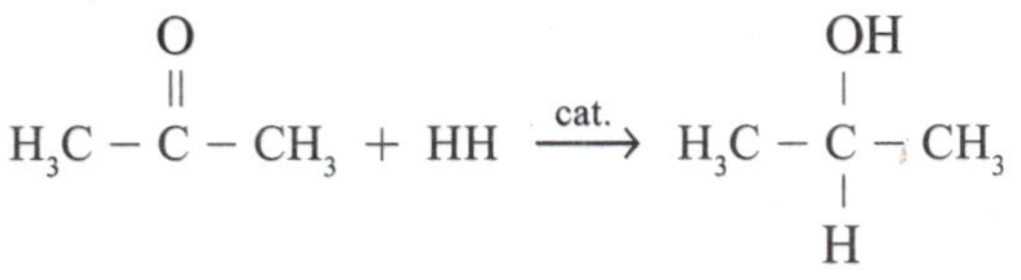

propanona acetona propan-2-ol

Usando o conceito de número de oxidação percebemos que o carbono sofreu redução.

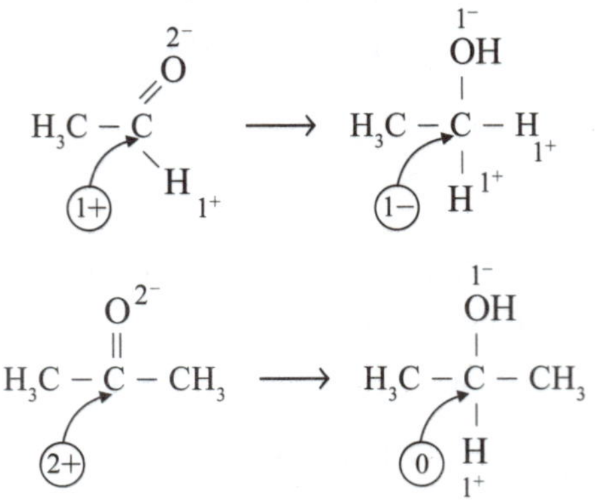

Exercícios Série Prata

Complete.

1. álcool primário $\xrightarrow{[O]}$ $\xrightarrow{[O]}$

2. álcool secundário $\xrightarrow{[O]}$

Complete as equações químicas.

3. $H_3C - CH_2 - OH \xrightarrow{[O]}$ $\xrightarrow{[O]}$

4. (UNAMA – PA) Sobre o 2-metilpropan-2-ol é correto afirmar que:

a) não sofre redução.
b) não sofre desidratação.
c) não sofre oxidação.
d) sua redução produz o ácido 2-metil-propanoico.
e) sua oxidação produz 2-metil-propanol.

5. (MACKENZIE – SP) Com finalidade de preservar a qualidade, as garrafas de vinho devem ser estocadas na posição horizontal. Desse modo, a rolha umedece e incha, impedindo a entrada de _______________ que causa _______________ no vinho, formando _______________.

Os termos que preenchem corretamente as lacunas são:

a) ar; decomposição; etanol.
b) gás oxigênio (do ar); oxidação; ácido acético.
c) gás nitrogênio (do ar); redução; etano.
d) vapor-d'água; oxidação; etanol.
e) gás oxigênio (do ar); redução; ácido acético.

6. (MACKENZIE – SP) O formol é uma solução aquosa contendo 40% de metanal ou aldeído fórmico, que pode ser obtido pela reação abaixo equacionada:

$$2\ H_3C - OH + x\ O_2 \xrightarrow[Pt]{\Delta} 2\ HCHO - 2\ H_2O$$

Relativamente a essa reação, é incorreto afirmar que

a) o reagente orgânico é o metanol.
b) o reagente orgânico sofre oxidação.
c) o gás oxigênio sofre redução.
d) o metanal tem fórmula estrutural 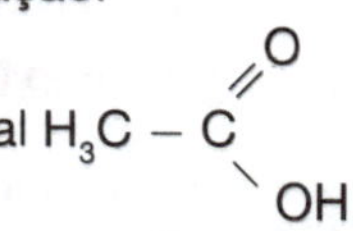
e) o coeficiente x que torna a equação corretamente balanceada é igual a 1.

7. (UFPE) Quando uma garrafa de vinho é deixada aberta, o conteúdo vai se transformando em vinagre por uma oxidação bacteriana aeróbica representada por:

$$CH_3CH_2OH \longrightarrow CH_3CHO \longrightarrow CH_3COOH$$

O produto intermediário da transformação do álcool do vinho no ácido acético do vinagre é:

a) um éster
b) uma cetona
c) um éter
d) um aldeído
e) um fenol

8. (UFV – MG) O reagente de Tollens oxida aldeídos a ácidos carboxílicos, e quando isso é feito em um frasco limpo fica depositado em suas paredes um "espelho de prata". Considere a seguinte situação:

composto desconhecido + reagente de Tollens → espelho de prata + ácido 2-metil--propanoico

A fórmula estrutural do composto desconhecido é:

a) CH_3-CH_2-CHO

b) $CH_3-\underset{\displaystyle CH_3}{\underset{|}{CH}}-CHO$

c) $CH_3-\underset{\displaystyle CH_3}{\underset{|}{CH}}-CH_2-CHO$

d) $CH_3-\overset{\displaystyle CH_3}{\overset{|}{\underset{\displaystyle CH_3}{\underset{|}{C}}}}-CHO$

e) $CH_3-CH_2-CH_2$

Complete as equações químicas.

9. $H_3C-CH_2-C\overset{\displaystyle O}{\diagup\!\!\diagup}\!\!\diagdown H \xrightarrow{H_2}$

10. $H_3C-CH_2-\overset{\displaystyle O}{\overset{||}{C}}-CH_3 \xrightarrow{H_2}$

11. $H_3C-\underset{\displaystyle O}{\underset{||}{C}}-C\overset{\displaystyle O}{\diagup\!\!\diagup}\!\!\diagdown Cl \xrightarrow{H_2}$

12. (UNESP) Sabendo-se que os aldeídos são reduzidos a álcoois primários e as cetonas a álcoois secundários, escreva as fórmulas estruturais dos compostos utilizados na preparação de butan-1-ol e butan-2-ol por processos de redução.

Exercícios Série Ouro

1. (PUC) Em dois balões distintos, as substâncias A e B foram colocadas em contato com dicromato de potássio ($K_2Cr_2O_7$) em meio ácido, à temperatura ambiente. Nessas condições, o dicromato é um oxidante brando. No balão contendo a substância A foi observada a formação do ácido propiônico (ácido propanoico), enquanto no balão que continha a substância B formou-se acetona (propanona).

As substâncias A e B são, respectivamente,

a) ácido acético e etanal.
b) propanal e propan-2-ol.
c) butano e metil-propano.
d) propanal e propan-1-ol.
e) propano e propanal.

2. (PUC – SP) Acetato de etila pode ser obtido em condições adequadas a partir do eteno, segundo as reações equacionadas a seguir:

$$H_2C=CH_2 + H_2O \xrightarrow{[H^+]} X$$

$$X \xrightarrow[\text{oxidação}]{[O]} Y + H_2O$$

$$X + Y \longrightarrow H_3C-C\overset{\displaystyle O}{\diagup\!\!\diagup}\!\!\diagdown O-CH_2CH_3 + H_2O$$

X e Y são, respectivamente,

a) propanona e etanol.
b) etanol e acetaldeído.
c) acetaldeído e ácido acético.
d) etano e etanol.
e) etanol e ácido acético.

3. (FUVEST – SP) O ácido adípico, empregado na fabricação do náilon, pode ser preparado por um processo químico, cujas duas últimas etapas estão representadas a seguir:

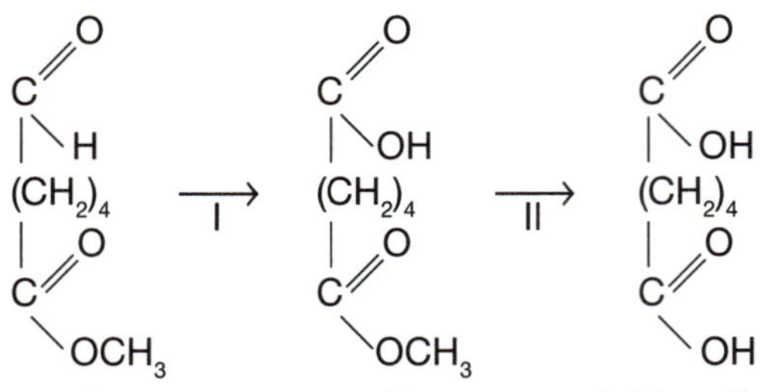

A B ácido adípico

Nas etapas I e II ocorrem, respectivamente,

a) oxidação de A e hidrólise de B.
b) redução de A e hidrólise de B.
c) oxidação de A e redução de B.
d) hidrólise de A e oxidação de B.
e) redução de A e oxidação de B.

4. (FUVEST – SP) O ministério da Agricultura estabeleceu um novo padrão de qualidade e identidade da cachaça brasileira, definindo limites para determinadas substâncias formadas na sua fabricação. Algumas dessas substâncias são ésteres, aldeídos e ácidos carboxílicos voláteis, conforme o caderno "Agricultura" de 08 de junho de 2005, do jornal *O Estado de S. Paulo*. Nesse processo de fabricação, pode ter ocorrido a formação de:

I. ácido carboxílico pela oxidação de aldeído.
II. éster pela reação de álcool com ácido carboxílico.
III. aldeído pela oxidação de álcool.

É correto o que se afirma em.

a) I, apenas.
b) II, apenas.
c) I e II, apenas.
d) II e III, apenas.
e) I, II e III.

5. (FGV) Na identificação de duas substâncias orgânicas no laboratório de química, um grupo de alunos realizou dois experimentos:

Teste 1 – Retirou uma amostra de 4 mL da substância X e transferiu para um tubo de ensaio. Na sequência, adicionou gotas de solução de ácido sulfúrico e 4 mL de solução violeta de permanganato de potássio. Agitou e observou.

Teste 2 – Repetiu o teste anterior, utilizando amostra da substância Y.

Resultados obtidos:

Teste 1 – O tubo aqueceu durante a reação e a cor violeta da solução desapareceu.

Teste 2 – Não houve alteração, a reação não ocorreu.

Para que o grupo de alunos pudesse concluir o teste de identificação, o professor deu as seguintes informações:

- As substâncias testadas podem ser:
  I. 2-metil-propan-2ol
  II. butan-1-ol
  III. propan-2-ol
- 370 mg da substância X, quando sofre combustão completa, produzem 880 mg de gás carbônico.

O grupo de alunos conclui, corretamente, que a reação ocorrida no teste 1 era:

a) exotérmica e que X e Y eram as substâncias II e I, respectivamente.
b) exotérmica e que X e Y eram as substâncias III e I, respectivamente.
c) endotérmica e que X e Y eram as substâncias II e I, respectivamente.
d) endotérmica e que X e Y eram as substâncias III e I, respectivamente.
e) endotérmica e que X e Y eram as substâncias II e III, respectivamente.

Dados: C = 12, H = 1, O = 16.

6. (UFRJ) Um determinado produto, utilizado em limpeza de peças, foi enviado para análise, a fim de determinarem-se os componentes de sua fórmula.

Descobriu-se, após um cuidadoso fracionamento, que o produto era composto por três substâncias diferentes, codificadas como A, B e C. Cada uma destas substâncias foi analisadas e os resultados podem ser vistos na tabela a seguir:

Substâncias	Fórmula molecular	Ponto de ebulição	Oxidação
A	C_3H_8O	7,9 °C	não reage
B	C_3H_8O	82,3 °C	produz cetona
C	C_3H_8O	97,8 °C	produz aldeído

a) Com base nos resultados da tabela, dê o nome e escreva a fórmula estrutural do produto da oxidação de B.

b) Escreva as fórmulas estruturais de A e de C e explique por que o ponto de ebulição de A é menor do que o ponto de ebulição de C.

7. (PUC – SP) A pessoa alcoolizada não está apta a dirigir ou operar máquinas industriais, podendo causar graves acidentes.

É possível determinar a concentração de etanol no sangue a partir da quantidade dessa substância presente no ar expirado. Os aparelhos desenvolvidos com essa finalidade são conhecidos como bafômetro.

O bafômetro mais simples é descartável e é baseado na reação entre o etanol e o dicromato de potássio ($K_2Cr_2O_7$) em meio ácido, representada pela equação a seguir:

$Cr_2O_7^{2-}(aq)$ (laranja) $+ 8\,H^+(aq) + 3\,CH_3CH_2OH(g)$ (etanol (álcool etílico)) $\longrightarrow$

$\longrightarrow 2\,Cr^{3+}(aq)$ (verde) $+ 3\,CH_3CHO(g)$ (etanal (acetaldeído)) $+ 7\,H_2O(l)$

Sobre o funcionamento desse bafômetro foram feitas algumas considerações:

I. Quanto maior a intensidade da cor verde, maior a concentração de álcool no sangue da pessoa testada.

II. A oxidação de um mol de etanol a acetaldeído envolve 2 mol de elétrons.

III. O ânion dicromato age como agente oxidante no processo.

Está correto o que se afirma apenas em

a) I e II
b) I e III
c) II e III
d) I
e) I, II e III

8. (UNICAMP – SP) É voz corrente que, na Terra, tudo nasce, cresce e morre, dando a impressão de um processo limitado a um início e a um fim. No entanto, a vida é permanente transformação. Após a morte de organismos vivos, a composição microbiológica é manifestação de ampla atividade vital. As plantas, por exemplo, contêm lignina, que é um complexo polimérico altamente hidroxilado e metoxilado, multirramificado. Após a morte vegetal, ela se transforma pela ação microbiológica.

A substância I, cuja fórmula estrutural é mostrada no esquema a seguir, pode ser considerada como um dos fragmentos de lignina. Esse fragmento pode ser metabolizado por certos microorganismos, que o transformam na substância II.

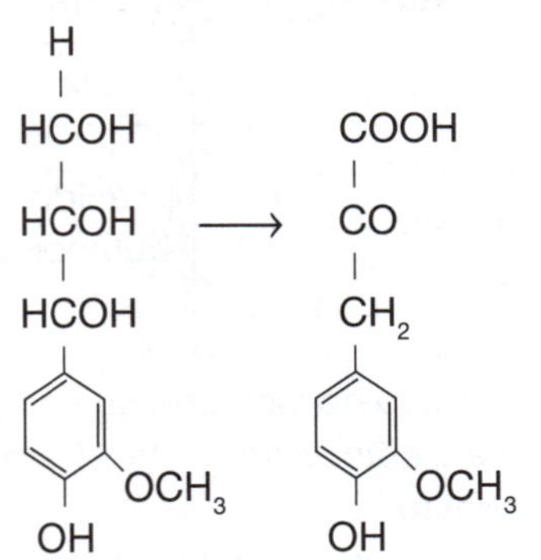

I → II

a) Reproduza a fórmula estrutural da substância I e identifique e dê os nomes de três grupos funcionais nela presentes.

b) Considerando as transformações que ocorrem de I para II, identifique um processo de oxidação e um de redução se houver.

9. (VUNESP) Três frascos, identificados com os números I, II e III, possuem conteúdos diferentes. Cada um deles pode conter uma das seguintes substâncias: ácido acético, acetaldeído ou etanol.

Sabe-se que, em condições adequadas:

1. a substância do frasco I reage com a substância do frasco II para formar um éster;
2. a substância do frasco II fornece uma solução ácida quando dissolvida em água;
3. a substância do frasco I forma a substância do frasco III por oxidação branda em meio ácido.

a) Identifique as substâncias contidas nos frascos I, II e III. Justifique sua resposta.

b) Escreva a equação química balanceada e o nome do éster formado quando as substâncias dos frascos I e II reagem.

10. (UNIFESP) Na tabela, são apresentadas algumas propriedades do butan-1-ol e de certo álcool X. Os produto da oxidação destes álcoois não pertencem à mesma classe de compostos orgânicos.

Propriedades	butan-1-ol	X
temperatura de ebulição (°C)	118	99
massa molar (g/mol)	74	74
produto da oxidação completa com $KMnO_4$ em meio ácido (H_2SO_4)	ácido butanoico	Z

a) Forneça o tipo de isomeria que ocorre entre butan-1-ol e o composto X. Dê a fórmula estrutural do composto Z.

b) Escreva a equação balanceada da reação de oxidação do butan-1-ol, sabendo-se que são produzidos ainda K_2SO_4, $MnSO_4$ e H_2O.

11. (FUVEST – SP) Para distinguir o 1-butanol do 2-butanol foram propostos dois procedimentos:

I. Desidratação por aquecimento de cada um desses compostos com ácido sulfúrico concentrado separadamente. Adição de algumas gotas de solução de bromo em tetracloreto de carbono (solução vermelha) aos produtos isolados e verificação da ocorrência ou não de descoramento.

II. Oxidação parcial de cada um desses compostos com dicromato de potássio separadamente. Adição de reagente de Tollens aos produtos isolados e verificação da ocorrência ou não de reação (positiva para aldeído e negativa para cetona).

Mostre a utilidade ou não de cada um desses procedimentos para distinguir esses dois álcoois, indicando os produtos formados na desidratação e na oxidação.

12. (UNESP) Em um experimento feito por estudantes universitários de Química, álcool etílico foi aquecido na aparelhagem esquematizada a seguir, a fim de que seus vapores passasem por cobre a alta temperatura. Nessa condições, o metal atua com catalisador na desidrogenação do álcool.

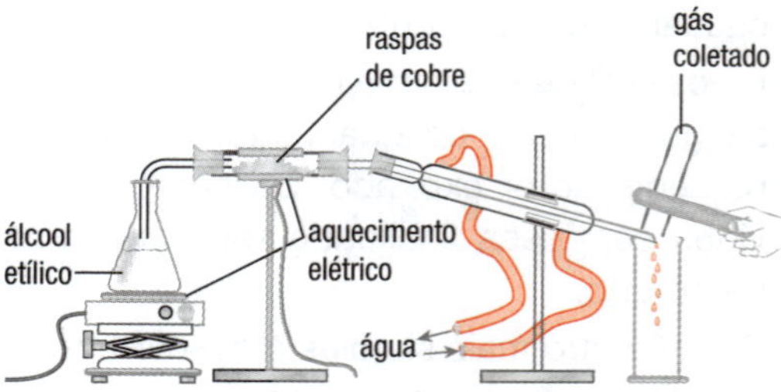

a) O gás coletado no tubo de ensaio é formado por moléculas diatômicas, é menos denso que o ar e altamente inflamável. Que gás é esse?

b) Quais são a fórmula estrutural e o nome, segundo a IUPAC, da substância líquida recolhida na proveta?

Capítulo 26

Alguns Métodos de Obtenção de Compostos Orgânicos

1. Obtenção do acetileno ($HC \equiv CH$)

1.1 Processo carboquímico

As matérias-primas são calcário ($CaCO_3$), carvão (C) e H_2O. As reações são as seguintes:

$$CaCO_3 \xrightarrow{\Delta} CaO + CO_2$$

$$CaO + 3\,C \xrightarrow{\Delta\Delta} CaC_2 + CO$$

carbeto de cálcio (carbureto)

Hidrólise do carbeto de cálcio

$$CaC_2 + 2\,H_2O \longrightarrow C_2H_2 + Ca(OH)_2$$

etino (acetileno)

1.2 Processo petroquímico

A matéria-prima (gás natural ou metano) é proveniente do petróleo.

$$2\,CH_4 \longrightarrow HC \equiv CH + 3\,H_2$$

metano (gás natural) — etino(acetileno)

O acetileno é o combustível empregado nos maçaricos oxiacetilênicos. A partir do acetileno são produzidos muitos derivados, que servem como matérias-primas para indústria de plásticos, fios, têxteis, borracha sintéticas etc.

Observação: o acetileno sofre trimerização formando benzeno:

$3\,HC \equiv CH \xrightarrow[\Delta]{Fe}$ 

$$3\,C_2H_2 \longrightarrow C_6H_6$$

2. Obtenção do metanol ($H_3C - OH$)

2.1 Processo carboquímico

$$C + H_2O \longrightarrow CO + H_2$$

gás de água ou gás de síntese

$$CO + 2\,H_2 \xrightarrow[400\,°C/200\,atm]{cat.} CH_3OH$$

metanol

2.2 Processo petroquímico

$$CH_4 + \frac{1}{2}O_2 \xrightarrow[500\,°C/15\,atm]{cat.} CH_3OH$$

O metanol pode ser usado como combustível em motores a explosão, como os de carros de corrida. No entanto, é muito tóxico, ocasionando cegueira, e mesmo a morte.

Também é usado na obtenção do formol.

$$H_3C - OH \xrightarrow{[O]} H - C(=O) - H + H_2O$$

metanal ou formol

3. Obtenção de álcoois

3.1 Compostos de Grignard (R-MgX)

Obtenção:

$$H_3C - Cl + Mg \xrightarrow{éter} H_3C - MgCl$$

cloreto de metila — cloreto de metil magnésio (composto organo-metálico)

3.2 Adição de compostos de Grignard

Os compostos carbonílicos (aldeídos e cetonas) sofrem adição de compostos de Grignard, resultando em um produto que, devidamente hidrolisado, dá origem a álcoois.

metanal $\xrightarrow[hidrólise]{Grignard}$ álcool primário

outro aldeído $\xrightarrow[hidrólise]{Grignard}$ álcool secundário

cetona $\xrightarrow[hidrólise]{Grignard}$ álcool terciário

Exemplos:

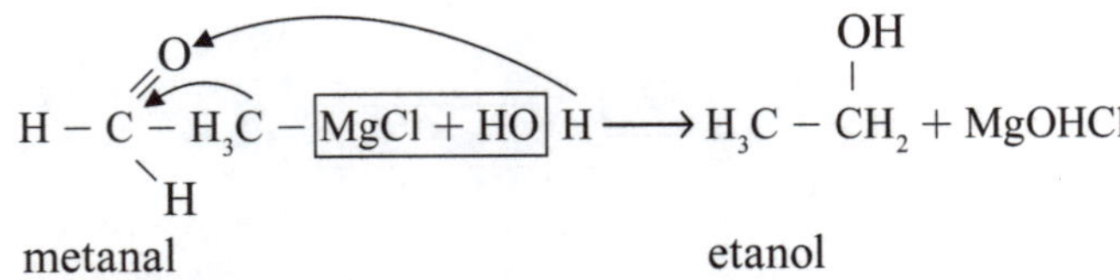

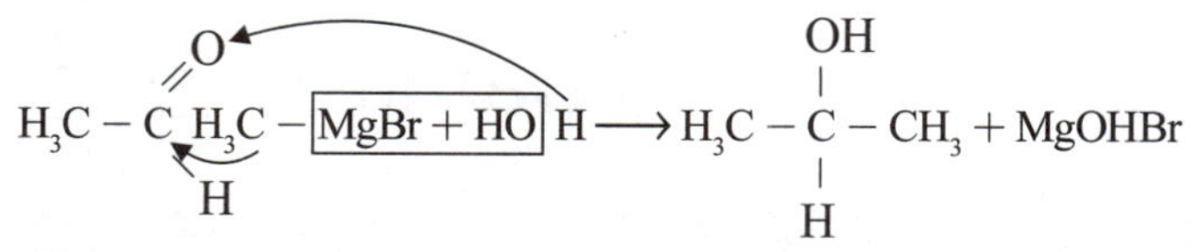

etanal propan-2-ol

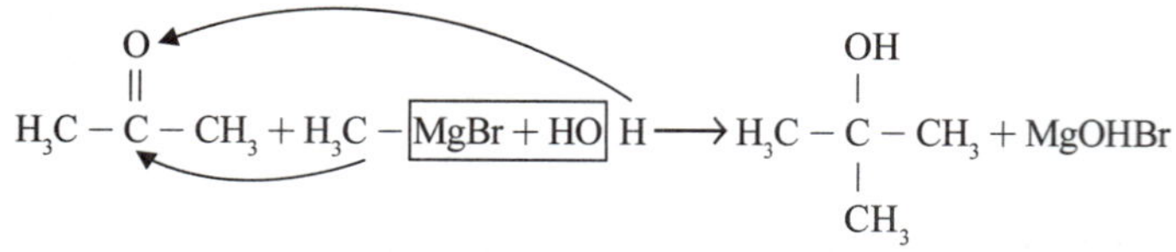

2-metilpropan-2-ol

Conclusão: entre 1 H e 1 grupo orgânico do composto de Grignard.

3. Obtenção de anilina  NH_2

A fenilamina ou anilina (matéria-prima para fabricação de corantes) é obtida pela redução do nitrobenzeno com H_2.

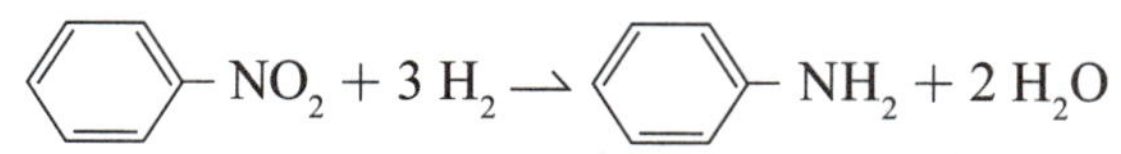

nitrobenzeno fenilamina

Exercícios Série Prata

1. (UFPB) O etino (acetileno) é um gás combustível muito usado em maçarico na soldagem de metais.

Esse gás pode ser obtido a partir do carbeto de cálcio (carbureto). A equação balanceada, que representa a reação de obtenção do etino, é:

a) $CaCO_3 + H_2O \longrightarrow H_2C \equiv CH_2$
b) $CaC_2 + H_2O \longrightarrow HC \equiv CH + Ca_2(OH)_2$
c) $CaCO_3 + 2\,H_2O \longrightarrow HC \equiv CH + Ca(OH)_2$
d) $CaC_2 + 2\,H_2O \longrightarrow H_2C \equiv CH_2 + Ca(OH)_2$
e) $CaC_2 + 2\,H_2O \longrightarrow HC \equiv CH + Ca(OH)_2$

2. (UNIFESP) As frases seguintes estão relacionadas com a descrição do acetileno.

I. É um gás em condições ambientais, que apresenta baixa solubilidade em água.
II. A relação entre os números de átomos de carbono e hidrogênio na sua molécula é de 1 : 1.
III. As forças intermoleculares, no estado líquido, são do tipo van der Waals.
IV. Reações de adição (por exemplo de H_2 e HX) são típicas e fáceis de ocorrer nesse composto.

Duas dessas descrições se aplicam ao hidrocarboneto aromático mononuclear mais simples. Elas são:

a) I e II.
b) I e III.
c) I e IV.
d) II e III.
e) II e IV.

3. (FUVEST – SP) “A pedra a mergulhar um gás produz
Que, ao arder no ar, resulta em luz”.

A adivinhação acima refere-se ao acetileno (gás) que, ao reagir com o oxigênio do ar, produz chama luminosa.

A “pedra” que ao interagir com a água produz o gás é o “carbureto”, nome comum do carbeto de cálcio, CaC_2.

Escreva as equações químicas que representam os processos citados nos dois versos do enigma.

4. (FUVEST – SP) O esquema abaixo refere-se à utilização de “carbureto” (CaC_2) como matéria-prima para obtenção de alguns compostos orgânicos:

$$CaC_2 \xrightarrow{\text{água}} \text{água } Ca(OH)_2 + X$$

$$X \xrightarrow[\text{linear}]{\text{polimerização}} \ldots - CH = CH - CH = CH - \ldots$$

$$X \xrightarrow[\text{cíclica}]{\text{trimerização}} Y$$

$$X \xrightarrow{\text{hidratação}} Z$$

Identifique os compostos denominados X, Y e Z, escrevendo suas fórmulas e nomes.

5. (FUVEST – SP) Pode-se produzir metanol a partir de uma reserva natural (X), conforme o esquema seguinte:

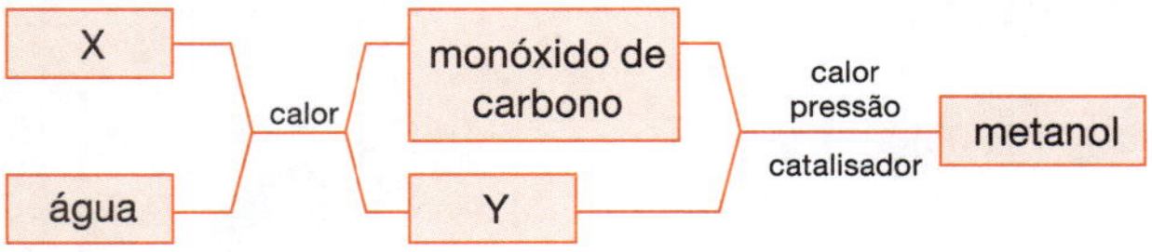

Em tal esquema, X e Y devem ser, respectivamente,

a) metano e oxigênio.
b) carvão e hidrogênio.
c) celulose e gás carbônico.
d) calcário e soda cáustica.
e) sacarose e etanol.

6. Complete **com os tipos de álcoois**.

a) metanal $\xrightarrow[\text{hidrólise}]{\text{Grignard}}$

b) outro aldeído $\xrightarrow[\text{hidrólise}]{\text{Grignard}}$

c) cetona $\xrightarrow[\text{hidrólise}]{\text{Grignard}}$

Complete as equações químicas.

7. $H_3C - C(=O)H + H_3C - CH_2 - MgBr + HOH \longrightarrow$

8. $H_3C - C(=O) - CH_3 + H_3C - CH_2 - MgBr + HOH \longrightarrow$

9. (FUVEST – SP) Cloretos alquila (RCl) reagem com magnésio:

$$RCl + Mg \longrightarrow RMgCl$$

O produto formado reage com CO_2 e HCl dando um ácido carboxílico conforme a equação global:

$$RMgCl + CO_2 + HCl \longrightarrow RCO_2H + MgCl_2$$

Partindo do cloreto de etila, executando as reações acima descritas, será obtido o ácido:

a) propanoico
b) etanoico
c) metanoico
d) monocloroetanoico
e) dicloroetanoico

10. (FUVEST – SP) Em 1912, François Auguste Victor Grignard recebeu o prêmio Nobel de Química pela preparação de uma nova classe de compostos contendo, além de carbono e hidrogênio, magnésio e um halogênio – os quais passaram a ser denominados "compostos de Grignard". Tais compostos podem ser preparados pela reação de um haleto de alquila com magnésio em solvente adequado.

$$CH_3CH_2Br + Mg^0 \xrightarrow{\text{solvente}} CH_3CH_2MgBr$$

Os compostos de Grignard reagem com compostos carbonílicos (aldeído e cetonas), formando álcoois. Nessa reação, forma-se um composto intermediário que, reagindo com água, produz álcool.

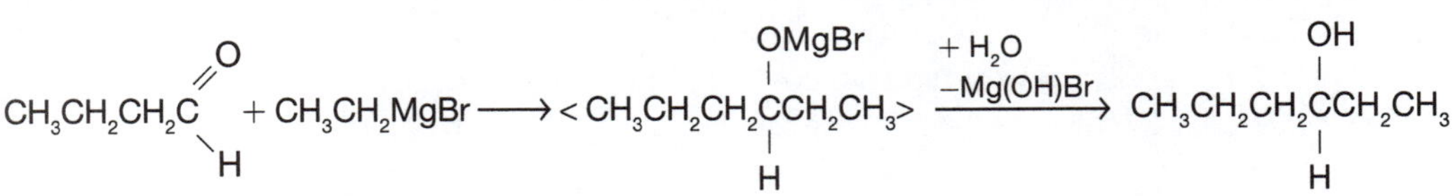

álcool secundário

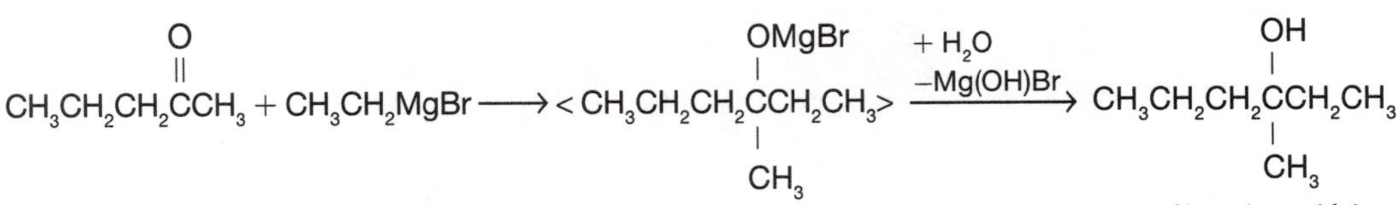

álcool terciário

Por este método, para preparar o álcool terciário

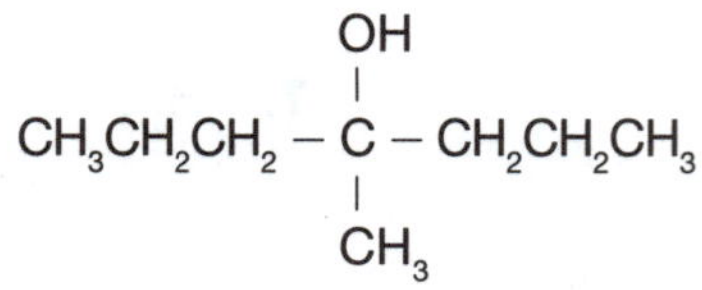

há duas possibilidades de escolha dos reagentes.
Preencha a tabela abaixo para cada uma delas.

	Composto c arbonílico	**Reagente de Grignard**	**Haleto de alquila**
possibilidade 1			
possibilidade 2			

11. (FUVEST – SP) Considere o esquema simplificado de produção da anilina a partir do benzeno:

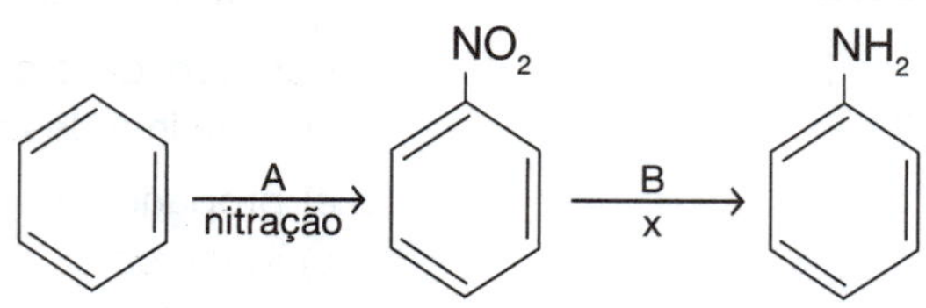

Nesse esquema, A, B e x correspondem, respectivamente, a:

a) HNO_2, H_2 e redução.
b) HNO_3, H_2 e redução.
c) HNO_3, H_2 e oxidação.
d) NO_2, H_2O e hidrólise.
e) HNO_2, H_2O e hidrólise.

Bioquímica 1

Açúcares, Glicídios, Hidratos de Carbono ou Carboidratos

1. Conceitos

Açúcares são poliol-aldeído (aldose) ou poliol-cetona (cetose) e substâncias que, por hidrólise, formam tais compostos.

Exemplos de açúcares são a glicose e a frutose.

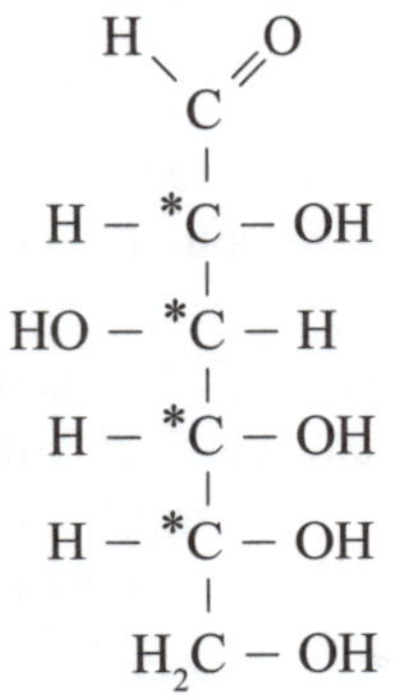

glicose ($C_6H_{12}O_6$)
poliálcool-aldeído

aldose

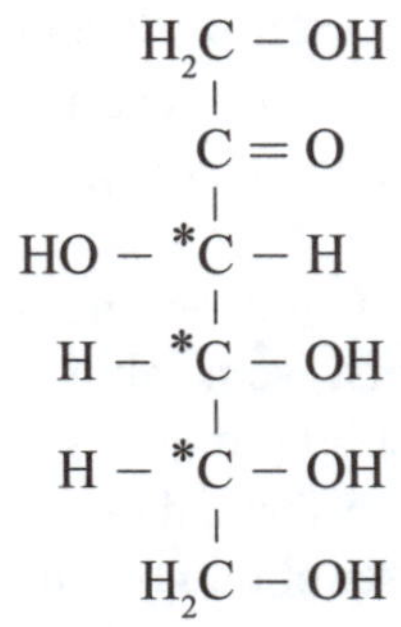

frutose ($C_6H_{12}O_6$)
poliálcool-cetona

cetose

***C**: carbono quiral ou assimétrico

A glicose e a frutose são bastante solúveis em água, pois os grupos OH fazem ligações de hidrogênio com as moléculas de água.

2. Origem: fotossíntese

Os açúcares são formados através da fotossíntese nos vegetais.

$$6\,CO_2 + 6\,H_2O \xrightarrow{\text{energia}} C_6H_{12}O_6 + 6\,O_2$$

glicose ou frutose
ou galactose

Sabe-se que o oxigênio produzido é proveniente da água. Para se obter 6 mol de O_2 seriam necessários 12 mol de H_2O.

$$12\,H_2O \longrightarrow 6\,O_2$$

Uma equação mais completa da fotossíntese é, portanto, a seguinte

$$6\,CO_2 + 12\,H_2O \xrightarrow{\text{luz}} C_6H_{12}O_6 + 6\,H_2O + 6\,O_2$$

A partir da glicose e/ou frutose obteremos outros açúcares, por exemplo:

glicose + frutose = sacarose + H_2O

várias α-glicoses = amido

várias β-glicoses = celulose

Os carboidratos são alimentos (cereais, açúcares e raízes) que fornecem energia ao organismo.

3. Classificação dos açúcares

3.1 Monossacarídeos ou oses

Não sofrem hidrólise, isto é, não reagem com água. **Exemplos:** glicose ou frutose.

Aldose: poliálcool – aldeído. **Exemplo:** glicose

Cetose: poliálcool – cetona. **Exemplo:** frutose

Os monossacarídeos são os carboidratos mais simples, onde o número de átomos de carbono pode variar de três a seis.

Exemplo: glicose ($C_6H_{12}O_6$).

A glicose é a principal ose. A concentração normal de glicose no sangue situa-se entre 60 e 100 mg/100 mL.

A energia liberada na queima da glicose propicia ocorrência de outras reações nas células.

3.1.1 Estruturas da glicose ($C_6H_{12}O_6$)

Na natureza predomina glicose cadeia fechada. A ciclização ocorre devido à migração do H da hidroxila geralmente do carbono 5 para a carbonila.

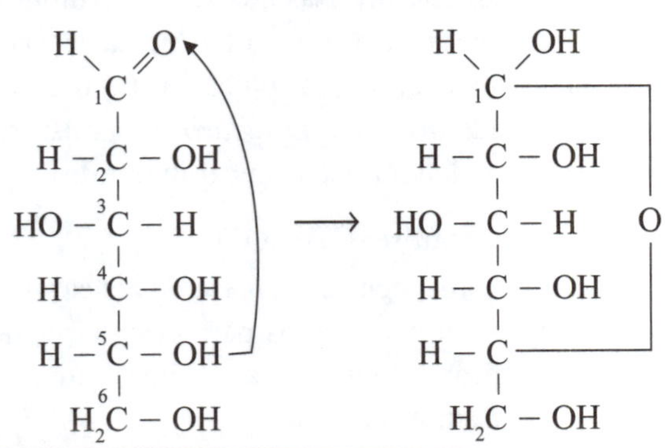

ou

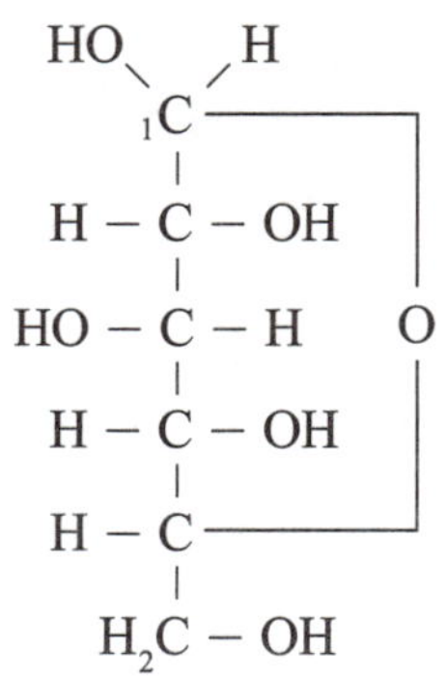

Um fato interessante é que, no instante da ciclização, a oxidrila do carbono 1 pode assumir duas posições, a saber.

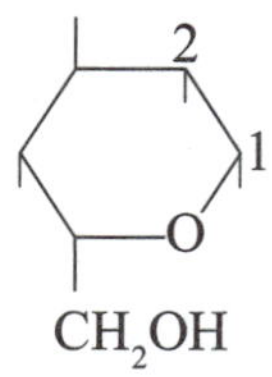

α-glicose
OH(C1) e OH(C2)
posição cis

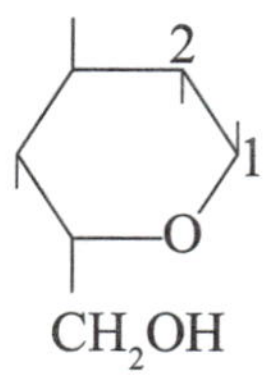

β-glicose
OH(C1) e OH(C2)
posição trans

Numa solução aquosa de glicose, as três estruturas existem simultaneamente, mantendo-se em equilíbrio dinâmico.

$$\alpha\text{-glicose} \rightleftarrows \text{glicose aberta} \rightleftarrows \beta\text{-glicose}$$

3.1.2 Frutose ou levulose ($C_6H_{12}O_6$)

É a segunda ose mais importante. Apresenta sabor doce mais intenso que a glicose. A frutose é o açúcar do mel.

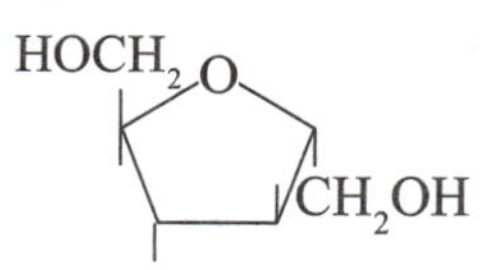

3.2 Dissacarídeos ($C_{12}H_{22}O_{11}$)

Dissolvidos em água produzem duas moléculas de oses. **Exemplos:** sacarose, lactose ou maltose.

$$\underset{\text{sacarose}}{C_{12}H_{22}O_{11}} + H_2O \xrightarrow{H^+} \underset{\text{glicose}}{C_6H_{12}O_6} + \underset{\text{frutose}}{C_6H_{12}O_6}$$

A sacarose pode ser hidrolisada em meio ácido ou na presença da enzima invertase, obtendo-se uma mistura mais doce que a sacarose. Como nessa reação há mudança da atividade óptica da solução de (+) para (–), o processo é chamado *inversão da sacarose* e a mistura de glicose + frutose é denominada açúcar invertido.

Exemplo: sacarose ($C_{12}H_{22}O_{11}$).

Açúcar de cana, açúcar de mesa ou açúcar de beterraba são alguns nomes usados para designar a sacarose. É esse o açúcar comum que adquirimos em supermercados e que usamos em casa.

Estruturalmente, a sacarose resulta da condensação de uma molécula de glicose e uma de frutose (condensação é a união dessas duas moléculas com eliminação de uma molécula de água):

$$\text{glicose} + \text{frutose} \longrightarrow \text{sacarose} + H_2O$$

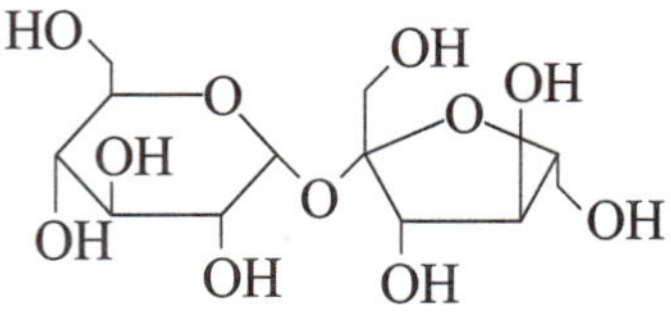

glicose frutose

3.3 Polissacarídeos ($C_6H_{10}O_5$)$_n$

Dissolvidos em água produzem muitas moléculas de oses. **Exemplos:** amido, celulose ou glicogênio.

$$\underset{\text{amido ou celulose}}{(C_6H_{10}O_5)_n} + n\,H_2O \xrightarrow{H^+} \underset{\text{glicose}}{n\,C_6H_{12}O_6}$$

Exemplos: celulose.

A celulose é a substância que envolve a membrana plasmática dos vegetais, sendo o único componente do algodão.

É um polímero de fórmula $(C_6H_{10}O_5)_n$ insolúvel em água, sem sabor, e de massa molar entre 250.000 e 1.000.000 g/mol.

É formada por unidade de β-glicose, produto que pode ser obtido por sua hidrólise ácida

$$(C_6H_{10}O_5)_n + n\ H_2O \xrightarrow{H^+} n\,C_6H_{12}O_6$$

No entanto, as enzimas humanas não conseguem quebrar as ligações necessárias para produzir a glicose. Somente alguns animais herbívoros e cupins (que possuem em seu tubo digestivo a enzima celulase ou micro-organismos possuidores de enzima) conseguem digerir a celulose.

Estruturalmente, a celulose resulta da condensação de várias moléculas de β-glicose.

$$\beta\text{-glicose} \longrightarrow \text{celulose} + H_2O$$

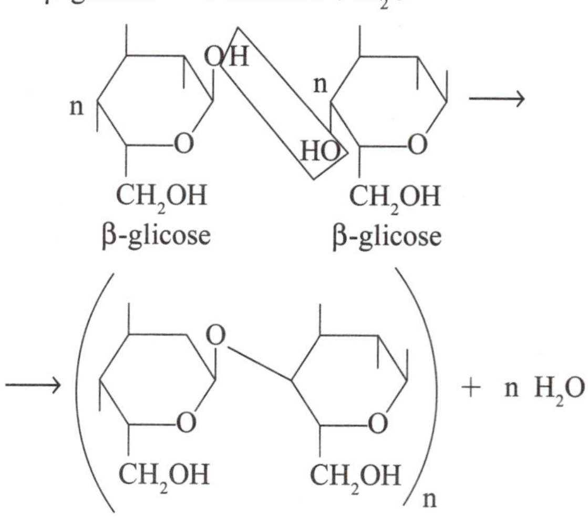

celulose

$$\boxed{n\,C_6H_{12}O_6 \longrightarrow (C_6H_{10}O_5)_n + n\,H_2O}$$

A celulose contém fortes ligações de hidrogênio entre suas cadeias poliméricas, o que faz suas fibras serem bastante resistentes.

Exemplo: amido.

Grânulos de amido podem ser encontrados em sementes (milho, arroz e feijão), caules (batata), raízes (mandioca) ou folhas (alcachofra). Nosso organismo é capaz de digerir o amido, que, depois de hidrolisado no intestino, fornece glicose. As moléculas de glicose passam para a corrente sanguínea e são distribuídas pelo corpo, para serem usadas como fonte de energia.

É um polímero de fórmula $(C_6H_{10}O_5)_n$, de massa molar alta, insolúvel em água fria e parcialmente solúvel em água quente.

Estruturalmente, o amido resulta da condensação de várias moléculas de α-glicose.

$$\alpha\text{-glicose} \longrightarrow \text{amido} + H_2O$$

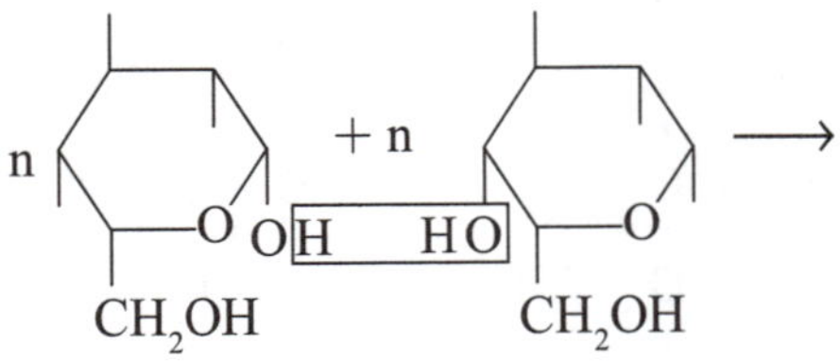

α-glicose α-glicose

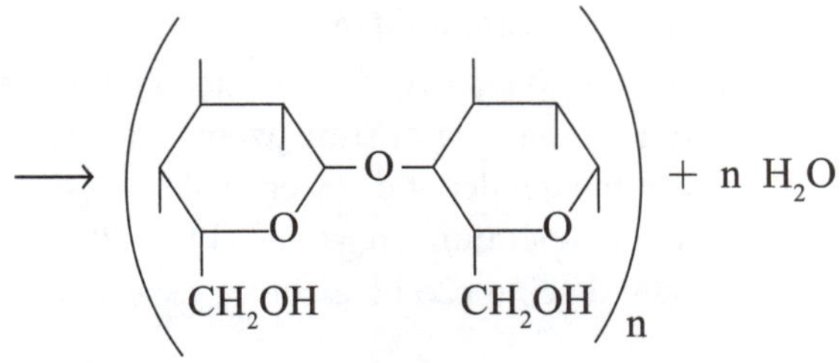

amido

$$n\,C_6H_{12}O_6 \longrightarrow (C_6H_{10}O_5)_n + n\,H_2O$$

4. Obtenção do etanol – Fermentação alcoólica

Fermentação é a reação em que participam compostos orgânicos, catalisada por substâncias (enzimas ou fermentos), elaboradas por micro-organismos.

As substâncias empregadas como matéria-prima na fabricação de álcool etílico, pelo processo de fermentação, são melaço de cana-de-açúcar, suco de beterraba, cereais e madeira.

4.1 Fluxograma das etapas de produção de açúcar e etanol

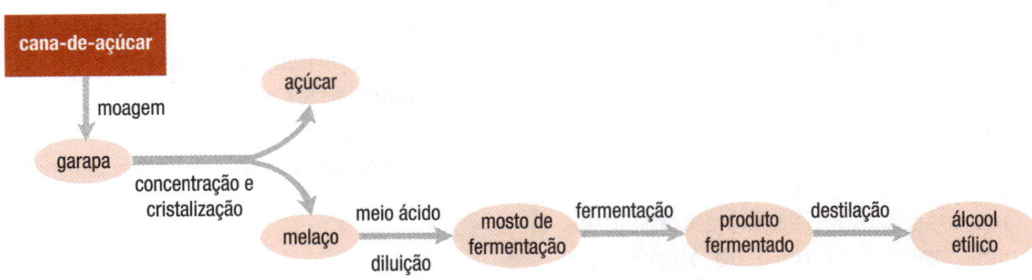

Quando se extrai a sacarose (açúcar comum) do caldo de cana, obtém-se um líquido denominado **melaço**, que contém ainda 30 a 40% de açúcar. Coloca-se o melaço em presença do lêvedo *Saccharomyces cerevisiae*, que catalisa a hidrólise da sacarose devido a enzima invertase.

$$\underset{\text{sacarose}}{C_{12}H_{22}O_{11}} \xrightarrow{\text{invertase}} \underset{\text{glicose}}{C_6H_{12}O_6} + \underset{\text{frutose}}{C_6H_{12}O_6}$$

A hidrólise da sacarose é chamada de *inversão da sacarose*. A sacarose, na presença de ácidos minerais, também sofre hidrólise.

O *Saccharomyces cerevisiae* elabora outra enzima, chamada **zimase**, que catalisa a transformação dos dois isômeros em álcool etílico (fermentação alcoólica).

$$\underset{\text{glicose ou frutose}}{C_6H_{12}O_6} \xrightarrow{\text{zimase}} \underset{\text{etanol (álcool etílico)}}{2\,C_2H_5OH} + 2\,CO_2 \text{ (fervura fria)}$$

Após a fermentação, o álcool é destilado, obtendo-se o álcool comum a 96° GL, que corresponde à mistura de 96% de etanol e 4% de água, em volume.

O álcool comum é utilizado como: **combustível**, **solvente** para tintas, vernizes, perfumes etc. e na obtenção de vários compostos orgânicos (**ácido acético**, **etanal**, **éter** etc.).

Nota: obtenção do álcool anidro

O álcool obtido a partir da destilação não é puro, pois forma com a água uma mistura azeotrópica contendo 96% em volume de álcool e 4% em volume de água, que ferve a uma temperatura constante (PE = 78,1 °C) e inferior ao ponto de ebulição do álcool, e esse álcool é o comercializado.

Para obter o álcool anidro adiciona-se benzeno ao álcool 96% e destila a mistura, saindo então três frações:

1. a fração (PE = 65 ºC): mistura azeotrópica contendo benzeno, álcool e água – que elimina toda a água.
2. a fração (PE = 68 ºC): mistura azeotrópica contendo benzeno e álcool – quando sai o benzeno restante.
3. a fração (PE = 78,3 ºC): álcool anidro

Exercícios Série Prata

1. (FEI – SP) São compostos de função mista poliálcool-aldeído ou poliálcool-cetona:

a) proteínas ou enzimas
b) glicídios ou carboidratos
c) aminas ou amidas
d) proteínas ou glicídios
e) carboidratos ou animais

2. Complete com α ou β.

a) 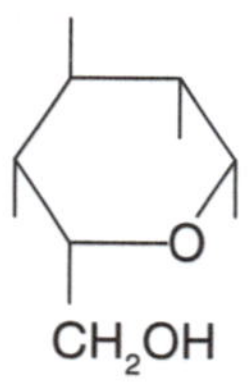

b) 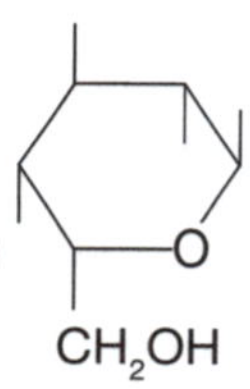

______ glicose

______ glicose

3. (VUNESP) Os monossacarídeos são os carboidratos mais simples, onde o número de átomos de carbono pode variar de cinco, como nas pentoses, a seis carbonos, como nas hexoses. Os monossacarídeos glicose, frutose, manose e galactose estão representados a seguir.

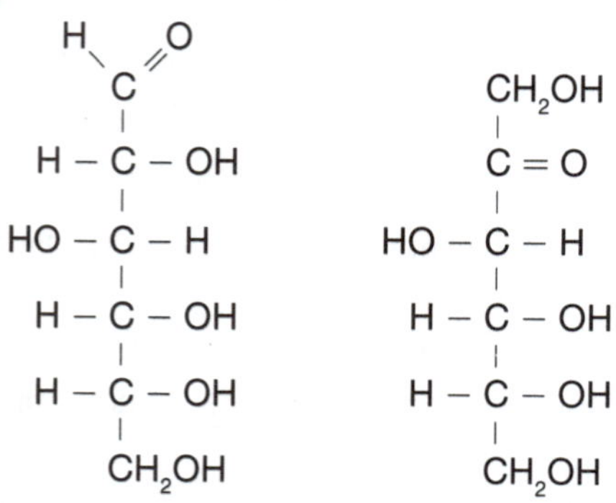

glicose frutose

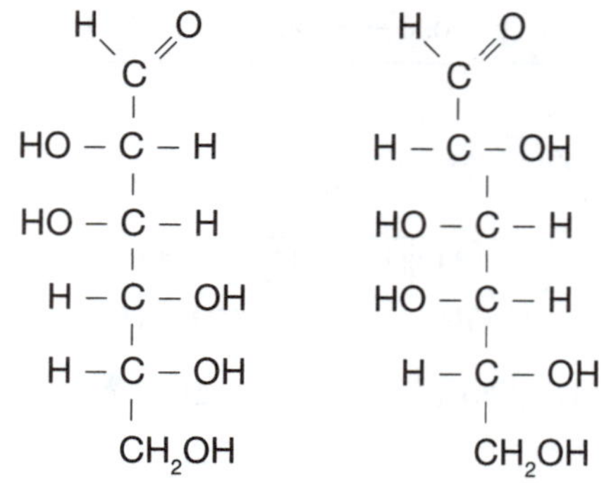

manose galactose

Os grupos funcionais presentes nessas moléculas são:

a) ácido carboxílico, poliol e aldeído.
b) poliol, aldeído e cetona.
c) poliol, éster e cetona.
d) éster, aldeído e cetona.
e) poliol, ácido carboxílico e cetona.

4. (MACKENZIE – SP) Vários compostos orgânicos podem apresentar mais de um grupo funcional. Dessa forma, são classificados como compostos orgânicos de função mista. Os carboidratos e ácidos carboxílicos hidroxilados são exemplos desses compostos orgânicos, como ilustrado a seguir:

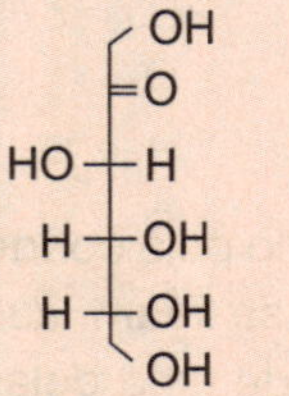

carboidrato

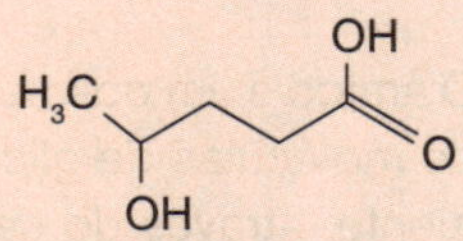

ácido carboxílico hidroxilado

Tais compostos em condições adequadas podem sofrer reações de ciclização intramolecular. Assim, assinale a alternativa que representa, respectivamente, as estruturas dos compostos anteriormente citados, após uma reação de ciclização intramolecular.

a) 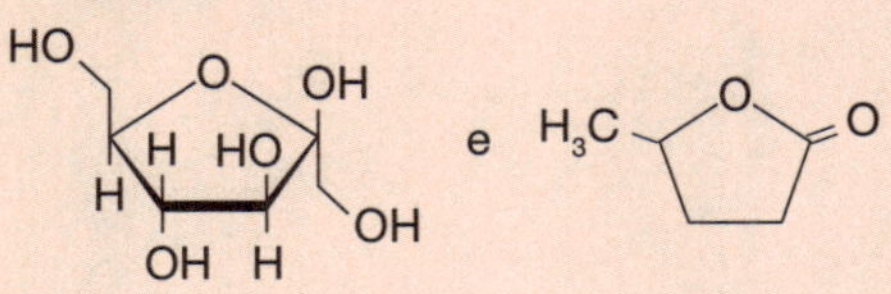

b) 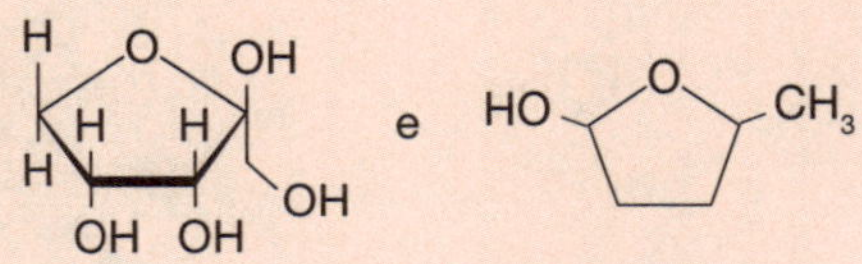

c) 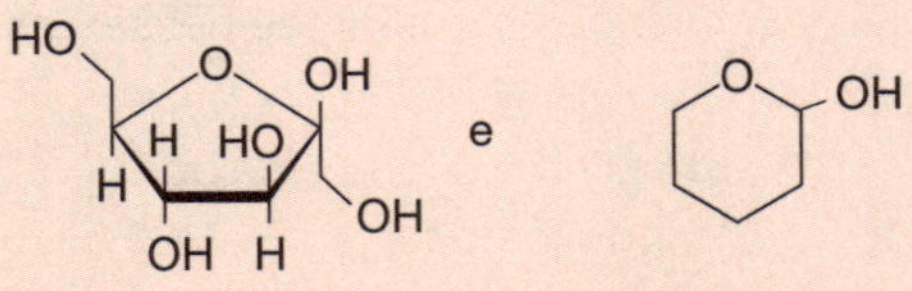

d) 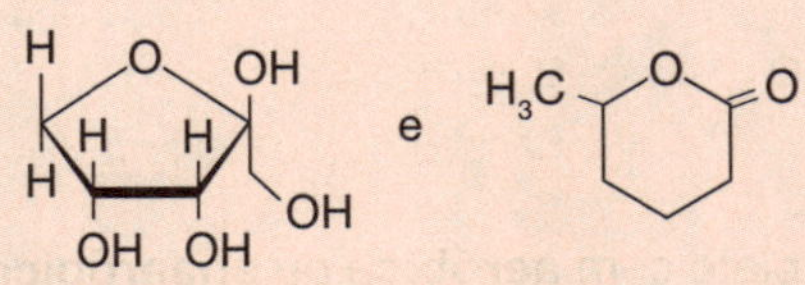

e) 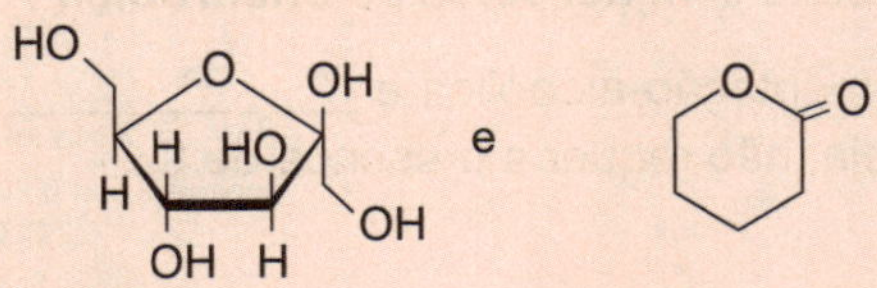

Resolução:

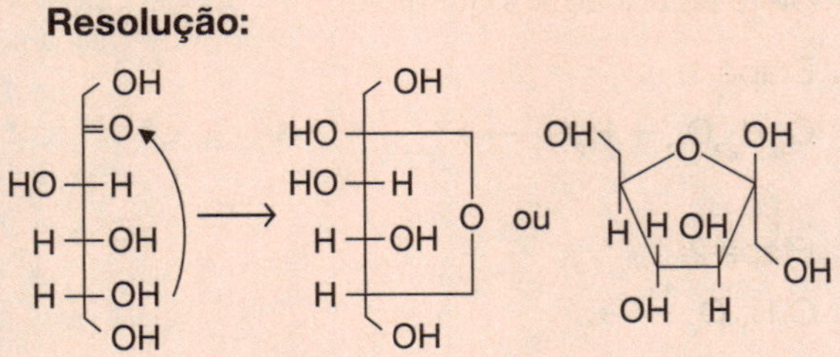

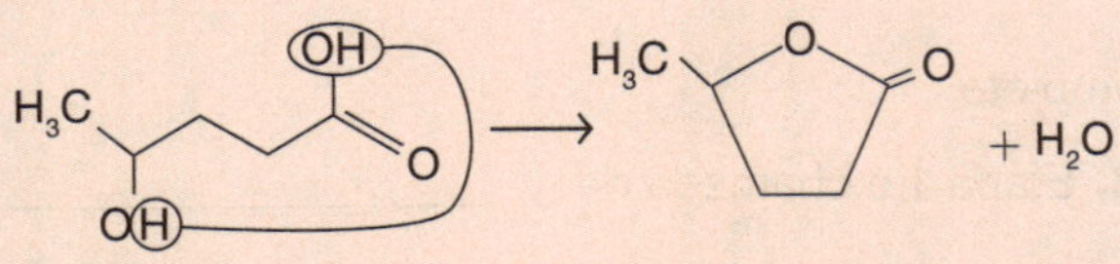

Resposta: alternativa a.

5. (UNESP) A sacarose e a lactose são dois dissacarídeos encontrados na cana-de-açúcar e no leite humano, respectivamente. As estruturas simplificadas, na forma linear, dos monossacarídeos que os formam são fornecidas a seguir.

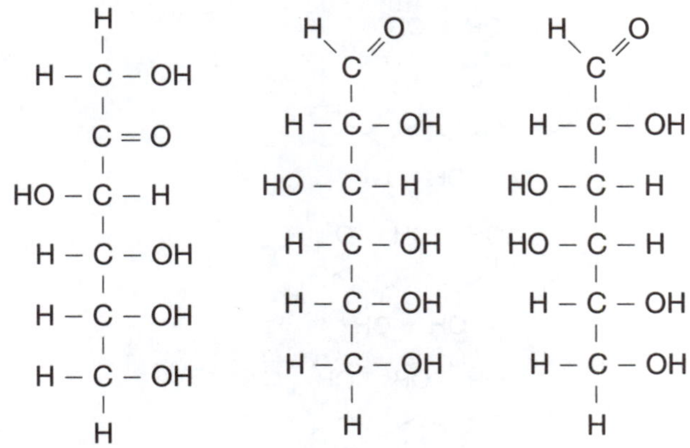

frutose glicose galactose

Os tipos de isomerias encontrados entre a molécula de glicose e as dos monossacarídeos frutose e galactose são, quando representadas na forma linear, respectivamente,

a) de posição e de função.
b) ótica e de função.
c) de função e de função.
d) ótica e de posição.
e) de função e ótica.

6. (FUVEST – SP) Aldeídos podem reagir com álcoois, conforme representado:

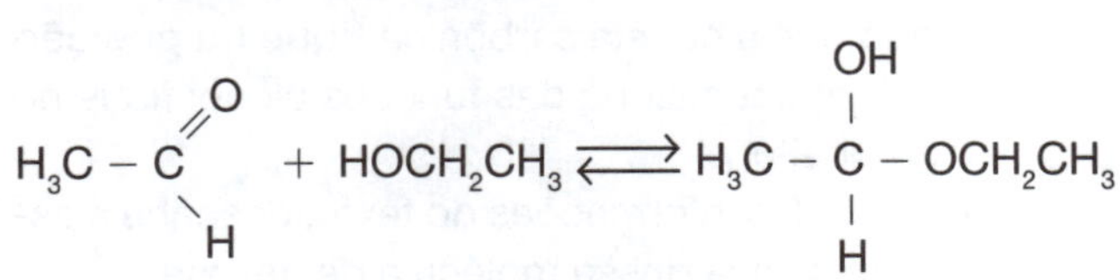

Este tipo de reação ocorre na formação da glicose cíclica, representada por

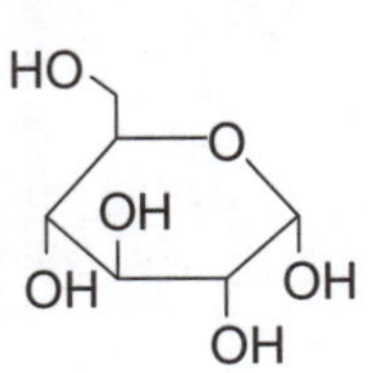

Dentre os seguintes compostos, aquele que, ao reagir como indicado, porém de forma intramolecular, conduz à forma cíclica da glicose é

a) 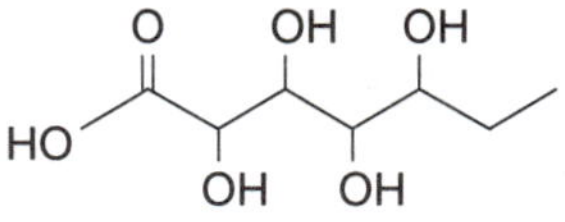

b) 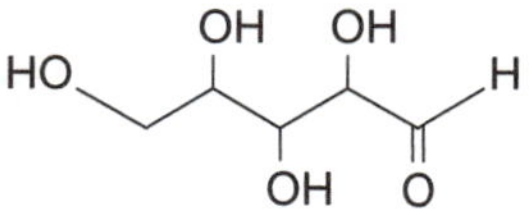

c) 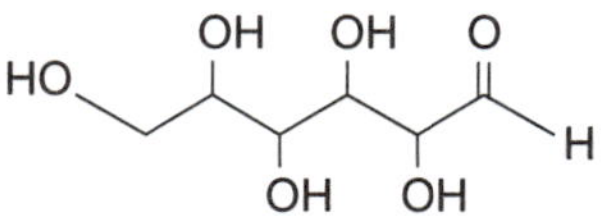

d) 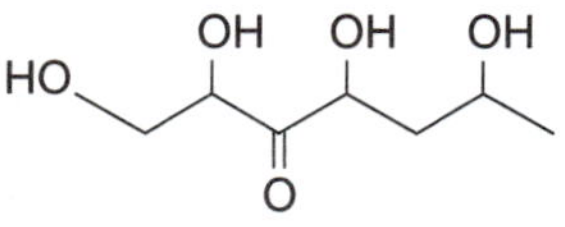

e) 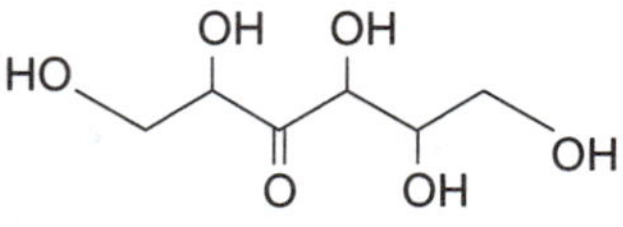

7. (UNICAMP – SP) Uma hexose, essencial para o organismo humano, pode ser obtida do amido, presente no arroz, na batata, no milho, no trigo, na mandioca, ou da sacarose proveniente da cana-de-açúcar. A sua fórmula estrutural pode ser representada como uma cadeia linear de carbonos, apresentando uma função aldeído no primeiro carbono. Os demais carbonos apresentam, todos, uma função álcool, sendo quatro representadas de um mesmo lado da cadeia e uma quinta, ligada ao terceiro carbono, do outro lado. Essa mesma molécula (hexose) também pode ser representada, na forma de um anel de seis membros, com átomos de carbono e um de oxigênio, já que o oxigênio do aldeído acaba se ligando ao quinto carbono.

a) Desenhe a fórmula estrutural linear de hexose de modo que a cadeia carbônica **fique na posição vertical** e a maioria das funções álcool fique no lado direito.

b) A partir das informações do texto, desenhe a estrutura cíclica dessa molécula de hexose.

8. (FUVEST – SP) Considere a estrutura cíclica da glicose, em que os átomos de carbono estão numerados:

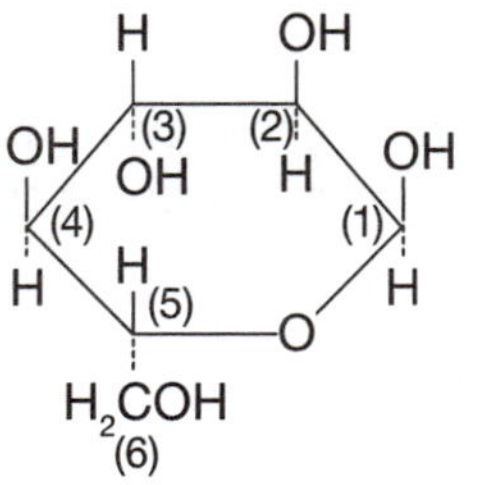

O amido é um polímero formado pela condensação de moléculas de glicose, que se ligam, sucessivamente, através do carbono 1 de uma delas com o carbono 4 de outra (ligação "1-4".)

a) Desenhe uma estrutura que possa representar uma parte do polímero, indicando a ligação "1-4" formada.

b) Cite uma outra macromolécula que seja polímero da glicose.

9. Complete com **aeróbica** ou **anaeróbica**.

A fermentação alcoólica é ____________________, ou seja, não requer a presença de O_2.

Complete as equações químicas.

10. Etapa 1:

$C_{12}H_{22}O_{11} + H_2O \longrightarrow$

11. Etapa 2:

$C_6H_{12}O_6 \longrightarrow$

Complete.

12. Etapa 1 é chamada de ____________________.

13. Etapa 2 é chamada de ____________________.

14. (UNICAMP - SP) O álcool (C_2H_5OH) é produzido nas usinas pela fermentação do melaço de cana-de-açúcar, que é uma solução aquosa de sacarose ($C_{12}H_{22}O_{11}$). Nos tanques de fermentação, observa-se uma intensa fervura aparente ao caldo em fermentação.

a) Explique por que ocorre essa "fervura fria".
b) Escreva a equação da reação química envolvida.

Enunciado comum às questões **15**, **16** e **17**.

Ao fazer pão caseiro deixa-se a massa "descansar" a fim de que o fermento atue.

Alguns cozinheiros e cozinheiras costumam colocar uma pequena bola dessa massa dentro de um copo com água. Após algum tempo a bolinha, que inicialmente está no fundo do copo, sobe e passa a flutuar na água.

Isso indica que a massa está pronta para ir ao forno.

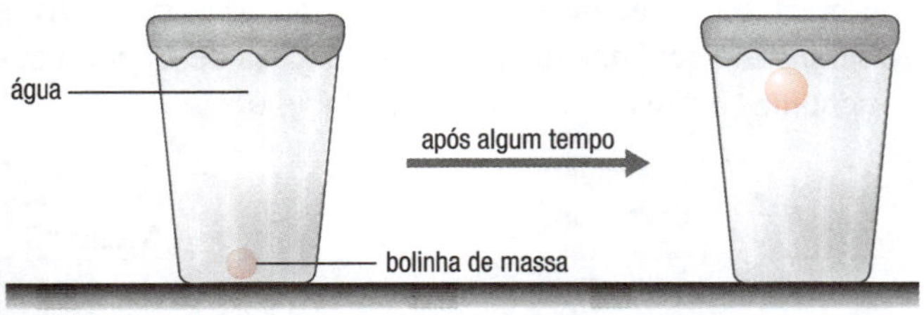

15. O que se pode afirmar sobre a densidade inicial da bolinha se comparada à da água?

16. Por que a atuação do fermento faz a bolinha flutuar?

17. Em dias frios a bolinha leva mais tempo para subir. Por quê?

18. (FUVEST – SP) O seguinte fragmento (adaptado) do livro Estação Carandiru, de Drauzio Varella, refere-se à produção clandestina de bebida no presídio:

"O líquido é transferido para uma lata grande com um furo na parte superior, no qual é introduzida uma mangueirinha conectada a uma serpentina de cobre. A lata vai para o fogareiro até levantar fervura. O vapor sobe pela mangueira e passa pela serpentina, que Ezequiel esfria constantemente com uma caneca de água fria. Na saída da serpentina, emborcada numa garrafa, gota a gota, pinga a maria-louca (aguardente). Cinco quilos de milho ou arroz e dez de açúcar permitem a obtenção de nove litros da bebida".

Na produção da maria-louca, o amido do milho ou do arroz é transformado em glicose. A sacarose do açúcar é transformada em glicose e frutose, que dão origem a dióxido de carbono e etanol.

Dentre as equações químicas,

I. $(C_6H_{10}O_5)_n + n\,H_2O \longrightarrow n\,C_6H_{12}O_6$

II. $(-CH_2CH_2O-)_n + n\,H_2O \longrightarrow n\,\underset{\displaystyle OH}{\underset{|}{CH_2}} - \underset{\displaystyle OH}{\underset{|}{CH_2}}$

III. $C_{12}H_{22}O_{11} + H_2O \longrightarrow 2\,C_6H_{12}O_6$

IV. $C_6H_{12}O_6 + H_2 \longrightarrow C_6H_{14}O_6$

V. $C_6H_{12}O_6 \longrightarrow 2\,CH_3CH_2OH + 2\,CO_2$

as que representam as transformações químicas citadas são

a) I, II e III.
b) II, III e IV.
c) I, III e V.
d) II, III e V.
e) III, IV e V.

Dados: $C_6H_{12}O_6$ = glicose ou frutose.

Bioquímica 2

Ácidos Graxos, Óleos e Gorduras

1. Ácidos graxos

Ácido carboxílico pode ser encontrado em um ser vivo. Em geral, de cadeia normal com 12 ou mais átomos de carbono, podendo ser saturado ou insaturado.

Exemplos:

Fórmula geral de ácido graxo saturado:

$\mathbf{C_nH_{2n+1}COOH}$

$C_{15}H_{31}-C(=O)OH$ — ácido palmítico

$C_{17}H_{35}-C(=O)OH$ — ácido esteárico

saturados

Fórmulas gerais de ácidos graxos insaturados:

$\mathbf{C_nH_{2n-1}COOH}$ **(uma dupla-ligação)**

$\mathbf{C_nH_{2n-3}COOH}$ **(duas duplas-ligações)**

$C_{17}H_{33}-C(=O)OH$

ácido oleico, insaturado (tem uma dupla-ligação)

$C_{17}H_{31}-C(=O)OH$

ácido linoleico, insaturado (tem duas duplas-ligações)

Ácidos graxos com mais de uma ligação dupla são chamados **ácidos graxos poli-insaturados**.

1.1 Propriedades físicas dos ácidos graxos

As propriedades físicas de um ácido graxo dependem do comprimento da cadeia hidrocarbônica e do grau de insaturação.

Os pontos de fusão dos ácidos graxos saturados aumentam de acordo com o aumento das respectivas massas moleculares devido às interações de London aumentadas entre as moléculas (ver tabela).

Nº de carbonos saturados	Nome comum	Nome sistemático	Estrutura	Ponto de fusão °C
12	ácido láurico	ácido dodecanoico	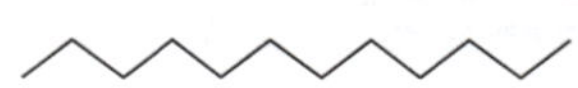 COOH	44
14	ácido mirístico	ácido tetradecanoico	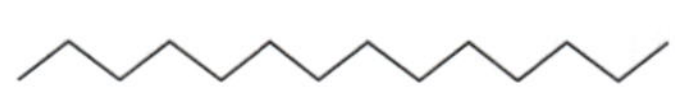 COOH	58
16	ácido palmítico	ácido hexadecanoico	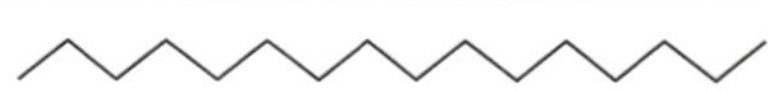 COOH	63
18	ácido esteárico	ácido octadecanoico	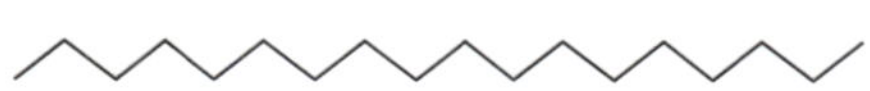 COOH	69
20	ácido araquídico	ácido eicosanoico	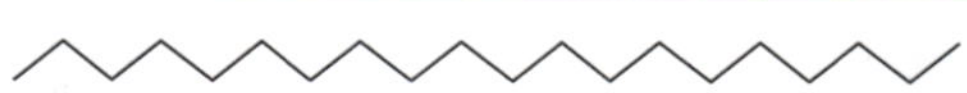 COOH	77

Nº de carbonos insaturados	Nome comum	Estrutura	Ponto de fusão °C
16	ácido palmitoleico	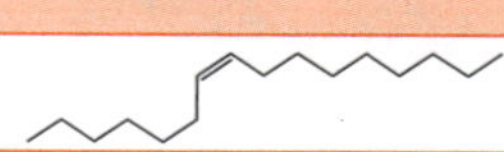 COOH	0
18	ácido oleico	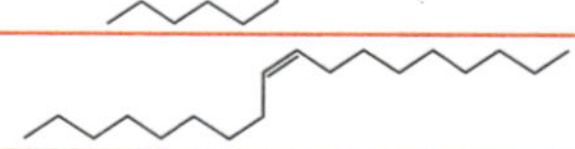 COOH	13
18	ácido linoleico	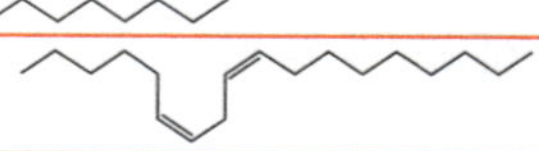 COOH	–5
18	ácido linolênico	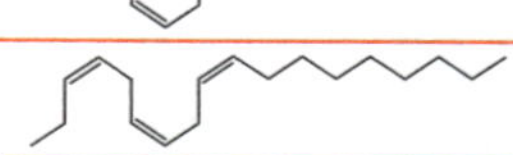 COOH	–11
20	ácido araquidônico	 COOH	–50
20	EPA	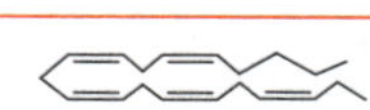 COOH	–54

BRUICE, P. Y. **Química Orgânica.** 4. ed. São Paulo: Pearson Education do Brasil, 2006. 2 v.

• **Diferença entre ácido graxo saturado (cadeia normal) e ácido graxo insaturado (cadeia com dobra).**

ANA OLÍVIA JUSTO/ acervo da editora

ácido esteárico PF = 69 °C

ácido graxo de 18 carbonos sem ligação dupla

ANA OLÍVIA JUSTO/ acervo da editora

ácido oleico PF = 13 °C

ácido graxo de 18 carbonos com uma ligação dupla

As ligações duplas dos ácidos graxos em geral têm configuração cis.

Essa configuração normalmente produz uma dobra nas moléculas, o que evita o seu empacotamento, como ocorre com os ácidos graxos completamente saturados. Portanto, os ácidos graxos insaturados têm menos interações intermoleculares e, em decorrência, menores pontos de fusão que os ácidos graxos saturados de massas moleculares comparáveis.

• **Diferenças entre ácidos graxos insaturados**

ANA OLÍVIA JUSTO/ acervo da editora

ácido linolênico PF = –11 °C

ácido graxo de 18 carbonos com três ligações duplas

ANA OLÍVIA JUSTO/ acervo da editora

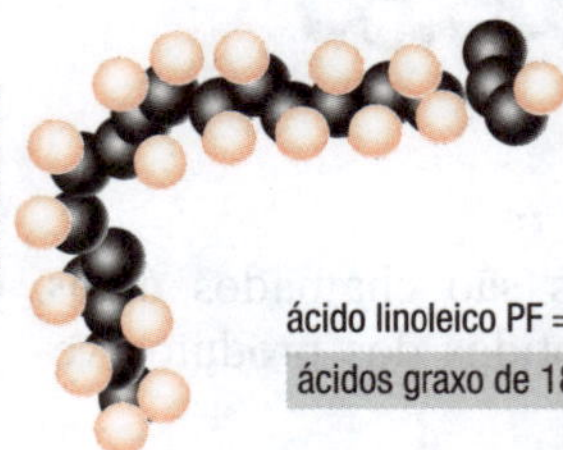

ácido linoleico PF = –5 °C

ácidos graxo de 18 carbonos com duas ligações duplas

Os pontos de fusão dos ácidos graxos insaturados diminuem de acordo com o aumento do número de ligações duplas, pois a dobra fica mais intensa, diminuindo a interação molecular.

2. Óleos e gorduras

2.1 Conceito

São substâncias encontradas nos seres vivos em que os três grupos hidroxila do glicerol ou glicerina são esterificados com ácidos graxos, formando um **triéster do glicerol** ou **triacilglicerol** ou **triglicerídeo**.

Esquematicamente temos:

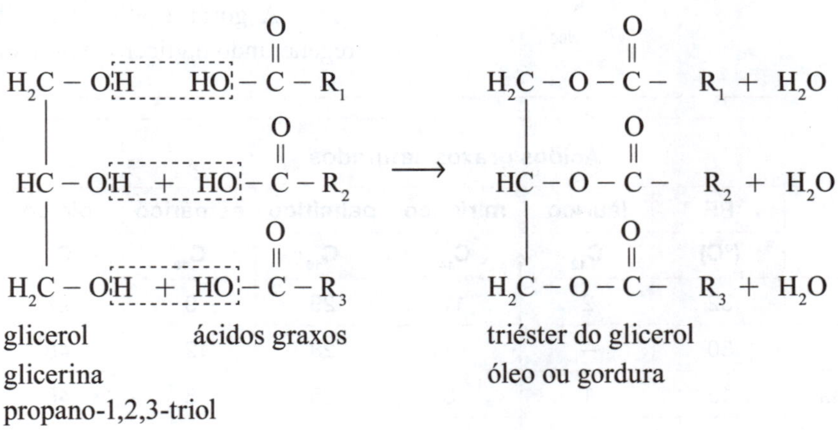

Óleo ou gordura é uma mistura contendo triglicerídeo.

Nota: lipídios, substâncias orgânicas solúveis em solventes orgânicos não polares, encontradas em organismos vivos.

Exemplos: óleos, gorduras, ceras etc.

Origem	Gorduras	Óleos
animal	• sebo (bovinos) • banha (suínos) • manteiga (leite)	• fígado de bacalhau • capivara

Origem	Gorduras	Óleos
vegetal	• gordura de coco • manteiga de cacau	• caroço de algodão • amendoim • oliva • milho • soja

2.2 Diferença entre óleo e gordura

Os triglicerídeos sólidos ou semissólidos à temperatura ambiente são chamados **gorduras**. As gorduras são normalmente obtidas de animais e em geral compostas de triglicerídeos com **ácidos graxos saturados** ou **ácidos graxos com apenas uma ligação dupla**. As cadeias saturadas dos ácidos graxos se empacotam melhor, fazendo com que só triglicerídeos apresentem pontos de fusão relativamente altos, o que os leva a se apresentarem sólidos à temperatura ambiente.

ANA OLÍVIA JUSTO/ acervo da editora

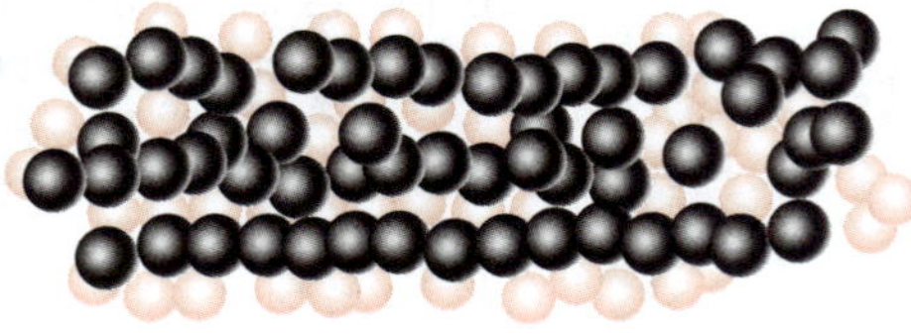

gordura

Os triglicerídeos líquidos são chamados **óleos**. De modo geral, os óleos são obtidos dos produtos vegetais, como milho, feijão, soja, olivas e amendoins. São compostos de triglicerídeos com ácidos graxos insaturados predominantes que não podem se empacotar firmemente. Em decorrência, apresentam pontos de fusão relativamente baixos, que os levam a ser líquidos à temperatura ambiente.

ANA OLÍVIA JUSTO/ acervo da editora

óleo

Conclusão:

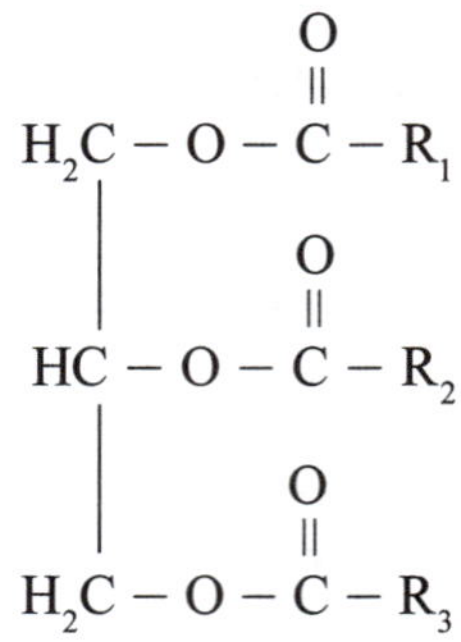

gordura { • prevalece cadeia saturada sólida a 25 °C

óleo { • prevalece cadeia insaturada líquido a 25 °C

2.3 Determinação de ácidos graxos nos óleos e nas gorduras

A composição de ácidos graxos nos óleos e nas gorduras é feita através da **hidrólise do óleo ou da gordura**.

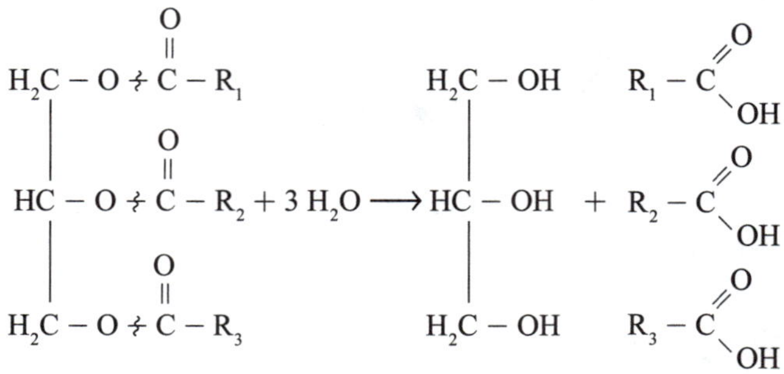

glicerol ácidos graxos

óleo ______________ predomina insaturados

gordura______________ predomina saturados

A gordura alimentar é hidrolisada no intestino, regenerando o glicerol e os ácidos graxos.

Exemplos:

	Ácidos graxos saturados					Ácidos graxos insaturados		
	PF (°C)	láurico C_{12}	mirístico C_{14}	palmítico C_{16}	esteárico C_{18}	oleico C_{18}	linoleico C_{18}	linolênico C_{18}
manteiga	32	2	11	29	9	27	4	–
banha	30	–	1	28	12	48	6	–
gordura humana	15	1	3	25	8	46	10	–
gordura de baleia	24	–	8	12	3	35	10	–
milho	20	–	1	10	3	50	34	–
semente de algodão	–1	–	1	23	1	23	48	–
semente de linhaça	–24	–	–	6	3	19	24	47
oliva	–6	–	–	7	2	84	5	–
amendoim	3	–	–	8	3	56	26	–
falso-açafrão	–15	–	–	3	3	19	70	3
sésamo	–6	–	–	10	4	45	40	–
feijão-soja	–16	–	–	10	2	29	51	7

BRUICE, P. Y. *Op. cit.*

O azeite de oliva é considerado o óleo vegetal com sabor e aroma mais refinado. Acredita-se que ele diminui os níveis de colesterol no sangue, reduzindo os riscos de doenças cardíacas.

3. Fabricação de margarina

Os óleos possuem cadeias carbônicas insaturadas por ligações duplas, que podem sofrer hidrogenação catalítica, sendo assim transformados em gorduras.

$$\text{óleo (insaturado)} \xrightarrow[\text{catalisador}]{H_2} \text{margarina (gordura)}$$

Assim, os óleos de milho, soja, girassol e outros podem ser convertidos em margarina por meio da hidrogenação catalítica.

Exemplo:

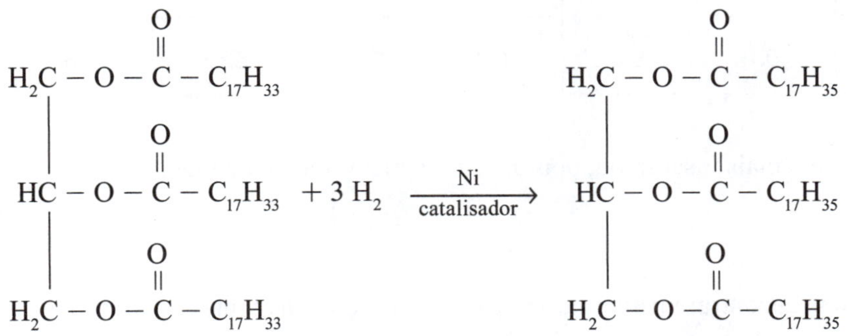

trioleína margarina

As margarinas são fabricadas atualmente, em sua grande maioria, a partir de óleos poli-insaturados, com hidrogenação de apenas parte das insaturações. Isso evita a presença de triglicerídeos saturados e, acredita-se, oferece menos riscos à saúde.

As margarinas contém, além de óleos vegetais hidrogenados, outros componentes, como leite, vitamina A, aromatizante e corantes.

Durante a hidrogenação, o ácido graxo insaturado cis pode ser transformado em ácido graxo insaturado trans obtendo a gordura trans.

Os ácidos graxos trans não são metabolizados pelo organismo humano, ficando armazenados, uma vez que as cadeias desses ácidos são normais.

Alguns alimentos industrializados são ricos em gorduras trans, tais como sorvetes, batatas fritas, salgadinhos de pacote, bolos, biscoitos e margarinas.

Sabe-se que o consumo excessivo de alimentos ricos em gorduras trans pode causar:

I. aumento do colesterol e ainda do colesterol ruim – LDL – colesterol e

II. redução dos níveis de colesterol bom – HDL – colesterol.

4. Determinação das insaturações nos óleos ou gorduras – índice de iodo

Determinação da quantidade de insaturações nos triacilgliceróis presentes num alimento.

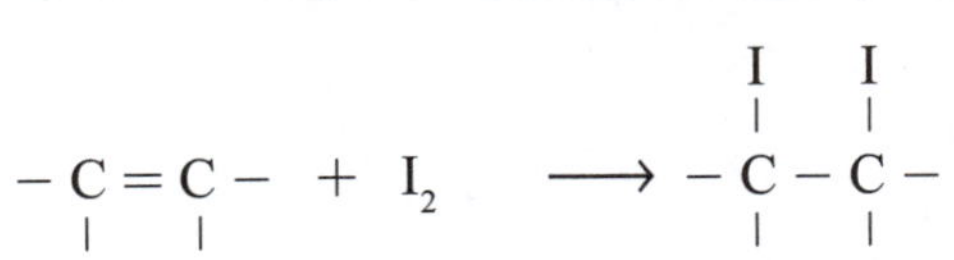

Índice de iodo de um óleo ou gordura é a massa de iodo (I_2) em gramas necessária para reagir completamente com 100 g de óleo ou gordura.

Contribuição de ácidos graxos e índices de iodo.

	Ácidos graxos saturados				Ácidos graxos insaturados				Índice de iodo
	láurico	mirístico	palmítico	esteárico	oleico	linoleico	linolênico	Outros	
manteiga	2,5	11,1	29,0	9,2	26,7	3,6	–	17,9	36
gordura humana	–	2,7	24,0	8,4	46,9	10,2	–	7,8	68
banha suína	–	1,3	28,3	11,9	47,5	6,0	–	5,0	59
óleo de milho	–	1,4	10,2	3,0	49,6	34,3	–	1,5	123
óleo de soja	0,2	0,1	9,8	2,4	28,9	52,3	3,6	2,7	130

BRUICE, P. Y. *Op. cit.*

Conclusão: óleo de soja é o mais insaturado, pois apresenta maior índice de íodo.

5. Biodiesel

A necessidade de se encontrarem alternativas para o petróleo, uma fonte não renovável, como principal matéria-prima para obtenção de combustíveis tem estimulado as pesquisas sobre fontes renováveis, como, por exemplo, o biodiesel.

No Brasil, o biodiesel tem sido obtido a partir de óleos vegetais novos ou usados ou gorduras animais através de um processo químico conhecido como **transesterificação** ou **alcoólise**. No Brasil o álcool utilizado é o etanol. A reação de transesterificação pode ser representada.

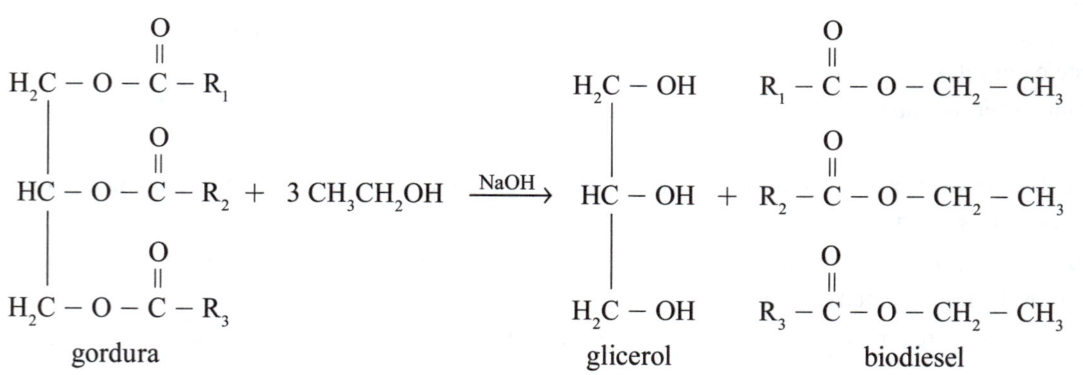

R_1, R_2, R_3 = cadeias carbônicas, de C_7 a C_{23}.

O produto final é constituído de duas fases líquidas imiscíveis.

A fase mais densa é composta de glicerol, impregnada com excessos utilizados de álcool, água e impurezas, e a menos densa é uma mistura de ésteres etílicos (biodiesel).

O biodiesel pode ser usado puro ou misturado com diesel, não sendo necessária nenhuma modificação nos motores.

O biodiesel não contém enxofre em sua composição, portanto, o combustível do biodiesel reduz emissão de gases poluentes.

6. Saponificação

Aquecendo gordura ou óleo em presença de uma base, realizamos uma reação química que produz sabão.

óleo ou gordura + base ⟶ sabão + glicerol

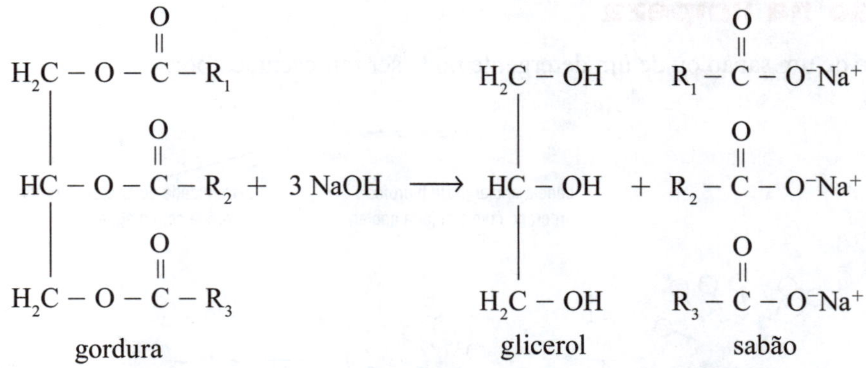

A quantidade de base utilizada pode ser medida pelo índice de saponificação.

Índice de saponificação: quantidade de KOH, em miligramas, necessária para saponificar completamente 1 g de óleo ou gordura. Quanto maior for esse índice, menor será a massa molar do óleo ou gordura.

Exemplos:

manteiga: índice de saponificação = 210 a 235

óleo de algodão: índice de saponificação = 190 a 200

Conclusão: 1 g de óleo de algodão gasta menos base do que 1 g de manteiga. Se o índice de saponificação do óleo de algodão for maior do que 200, o óleo estará deteriorado.

7. Sabão

Sabão é uma mistura de sais de ácidos graxos.

Exemplo: $C_{15}H_{31}COO^-Na^+$

Os sabões utilizados nos processos industriais ou domésticos são degradados (decompostos) por microrganismos existentes na água, não causando grandes alterações no meio ambiente.

Na água existem microrganismos que produzem enzimas que aceleram o processo de quebra das cadeias do sabão. **Todo sabão é biodegradável.**

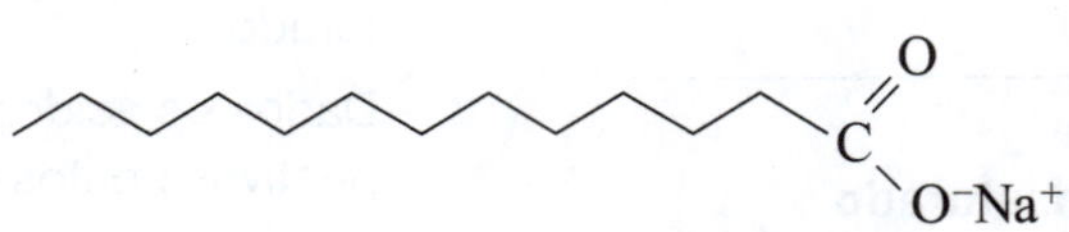

8. Detergentes

Detergentes são sais de ácidos sulfônicos de cadeia longa ou sais de aminas de cadeia longa.

Exemplos:

detergente aniônico

detergente catiônico

Detergente de cadeia ramificada não é biodegradável, pois as enzimas não catalisam a decomposição de uma cadeia ramificada.

detergente biodegradável

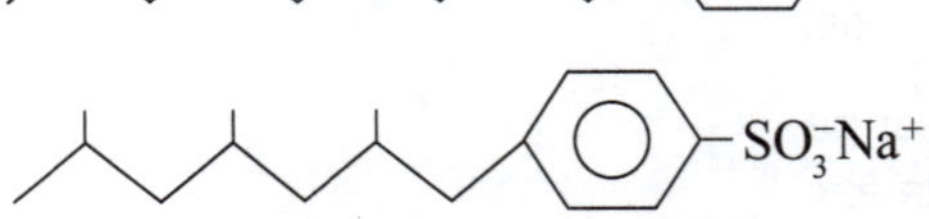
detergente não degradável

9. Atuação na limpeza

A molécula de um sabão ou de um detergente pode ser representada por:

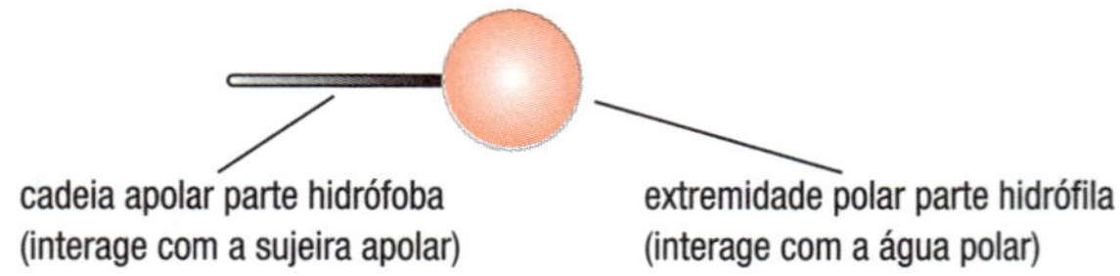

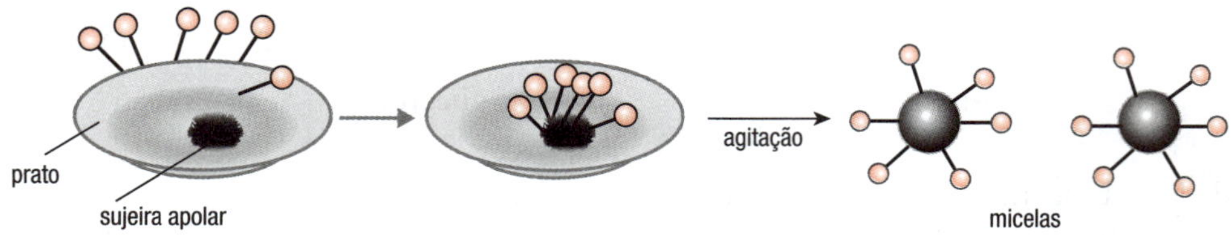

Quando as moléculas do sabão ou detergente se aproximam da sujeira apolar, a cadeia apolar interage com ela, e a parte polar interage com a água. Devido à agitação, formam-se as micelas (sujeira envolvida pelo sabão), que ficam dispersas na água.

Dizemos que o sabão ou detergente atua como agente emulsificante, pois tem a propriedade de dispersar as micelas na água.

Exercícios Série Prata

1. Complete.

a) A fórmula geral de um ácido graxo saturado é

______________________________.

b) A fórmula geral de um ácido graxo insaturado (uma dupla) é ______________________________.

c) A fórmula geral de um ácido graxo insaturado (duas duplas) é ______________________________.

2. Complete com **saturado** ou **insaturado**.

a) $C_{15}H_{31}COOH$

b) $C_{21}H_{43}COOH$

c) $C_{19}H_{37}COOH$

d) $C_{21}H_{41}COOH$

3. (UERJ) "Um modo de prevenir doenças cardiovasculares, câncer e obesidade é não ingerir gordura do tipo errado. A gordura pode se transformar em uma fábrica de radicais livres no corpo, alterando o bom funcionamento das células.

As consideradas boas para saúde são as insaturadas de origem vegetal, bem como a maioria dos óleos.

Quimicamente os óleos e as gorduras são conhecidos como glicerídeos, que correspondem a ésteres da glicerina, com radicais graxos."

Adaptado de **Jornal do Brasil**, ago. 1998.

A alternativa que representa a fórmula molecular de um ácido graxo de cadeia carbônica insaturada é:

a) $C_{12}H_{24}O_2$
b) $C_{14}H_{28}O_2$
c) $C_{16}H_{32}O_2$
d) $C_{18}H_{34}O_2$

4. (FUVEST – SP) Os ácidos graxos podem ser saturados ou insaturados. São representados por uma fórmula geral RCOOH, em que R representa uma cadeia longa de hidrocarboneto (saturado ou insaturado).

Dados os ácidos graxos abaixo, com os seus respectivos pontos de fusão,

Ácido graxo	Fórmula	PF/°C
linoleico	$C_{17}H_{29}COOH$	– 11
erúcico	$C_{21}H_{41}COOH$	34
palmítico	$C_{15}H_{31}COOH$	63

temos, à temperatura ambiente de 20 °C, como ácido insaturado no estado sólido apenas o:

a) linoleico
b) erúcico
c) palmítico
d) linoleico e o erúcico
e) erúcico e o palmítico

5. Associe os pontos de fusão 13 °C, 44 °C e 72 °C com os seguintes ácidos graxos.

a) $CH_3(CH_2)_{16} - COOH$

PF = ____________________

b) 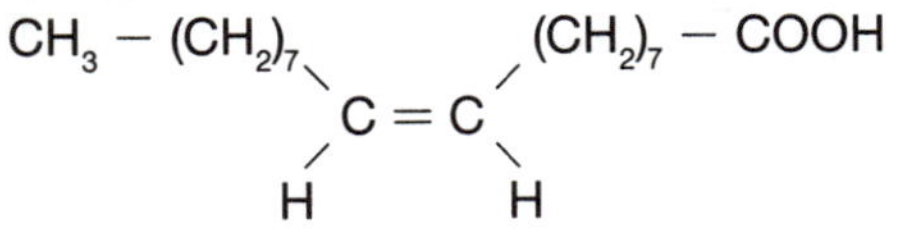

PF = ____________________

b) 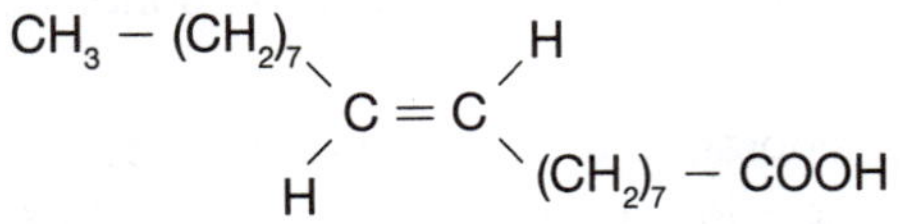

PF = ____________________

6. Complete com **óleo** e **gordura**.

a) 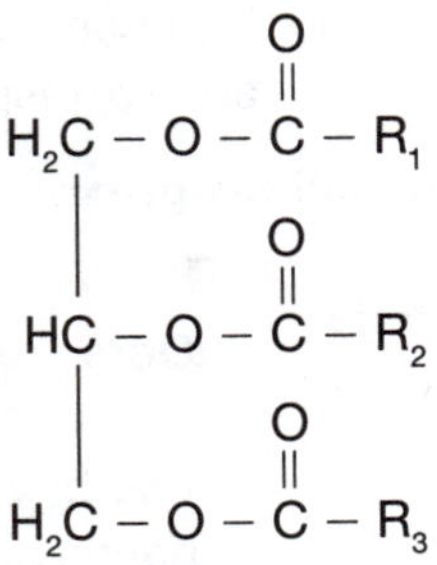

predomina ácido graxo saturado

____

b) 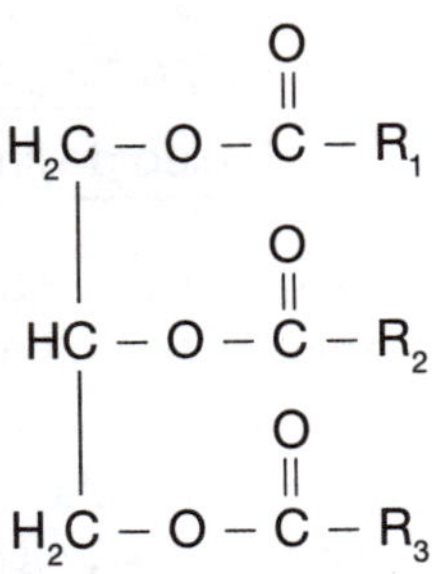

predomina ácido graxo insaturado

____

7. Complete a equação química.

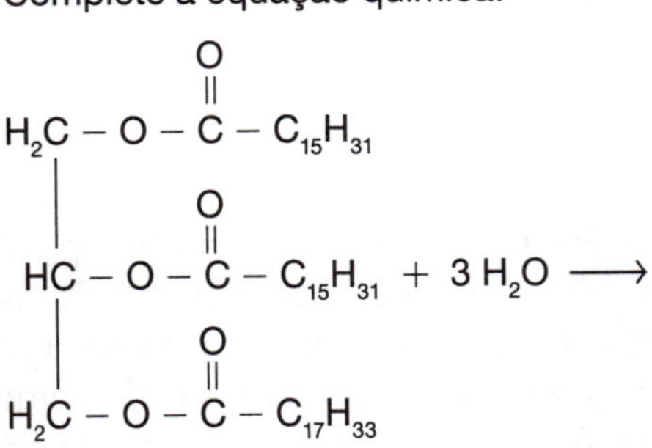

8. (ITA – SP) As gorduras e óleos de origem animal e vegetal mais comuns (banha, sebo, óleo de caroço de algodão, óleo de amendoim etc.) são constituídos, essencialmente, de:

a) ácidos carboxílicos alifáticos;
b) hidrocarbonetos não saturados;
c) misturas de parafina e glicerina;
d) ésteres de ácidos carboxílicos de número de carbonos variável e glicerina;
e. éteres derivados de álcoois com um número de carbonos variável.

9. (FUND. CARLOS CHAGAS) A fórmula estrutural:

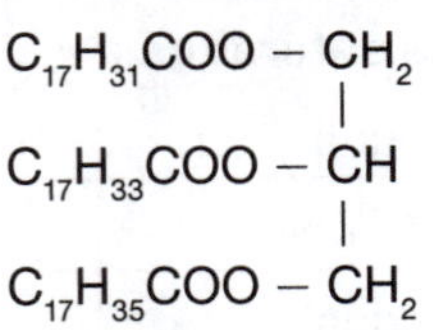

refere-se a moléculas de:

a) óleo vegetal saturado;
b) óleo animal saturado;
c) óleo vegetal ou animal insaturado;
d) sabão de ácidos graxos saturados;
e) detergentes.

10. (UFSM – RS) O triglicerídio presente na dieta humana é digerido no trato gastrintestinal pelas enzimas digestivas e produz:

a) aminoácidos.
b) glicose.
c) ácido graxo e glicerol.
d) sacarose.
e) glicerídio.

11. (PUC – RS) Dentre as substâncias abaixo relacionadas, são exemplos de lipídios:

a) glicose e frutose
b) amido e celulose
c) glicerina e anilina
d) banha e parafina
e) óleo de oliva e manteiga de cacau

12. (FUVEST – SP)

% em mol de ácidos graxos na porção ácida obtida da hidrólise de óleos vegetais

	Palmítico ($C_{16}H_{32}O_2$)	Esteárico ($C_{18}H_{36}O_2$)	Oleico ($C_{18}H_{34}O_2$)	Linoleico ($C_{18}H_{32}O_2$)
óleo de soja	11,0	3,0	28,6	57,4
óleo de milho	11,0	3,0	52,4	33,6

Comparando-se quantidades iguais (em mol) das porções ácidas desses dois óleos, verifica-se que a porção ácida do óleo de milho tem, em relação à do óleo de soja, quantidade (em mol) de:

	Ácidos saturados	Ligações duplas
a)	igual	maior
b)	menor	igual
c)	igual	menor
d)	menor	maior
e)	maior	menor

13. Complete a equação química.

$$\begin{array}{l} H_2C - OH \\ \quad | \\ HC - OH \quad + \quad 3\ C_{17}H_{33}COOH \longrightarrow \\ \quad | \\ H_2C - OH \end{array}$$

14. (FUVEST – SP) Quantos átomos de carbono, hidrogênio e oxigênio possui a molécula do triéster obtido pela reação do propanotriol, $C_3H_8O_3$, com ácido metanoico, H_2CO_2? Justifique sua resposta.

15. (UFJF – MG) O ácido eicosapentaenoico (EPA), cuja estrutura está representada abaixo, é um ácido graxo (ácido carboxílico de cadeia longa), também conhecido como Ômega-3.

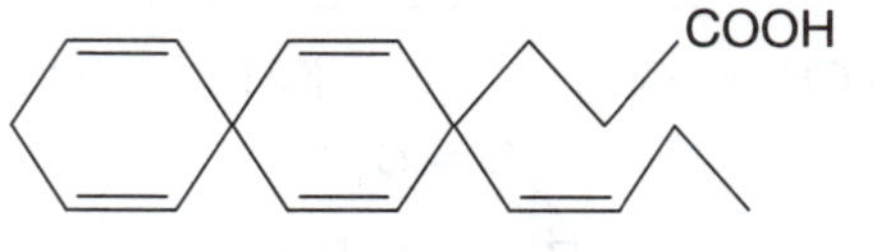

estrutura EPA

Com base nessas informações, responda aos itens a seguir.

a) Considerando a estrutura da molécula do EPA, que tipo de esteroisomeria é esperada para esse composto?

b) A relação direta entre dietas ricas em gorduras saturadas e doenças cardíacas é bem conhecida.

Considerando a estrutura do EPA e observadas as informações presentes na tabela abaixo, responda:

Ocorrência de alguns ácidos graxos

Ácido graxo	Número de insaturações	Ocorrência
ácido palmítico	–	sebo bovino e banha suína
ácido oleico	1	azeite de oliva
ácido linoleico	2	óleo de girassol
ácido linolênico	3	óleo de linhaça

Alimentos ricos em EPA podem ser ingeridos por pessoas com problemas cardíacos? Justifique sua resposta.
Que tipo de alimento, descrito na Tabela I, **não** é recomendado para pessoas com problemas cardíacos? Justifique sua resposta.

16. (UNIRIO – RJ) O óleo de milho contém aproximadamente 59% de triglicerídios poli-insaturados, enquanto a margarina contém em torno de 18% desses triglicerídios. A preparação de margarina a partir de óleo de milho é uma reação de adição efetuada com:

a) H_2 b) H_2O c) HI d) I_2 e) O_2

17. (UNESP) As margarinas são produzidas industrialmente pela hidrogenação catalítica parcial de triglicerídeos (lipídios) poli-insaturados. As matérias-primas que fornecem o hidrogênio e os triglicerídeos usados no processo são, respectivamente,

a) gás metano e óleo vegetal.
b) água e melaço de cana.
c) petróleo e gordura animal.
d) gás metano e gordura animal.
e) calcário e óleo vegetal.

18. (UNICAMP – SP) Fontes vegetais de lipídios contêm moléculas de ácidos graxos (ácidos carboxílicos poli-insaturados) que apresentam estrutura cis. O processo de hidrogenação parcial destas gorduras, como por exemplo na fabricação de margarinas, pode conduzir à formação de isômeros trans, que não são desejáveis, visto que estes são suspeitos de elevarem o teor de colesterol no sangue.

a) Escreva a equação química que representa, genericamente, a hidrogenação de uma dupla-ligação carbono-carbono. $\left(\rangle C = C \langle \right)$

O ácido linoleico pode ser representado pela fórmula $C_{18}H_{32}O_2$.

b) Quantas duplas-ligações $\left(\rangle C = C \langle \right)$ contêm uma molécula deste ácido? Justifique.

19. Qual é o coeficiente do H_2 para hidrogenar completamente o triglicerídeo?

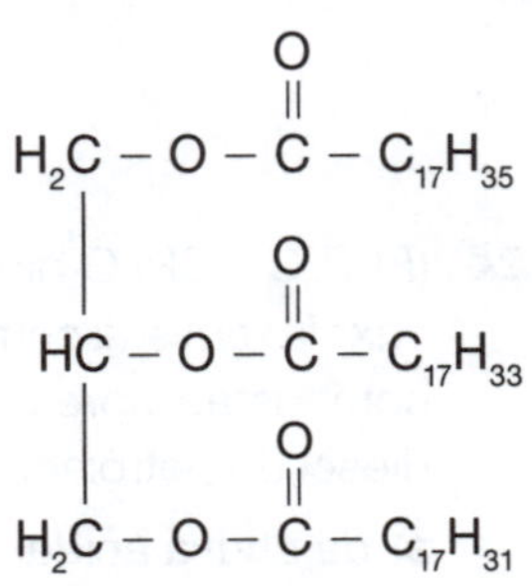

20. (UFRGS – RS) Um óleo de massa molar 900 g/mol, obtido pela combinação de glicerol com um ácido graxo, apresenta a fórmula estrutural representada abaixo.

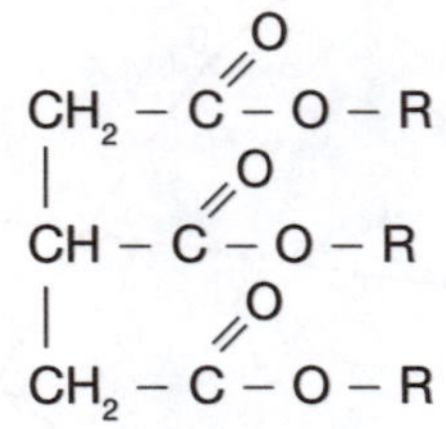

Sabendo que o ácido graxo que originou R é monoinsaturado, a massa, em gramas, de hidrogênio necessária para transformar 12 kg desse óleo em gordura saturada é

a) 0,04
b) 13
c) 40
d) 80
e) 1.800

21. (FUVEST – SP) "Durante muitos anos, a gordura saturada foi considerada a grande vilã das doenças cardiovasculares. Agora, o olhar vigilante de médicos e nutricionistas volta-se contra a prima dela, cujos efeitos são ainda piores: a gordura *trans*."

Veja, 2003

Uma das fontes mais comuns da margarina é o óleo de soja, que contém triglicerídeos, ésteres do glicerol com ácidos graxos. Alguns desses ácidos graxos são:

$CH_3(CH_2)_{16}COOH$

A

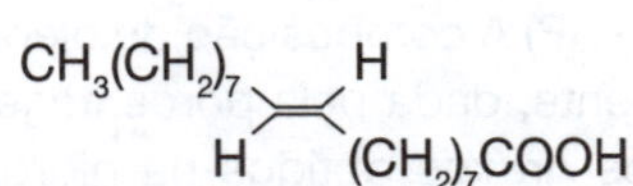

B

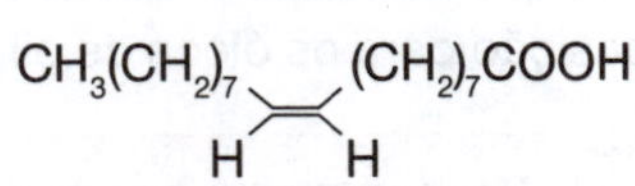

C

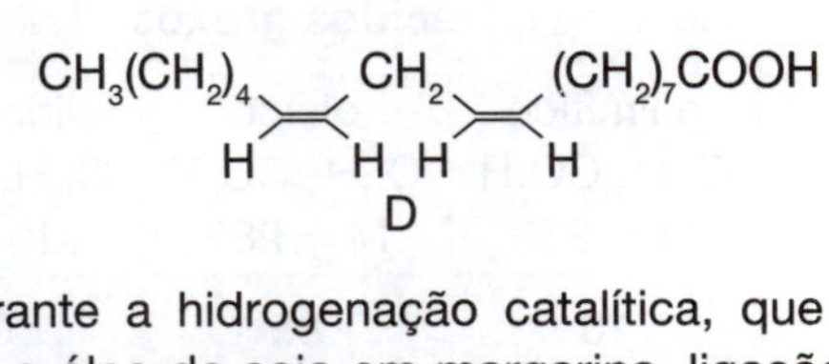

D

Durante a hidrogenação catalítica, que transforma o óleo de soja em margarina, ligações duplas tornam-se ligações simples. A porcentagem dos ácidos graxos A, B, C e D, que compõem os triglicerídeos, varia com o tempo de hidrogenação. O gráfico a seguir mostra este fato.

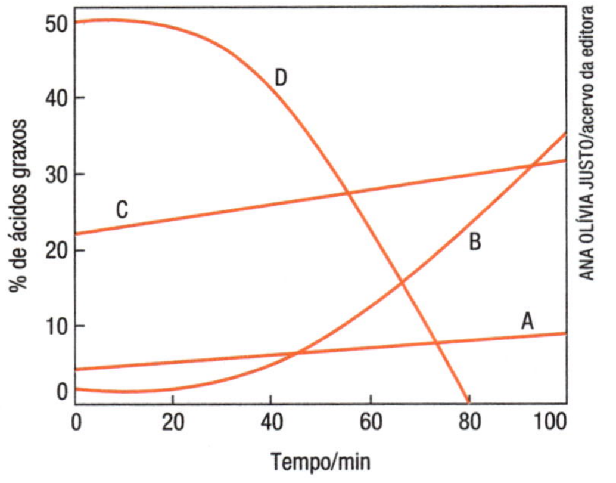

Considere as informações:

I. O óleo de soja original é mais rico em cadeias monoinsaturadas *trans* do que em *cis*.

II. A partir de cerca de 30 minutos de hidrogenação, cadeias monoinsaturadas *trans* são formadas mais rapidamente que cadeias totalmente saturadas.

III. Nesse processo de produção de margarina, aumenta a porcentagem de compostos que, atualmente, são considerados pelos nutricionistas como nocivos à saúde.

É correto apenas o que se afirma em

a) I
b) II
c) III
d) I e II
e) II e III

22. (FUVEST – SP) A composição de óleos comestíveis é, usualmente, dada pela porcentagem em massa dos ácidos graxos obtidos na hidrólise total dos triglicerídeos que constituem tais óleos. Segue-se esta composição para os óleos de oliva e milho.

	Porcentagem em massa de ácidos graxos		
tipo de óleo	palmítico $C_{15}H_{31}CO_2H$ M = 256	oleico $C_{17}H_{33}CO_2H$ M = 282	linoleico $C_{17}H_{31}CO_2H$ M = 280
oliva	10	85	05
milho	10	30	60

M = massa molar em g/mol

Um comerciante comprou óleo de oliva mas, ao receber a mercadoria, suspeitou tratar-se de óleo de milho.

Um químico lhe explicou que a suspeita poderá ser esclarecida, determinando-se o índice de iodo, que é a quantidade de iodo, em gramas, consumida por 100 g de óleo.

a) Os ácidos graxos insaturados da tabela têm cadeia aberta e consomem iodo. Quais são esses ácidos? Justifique.

b) Analisando-se apenas os dados da tabela, qual dos dois óleos apresentará maior índice de iodo? Justifique.

23. Complete a equação química.

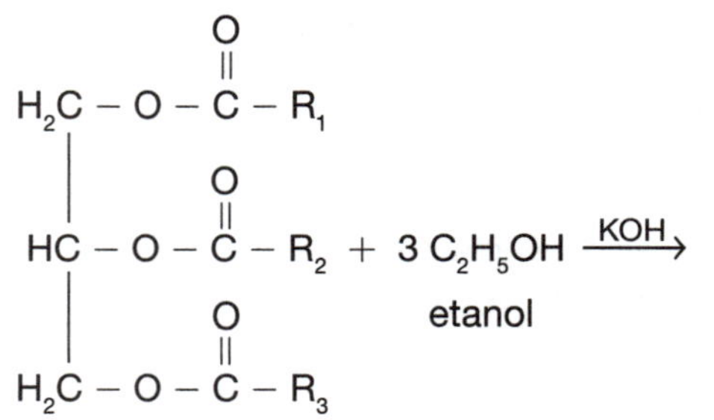

óleo ou gordura

24. (FATEC – SP) O biodiesel praticamente não contém enxofre em sua composição. Devido a esse fato, sua combustão apresenta vantagens em relação à do diesel do petróleo, no que diz respeito ao fenômeno

a) da chuva ácida
b) da destruição da camada de ozônio
c) do efeito estufa
d) da inversão térmica
e) do efeito Tyndall

25. (UFSCAR – SP) Óleos e gorduras vegetais são triacilglicerídeos, que têm a seguinte fórmula química geral

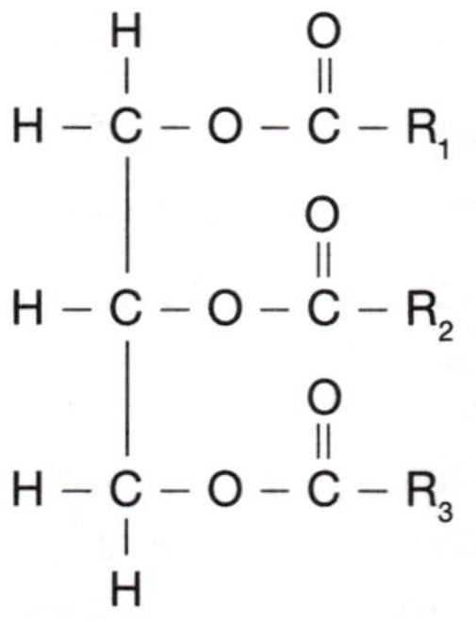

sendo que as cadeias R_1, R_2 e R_3

I. são constituídas, em média, por 10 a 22 átomos de carbono;
II. podem ser saturadas, ou conter até três duplas-ligações por cadeia;
III. só apresentam configuração cis em torno de cada insaturação existente.

Sabe-se também que, quando o teor de insaturação é elevado, o triglicerídeo é líquido, constituindo um óleo e, quando é baixo, ele é sólido, constituindo uma gordura.

a) Identifique o tipo de interação predominante entre as moléculas que constituem óleos e gorduras. Explique a diferença existente entre os estados físicos de um óleo e de uma gordura, em termos destas interações intermoleculares.
b) Quando um óleo vegetal é aquecido com etanol na presença de catalisador, forma-se glicerol e uma mistura de produto. Após a separação do glicerol, a mistura dos outros produtos obtidos na reação pode ser utilizada como combustível, o biodiesel. Escreva a fórmula estrutural geral e identifique a função orgânica dos compostos que constituem o biodiesel.

26. (FUND. CARLOS CHAGAS) Na saponificação (com KOH) de gorduras animais, obtêm-se glicerol e:

a) ácidos carboxílicos de elevada massa molecular;
b) ácidos carboxílicos de pequena massa molecular;
c) álcoois de grande cadeia carbônica;
d) álcoois de pequena cadeia carbônica;
e) sais de ácidos carboxílicos.

27. (FUVEST – SP) O glicerol é um subproduto do biodiesel, preparado pela transesterificação de óleos vegetais. Recentemente, foi desenvolvido um processo para aproveitar esse subproduto:

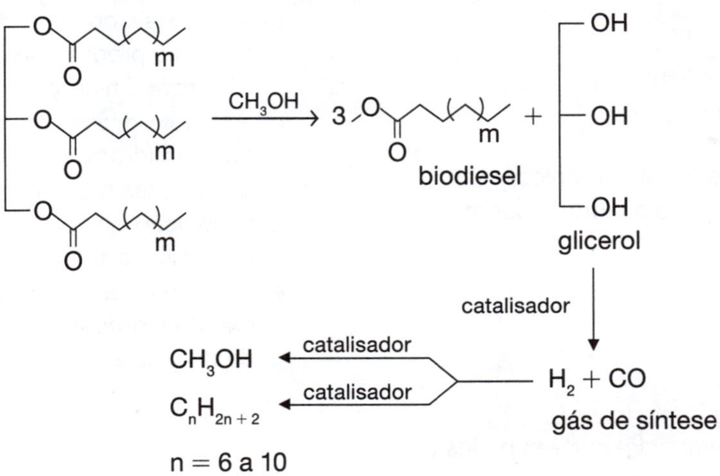

Tal processo pode ser considerado adequado ao desenvolvimento sustentável porque

I. permite gerar metanol, que pode ser reciclado na produção de biodiesel.
II. pode gerar gasolina a partir de uma fonte renovável, em substituição ao petróleo, não renovável.
III. tem impacto social, pois gera gás de síntese, não tóxico, que alimenta fogões domésticos.

É verdadeiro apenas o que se afirma em

a) I. b) II. c) III. d) I e II. e) I e III.

28. (FUVEST – SP)

1/4 de xícara de bicarbonato de sódio

1/4 de xícara de óleo vegetal

1/4 de xícara de água

Ao aquecer a mistura dada mantendo fervura branda, o óleo sofre uma

a) hidrólise ácida.
b) hidrogenação catalítica.
c) polimerização por condensação.
d) polimerização por adição.
e) saponificação.

29. (ITA – SP) Aquecendo o composto I com quantidade suficiente de hidróxido de sódio aquoso, obtemos os produtos II e III.

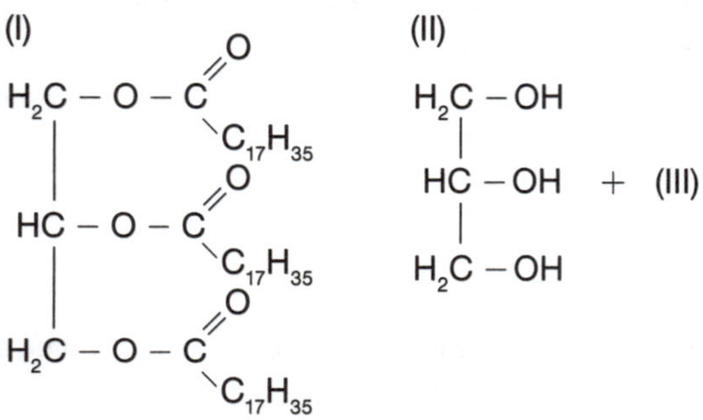

Esta reação exemplifica a:

a) obtenção de óleos essenciais;
b) hidrólise de açúcares;
c) obtenção de sabões;
d) obtenção de álcoois e gás carbônico;
e) obtenção de ácido graxo e hidrocarbonetos.

30. (FUVEST – SP) Uma embalagem de sopa instantânea apresenta, entre outras, as seguintes informações: "Ingredientes: tomate, sal, amido, óleo vegetal, emulsificante, conservante, flavorizante, corante, antioxidante". Ao se misturar o conteúdo da embalagem com água quente, poderia ocorrer a separação dos componentes **X** e **Y** da mistura, formando duas fases, caso o ingrediente **Z** não estivesse presente.

Assinale a alternativa em que **X**, **Y** e **Z** estão corretamente identificados.

	X	Y	Z
a)	água	amido	antioxidante
b)	sal	óleo vegetal	antioxidante
c)	água	óleo vegetal	antioxidante
d)	água	óleo vegetal	emulsificante
e)	sal	água	emulsificante

Resolução:

Nesta sopa instantânea, temos diversos compostos, entre eles o óleo vegetal.

Quando adicionamos água quente, poderia ocorrer a separação da água (**X**) e o óleo (**Y**). Isto não ocorre devido à presença de um agente emulsificante (**Z**), substância que estabiliza a emulsão.

Resposta: alternativa d.

31. (ENEM) Em uma planície, ocorreu um acidente ambiental em decorrência do derramamento de grande quantidade de um hidrocarboneto que se apresenta na forma pastosa à temperatura ambiente. Um químico ambiental utilizou uma quantidade apropriada de uma solução de para-dodecil-benzenossulfonato de sódio, um agente tensoativo sintético, para diminuir os impactos desse acidente.

Essa intervenção produz resultados positivos para o ambiente porque

a) promove uma reação de substituição no hidrocarboneto, tornando-o menos letal ao ambiente.
b) a hidrólise do para-dodecil-benzenossulfonato de sódio produz energia térmica suficiente para vaporizar o hidrocarboneto.
c) a mistura desses reagentes provoca a combustão do hidrocarboneto, o que diminui a quantidade dessa substância na natureza.
d) a solução de para-dodecil-benzenossulfonato possibilita a solubilização do hidrocarboneto.
e) o reagente adicionado provoca uma solidificação do hidrocarboneto, o que facilita sua retirada do ambiente.

32. (UNICAMP – SP) Provavelmente, o sabão foi encontrado por algum curioso nas cinzas de uma fogueira usada para assar animais como porcos, javalis, cabras etc. Este curioso, vendo nas cinzas aquela massa "diferente" e pensando que se tratava de comida, deve tê-la colocado na boca. Gosto horrível! Cuspiu, tentou tirá-la da boca com a mão, com água, esfregando vigorosamente. Surpresa! As palmas de suas mãos ficaram clarinhas, limpas como nunca antes haviam estado. Sabe-se, hoje, que os álcalis presentes nas cinzas reagem com gorduras, levando à formação de sabão. Este método foi muito usado por nossos bisavós, que misturavam, num tacho, cinzas e gordura animal, deixando "cozinhar" por várias horas.

Atualmente, uma das maneiras de se preparar um sabão é reagir o hidróxido de sódio com a tripalmitina (gordura). Nesta reação formam-se glicerol e sabão (sal de ácido orgânico).

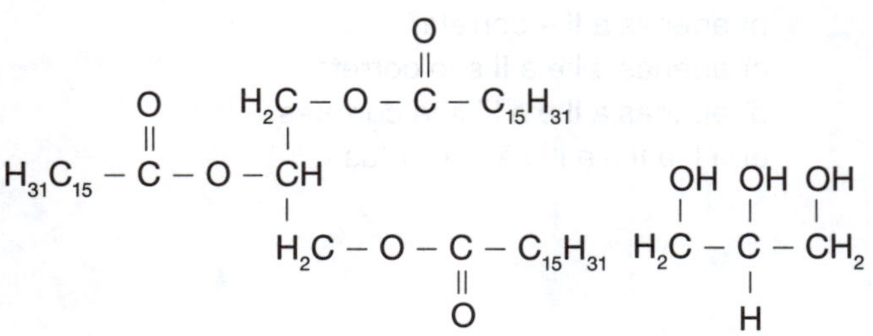

tripalmitina glicerol

Escreva a fórmula do sal orgânico formado na reação descrita.

33. (UNIFESP) A figura mostra um diagrama com reações orgânicas X, Y e Z, produtos I, II e III e o ácido oleico como reagente de partida, sob condições experimentais adequadas.

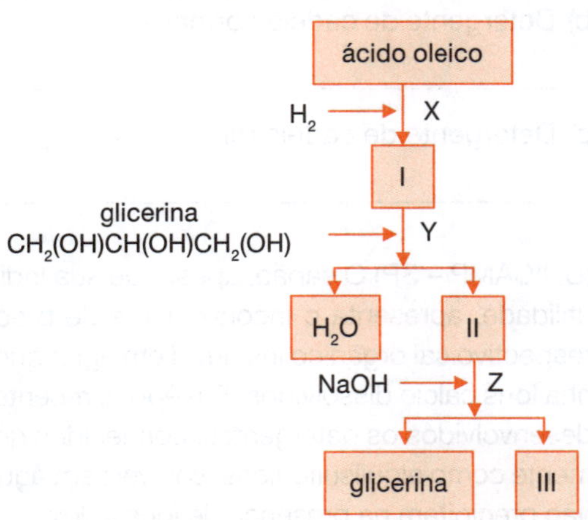

A reação de saponificação e o éster formado são, respectivamente,

a) X e II.
b) Y e I.
c) Y e III.
d) Z e I.
e) Z e II.

34. (FUVEST – SP) Da água do mar, podem ser obtidas grandes quantidades de um sal que é a origem das seguintes transformações:

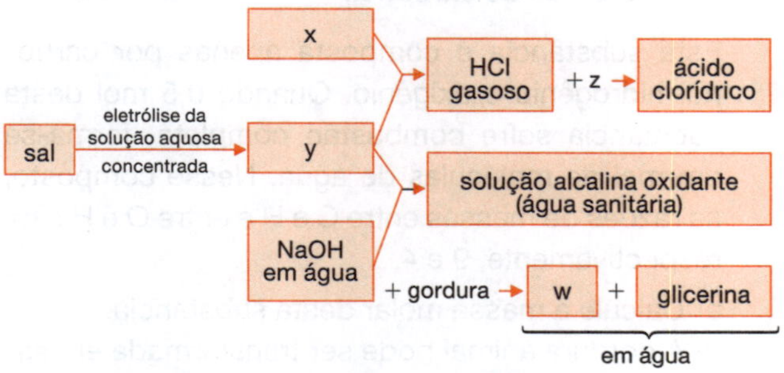

Neste esquema, x, y, z e w representam:

	x	y	z	w
a)	oxigênio	cloro	hidrogênio	sabão
b)	sódio	oxigênio	dióxido de carbono	triglicerídeo
c)	hidrogênio	cloro	água	sabão
d)	cloro	hidrogênio	água	carboidrato
e)	hidrogênio	cloro	dióxido de carbono	triglicerídeo

35. (UNIFESP) Na preparação de churrasco, o aroma agradável que desperta o apetite dos apreciadores de carne deve-se a uma substância muito volátil que se forma no processo de aquecimento da gordura animal.

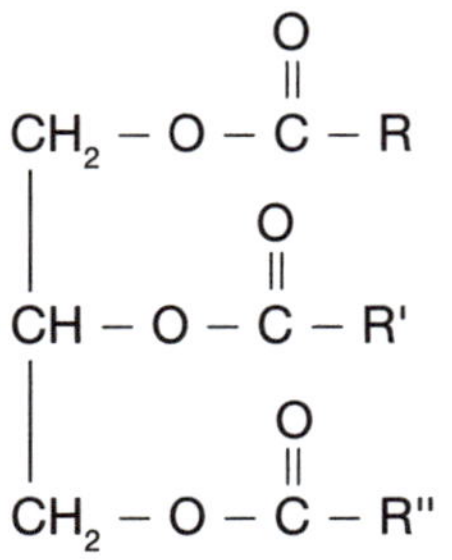

gordura animal

(R, R' e R'': cadeias de hidrocarbonetos com mais de 10 átomos de carbono.)

Esta substância é composta apenas por carbono, hidrogênio e oxigênio. Quando 0,5 mol desta substância sofre combustão completa, forma-se um mol de moléculas de água. Nesse composto, as razões de massas entre C e H e entre O e H são, respectivamente, 9 e 4.

a) Calcule a massa molar desta substância.
b) A gordura animal pode ser transformada em sabão por meio da reação com hidróxido de sódio. Apresente a equação dessa reação e o seu respectivo nome.

Dados: massas molares (g/mol): C = 12, H = 1 e O = 16.

36. (FUVEST - SP)

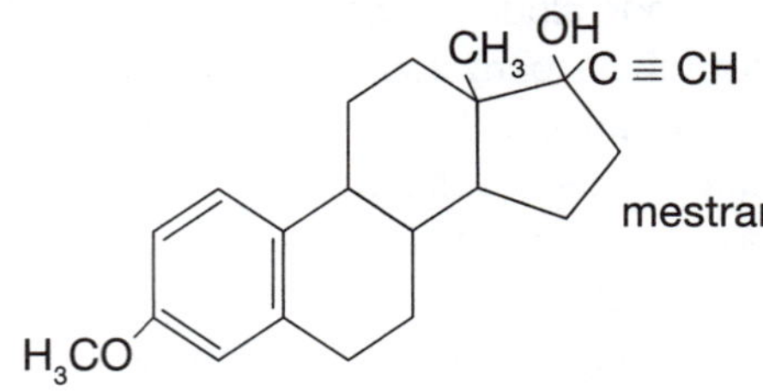

mestranol

Analisando a fórmula estrutural do mestranol, um anticoncepcional, foram feitas as seguintes previsões sobre seu comportamento químico:

I. deve sofrer hidrogenação.
II. pode ser esterificado, em reação com um ácido carboxílico.
III. deve sofrer saponificação, em presença de soda cáustica.

Dessas previsões:

a) apenas a I é correta.
b) apenas a II é correta.
c) apenas a I e a II são corretas.
d) apenas a II e a III são corretas.
e) a I, a II e a III são corretas.

37. Complete com **sabão** ou **detergente**.

a) $C_{17}H_{35} - COO^-Na^+$ ____________________

b) $C_{12}H_{25}$ 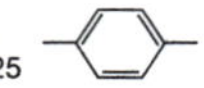 $SO_3^-Na^+$ ____________________

c) $\left[C_{16}H_{33} - \overset{\displaystyle CH_3}{\underset{\displaystyle CH_3}{N^+}} - C_2H_5 \right] Br^-$ ____________________

38. Complete com **biodegradável** ou **não biodegradável**.

a) Todo sabão é ____________________
____________________.

b) Detergente de cadeia normal é ____________________
____________________.

c) Detergente de cadeia ramificada é ____________________
____________________.

39. (UNICAMP - SP) O sabão, apesar de sua indiscutível utilidade, apresenta o inconveniente de precipitar o respectivo sal orgânico insolúvel em água que contenha íons cálcio dissolvidos. Em época recente, foram desenvolvidos os detergentes, conhecidos genericamente como alquilsulfônicos, solúveis em água e que não precipitam na presença de íons cálcio.

Dê o símbolo e o nome do elemento químico que aparece na fórmula de um detergente alquilsulfônico e que não aparece na fórmula de um sabão.

40. (UFG - GO) Na formulação de alguns agentes de limpeza encontram-se, além do detergente, ácidos fluorídrico e clorídrico diluídos. O detergente utilizado nessa formulação pode ser representado por:

a) $CH_3 - (CH_2)_{11} - O\,SO_3^-Na^+$

b) $\left[CH_3 - (CH_2)_{15} - \overset{\displaystyle CH_3}{\underset{\displaystyle CH_3}{N^+}} - C_2H_5 \right] Br^-$

c) $\left[CH_3 - CH_2 - \overset{\displaystyle CH_3}{\underset{\displaystyle CH_3}{N^+}} - C_2H_5 \right] Br^-$

d) 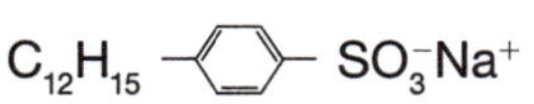

e) $CH_3 - (CH_2)_{11} - COO^-Na^+$

41. (UNICAMP - SP) Substâncias com propriedades detergentes, como por exemplo os sabões, caracterizam-se por terem em suas moléculas um grupo *hidrofílico*, capaz de formar fortes ligações de hidrogênio com a água, e um grupo *hidrofóbico*, geralmente uma cadeia carbônica longa. Como exemplo de um sabão tem-se:

grupo hidrofóbico → $C_{15}H_{31}$ − COO^-Na^+ ← grupo hidrofílico

Das moléculas representadas a seguir, copie as fórmulas das que poderiam apresentar propriedades detergentes e indique os grupos hidrofílicos e os hidrofóbicos

$C_{15}H_{31} - \overset{\displaystyle Cl}{\underset{\displaystyle Cl}{C}} - Cl$ $\qquad$ $C_{16}H_{33} - \overset{\displaystyle CH_3}{\underset{\displaystyle CH_3}{N^+}} - CH_3Cl^-$

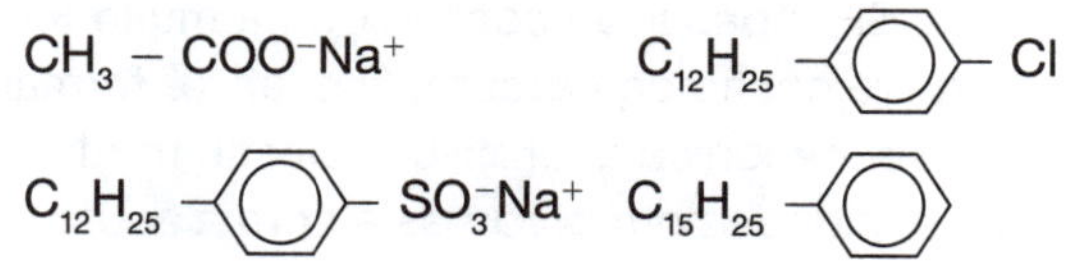

42. (ENEM) Quando colocados em água, os fosfolipídeos tendem a formar lipossomos, estruturas formadas por uma bicamada lipídica, conforme mostrado na figura. Quando rompida, essa estrutura tende a se reorganizar em um novo lipossomo.

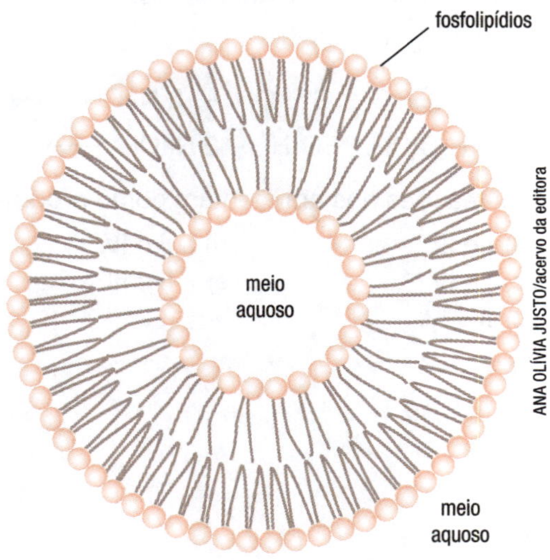

Disponível em: <http://course1.winona.edu>.
Acesso em: 1º mar. 2012 (adaptado).

Esse arranjo característico se deve ao fato de os fosfolipídeos apresentarem uma natureza

a) polar, ou seja, serem inteiramente solúveis em água.
b) apolar, ou seja, não serem solúveis em solução aquosa.
c) anfotérica, ou seja, podem comportar-se como ácidos e bases.
d) insaturada, ou seja, possuírem duplas ligações em sua estrutura.
e) anfifílica, ou seja, possuírem uma parte hidrofílica e outra hidrofóbica.

43. (PUC – SP) Apesar de conhecido há muito tempo, somente neste século foi elucidado o modo como o sabão atua na remoção de gordura. O sabão é formado por moléculas com uma longa cadeia apolar (lipofílica) e uma extremidade iônica (hidrofílica). Desse modo, temos uma molécula anfifílica, ou seja, uma molécula que apresenta afinidade com gorduras e com a água, permitindo que a água com sabão remova a gordura.

A seguir, são apresentadas quatro reações

I.

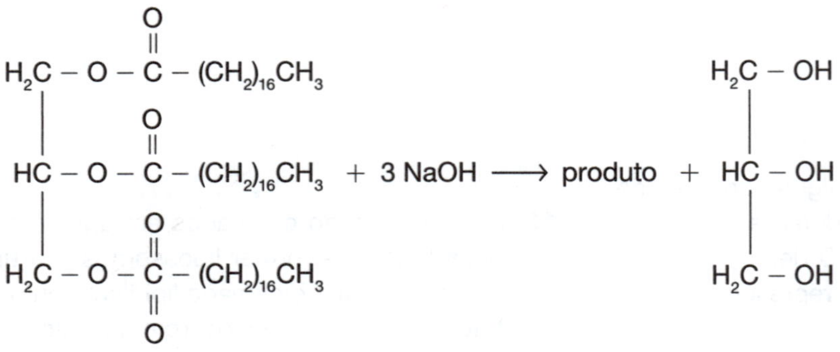

II. $CH_3CH_2Br + NaOH \longrightarrow$ produto $+ NaBr$

III. $HO-C(=O)-C(=O)-OH + 2\,NaOH \longrightarrow 2\,H_2O +$ produto

IV. $H_3C(CH_2)_{11}SO_3H + 2\,NaOH \longrightarrow$ produto $+ H_2O$

As reações que apresentam como produto uma molécula anfifílica são:

a) I e III.
b) I e IV.
c) II e IV.
d) I, II e IV.
e) I, II e III.

Aminoácidos e Proteínas

1. Aminoácidos

1.1 Conceito

São compostos que apresentam as funções amina ($-NH_2$) e ácido ($-COOH$). Fórmula geral de α-aminoácidos:

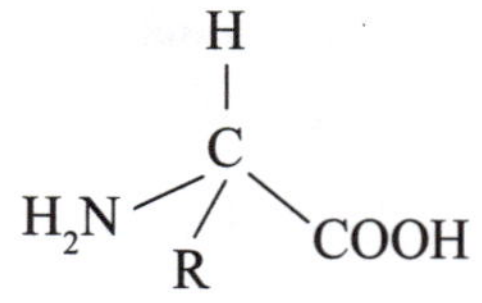

Carbono α é o carbono vizinho ao grupo carboxila. Nos vegetais e animais só encontramos α-aminoácidos. Os aminoácidos diferem somente no substituinte (R) ligado ao carbono α.

Exemplos:

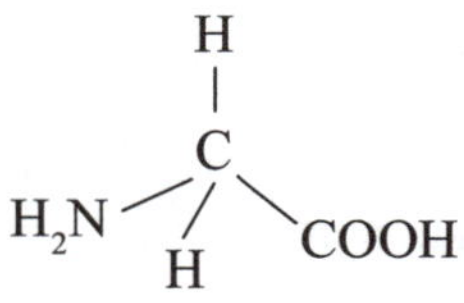

ácido α-aminoacético
(glicina)
Gly

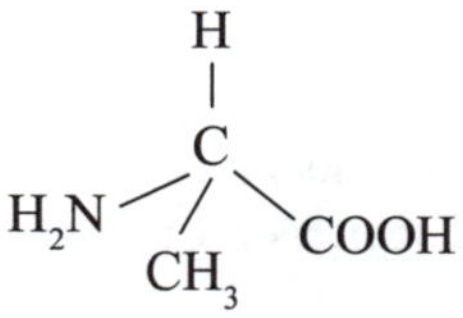

ácido α-aminopropanoico
(alanina)
Ala

Os α-aminoácidos são importantes, porque formam as proteínas, substâncias indispensáveis às células vivas.

1.2 Propriedades ácido-base de aminoácidos – caráter anfótero

Em solução aquosa neutra (pH = 7), os aminoácidos se apresentam na forma de **íon dipolar** chamado **zwitterion** (híbrido), pois ocorre uma transferência de um íon hidrogênio do grupo carboxila para o grupo amino (reação interna ácido-base).

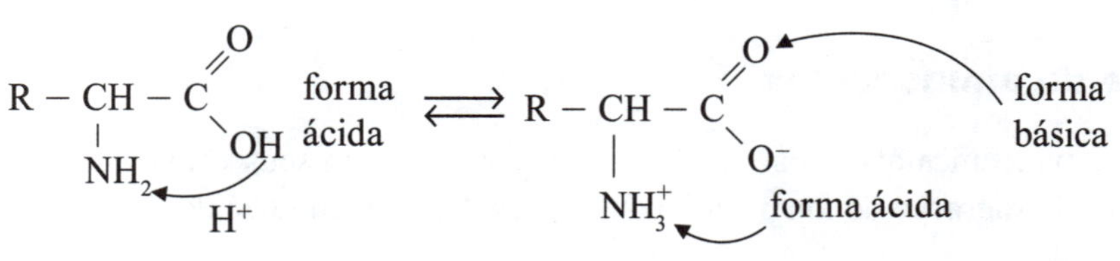

forma básica — íon dipolar

Em uma solução muito ácida (pH = 0), o íon dipolar comporta-se como base de Brönsted (recebe H^+) e transforma-se em **íon positivo** (predomina forma ácida).

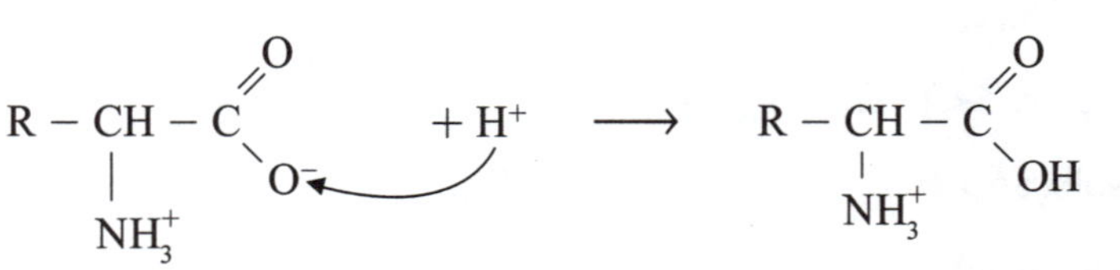

íon positivo – forma ácida

Em uma solução muito básica (pH 11), o íon dipolar comporta-se como ácido de Brönsted (doa H^+) e transforma-se em **íon negativo** (predomina forma básica).

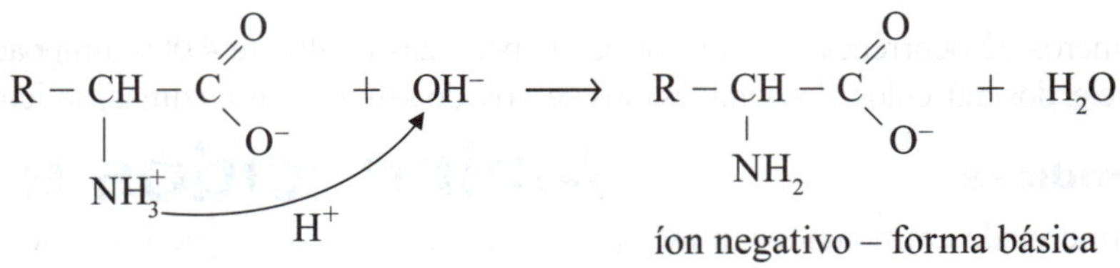

íon negativo – forma básica

Conclusão: variando a acidez ou a basicidade (isto é, o pH) da solução, podemos transformar um aminoácido de íon positivo em negativo, ou vice-versa.

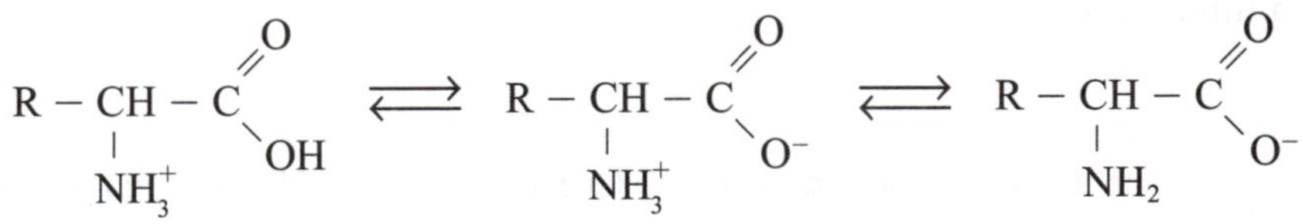

pH = 0 | íon dipolar pH = 7 | pH = 11

Exemplo: alanina

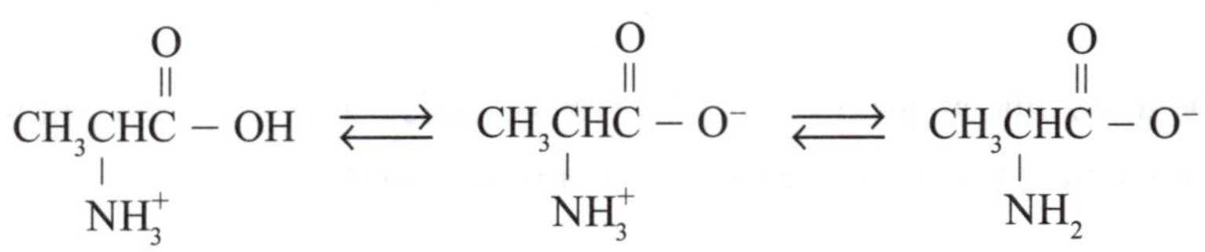

pH = 0 | pH = 7 | pH = 11

1.3 Ponto isoelétrico

O ponto isoelétrico (pI) de um aminoácido é o valor de pH em que ele não tem carga líquida. Em outras palavras, é o pH no qual uma quantidade de cargas positivas em um aminoácido se equilibra exatamente com a quantidade de cargas negativas.

pI = pH no qual não há carga líquida.

Exemplo: alanina

pI = 6,02

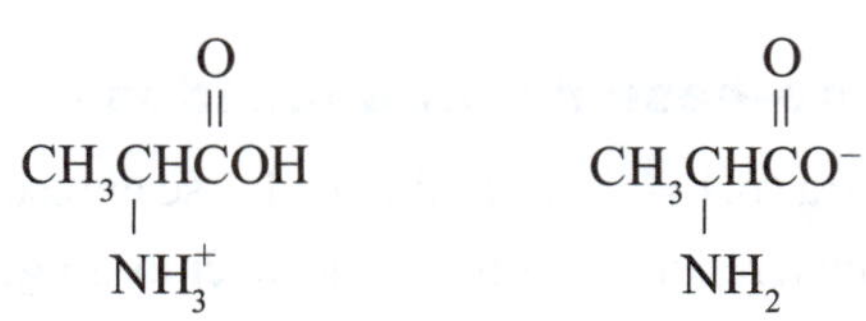

50% | 50%

1.4 Eletroforese de aminoácidos

A eletroforese é uma técnica que separa aminoácidos com base em seus valores de pI. A eletroforese de aminoácidos fundamenta-se na migração do íon positivo ou íon negativo do aminoácido, quando submetido à ação de um campo elétrico.

aminoácido positivo sofre **cataforese**: pI > pH solução

aminoácido negativo sofre **anaforese**: pH solução > pI

Exemplo: alanina pI: 6,02

cataforese em pH solução < 6,02

anaforese em pH solução > 6,02

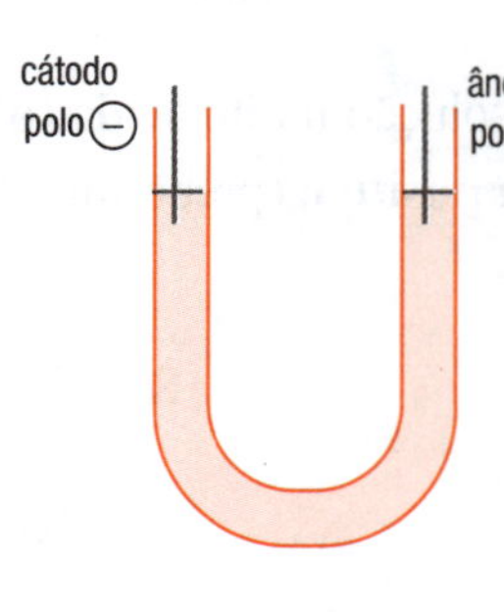

MÔNICA ROBERTA SUGUIYAMA/ acervo da editora

2. Proteínas

2.1 Conceito

Proteínas são polímeros de ocorrência natural formadas por mais de 40 até 4.000 aminoácidos. As proteínas são o principal constituinte da pele, dos músculos, dos tendões, dos nervos, do sangue, das enzimas, anticorpos e muitos hormônios.

2.2 Ligações peptídicas

Proteínas são polímeros de aminoácidos unidos por ligações amida. As ligações amida que unem os aminoácidos são denominadas **ligações peptídicas**.

A ligação peptídica se forma devido à atração eletrostática entre o grupo $-\overset{\overset{\displaystyle O}{\|}}{C}O^-$ de um aminoácido com o grupo $H_3\overset{+}{N}-$ de outro aminoácido com liberação de água.

Exemplo:

$$H_3\overset{+}{N}\underset{\underset{\displaystyle R}{|}}{C}H\overset{\overset{\displaystyle O}{\|}}{C}O^- + H_3\overset{+}{N}\underset{\underset{\displaystyle R'}{|}}{C}H\overset{\overset{\displaystyle O}{\|}}{C}O^- \longrightarrow \underbrace{H_3\overset{+}{N}\underset{\underset{\displaystyle R}{|}}{C}H\overset{\overset{\displaystyle O}{\|}}{C} - \underset{\underset{\displaystyle H}{|}}{N}\underset{\underset{\displaystyle R'}{|}}{C}H\overset{\overset{\displaystyle O}{\|}}{C}O^-}_{\text{dipeptídeo}} + H_2O$$

As proteínas resultam da condensação de milhares de moléculas de α-aminoácidos (a massa molecular varia, em geral, entre 10.000 u e 5.000.000 u).

pedaço de proteína — [α A] — [α A] — [α A] — [α A] —   α A = alfa-aminoácidos

↑ ligação peptídica

Peptídeos são polímeros com até 40 aminoácidos.

Ligação peptídica: $-\overset{\overset{\displaystyle O}{\|}}{C}-\underset{|}{N}-$

A insulina é uma proteína que contém 51 aminoácidos.

Legenda: ácido aspártico (Asp), ácido glutâmico (Glu), alanina (Ala), arginina (Arg), asparagina (Asn), cisteína (Cys), fenilalanina (Phe), glicina (Gly), glutamina (Gln), histidina (His), isoleucina (Ile), leucina (Leu), lisina (Lys), metionina (Met), prolina (Pro), serina (Ser), tirosina (Tyr), treonina (Thr), triptofano (Trp), valina (Val).

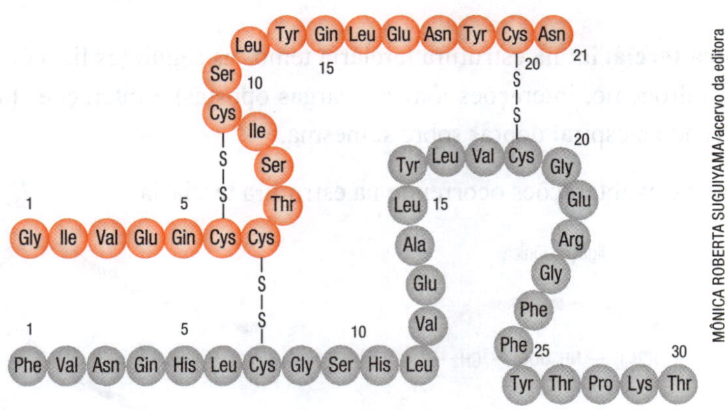

2.3 Hidrólise de proteínas

Quando uma proteína é aquecida até a fervura em uma solução aquosa de ácido forte ou base forte, ocorre a hidrólise dessa proteína, ou seja, são quebradas as ligações peptídicas, resultado em aminoácidos livres.

Exemplo:

$$H_3N^+ - CH_2 - \overset{\overset{\displaystyle O}{\|}}{C} \vdots \underset{\underset{\displaystyle H}{|}}{N} - \underset{\underset{\displaystyle CH_3}{|}}{C}H - \underset{\underset{\displaystyle O}{\|}}{C} \vdots \underset{\underset{\displaystyle H}{|}}{N} - \underset{\underset{\underset{\displaystyle OH}{|}}{\displaystyle CH_2}}{C}H - \overset{\overset{\displaystyle O}{\|}}{C} \vdots \underset{\underset{\displaystyle H}{|}}{N} - \underset{\underset{\underset{\displaystyle SH}{|}}{\displaystyle CH_2}}{C}H - \overset{\overset{\displaystyle O}{\|}}{C} \vdots \underset{\underset{\displaystyle H}{|}}{N} - CH_2 - \overset{\overset{\displaystyle O}{\|}}{C} - O^-$$

quebra   quebra   quebra   quebra

Nessa hidrólise são obtidos quatro aminoácidos diferentes.

2.4 Estrutura das proteínas

Podemos ter quatro estruturas das proteínas:

a) Estrutura primária: é a sequência de α-aminoácidos.

b) Estrutura secundária: na estrutura secundária temos a formação da ligação de hidrogênio (átomo de H de um grupo amida com o átomo de O da carbonila) que origina uma forma espiral.

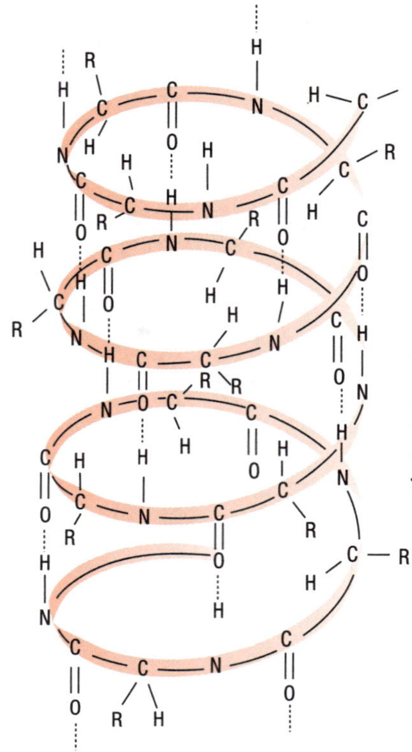

MÔNICA ROBERTA SUGUIYAMA/acervo da editora

c) Estrutura terciária: na estrutura terciária temos as seguintes ligações: dissulfeto, ligações de hidrogênio, interações iônicas (cargas opostas) e interações hidrofóbicas (London), fazendo a espiral dobrar sobre si mesma.

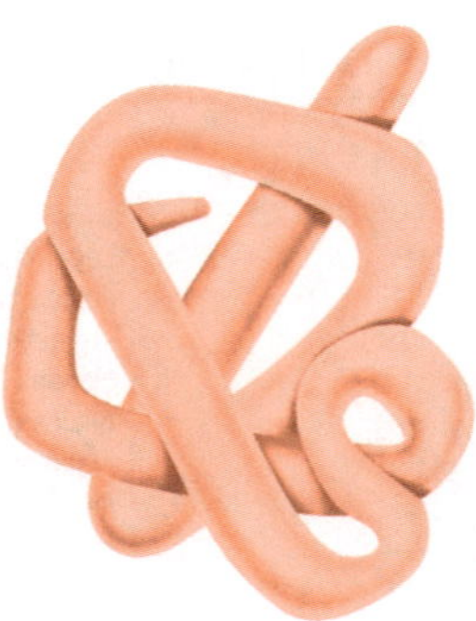

MÔNICA ROBERTA SUGUIYAMA/acervo da editora

Observe as interações ocorrendo na estrutura terciária.

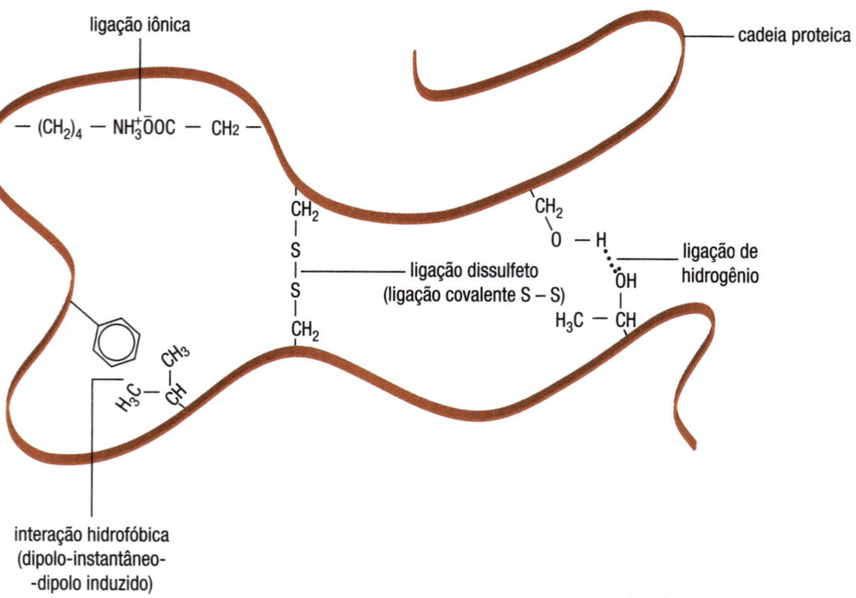

MÔNICA ROBERTA SUGUIYAMA/acervo da editora

d) Estrutura quartenária: ocorre pela união de várias estruturas terciárias que, juntas, formam uma estrutura única com arranjo espacial definido.

MÔNICA ROBERTA SUGUIYAMA/acervo da editora

2.5 Desnaturação de proteínas

A destruição da estrutura terciária de uma proteína é denominada desnaturação. Quando ocorre **desnaturação**, os aminoácidos continuam unidos na mesma sequência.

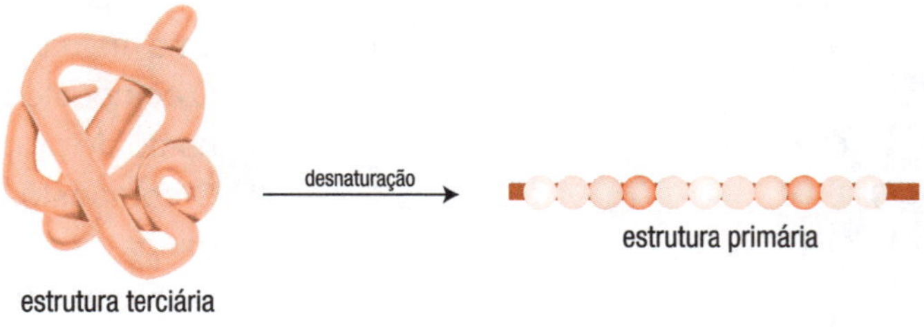

MÔNICA ROBERTA SUGUIYAMA/acervo da editora

Proteínas podem ser desnaturadas por um desses modos:

- Pelo calor ou pela agitação, uma vez que levam ao aumento do movimento molecular, rompendo as forças de atração. Um exemplo bem conhecido é a mudança que ocorre com a clara de ovo quando ela é aquecida ou batida.
- A mudança de pH desnatura proteínas porque modifica as cargas em muitas cadeias laterais. Isso interrompe as interações eletrostáticas e ligações de hidrogênio.
- Solventes orgânicos (por exemplo, álcool) e detergentes desnaturam proteínas ao interromper as interações hidrofóbicas.

Exercícios Série Prata

1. (UFRGS – RS) A fenilalanina pode ser responsável pela fenilcetonúria, doença genética que causa o retardamento mental em algumas crianças que não apresentam a enzima fenilalanina-hidroxilase. A fenilalanina é utilizada em adoçantes dietéticos e refrigerantes do tipo "light". Sua fórmula estrutural é representada abaixo.

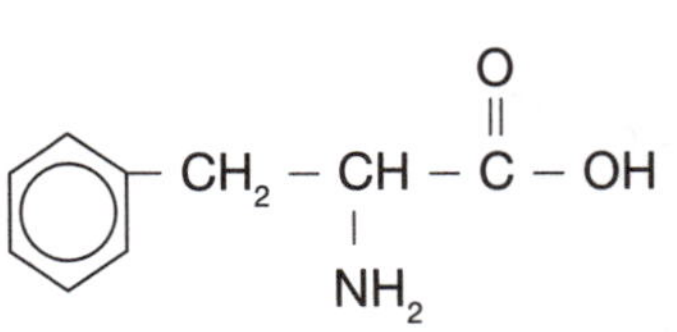

Pode-se concluir que a fenilalanina é um

a) glicídio.
b) ácido carboxílico.
c) aldeído.
d) lipídio.
e) aminoácido.

2. (FATEC – SP) São chamados "α-aminoácidos" aqueles compostos nos quais existe um grupo funcional amina ($-NH_2$) ligado ao carbono situado na posição a, conforme o exemplo a seguir:

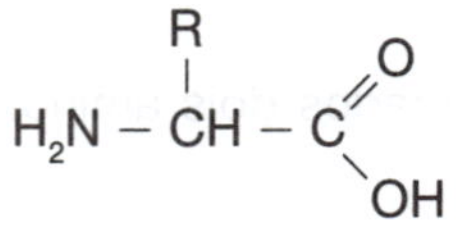

α-aminoácido

Analogamente, o composto chamado de ácido β-cianobutanoico deve ter a fórmula estrutural:

a) 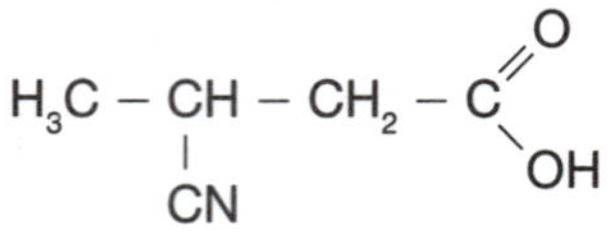

b) 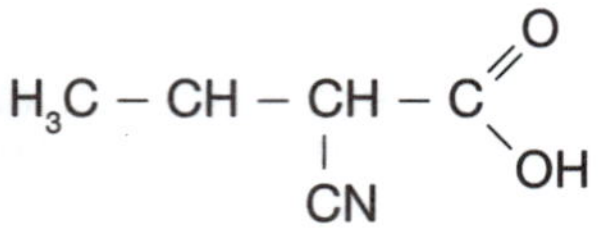

c) 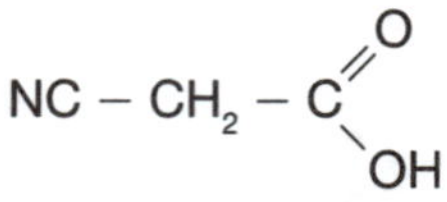

d) 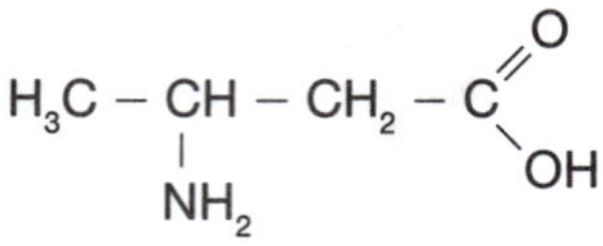

e) 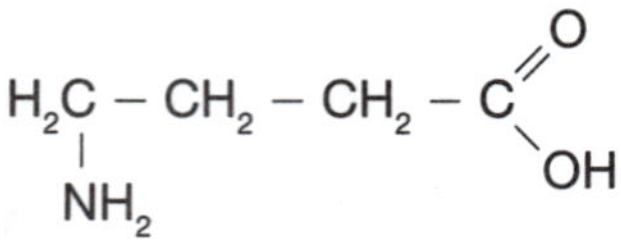

3. Um produto comercializado como "realçador de sabor" consiste essencialmente da substância denominada glutamato de monossódio (fórmula estrutural abaixo).

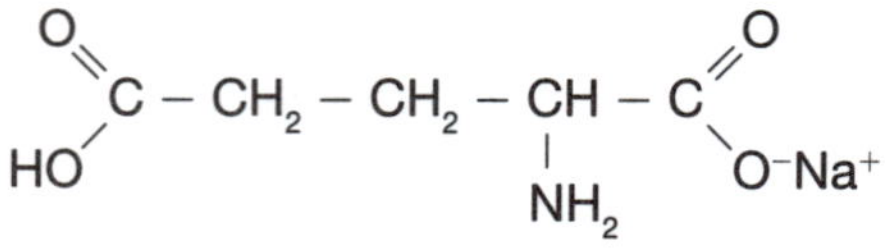

Essa substância, apesar de não ter gosto, tem a propriedade de realçar o sabor dos alimentos. Ela torna a língua mais sensível aos sabores. A respeito dessa substância, responda:

a) Quais as classes funcionais presentes?
b) É correto dizer que ela tem caráter anfótero?

4. (MACKENZIE – SP) Abaixo são fornecidas as fórmulas estruturais dos compostos orgânicos A, B, C e D.

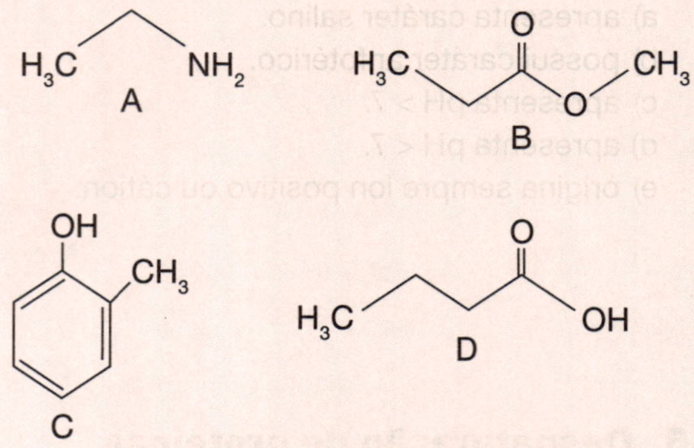

De acordo com as fórmulas estruturais acima, são feitas as seguintes afirmações:

I. O composto A possui caráter básico e forma uma amida se reagir com o composto D.
II. O composto B é um éster denominado metanoato de propila.
III. O composto C é um álcool aromático ramificado.
IV. O composto D é um ácido carboxílico que possui dois átomos de carbono primário.

Estão corretas somente
a) I e II.
b) I, II e III.
c) II, III e IV.
d) I e IV.
e) I, III e IV.

Resolução:

I. Correta.
II. Incorreta.
Propanoato de metila.
III. Incorreta.
Fenol (grupo OH ligado diretamente no anel benzênico).
IV. Correta.

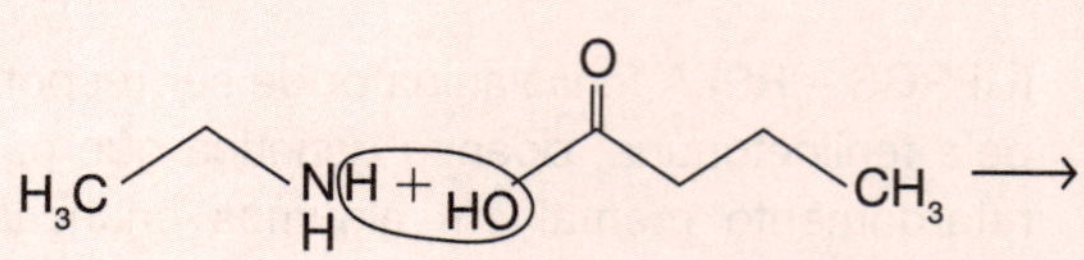

amina
caráter básico

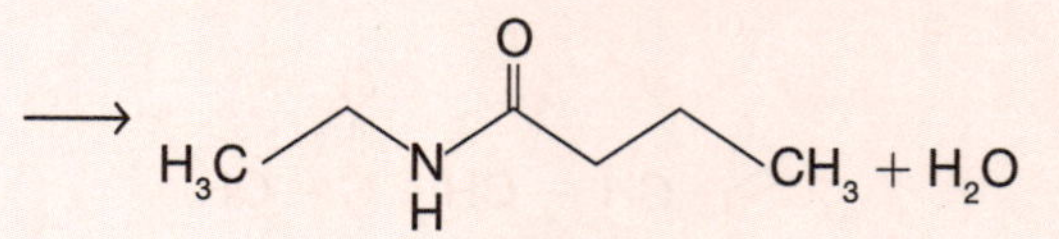

amida

Resposta: alternativa d.

5. (FESP – PE) Um aminoácido possui grupo amina ($-NH_2$), que é básico, e o grupo carboxila ($-COOH$), que é ácido, portanto podemos dizer que um aminoácido:

a) apresenta caráter salino.
b) possui caráter anfotérico.
c) apresenta pH > 7.
d) apresenta pH < 7.
e) origina sempre íon positivo ou cátion.

6. (UFRJ) Os aminoácidos são moléculas orgânicas constituintes das proteínas. Eles podem ser divididos em dois grandes grupos: os essenciais, que não são sintetizados pelo organismo humano, e os não essenciais.

A seguir são apresentados dois aminoácidos, um de cada grupo:

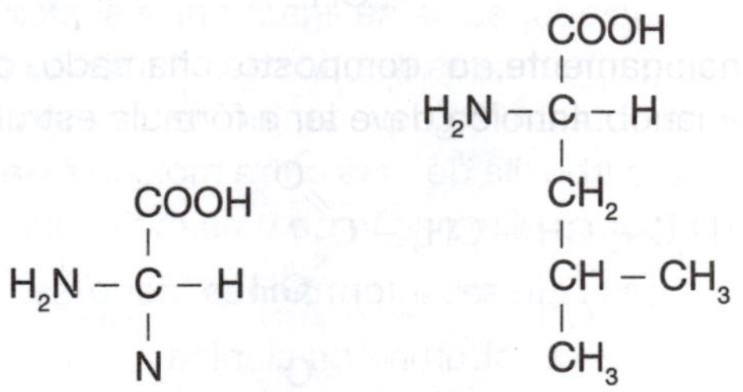

glicina (não essencial) leucina (essencial)

a) A glicina pode ser denominada, pela nomenclatura oficial, de ácido aminoetanoico.

Por analogia, apresente o nome oficial da leucina.

b) Qual desses dois aminoácidos apresenta isomeria óptica? Justifique sua resposta.

7. Associe pH = 11, pH = 0 e pH = 7 com as estruturas abaixo.

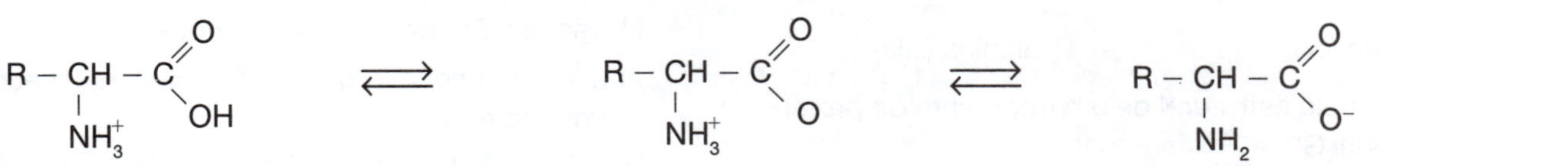

a) ______________ b) ______________ c) ______________

8. (UNIFESP) Glicina, o α-aminoácido mais simples, se apresenta na forma de um sólido cristalino branco, bastante solúvel na água. A presença de um grupo carboxila e de um grupo amino em sua molécula faz com que seja possível a transferência de um íon hidrogênio do primeiro para o segundo grupo em uma espécie de reação interna ácido-base, originalmente um íon dipolar, chamado de "zwitterion".

a) Escreva a fórmula estrutural da glicina e do seu "zwitterion" correspondente.
b) Como o "zwitterion" se comporta frente à diminuição de pH da solução em que estiver dissolvido?

9. (UFRGS – RS) Uma proteína apresenta ligações peptídicas que unem restos de:

a) α-aminoácidos
b) aminas + ácidos
c) açúcares não hidrolisáveis (oses)
d) álcoois + ácidos
e) enzimas

10. (FUVEST – SP) Apresentam ligação peptídica:

a) proteínas
b) aminas
c) lipídios
d) ácidos carboxílicos
e) hidratos de carbono

11. (UNICAMP – SP) Os α-aminoácidos têm um grupo amino e um grupo carboxila ligados a um mesmo átomo de carbono. Um dos vinte α-aminoácidos encontrados em proteínas naturais é a alanina. Essa molécula possui também um átomo hidrogênio e um grupo metila ligados ao carbono α. Na formação de proteínas, que são polímeros de aminoácidos, estes se ligam entre si através de ligações chamadas peptídicas. A ligação peptídica forma-se entre o grupo amino de uma molécula e o grupo carboxila de uma outra molécula de aminoácido, com a eliminação de uma molécula de água.

Com base nessas informações, pede-se:

a) a fórmula estrutural da alanina;
b) a equação química que representa a reação entre duas moléculas de alanina formando uma ligação peptídica.

12. (CESGRANRIO – RJ) São dadas as fórmulas dos seguintes aminoácidos:

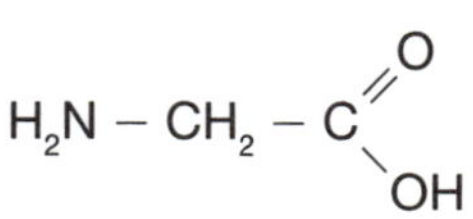
glicina (Gli)

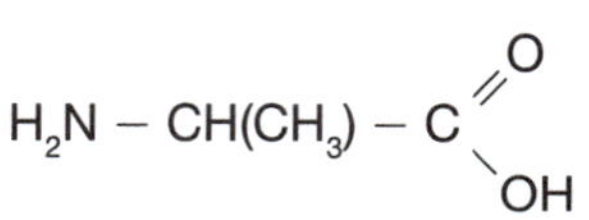
alanina (Ala)

Dê a fórmula estrutural de um fragmento de proteína Gli-Ala-Gli.

13. (FUVEST – SP) O grupo amino de uma molécula de aminoácido pode reagir com o grupo carboxila de outra molécula de aminoácido (igual ou diferente), formando um dipeptídeo com eliminação de água, como exemplificado para a glicina:

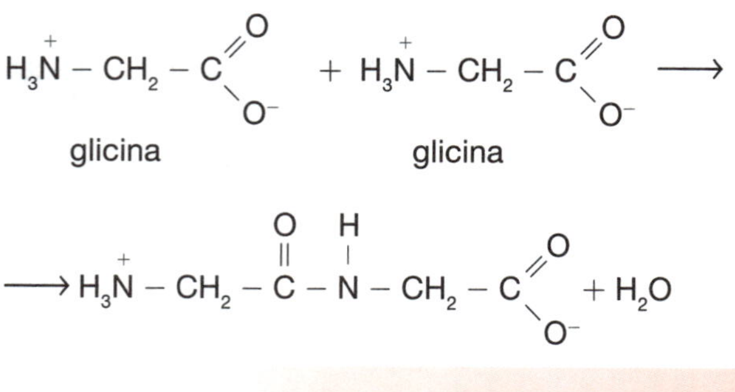

Analogamente, de uma mistura equimolar de glicina e L-alanina, poderão resultar dipeptídeos diferentes entre si, cujo número máximo será

a) 2 b) 3 c) 4 d) 5 e) 6

Dado:

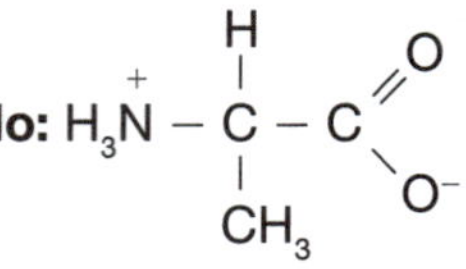
L-alanina (fórmula estrutural plana)

14. (FGV – SP) Um dipeptídeo é formado pela reação entre dois aminoácidos, como representado pela equação geral

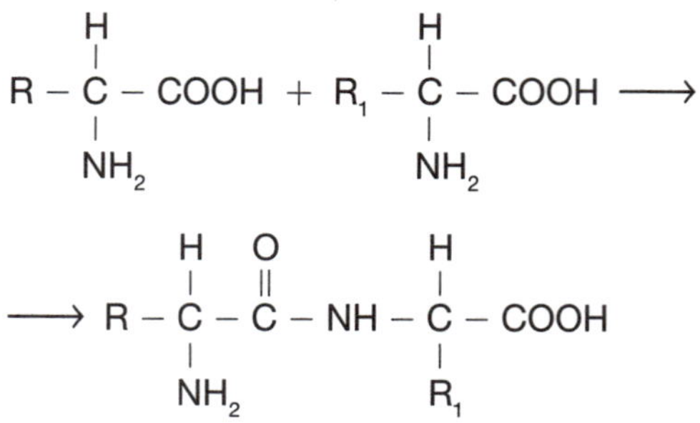

Nessa reação, pode-se afirmar que

a) a nova função orgânica formada na reação é uma cetona.
b) a nova função orgânica formada na reação é uma amida.
c) o dipeptídeo apresenta todos os átomos de carbono assimétricos.
d) o dipeptídeo só apresenta funções orgânicas com propriedades ácidas.
e) podem ser formados dois dipeptídeos diferentes, se $R = R_1$.

15. (UFPI) Os polímeros de aminoácidos naturais mais importantes para a manutenção e diferenciação das espécies são as proteínas (polipeptídeos). Dada a estrutura do tripeptídeo abaixo, escolha a opção que representa a estrutura correta dos três monômeros componentes.

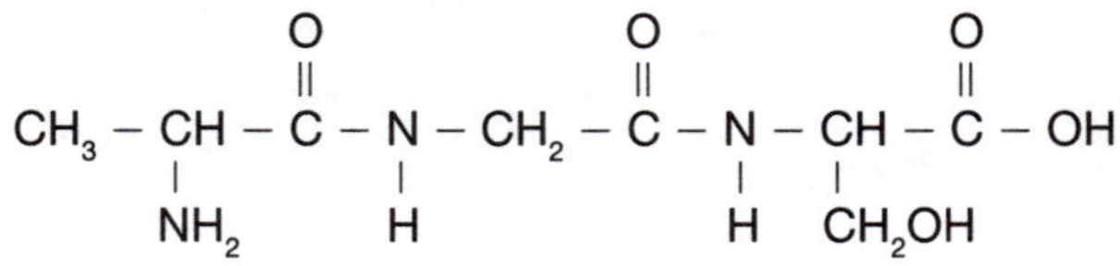

a) 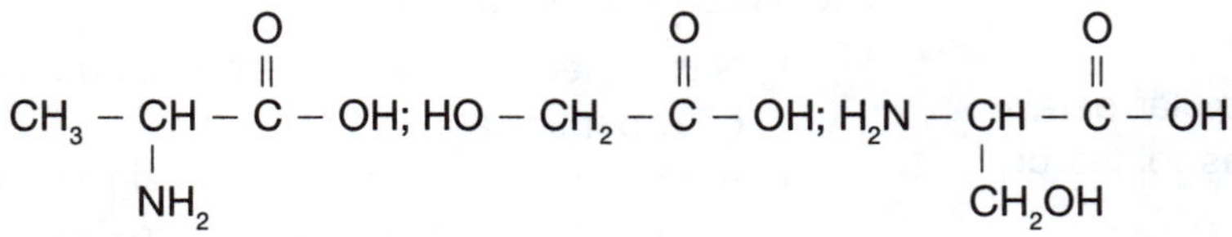

b) 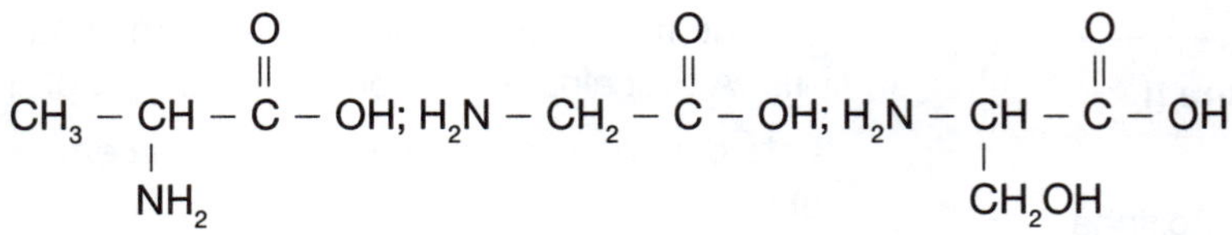

c) 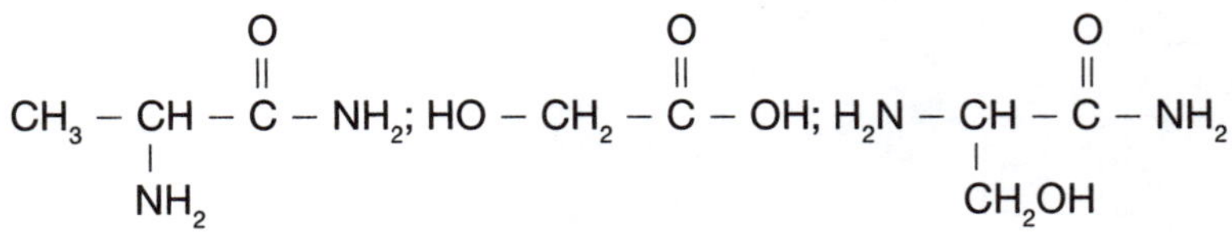

d) 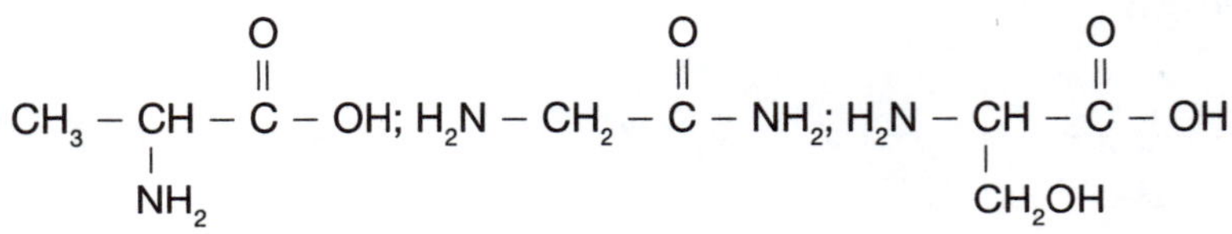

e) 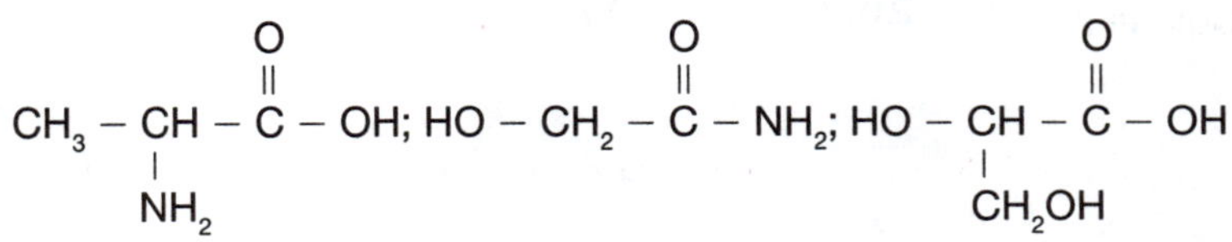

---

16. (FUVEST – SP) Fórmula de alguns constituintes nutricionais:

$A = (C_6H_{10}O_5)_n$

B = 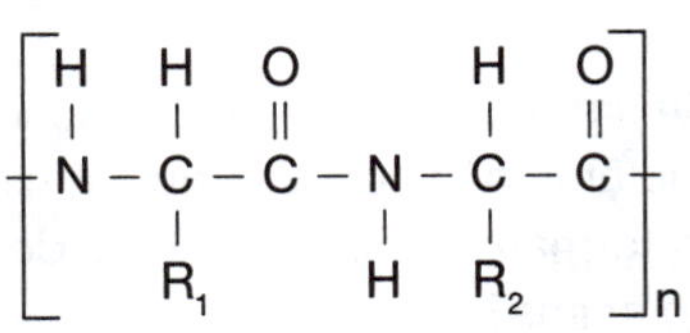

R_1, R_2 = H ou substituintes

C = 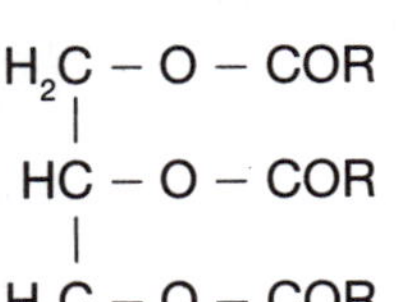

R = grupo alquila de cadeia longa

A, B e C são os constituintes nutricionais principais, respectivamente, dos alimentos:

a) batata, óleo de cozinha e farinha de trigo
b) farinha de trigo, gelatina e manteiga
c) farinha de trigo, batata e manteiga
d) óleo de cozinha, manteiga e gelatina
e) óleo de cozinha, gelatina e batata.

17. (UFSCar – SP) Foram feitas as seguintes afirmações sobre a química dos alimentos:

I. As proteínas são polímeros naturais nitrogenados, que no processo da digestão fornecem aminoácidos.
II. O grau de insaturação de um óleo de cozinha pode ser estimado pela reação de descoramento de solução de iodo.
III. O amido é um dímero de frutose e glicose, isômeros de fórmula molecular $C_6H_{12}O_6$.
IV. Um triglicerídeo saturado é mais suscetível à oxidação pelo oxigênio do ar do que um poli-insaturado.

São verdadeiras as afirmações:

a) I e II, apenas.
b) II e III, apenas.
c) III e IV, apenas.
d) I, II e III, apenas.
e) I, II, III e IV.

18. (PUC – RS) A Coluna I apresenta as fórmulas gerais de alguns compostos e a Coluna II, as fontes de ocorrência desses compostos.

Coluna I	Coluna II
1) $R - CH(NH_2) - COOH$	(?) óleo de cozinha
2) $R - COONa$	(?) farinha
3) $H_2C - O - COR$ / $HC - O - COR$ / $H_2C - O - COR$	(?) clara de ovo
4) $C_x(H_2O)_y$	(?) sabão

A sequência correta dos números da Coluna II, de cima para baixo, é

a) 1-2-3-4
b) 2-1-4-3
c) 3-1-4-2
d) 3-4-1-2
e) 4-3-1-2

19. (FUVEST – SP) Os três compostos abaixo têm uso farmacológico.

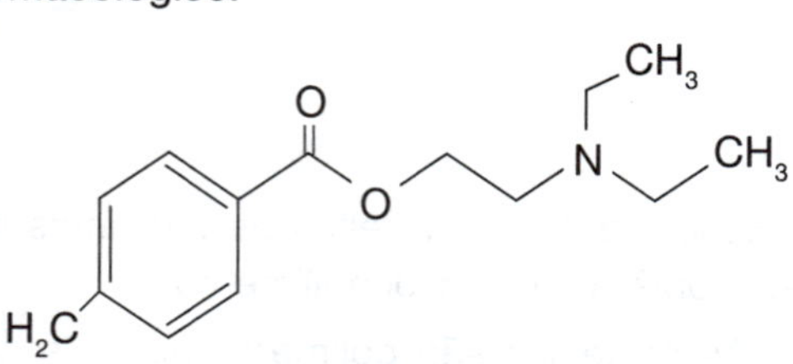

procaína $C_{13}H_{20}N_2O_2$
(massa molar = 236 g/mol)

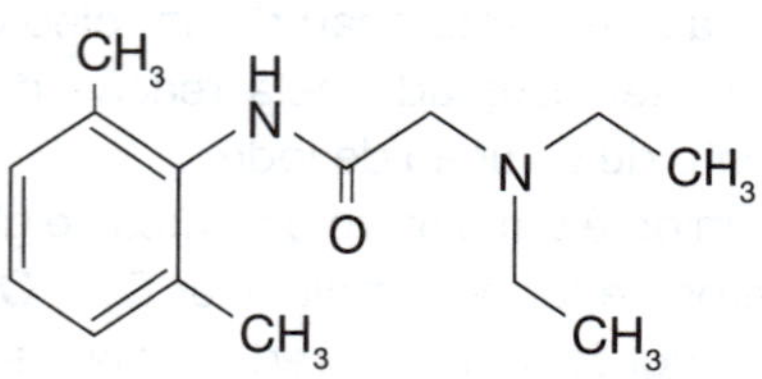

lidocaína $C_{14}H_{22}N_2O$
(massa molar = 234 g/mol)

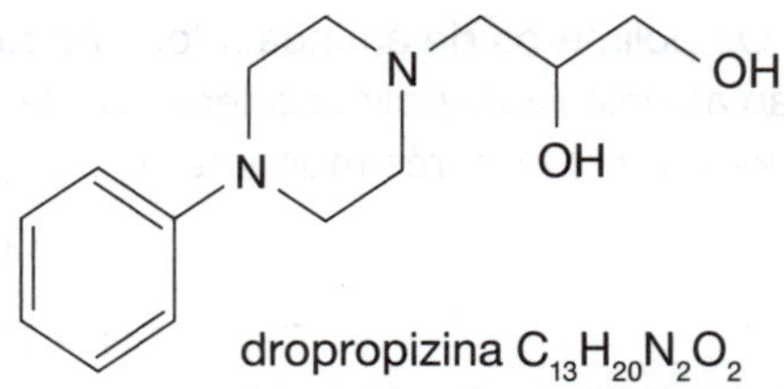

dropropizina $C_{13}H_{20}N_2O_2$
(massa molar = 236 g/mol)

Considere as afirmações:

I. Nas moléculas dos três compostos, há ligações peptídicas.
II. A porcentagem em massa de oxigênio na dropropizina é praticamente o dobro da porcentagem do mesmo elemento na lidocaína.
III. A procaína é um isômero da dropropizina.

Está correto somente o que se afirma em

a) I.
b) II
c) III.
d) I e II.
e) II e III.

20. (FUVEST – SP)

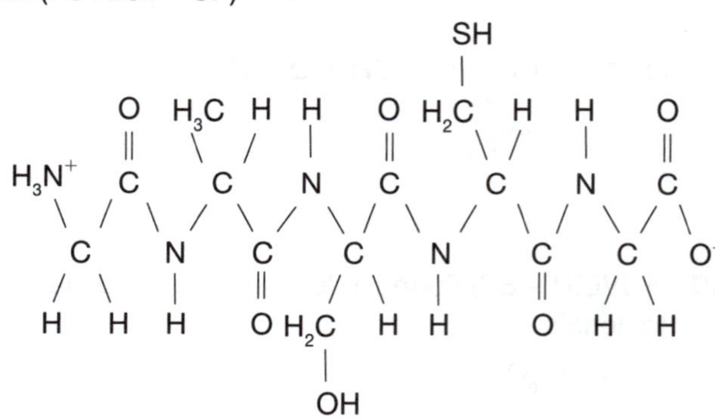

A hidrólise de um peptídio rompe a ligação peptídica, originando aminoácidos. Quantos aminoácidos diferentes se formam na hidrólise total do peptídio representado acima?

a) 2
b) 3
c) 4
d) 5
e) 6

21. (FUVEST – SP) Ao cozinhar alimentos que contêm proteínas, forma-se acrilamida (amida do ácido acrílico), substância suspeita de ser cancerígena.

Estudando vários aminoácidos, presentes nas proteínas, como o α-aminogrupo marcado com nitrogênio-15, verificou-se que apenas um deles originava a acrilamida e que este último composto não possuía nitrogênio-15.

a) Dê a fórmula estrutural da acrilamida.
b) Em função dos experimentos com nitrogênio-15, qual destes aminoácidos, a asparagina ou o ácido glutâmico, seria responsável pela formação da acrilamida? Justifique.

Dados:

ácido acrílico

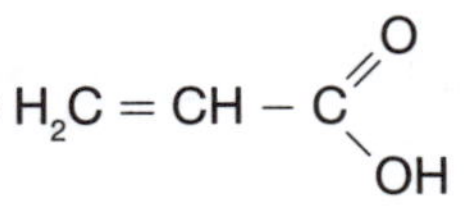

asparagina

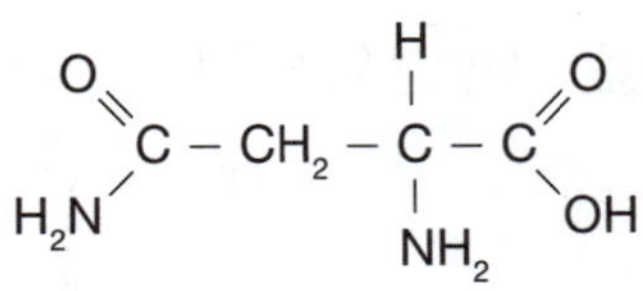

ácido glutâmico

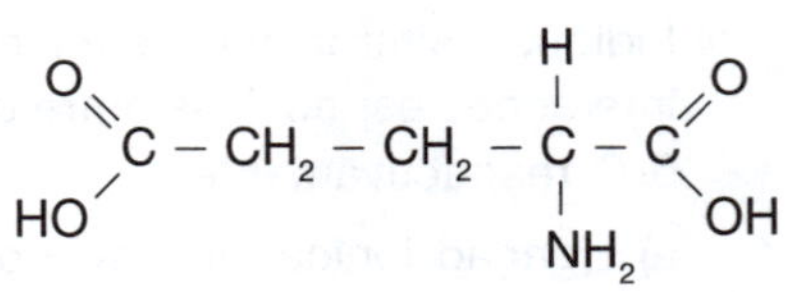

22. (FUVEST – SP) O valor biológico proteico dos alimentos é avaliado comparando-se a porcentagem dos aminoácidos, ditos "essenciais", presentes nas proteínas desses alimentos, com a porcentagem dos mesmos aminoácidos presentes na proteína do ovo, que é tomada como referência. Quando, em um determinado alimento, um desses aminoácidos estiver presente em teor inferior ao do ovo, limitará a quantidade de proteína humana que poderá ser sintetizada. Um outro alimento poderá compensar tal deficiência no referido aminoácido. Esses dois alimentos conterão "proteínas complementares" e, juntos, terão um valor nutritivo superior a cada um em separado.

Na tabela que se segue, estão as porcentagens de alguns aminoácidos "essenciais" em dois alimentos em relação às do ovo (100%).

Alguns aminoácidos essenciais	Arroz	Feijão
lisina	63	102
fenilalanina	110	107
metionina	82	37
leucina	115	101

a) Explique por que a combinação "arroz com feijão" é adequada em termos de "proteínas complementares".

A equação que representa a formação de um peptídio, a partir dos aminoácidos isoleucina e valina, é dada a seguir.

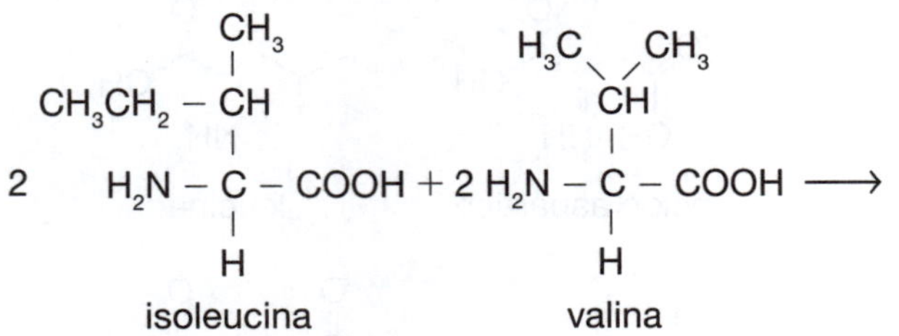

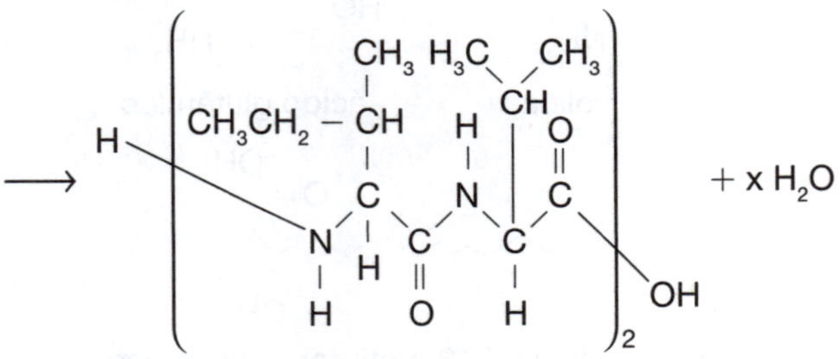

b) Mostre, com um círculo, na fórmula estrutural do peptídio, a parte que representa a ligação peptídica.
c) Determine o valor de x na equação química dada.
d) 100 g de proteína de ovo contêm 0,655 g de isoleucina e 0,810 g de valina. Dispondo-se dessas massas de aminoácidos, qual a massa aproximada do peptídio, representado acima, que pode ser obtida, supondo reação total? Mostre os cálculos.

Dados: massas molares (g/mol): valina = 117, isoleucina = 131, água = 18.

23. (FUVEST – SP) As surfactinas são compostos com atividade antiviral. A estrutura de uma surfactina é

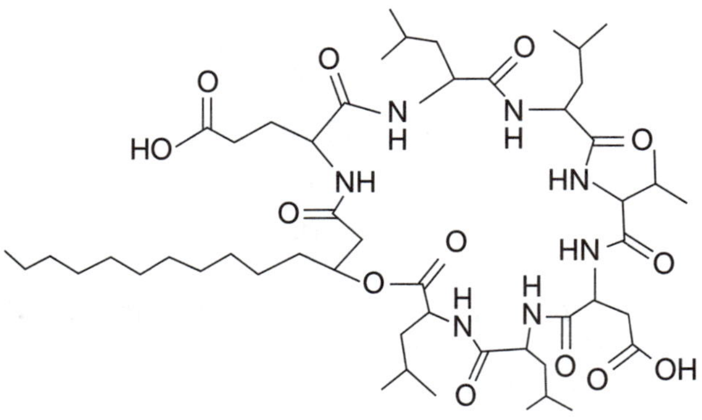

Os seguintes compostos participam da formação dessa substância:

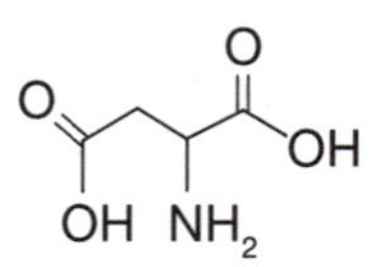

ácido aspártico

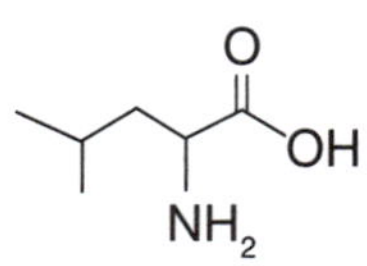

leucina

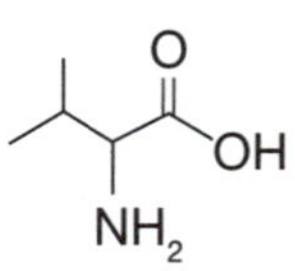

valina

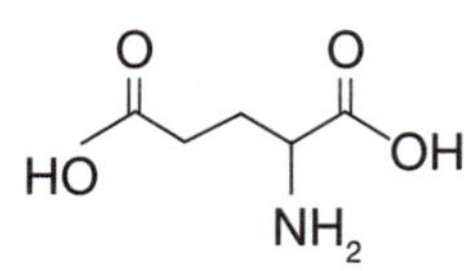

ácido glutâmico

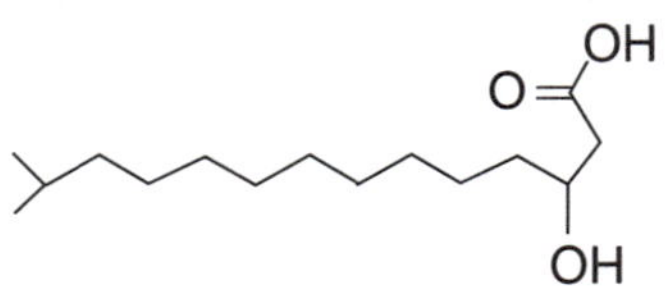

ácido 3-hidróxi-13 metil-tetradecanoico

Na estrutura dessa surfactina, reconhecem-se ligações peptídicas. Na construção dessa estrutura, o ácido aspártico, a leucina e a valina teriam participado na proporção, em mols, respectivamente, de

a) 1 : 2 : 3.
b) 3 : 2 : 1.
c) 2 : 2 : 2.
d) 1 : 4 : 1.
e) 1 : 1 : 4.

24. (UFC – CE) O cabelo humano é composto principalmente de queratina, cuja estrutura proteica varia em função das interações entre os resíduos aminoácidos terminais, conferindo diferentes formas ao cabelo (liso, ondulado etc.). As estruturas relacionadas adiante ilustram algumas dessas interações específicas entre pares de resíduos aminoácidos da queratina.

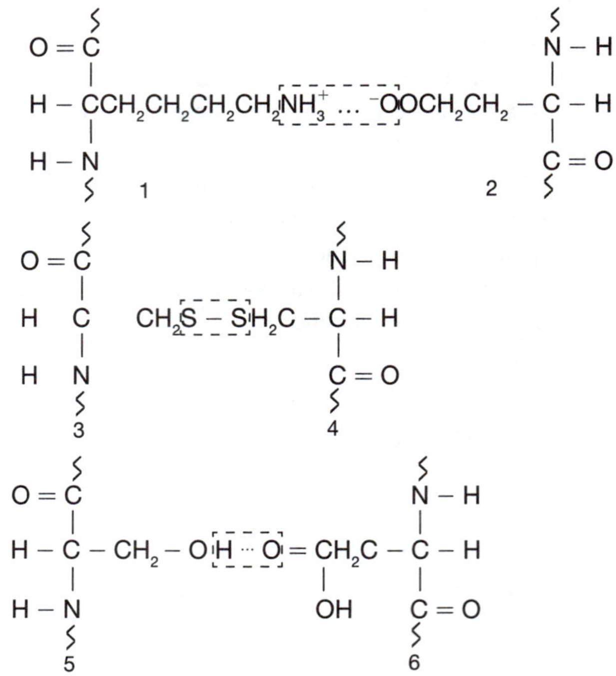

Indique a alternativa que relaciona corretamente as interações específicas entre os resíduos 1-2, 3-4 e 5-6, respectivamente.

a) Ligação iônica, ligação covalente e ligação de hidrogênio.
b) Ligação iônica, interação dipolo-dipolo e ligação covalente.
c) Ligação covalente, interação íon-dipolo e ligação de hidrogênio.
d) Interação dipolo-dipolo induzido, ligação covalente e ligação iônica.
e) Ligação de hidrogênio, interação dipolo induzido-dipolo e ligação covalente.

25. Complete com **hidrólise** ou **desnaturação**.

A destruição da estrutura terciária de uma proteína é denominada ______________________.

Complemento 1

Ligação Sigma e Ligação Pi

1. Recordando a ligação covalente

A ligação covalente ocorre entre elementos que têm alta afinidade eletrônica, isto é, ocorre um compartilhamento de par de elétrons fornecidos por cada átomo, formando uma partícula denominada de molécula.

Os 2 átomos compartilham esses dois elétrons, que devem ter *spins* contrários.

Exemplo: molécula de H_2

H• + •H ⟶ H••H ou H⇅H

molécula

Com base em orbitais atômicos, o par eletrônico forma-se pela interpenetração (união) de um orbital semicheio de cada átomo de hidrogênio, com elétrons de *spins* contrários.

H• •H ⟶ H• •H

$1s^1$ $1s^1$

[↑] [↓] ⟶ [⇅]

orbitais atômicos ⟶ orbital molecular

Assim como o **orbital atômico** é a região de máxima probabilidade de se encontrar o elétron no átomo, o **orbital molecular** é a região de máxima probabilidade de se encontrar o par eletrônico da ligação covalente.

2. Ligação sigma (σ)

A interpenetração dos dois orbitais atômicos é frontal, isto é, ocorre no meio eixo. Os orbitais moleculares assim formados são chamados sigma e dão origem à ligação covalente sigma.

Exemplos:

a. Molécula do H_2: σ_{s+s} ou σ_{s-s}

A ligação covalente H – H forma-se pela interpenetração de dois orbitais atômicos esféricos semicheios ($1s^1$), um de cada átomo de H, com elétrons de *spins* contrários. Da interpenetração dos orbitais atômicos semicheios resulta um novo orbital, agora chamado orbital molecular sigma do tipo s + s (σ_{s+s} σ_{s-s}).

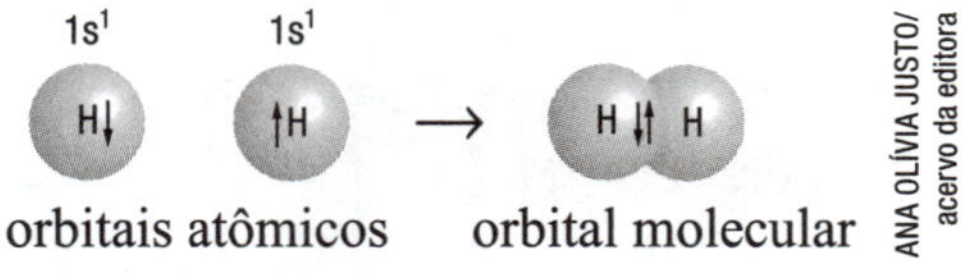

orbitais atômicos ⟶ orbital molecular

Essa representação, que indica a interpenetração parcial dos orbitais, é a maneira mais simples de mostrar graficamente a ligação.

Na verdade, os orbitais atômicos deformam-se, dando origem ao orbital molecular sigma do tipo s–s.

orbital molecular σ_{s-s}

b. Molécula do HF: σ_{s+p} ou σ_{s-p}

Essa ligação ocorre entre um átomo de hidrogênio com um orbital s semicheio e um átomo de flúor com um orbital p semicheio com *spins* contrários.

1 H: $1s^1$ [↓]

9 F: $1s^2$ $2s^2$ $2p^5$ [⇅][⇅][↑]

$1s^1$ [↓] + $2p^1x$ [↑] ⟶ [⇅] σ_{s-p}

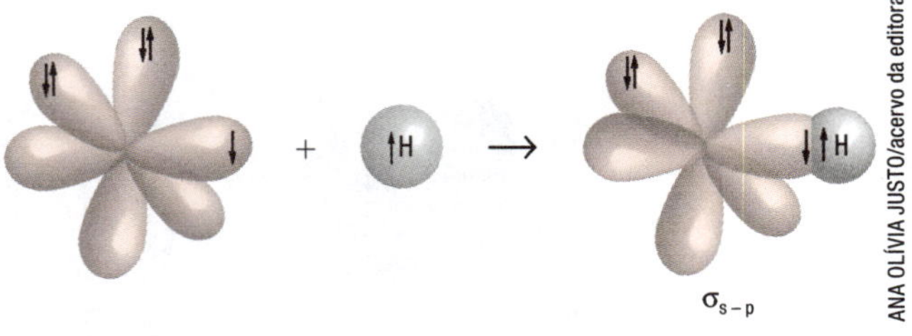

c. Molécula do F_2: σ_{s+s} ou σ_{s-s}

Essa ligação ocorre entre um átomo de flúor com um orbital p semicheio e outro átomo de flúor com um orbital p semicheio com spins contrários.

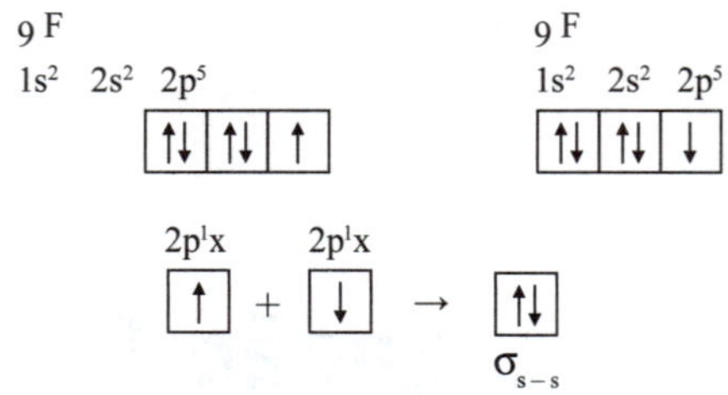

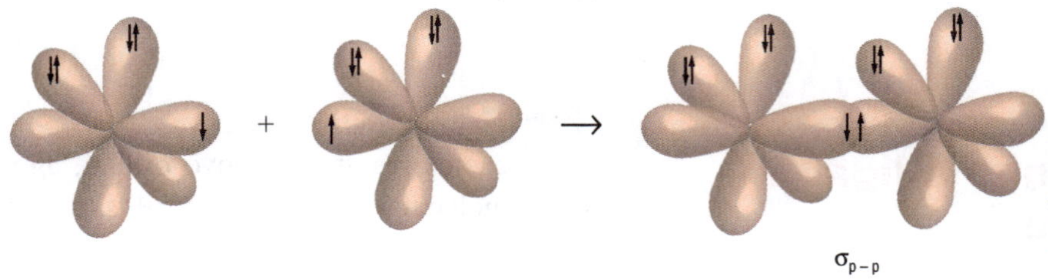

ANA OLÍVIA JUSTO/acervo da editora

3. Ligação pi (π)

Nas moléculas que apresentam duplas ou triplas ligações entre dois átomos, além da ligação σ, há outro tipo de ligação proveniente da interpenetração paralela de dois orbitais π semicheios. Essa ligação é chamada ligação pi e o orbital molecular formado é chamado de orbital pi.

ANA OLÍVIA JUSTO/acervo da editora

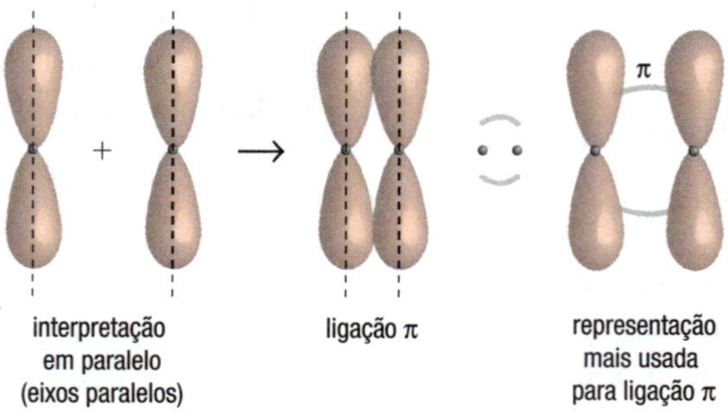

Nota-se que depois da interpenetração o orbital π se divide em duas partes: uma em cima e outra embaixo dos núcleos.

Como a ligação π é formada por orbitais p contidos em eixos paralelos, a interpenetração é menos intensa, o que acarretará uma ligação mais fraca que a ligação σ.

Exemplo: O_2 $\quad O \overset{\sigma}{\underset{\pi}{=}} O$

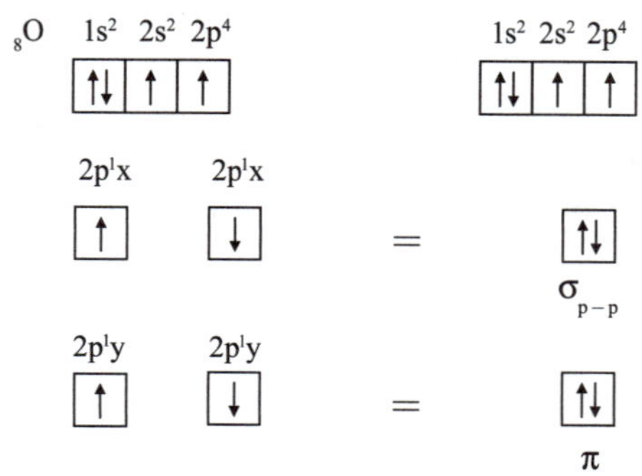

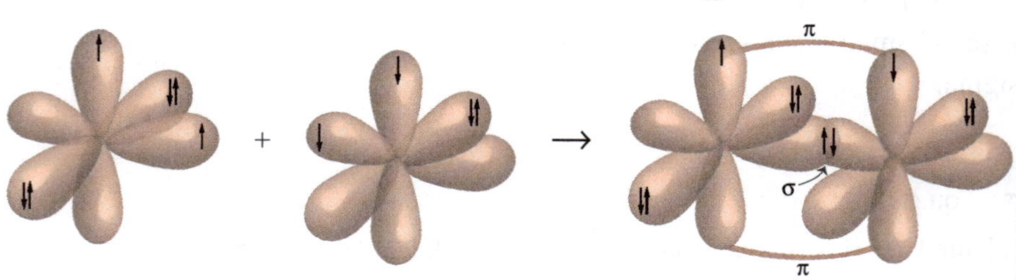

formação da molécula de O_2

ANA OLÍVIA JUSTO/acervo da editora

$$O \overset{\sigma}{\underset{\pi}{=}} O$$

Importante:

a) Ligação simples: é sempre uma ligação σ: H – H, H – F, F – F

b) Ligação dupla: uma ligação é σ e a outra é π: $O \overset{\sigma}{\underset{\pi}{=}} O$

c) Ligação tripla: uma ligação é σ e duas π: $N_\sigma \overset{\sigma}{\underset{\pi}{\equiv}} N$

A ligação pi diminui a distância internuclear:

$-\overset{|}{\underset{|}{C}}-\overset{|}{\underset{|}{C}}-$ 154 pm $-\overset{|}{C}=\overset{|}{C}-$ 134 pm

$-C\equiv C-$ 120 pm

Exercícios Série Prata

1. Complete com **frontal** ou **paralela**.

a) **Ligação sigma:** interpenetração dos dois orbitais atômicos é ____________________.

b) **Ligação pi:** interpenetração dos dois orbitais p é ____________________.

2. Complete com **orbital(is) s** ou **orbital(ais) p**.

a) H usa ____________________.

b) F, Cl, Br, I, N, O, S usam ____________________.

3. Complete com σ_{s-s} ou σ_{s-p} ou σ_{p-p}.

a) H — H ____________________.

b) H — F ____________________.

c) F — F ____________________.

4. Complete com σ ou π.

a) A — B ____________________.

b) B = B ____________________.

c) A ≡ B ____________________.

5. Um dos mais conhecidos analgésicos é o ácido acetilsalicílico (AAS). Sua fórmula estrutural pode ser representada por:

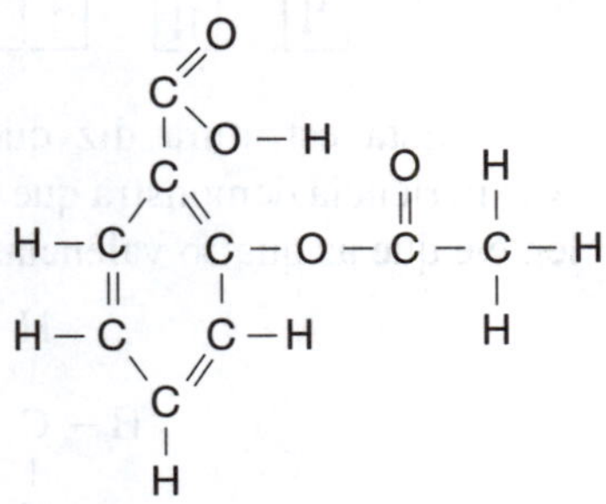

Indique o número de ligação σ e π presente em uma molécula de AAS.

6. Observe o composto $H_2C = \underset{|}{\overset{}{C}} - C \equiv CH$ (com H ligado ao segundo C)

Complete com números:

a) ____________________ σ

b) ____________________ π

Complemento 2

Hibridização de Orbitais Atômicos

1. Conceito

Para certos elementos químicos, carbono, boro e berílio, a teoria da interpenetração de orbitais não explicava o número de ligações covalentes.

Exemplo:

$_6C$ $1s^2$ $2s^2$ $2p^2$

[↑↓] [↑↓] [↑|↑|]

Esta estrutura diz que o carbono é **bivalente**. A experiência demonstra que o átomo carbono é tetravalente e que as quatro valências são equivalentes.

```
    H
    |
H – C – H
    |
    H
```

Para explicar essas anomalias, Linus Pauling propôs a teoria da hibridização de orbitais. Ele propôs que no instante da ligação os orbitais atômicos, s, p, e/ou d de um determinado átomo pudessem se unir para criar um novo conjunto de orbitais, denominados orbitais híbridos.

Observações:

- o número de orbitais atômicos usados é sempre igual ao número de orbitais híbridos produzidos.
- o preenchimento de elétrons nos orbitais híbridos obedece as regras de Pauli e Hund.
- a energia e a forma dos orbitais híbridos são intermediárias dos orbitais atômicos usados.
- a hibridização de orbitais ocorre na camada de valência.

2. Hibrização sp³

É a união de **um** orbital atômico s com **três** orbitais atômicos p formando **quatro** orbitais híbridos chamados de **sp³**. Esse tipo de hibridização ocorre em moléculas em que o átomo central tem quatro pares de elétrons totalmente ligados ou não.

Exemplos:

```
          H
          ••
a) CH4  H••C••H
          ••
          H
```

ângulo experimental: 109°28'
geometria molecular: tetraédrica

$1s^2$ $2s^2$ $2p^2$

Átomo de $_6C$ [↑↓] [↑|↑|]

união de 4 orbitais com 4 elétrons

Átomo de C no CH_4 [↑|↑|↑|↑]

quatro orbitais híbridos sp^3

Os quatro orbitais sp^3 têm a mesma forma e energia e o ângulo entre eles é 109°28', o ângulo do tetraedro.

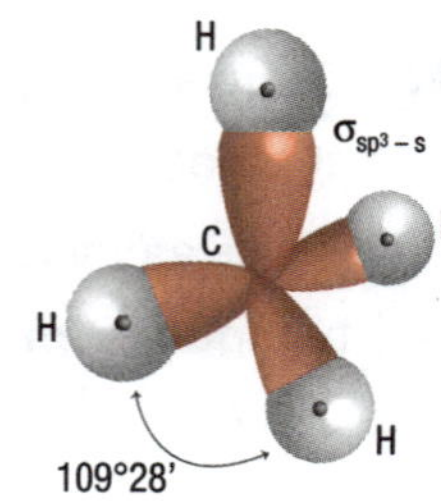

metano

ANA OLÍVIA JUSTO/acervo da editora

Cada ligação C – H no CH_4 é formada pela interpenetração de um orbital híbrido sp^3 do carbono com o orbital 1s do hidrogênio formando a ligação σ_{sp^3-s}.

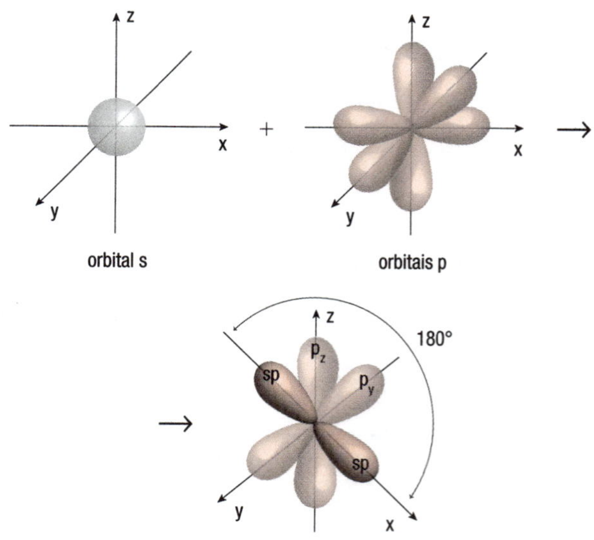

ANA OLÍVIA JUSTO/acervo da editora

```
           ••
b) NH3  H – N – H
            |
            H
```

ângulo experimental 107°
geometria molecular: piramidal

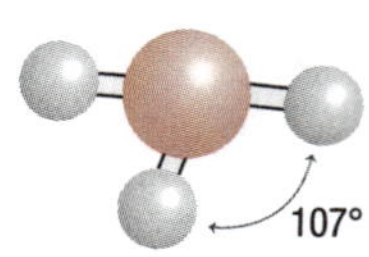

geometria da molécula pirâmide triangular

ANA OLÍVIA JUSTO/acervo da editora

A estrutura de Lewis para a amônia mostra que existem quatro pares de elétrons na camada de valência do nitrogênio: três pares de ligação e um par isolado. A teoria da RPECV prevê uma geometria dos pares de elétrons tetraédrica e a geometria da molécula piramidal.

Como o ângulo experimental do NH_3 é próximo do ângulo 109°28', admite-se que o átomo de N tenha uma hibridização sp^3. O par de elétrons isolado é distribuído num orbital híbrido e cada um dos outros três orbitais híbridos está ocupado por um único elétron. A interpenetração de cada um dos orbitais híbridos sp^3 com um orbital ls do hidrogênio, e o emparelhamento dos elétrons, cria a ligação N – H.

Átomo de ${}_7N$ — $1s^2$ $2s^2$ $2p^3$
[↑↓] [↓|↓|↓]
união de 4 orbitais com 5 elétrons

Átomo de ${}_7N$ no NH_3 [↓↑|↓|↓|↓]
4 orbitais híbridos sp^3

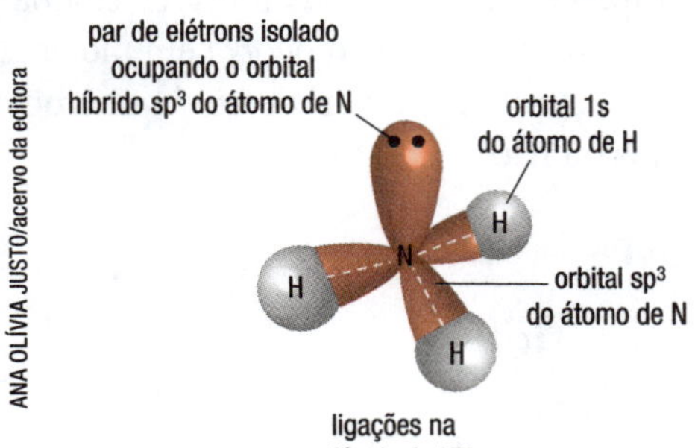

ligações na molécula de NH_3

c) H_2O

H – Ö: ângulo experimental: 105°
|
H geometria molecular: angular

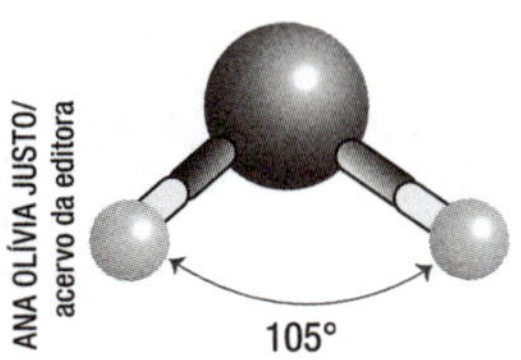

geometria da molécula angular

Como o ângulo experimental do H_2O é próximo do ângulo de 109°28', admite-se que o átomo de O tenha uma hibridização sp^3. Os dois pares de elétrons isolados ficam acomodados em dois orbitais híbridos e cada um dos outros dois híbridos sp^3 está ocupado por um único elétron. O emparelhamento dos elétrons cria a ligação O – H.

Átomo de ${}_8O$ — $1s^2$ $2s^2$ $2p^3$
[↓↑] [↓|↓|↓]
união de 4 orbitais com 6 elétrons

Átomo de ${}_8O$ no H_2O [↓↑|↓↑|↓|↓]
4 orbitais híbridos sp^3

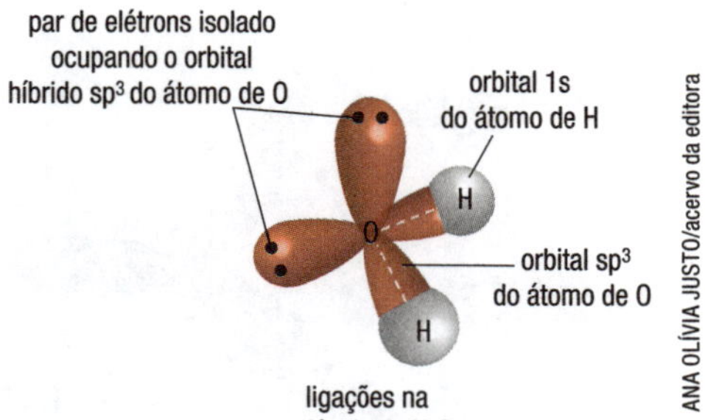

ligações na molécula de H_2O

3. Hibridização sp^2

É a união de **um** orbital atômico s com **dois** orbitais atômicos p formando três orbitais híbridos chamados de $\mathbf{sp^2}$. Esse tipo de hibridização ocorre em moléculas em que o átomo central tem três pares de elétrons totalmente ligados.

Exemplo:

BF_3 :F̤̈• •B̤• •F̤̈ / :F̤: — ângulo experimental: 120°; geometria molecular: trigonal

Átomo de ${}_5B$ — $1s^2$ $2s^2$ $2p^1$
[↑↓] [↑|↓|]

Átomo de ${}_5B$ no BF_3 [↑|↑|↑] [ ]
três orbitais híbridos sp^2 — orbital vazio

Os três orbitais sp^2 têm a mesma forma e energia e o ângulo entre eles é 120°, o ângulo trigonal. O orbital p vazio fica perpendicular ao plano do triângulo.

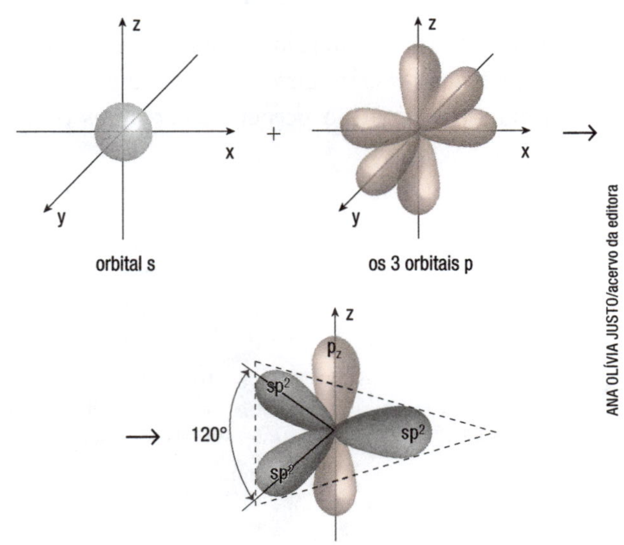

A molécula do trifluoreto de boro (BF_3) é plana e não obedece à regra do octeto (o boro fica com 6 elétrons na camada de valência)

B (Z = 5)   F(Z = 9)

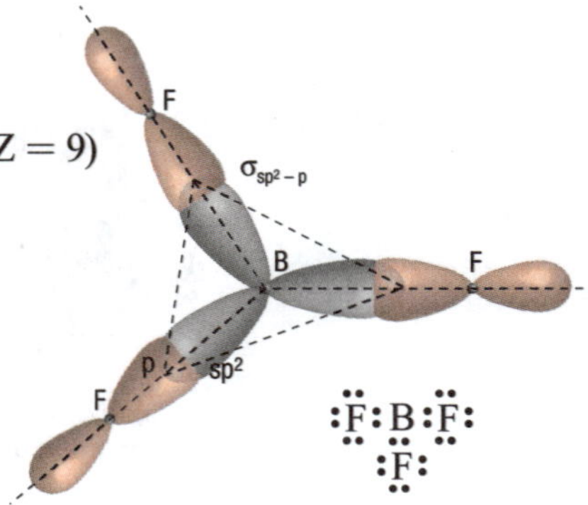

1s	3sp²			2pz	1s	2s	2p		
↑	↓	↓	↓		↓↑	↓↑	↓↑	↓↑	↓

4. Hibridização sp

É a união de **um** orbital s com **um** orbital p formando **dois** orbitais híbridos chamados de **sp**. Esse tipo de hibridização ocorre em moléculas em que o átomo central tem dois pares de elétrons totalmente ligados.

Exemplos:

$BeCl_2$:C̈l• •Be• •C̈l: ângulo experimental: 180°
geometria molecular: linear

Átomo de $_4Be$: $1s^2$ $2s^2$ [↓↑] $2p^3$ [ ][ ][ ]

união de 2 orbitais com 2 elétrons

Átomo de $_4Be$ no $BeCl_2$: [↑][↑] 2 orbitais híbridos sp   [ ][ ] 2 orbitais p vazios

Os dois orbitais híbridos sp têm a mesma forma e energia e o ângulo entre eles é 180º, ângulo linear. Os dois orbitais p vazios são perpendiculares aos orbitais híbridos sp.

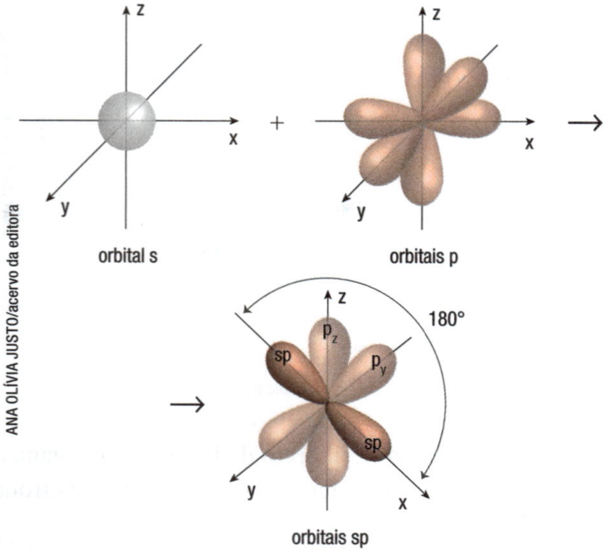

A molécula do cloreto de berílio ($BeCl_2$) é linear e não obedece à regra do octeto (o berílio fica com 4 elétrons na camada de valência).

Be (Z = 4)   Cl (Z = 17)

1s	2sp		2py	2pz
↓↑	↑	↑		

1s	2s	2p			3s	3p		
↓↑	↓↑	↓↑	↓↑	↓↑	↓↑	↓↑	↓↑	↓

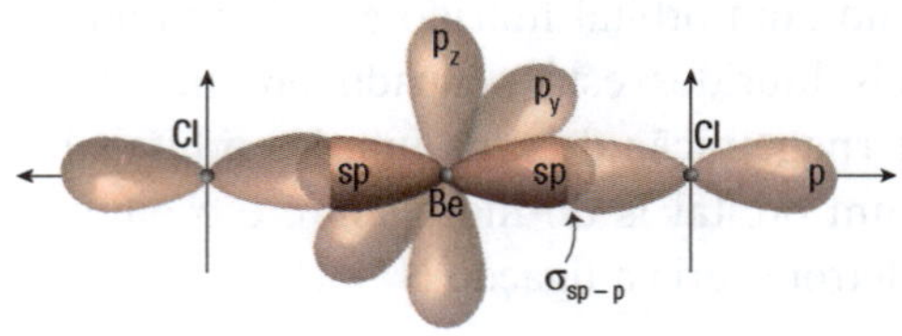

:C̈l• •Be• •C̈l:

5. Hibridização dsp³ ou sp³d

É a união de **um** orbital s com **três** orbitais p e um orbital d formando **cinco** orbitais híbridos chamados de **dsp³**. Esse tipo de hibridização ocorre em moléculas em que o átomo central tem cinco pares de elétrons totalmente ligados ou não.

Exemplo:

PCl_5 (estrutura de Lewis: P ligado a cinco :Cl:)   ângulos 120° e 90°
geometria molecular: bipirâmide trigonal

Átomo de $_{15}P$: $1s^2$ $2s^2$ $2p^6$ $3s^2$ [↓↑] $3p^3$ [↓][↓][↓] 3d [ ][ ][ ][ ][ ]

união de 5 orbitais com 5 elétrons

Átomo de $_{15}P$ no PCl_5: [↓][↓][↓][↓][↓]

cinco orbitais híbridos dsp³

Os cinco orbitais híbridos dsp³ têm a mesma forma e energia e se dirigem para os vértices de uma bipirâmide trigonal, com ângulos de 90º e 120º.

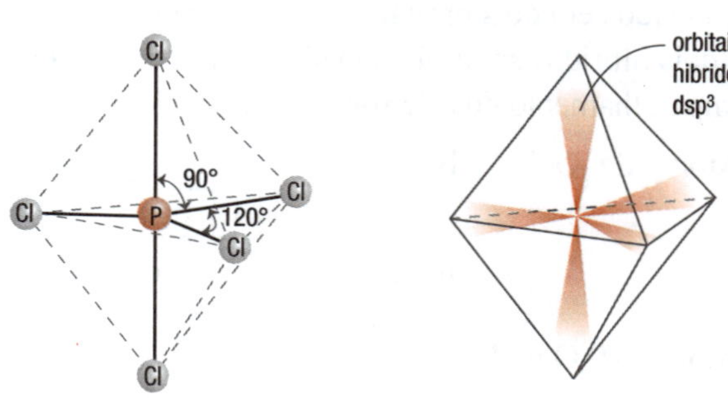

6. Hibridização d^2sp^3 ou sp^3d^2

É a união de **um** orbital s com **três** orbitais p e **dois** orbitais d formando **seis** orbitais híbridos chamados de $\mathbf{d^2sp^3}$. Esse tipo de hibridização ocorre em moléculas em que o átomo central tem seis pares de elétrons totalmente ligados ou não.

Exemplo:

SF_6 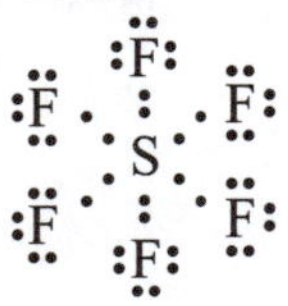 ângulo experimental: 90°

geometria molecular: octaédrica

	$1s^2$	$2s^2$	$2p^6$	$3s^2$	$3p^4$	3d
Átomo de $_{16}S$				↓↑	↓↑ ↓ ↓	

união de 6 orbitais com 6 elétrons

Átomo de ^{16}S no SF_6 ↓ ↓ ↓ ↓ ↓ ↓

seis orbitais híbridos d^2sp^3

Os seis orbitais híbridos d^2sp^3 têm a mesma forma e energia e se dirigem para os vértices de um octaedro, com ângulos de 90°.

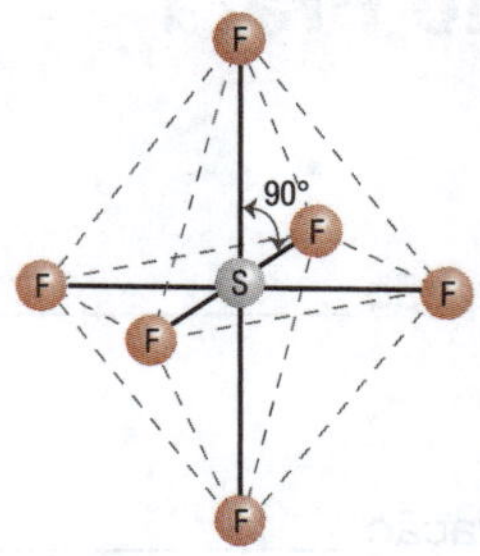

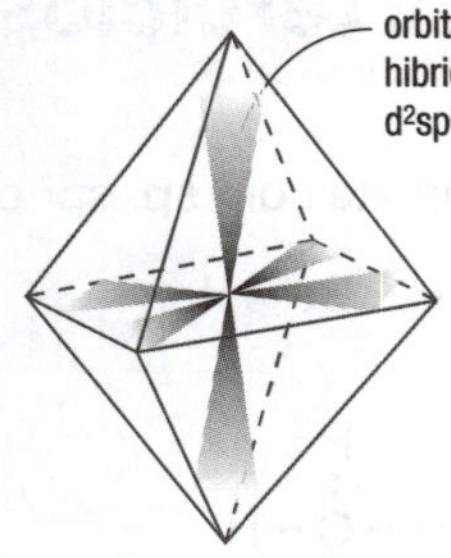

ANA OLÍVIA JUSTO/acervo da editora

7. Resumo

Distribuição dos pares de elétrons	**Figuras geométricas**	**Exemplos**
Dois pares, sp 	Linear 	$BeCl_2$ 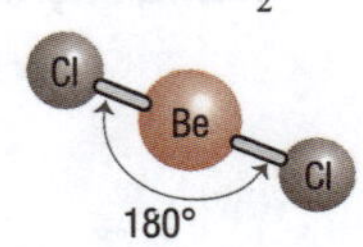
Três pares, sp^2 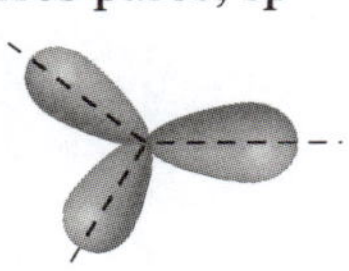	Plana triangular 	BF_3 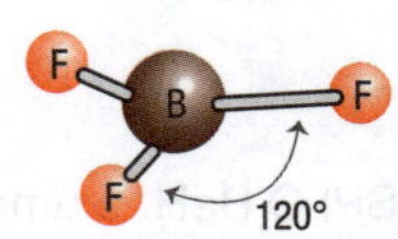
Quatro pares, sp^3 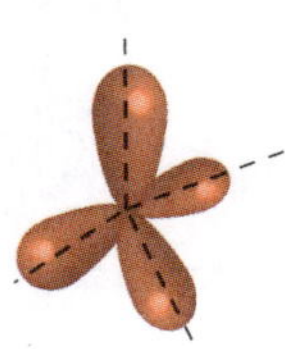	Tetraédrica 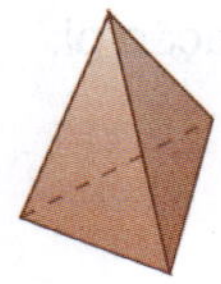	CH_4 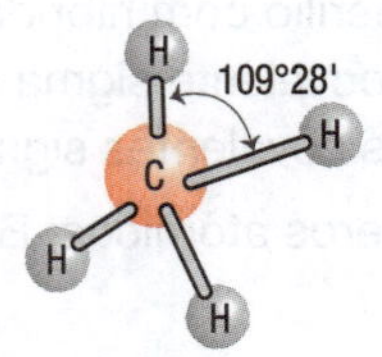
Cinco pares, dsp^3 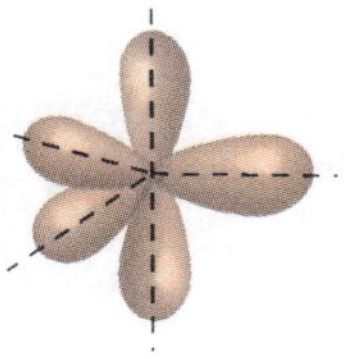	Bipirâmide triangular 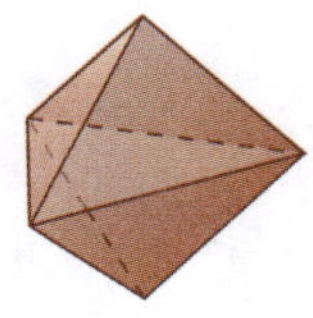	PF_5 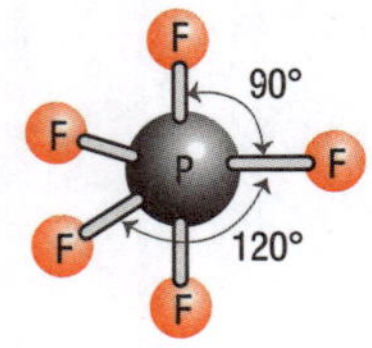
Seis pares, d^2sp^3 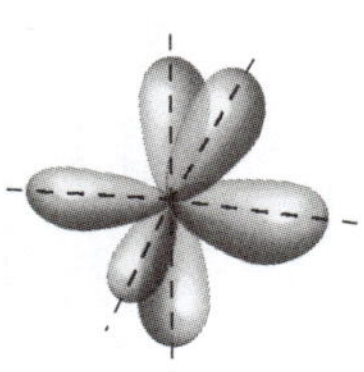	Octaédrica 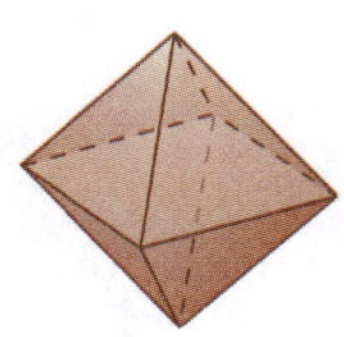	SF_6 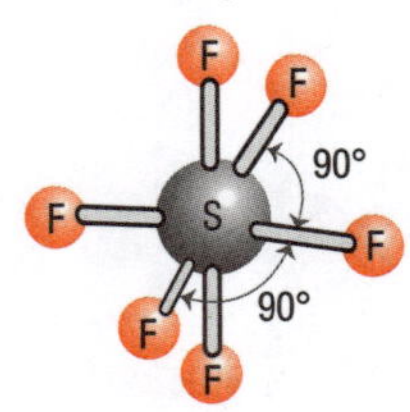

ANA OLÍVIA JUSTO/acervo da editora

Geometria dos conjuntos de orbitais híbridos para dois até seis pares de elétrons estruturais. Na formação de um conjunto de orbitais híbridos o orbital s é sempre usado, além de quantos orbitais p (ou orbitais d) para a formação das ligações sigma e para a ocupação por pares de elétrons isolados.

Exercícios Série Prata

Complete com **sp**, **sp²** ou **sp³**.

1. H •• Be •• H hibridização ______________

2. 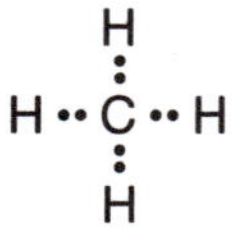 hibridização ______________

3. 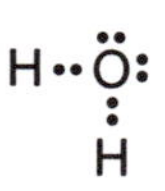 hibridização ______________

4. 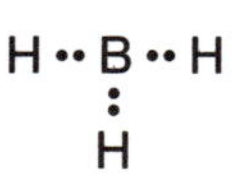 hibridização ______________

5. 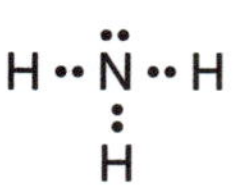 hibridização ______________

6. (MACKENZIE – SP) O BeH_2 é uma molécula que apresenta:

a) geometria molecular linear.
b) ângulo de ligação igual a 120°.
c) o átomo de berílio com hibridação sp^2.
c) uma ligação covalente sigma s – s e uma ligação pi.
e) duas ligações covalentes sigma s – p.

Dados: os números atômicos: Be = 4 e H = 1.

Complemento 3
Hibridização do Carbono

1. Introdução

O tipo de hibridização do carbono depende do número de ligações pi ao redor do carbono. Se o carbono não fizer pi a hibridização será sp^3, se fizer uma ligação pi a hibridização será sp^2 e se fizer duas ligações pi a hibridização será sp.

2. Hibridização sp^3 no carbono

Exemplo: etano: $CH_3 - CH_3$

	$1s^2$	$2s^2$	$2p^2$
Átomo de $_6C$	↓↑	↓↑	↓ ↓ □

união de 4 orbitais com 4 elétrons

Átomos de $_6C$ no etano ↓ ↓ ↓ ↓

quatro orbitais híbridos sp^3

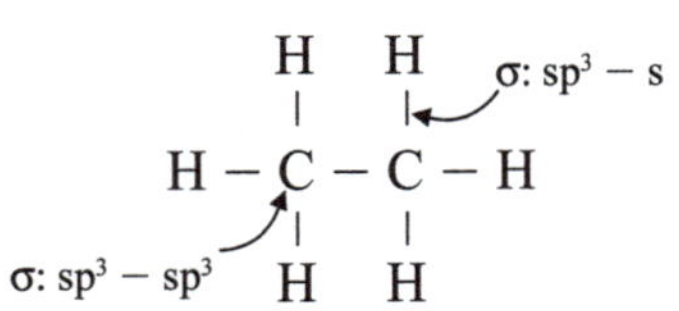

- ligação C – C será σ: $sp^3 - sp^3$
- ligação C – H será σ: $sp^3 - s$

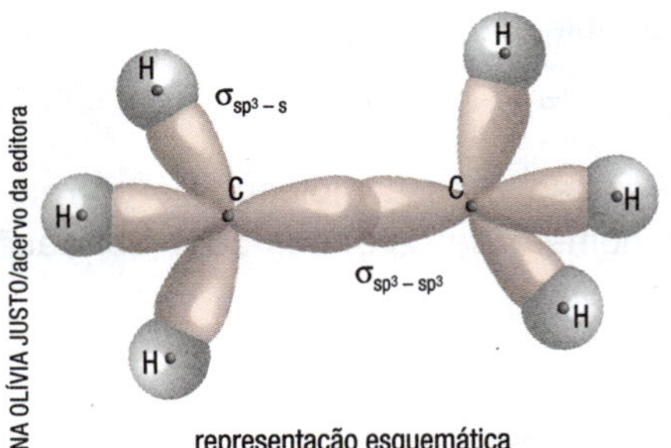

representação esquemática da molécula de etano (espacial)

3. Hibridização sp^2 no carbono

Exemplo: eteno: $CH_2 \overset{\pi}{\underset{\sigma}{=}} CH_2$

	$1s^2$	$2s^2$	$2p^2$
Átomo de $_6C$	↓↑	↓↑	↓ ↓ □

união de 3 orbitais com 3 elétrons,
1 orbital p é reservado para fazer ligação π

Átomos de $_6C$ no eteno: ↓ ↓ ↓ ↓

três orbitais híbridos sp^2 orbital p

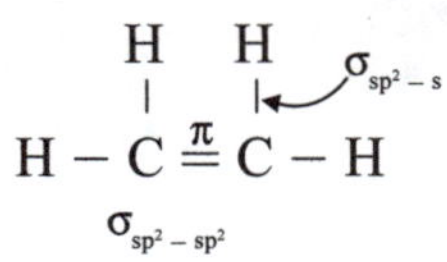

- ligação C = C: $\sigma_{sp^2 - sp^2}$ e π
- ligação C – H será $\sigma_{sp^2 - s}$

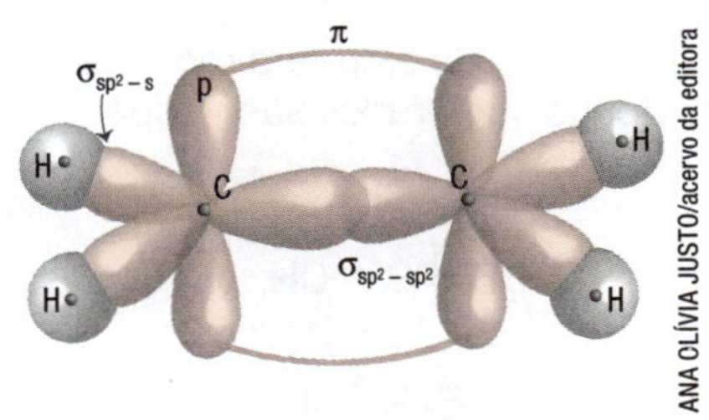

representação esquemática da molécula de eteno (molécula plana, porque os seis núcleos estão no mesmo plano)

4. Hibridização sp no carbono

Exemplo: etino: $HC^{\sigma} \overset{\pi}{\underset{\pi}{\equiv}} CH$

	$1s^2$	$2s^2$	$2p^2$
Átomo de $_6C$	↓↑	↓↑	↓ ↓ ↓

união de 2 orbitais com 2 elétrons, 2 orbitais p são reservados para fazerem duas ligações π

Átomos de $_6C$ no etino: ↓ ↓ ↓ ↓

dois orbitais híbridos sp 2 orbitais p

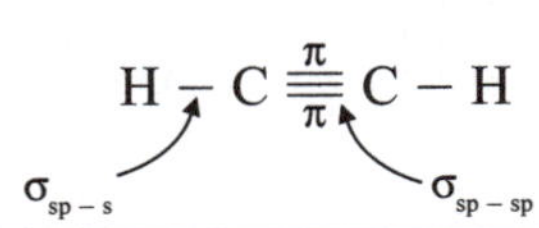

- ligação C = C $\left\langle \begin{array}{l} \sigma_{sp-sp} \\ 2\pi \end{array} \right.$
- ligação C – H

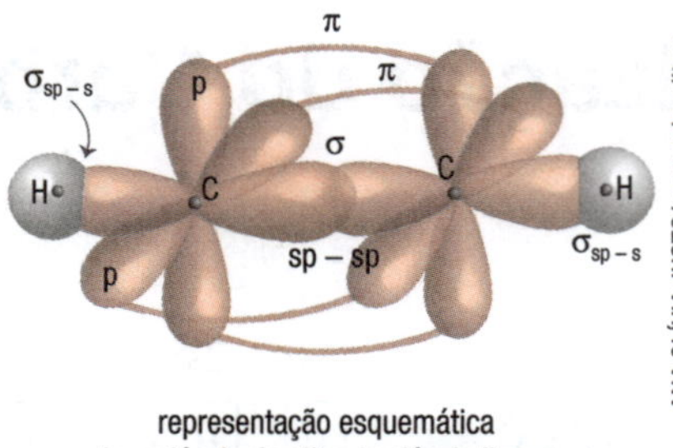

ANA OLÍVIA JUSTO/acervo da editora

representação esquemática
da molécula de etino (molécula linear,
porque os núcleos estão
em uma mesma reta)

5. Resumo

a) C não faz π ⟶ sp^3

b) C faz uma π ⟶ sp^2

c) C faz duas π ⟶ sp

Exemplo:

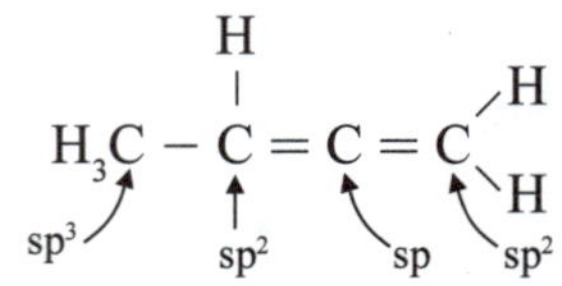

Exercícios Série Prata

Complete com **sp**, **sp^2** ou **sp^3**.

1. C não faz π hibridização ____________

2. C faz uma π hibridização ____________

3. C faz duas π hibridização ____________

4. (CENTEC – BA) Na estrutura representada a seguir, os carbonos numerados são, respectivamente:

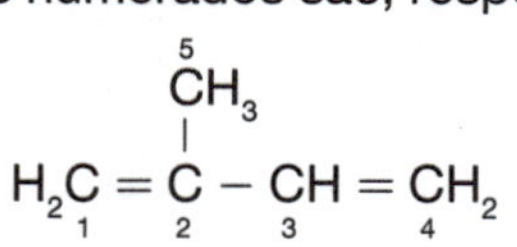

a) sp^2, sp, sp^2, sp^2, sp^3.
b) sp, sp^3, sp^2, sp, sp^4.
c) sp^2, sp^2, sp^2, sp^2, sp^3.
d) sp^2, sp, sp, sp^2, sp^3.
e) sp^3, sp, sp^2, sp^3, sp^4.

5. (ITA – SP) A(s) ligação(ões) carbono-hidrogênio existente(s) na molécula de metano (CH_4) pode(m) ser interpretada(s) como sendo formada(s) pela interpenetração frontal dos orbitais atômicos **s** do átomo de hidrogênio, com os seguintes orbitais atômicos do átomo de carbono:

a) Quatro orbitais **p**.
b) Quatro orbitais **sp^3**.
c) Um orbital híbrido **sp^3**.
d) Um orbital **s** e três orbitais **p**.
e) Um orbital **p** e três orbitais **sp^2**.

6. (UERJ) Na composição de corretores do tipo *Liquid Paper*, além de hidrocarbonetos e dióxido de titânio encontra-se a substância isocianato de alila, cuja fórmula estrutural plana é representada por

$$CH_2 = CH - CH_2 - N = C = O$$

Com relação a essa molécula, é correto afirmar que o número de carbonos com hibridação sp^2 é igual a:

a) 1
b) 2
c) 3
d) 4

7. (UFRGS – RS) O hidrocarboneto que apresenta todos os átomos de carbono com orientação espacial tetraédrica é o:

a) $H_2C = CH_2$

b) 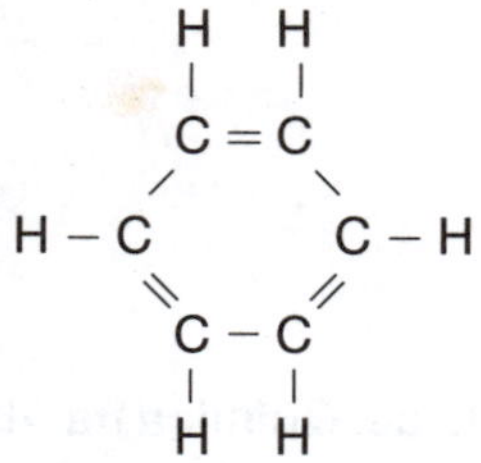

c) $HC \equiv CH$

d) $H_2C = C = CH_2$

e) 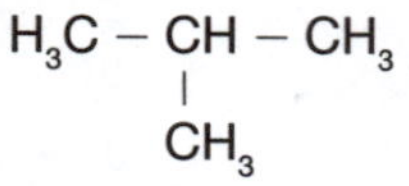

8. (UFSC) Indique as proposições corretas. Em relação à figura a seguir, podemos afirmar que:

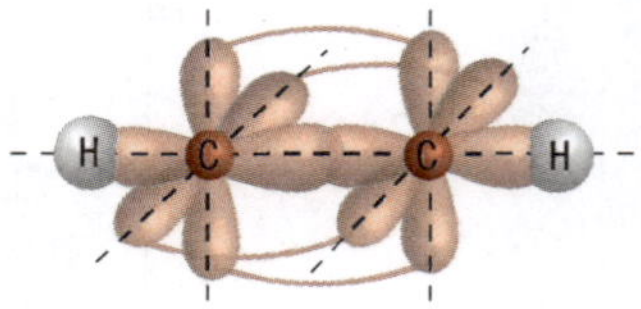

ANA OLÍVIA JUSTO/
acervo da editora

(01) representa os orbitais das ligações na molécula de C_2H_4.
(02) representa os orbitais das ligações na molécula de C_2H_2.
(04) entre os átomos de carbono existem uma ligação σ do tipo $sp^2 - sp^2$ e uma ligação π do tipo p – p.
(08) entre os átomos de carbono existem uma ligação σ do tipo sp – sp e duas ligações π do tipo p – p.
(16) a geometria da molécula é linear.
(32) a ligação entre o carbono e hidrogênio é σ do tipo $sp^2 - s$.

9. A fórmula estrutural da acetona pode ser representada por

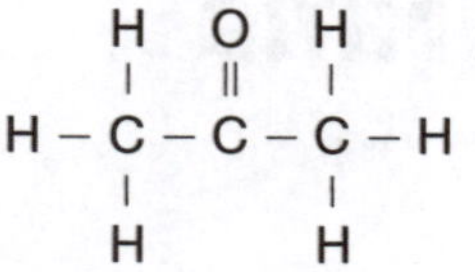

Pede-se:

a) Quantas ligações σ e π existem em uma molécula de acetona?
b) Quais os tipos de hibridização do carbono presentes na acetona?

10. (UCGO – adaptada) A muscalura é um feromônio utilizado pela mosca doméstica para atrair os machos, marcar trilhas e outras atividades.

a) Qual é o número total de ligações sigma nesse composto?
b) Quais são os tipos de hibridização do carbono presentes no composto?

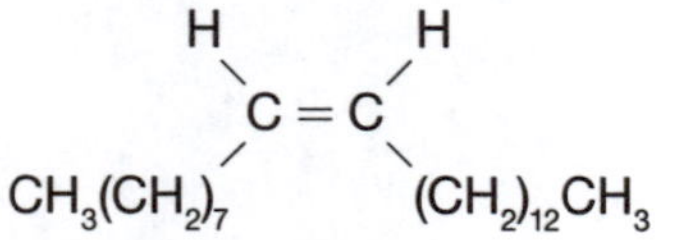

muscalura

Bibliografia

BRUICE, P. Y. **Química Orgânica**. 4. ed São Paulo: Pearson Education do Brasil 2006. 2 v.

FELTRE, R. **Química 3 - Química Orgânica**. 6. ed. São Paulo: Moderna, 2004.

KOTZ, J.; TREICHEL, P. Jr. **Química Geral e Reações Químicas**. 4. ed. Rio de Janeiro: LTC, 2002. v. 1.

PERUZZO, F. M.; CANTO, E. L. de. **Química na Abordagem do Cotidiano**. 4. ed. São Paulo: Moderna, 2006.

USBERCO, J.; SALVADOR, E. **Química 3 -** Química Orgânica. 9. ed. São Paulo: Saraiva, 2005.